天华正业通公司志

1989~2012

《天华正业通公司志》编纂委员会 编

方志出版社

图书在版编目(CIP)数据

天华正业通公司志 /《天华正业通公司志》编纂委员会编.
--北京:方志出版社,2017.11
ISBN 978-7-5144-2762-2

Ⅰ. ①天… Ⅱ. ①天… Ⅲ. ①会计师事务所-概况-宁夏-1989-2012
Ⅳ. ①F233.2

中国版本图书馆CIP数据核字(2017)第297585号

天华正业通公司志

编　　者: 《天华正业通公司志》编纂委员会
责任编辑: 范　静

出 版 人: 冀祥德
出 版 者: 方志出版社
地址　北京市朝阳区潘家园东里9号(国家方志馆4层)
邮编　100021
网址　http://www.fzph.org
发　　行: 方志出版社图书经销中心
电话(010)67110500
经　　销: 各地新华书店
印刷装订: 宁夏银报印务有限公司

开　　本: 880 mm×1230 mm　1/16
印　　张: 25
字　　数: 482千
印　　次: 2017年11月第1版　2017年11月第1次印刷
印　　数: 0001~1000册

ISBN 978-7-5144-2762-2　　定价　198.00元

《天华正业通公司志》编纂领导小组

顾　　问：邓炎辉　陈舜贞　周光禄　王本仁
　　　　　马雪飞　尤学梅　耿一波
组　　长：王海智
副 组 长：何玉玲
成　　员：丁华兵　温鸿江　杜　兵　马向中
　　　　　李海清　徐万军　罗立邦　贾宪宁

《天华正业通公司志》编辑部

主　　编：王海智
副 主 编：何玉玲
编　　辑：丁华兵　温鸿江　杜　兵　马向中　李海清　徐万军
　　　　　罗立邦　贾宪宁　杜茂珍　姜　伟　呼延萍
责任编辑：姜　伟
总　　纂：范宗兴
审　　稿：杜　萍　马　娜

序

以史为鉴,可以知兴替。伴随着经济社会发展,诞生并迅速发展的新兴行业——会计师事务所,成为完善经济功能的新型服务行业。这个行业的发展水平既要适应经济发展大环境,也要独立走出一条特色发展之路。宁夏天华会计师事务所,就是地处西部走出特色发展的行业代表。借其蓬勃发展,连续进入全国行业百强之际,整理撰写反映其发展历程与服务特色的《天华正业通公司志》,这是一件很有意义的工作。

1989年经自治区财政厅批准,成立了银川市会计师事务所,隶属于银川市财政局,后经变革,壮大为天华正业通综合公司体。二十多年来,在自治区财政厅和银川市财政局的直接领导下,天华正业通认真贯彻党和国家的各项方针政策,坚持以科学发展观统领全局,紧紧围绕改革开放和经济建设中心,不断完善公司治理结构,强化基础管理,积极转变增长方式,提高服务水平,实现规模、质量、效益同步协调发展。

20多年来,天华正业通由创办初期的查账验证和会计咨询两大类八项业务,只有几名人员的一家小型会计师事务所,发展到现在查账验证、会计咨询、税务咨询、工程咨询、资产评估、房地产估价及司法鉴定等多项业务,以及承办银川市外各市县的会计、税务、管理咨询等业务的综合服务体,发挥职能作用,履行社会责任。为严肃财经纪律,维护国家财经秩序,促进廉政建设,保障国民经济建设健康发展发挥了积极作用。编纂《公司志》,既是为自身与行业提供历史借鉴,也是促进公司发展,更好地发挥职能作用的需要。

《公司志》以历史唯物主义和辩证唯物主义为指导,以史料为依据,真实、客观、系统地记述了天华正业通的历史。根据公司档案查阅的资料和公司各部门提供的资料,进行整理、归类、分析、汇总后,全书共设9章39节。志书内容以客观记述公司的业务为主,同时反映机构沿革、内部管理和社会审计情况。内容翔实,结构合理,基本上反映了公司近二十多年来的发展过程和工作业绩,具有重要的存史价值。

《公司志》属于专业志书类，与其他志书类一样也具有服务当代、有益后世的作用。我国历史上各个朝代都十分重视编纂志书的工作，并肯定志书具有“资政、育人、存史”的功能和作用。《公司志》的出版，不论是当代的行业工作者，还是后代的工作者，都可以从中了解行业的历史，增长见识，汲取经验，对改进和完善今后的经济事务服务工作，进一步发展相关事务服务事业具有重要的意义。

《公司志》是集体智慧的结晶，饱含着全公司工作者辛勤劳动的成果，也凝聚着编纂人员的心血，在此一并表示衷心地感谢！通过《公司志》的出版，希望全公司的工作者一如既往，不忘初心，继续前进，谱写公司事业更加辉煌的篇章，丰富羽翼，徜徉在经济社会大河中，走向灿烂的未来。

董事长：王海福

2017年11月

凡　例

一、按照银川市二轮修志的统一要求，本志冠名为《天华正业通公司志》。

二、本志以马列主义、毛泽东思想、邓小平理论、“三个代表”重要思想、科学发展观和习近平总书记系列讲话精神为指导思想，坚持历史唯物主义和辩证唯物主义，坚持社会主义新编地方志的基本观点，运用现代科学理论和方法，全面、客观地反映天华正业通各公司发展的历史与现状，力求达到思想性、科学性和资料性的统一。

三、本志记事的上限起自1984年，下限断于2012年底。

四、本志采用述、记、志、传、图、表、录七体，以志为体，以文字记述为主。大事记以编年体为主，主体记载天华正业通各公司的发展历史与重大活动。在专志中已有记述的，则只略记其时间、地点与内容。主要照片集中于卷首。表、录及其他图片随文插附。

五、本志章节设置坚持科学分类与行业实际相结合的原则，力求突出时代特点、行业特点。

六、各种专用名称在本志中第一次出现时用全称，以后表述天华正业通各公司整体情况的，一律简称“公司”。

七、本志所载的历史事件和人物活动，均遵循实事求是的原则，不溢美、不贬损，精选慎用，力求记实存真。

八、本志在志名标题、文字标点、名称表述、时间表述、数字书写、计量名称、引文注释、图表照片、书写要求等行文细节上，一律按照志书规范要求。人物直书其名，年代以公元表述，地名用当时称谓，标点符号、数字采用国家发布实施的《标点符号用法》、《出版物上数字用法的规定》，计量单位采用国家规定的法定单位。文体采用规范的现代语体文，语言力求客观、规范、流畅。

九、本志资料主要录自档案记载，以及企业自办的《历程》《简报》及企业留存资料。入志资料均经反复核实，入志图片均来自本公司工作人员，志中志末不再注明出处。

十、本志共设9章39节。志首设概述、大事记，志末设专记、重要制度选编、后记。

2007年4月，银川市委书记崔波（左三）到天华正业通调研

2010年7月，自治区财政厅总会计师刘怀明（右二）参加天华正业通党建活动

2011年3月，自治区创先争优督导检查组长、区党委宣传部副部长房全忠(左一)，财政厅党组成员、行业党委书记王本仁(左二)到天华正业通调研

2011年12月，中注协副秘书长董新刚(前排右三)到天华调研，对天华工作予以肯定，并祝贺天华进入全国行业百强

2012年3月，自治区司法厅副厅长杨少华(右三)、银川市司法局局长王立新(右二)一行到天华正业通调研司法鉴定工作

2012年4月，银川市财政局局长马雪飞(左一)到天华正业通调研

2000年左右,公司工程造价人员与客户核对预算

2009年1月,公司审计人员前往山西从事审计业务

2011年3月，公司举行审计规程内部培训

2012年11月，宁夏住房和城乡建设厅到正业通工程公司检查指导工作

2002年10月，公司举行中秋联欢活动，为天华正业通首次有组织地举行大型联欢会，以后每年举行春节联欢会和节庆活动

公司每年对先进人员进行表彰，图为2002年年度总结表彰大会

2005年7月，宁夏天华会计师事务所捐资助学中宁县东台中学及周夏夏一家，捐助时期长达10年，最终全家脱贫并走上小康之路，图为捐赠仪式

2006年5月，举行天华正业通第一届职工运动会，以后每两年举办一次，现已举办五届

2008年8月，首次组织员工进行军训，团队战斗力得到提升，以后每两年举办一次

2009年7月，公司组织人员参加“正业通”杯银川市财政法规知识竞赛并获优异成绩

2010年4月，举行向青海玉树地震灾区捐款仪式，共捐款5万余元，2010年度累计捐款10万余元

2012年7月，组织公司志编撰工作，图为编委会成员合影

1990年，银川市事业行政单位预算会计制度培训班合影

2003年4月，组织员工礼仪培训活动

2005年12月,与上海财经大学联合举办的财政学研究生进修班举行开班典礼,共举办了两届

2008年9月,公司对新进人员进行公司管理制度培训

2009年8月，公司开展拓展训练

2011年7月，公司承办银川市会计学会专题讲座，公司中层管理人员及审计业务人员参加培训

2012年6月，公司组织经济责任审计专项培训

2012年11月，公司组织党员、中层管理人员学习党的十八大精神

1999年12月，正业通会计师事务所成立揭牌仪式

2002年12月，与北京天华公司签署协议，正式加入天华集团，并更名为宁夏天华会计师事务所

2009年12月，举行天华正业通成立十周年庆祝活动

2010年7月，组织支部党员到盐池革命教育基地，开展创先争优活动

2010年12月，举行宁夏天华会计师事务所工会第一届会员大会，率先在宁夏行业成立工会组织、妇女组织

4 2011年9月5日 星期一 专 版 NINGXIARIBAO 宁夏日报

强化内部治理 荣膺全国百强

——宁夏天华会计师事务所发展纪实

探索多元化经营 助力做大做强宁夏天华

党建——宁夏天华诚信品牌建设的"助推器"

企业文化是宁夏天华会计师事务所发展之基

加强内部治理 优化行业环境 力促宁夏天华和谐发展

为社会展现真实 助客户挖掘价值

祝贺单位

热烈祝贺宁夏天华会计师事务所进入全国行业百强

2011年7月，宁夏天华会计师事务所首次进入全国行业百强，当年排名第83位

2012年6月，公司举行第五届股东会董事会换届选举大会

2012年12月，天华会计师事务所党支部举行换届选举大会，王海智、何玉玲、姜伟、古妍娜当选支部委员，王海智任党支部书记

1999年12月，公司成立时在延宾东路老财校平房办公

2002年1月，联建银川市财政局办公大楼（银川市兴庆区长城东路339号）竣工，公司搬入办公

2009年9月，公司中卫分所乔迁新址（中卫市沙坡头区鼓楼南街银基2号综合楼）

2012年1月，天华正业通搬迁至房地产交易大厦新办公场所

宁夏正业通会计师事务所成立合影

宁夏天华正业通成立五周年合影

宁夏天华正业通成立十周年合影

2012年7月,天华正业通公司第5届董事会成员合影

宁夏天华正业通成立十三周年合影

2007年6月，天华正业通董事长王海智（第四排右八）被授予“宁夏第八届优秀青年企业家”称号，并与自治区领导合影

2006年宁夏优秀诚信企业

2006年度全区招标先进集体

2007年最具责任感优秀企业

2008年4月，董事长王海智（右三）作为新阶层的劳动者杰出代表，荣获银川市劳动模范

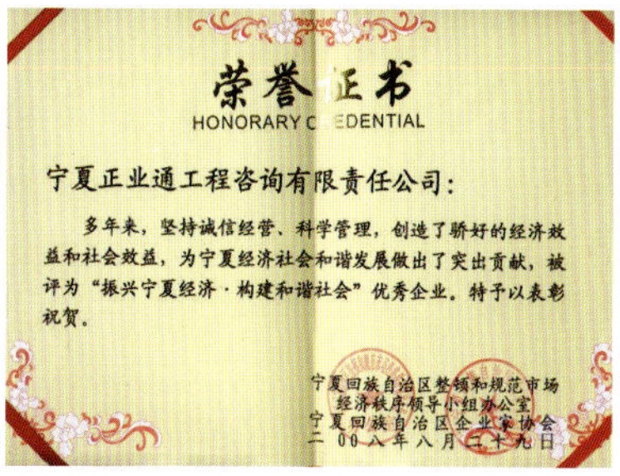

2008年振兴宁夏经济贡献奖单位

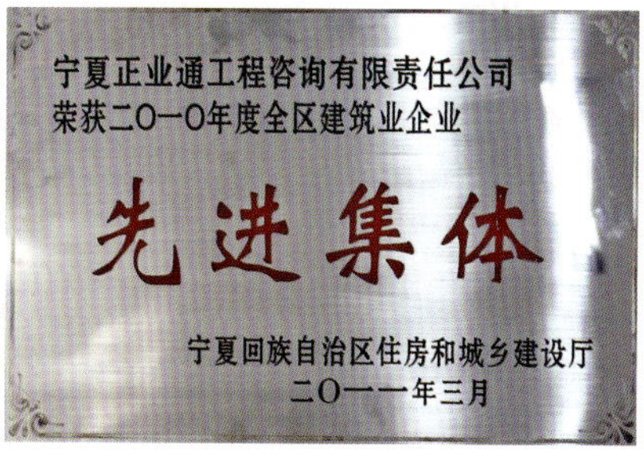

2010年度全区建筑业先进集体

2011年区社会组织党建示范点

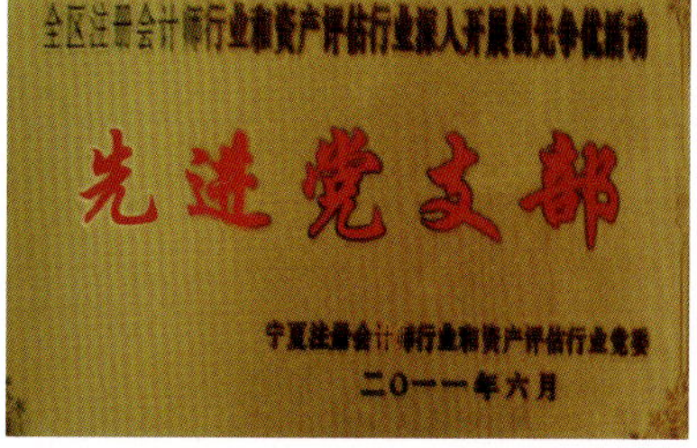

2011年全区行业创先争优先进党支部

2011年全国先进会计师事务所党支部

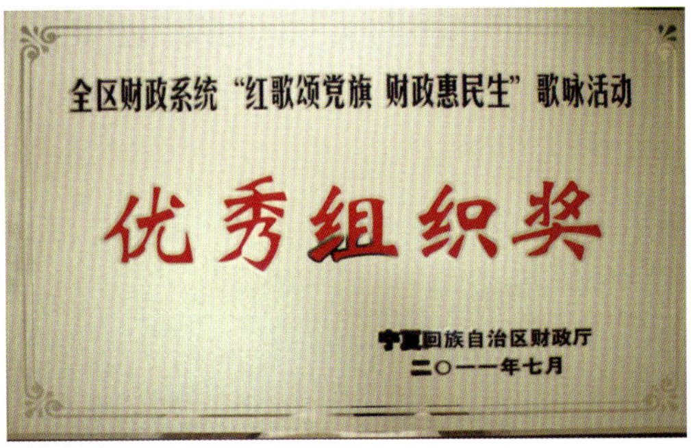

2011年全区财政系统歌咏活动优秀组织奖

2009—2010年宁夏自治区A级纳税人

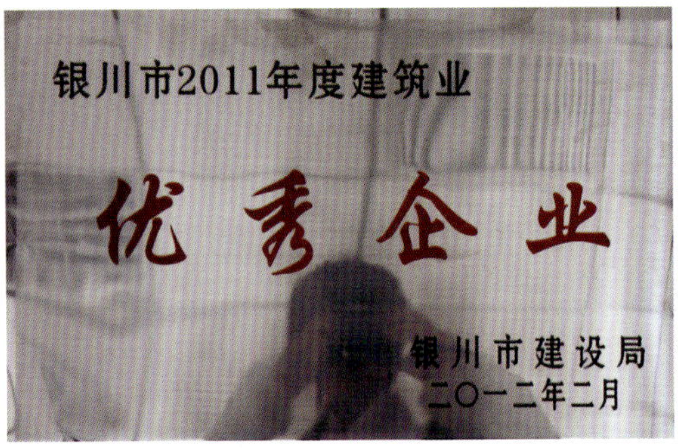

2011年度银川市建筑业先进企业

2011年度吴忠市造价管理先进单位

2012年度吴忠市造价管理先进单位

2012年司法鉴定先进集体

2012年全区第六次会计工作先进集体

目 录

概 述

宁夏居黄河上游，北倚贺兰山，南凭六盘山，黄河纵贯北部全境。宁夏建置历史悠久，经济开发领先，素有“塞北江南”之美誉。1949年9月，宁夏全境解放。同年12月23日，宁夏省人民政府成立。1954年9月，宁夏省建制撤销，银川市划归甘肃省，称银川专署。1958年10月，宁夏回族自治区成立。从此，宁夏的历史翻开了崭新的一页。2008年，在宁夏回族自治区成立50周年之际，自治区所辖银川市、石嘴山市、吴忠市、固原市、中卫市5个地级市人口总数达617.69万人，其中回族人口222.04万人，占全区总人口的35.95%。全区实现地区生产总值1098.51亿元，首次突破千亿元大关。

银川市是宁夏回族自治区的首府，是一座历史悠久的塞上古城和发展中的区域性中心城市。银川市位于宁夏平原中部，东与吴忠市盐池县接壤，西依贺兰山与内蒙古自治区阿拉善盟为邻，南与吴忠市利通区、青铜峡市相连，北接石嘴山市平罗县，与内蒙古自治区鄂托克旗相邻。其地域范围在北纬37.029′～38.053′之间，总面积9491平方公里。2012年，银川城市建成区面积107平方公里，下辖兴庆区、金凤区、西夏区、永宁县、贺兰县、灵武市，全市总人口204.63万人，其中回族人口46万人，占全市总人口的22.48%。是年，全市实现生产总值达1140.83亿元，首次突破千亿元大关。

银川自古就属商贸繁华之区，如今又是综合保税区，处于中国内陆开放型经济试验区的前沿。宁夏天华会计师事务所（有限公司）、宁夏正业通工程咨询有限责任公司、宁夏正业通资产评估有限责任公司、宁夏正业通房地产估价事务所（有限公司）就集中设在银川市中心区——金凤区。

一

宁夏天华会计师事务所前身为银川市会计师事务所，成立于1989年4月，为银川市财政局所属自收自支、独立核算事业单位。1999年12月，银川市会计师事务所改制完成，与银川市财政局脱钩，并更名为宁夏正业通会计师事务所，属自主经营、自负盈亏、自我发展的中介组织，注册资本100万元。2002年10月，宁夏正业通会计师事务所成功加入北京天华会计师事务所(集团),更名为宁夏天华会计师事务所,成为天华会计师事务所(集团)西北地区唯一成员所,注册资本增至200万元。唯此一举,打开了宁夏天华会计师事务所走向全国的窗口,企业扩大了规模,开始走向了联合。

宁夏正业通会计师事务所加入北京天华会计师事务所(集团)前后,为了更好地提供整体服务,在巩固原有业务优势的同时,先后在宁夏天华会计师事务所工程部、评估部基础上,分别成立了宁夏正业通房地产估价事务所、宁夏正业通工程咨询有限责任公司,逐步开拓、发展工程咨询及其他业务,新开拓房地产估价业务、财税顾问业务,发展基建工程预决算审计业务。新的业务收入增长点的增加与培育,为企业持续发展奠定了基础。

2004年,天华会计师事务所(集团)整体加入全球排名第八的博太国际会计师事务所集团,成为博太国际在中国地区唯一的成员所。宁夏天华会计师事务所是西北地区唯一的成员所。截至2005年,宁夏天华正业通公司已具备了注册会计师法定执业资格、房地产估价二级资质、土地估价B级资质、金融相关审计B类资格、工程造价咨询单位甲级资质、工程招标代理乙级资质,在中卫市、灵武市、吴忠市、石嘴山市、永宁县设有分支机构。全公司拥有注册会计师24人、资产评估师8人、房地产估价师9人、注册税务师7人、造价工程师10人、土地估价师13人、旧机动车辆估价师7人、房地产经纪人7人,能提供财务审计、资产评估、工程审核、管理咨询、招投标代理、验资、房地产评估和培训等全方位专业服务,在宁夏及周边地区行业声誉卓著。

2006年,宁夏正业通工程咨询有限责任公司取得工程造价甲级资质,并取得由自治区司法厅颁布的司法鉴定许可证书,正式加入中国招投标协会,成为协会企业会员。2007年,新设宁夏正业通资产评估有限责任公司。2009年,宁夏天华会计师事务所注册资本增至300万元。2011年,宁夏天华会计师事务所名列全国会计师事务所排名榜第83位,2012年又晋位到第82位,成为全国注册会计师行业实行排名制度以来宁夏首个进入百强的法人机构。截至2012年底,全公司有在职员工141人。其中,注册会计师31人,资产评估师15人,房地产估价师8人,注册税务师8人,造价工程师15人,土地估价师12人,旧机动车辆估价师7人,房地产经纪人7人,招标师3人,司法鉴定36人。由于《司法鉴定许可证》的取得,业务范围又扩大到司法鉴定领域。事务所、公司的专业优势得以凸显,品牌影响力得以提升,社会知名度得以提高,在业界的领先地位更为巩固,成为宁夏区域内执业资格最全、执业人员最多、服务范围最广的事务所。

二

1989年,银川市会计师事务所成立初,因受计划经济等因素影响,审计业务单一,主要承担银川市属国有企业会计报表审计，至1998年，全年实现审计业务收入55万元。

1999年脱钩改制后，宁夏正业通会计师事务所探索新体制运行思路，制定各项预定目标，以开拓业务巩固改制成果，当年审计业务收入突破百万元大关，实现审计业务收入137.15万元。

2001年，银广夏事件对注册会计师行业的信用造成了影响。对此，宁夏正业通会计师事务所重视执业水准的提高和职业道德建设。2002年10月，宁夏正业通会计师事务所正式加入北京天华会计师事务所（集团所）后，开始以市场为导向，以人才为纽带，使区域性事务所逐步发展成跨地区的大型事务所。

2002年5月，宁夏正业通房地产估价事务所（有限公司）成立。2003年4月又以宁夏天华会计师事务所工程部为基础新成立宁夏正业通工程咨询有限责任公司，业务范围、服务领域更为扩大，服务项目明显增多，综合业务收入连续多年实现了快速增长。

2005年，在公司董事会和行业协会的支持下，宁夏正业通工程咨询有限责任公司晋升为工程造价咨询单位甲级资质，提高了公司在社会上的影响力。公司努力开拓业务，在与吴忠市审计局建立合作关系基础上，又在吴忠行政中心、吴忠市自来水公司，以及银川经济技术开发区项目上加强合作，为今后的业务发展奠定了良好基础。

2006年，公司取得司法鉴定资质。

2007年2月，宁夏正业通资产评估有限责任公司成立，成为相对独立的专业化资产评估机构，使宁夏天华正业通公司企业的执业范围扩展到宁夏各市县区域。面对新的业务领域和服务对象，宁夏天华正业通公司正确实施新修订的审计准则、会计准则，对从业人员提出了更高的要求，制定《宁夏天华审计执业规程》，在宁夏同行执行技术业务标准中处于领先地位。与之相适应，企业加强了对执业人员的后续教育和培训，提高了从业人员控制和防范风险的意识和能力，执业质量得到保证。采取"一站式"服务方式，缩短了办事时间，提高了工作效率。同时，抓住灵武市开发建设机遇，主动出击，利用社会资源优势以及品牌优势、资格优势、人员优势、专业优势，巩固老客户，发展新客户，各项业务成绩骄人。

2008年，抓住自治区成立50周年大庆活动机遇，与许多单位建立长期合作关系，特别受银川市政府委托，银川景观水道、银川览山剧场、银川国际会展中心、银川文化艺术中心等成为公司服务的重点项目。

2011年7月，取得由财政部颁发的政府采购代理机构甲级资质，开始承接以银川市政府采购项目为主的各类采购代理项目。12月，取得由建设部颁发的工程招标代理机构甲级资质，打破了项目计划投资额的代理限制，并开始承接各类大型工程招标代理项目。

2012年，宁夏天华会计师事务所等4家企业注册登记经营场所由银川市兴庆区长城东路整体搬迁至银川市金凤区北京中路房地产交易大厦，并扩充执业队伍，加强班子建设，扩大营业范围，由原来主要以服务银川市为主，扩展到全区各市。

三

自1999年12月改制以来，企业各项工作取得了长足进步，其中内控制度的建立和完善为推动企业进一步发展奠定了良好的基础。随着企业业务发展和规模的扩大，原有的内控制度在范围、要求、可操作性、约束力上都需要作出新的补充和调整。在董事会领导下，于2001年拟定《正业通会计师事务所质量管理制度之追究制度》征求意见稿，并修订完善了其他内部管理制度，为企业发展奠定了科学管理基础。

2006年，为了加强内部治理机制建设，促进企业稳定健康发展，结合企业经营管理实际，董事会对《宁夏天华会计师事务所人事管理制度》《宁夏天华会计师事务所工薪管理制度》《宁夏天华会计师事务所工薪标准》进行了修订，并制定了《宁夏天华会计师事务所从业人员考核办法》。

2012年4月，宁夏天华会计师事务所根据国家、地区、行业“十二五”发展规划相关要求，结合自身发展实际，制定出公司2012—2015年业绩目标发展计划，规划了中期业务发展方向，确定了工作奋斗目标，对于夯实发展基础，巩固企业在行业领先地位，提高企业竞争力和凝聚力，促进企业又好又快发展具有强劲的导向作用。

四

一流的企业需要一流的人才，一流的人才来自于一流的人才开发战略。以提升员工素质为目标，招聘一批认同公司文化理念、勇于创新实践，保证公司人力资源的稳定，并满足公司经营和发展需要是人力资源开发的一项重要任务。董事会每年向社会公布招聘启事，采用公平、公正、公开的原则，通过面试、笔试等方式，招聘优秀、适用人才。对应聘人员实行试用期制度，试用期限按照法律法规和劳动合同的有关规定予以确定，试用期满前由单位进行考核，依法为员工建立社会保险，并提供相关福利待遇。对在岗员工实行年度考核，由考核领导小组负责组织实施。人力价值评估由学识水平、技术职称、执业资格、实际工作能力4个要素组成，采用自我评估、部门评估和考核领导小组评估相结合办法进行。年度考核的结果作为员工聘用、提薪、晋升、奖励、调动与教育培训等人力资源管理的依据。2012年，为了贯彻《会计师事务所、资产评估机构内部管理机制指导意见》,保持企业竞争力和持续发展能力,形成人才合理流动,经董事会研究决定,对中层管理人员的聘任全部通过竞岗程序确定。

企业培训是企业或针对企业开展的一种提高员工素质、能力、工作绩效,而实施的有计划、有系统的培养和训练活动。多年来,宁夏天华会计师事务所根据企业发展战略将培训目标与单位发展目标、行业后续教育的要求紧密结合,围绕企业发展开展全员培训,拓展培训的深度和内涵,建立培训效果与激励挂钩机制,搭建起建设学习型、知识型企业平台。企业坚持每年制订培训计划,有计划分批次安排注册会计师、造价工程师、资产评估师、房地产估价师、土地估价师等执业资格人员接受外部培训,同时有计划进行内部培训。通过培训,全面提高了从业人员的综合素质,维护了企业社会形象,保证了企业经济效益的增长。从业人员能够遵循职业道德守则和业务准则的要求执业,坚持诚信、客观、公正的原则,在执业过程中保持独立性。遵守有关行业的法律、法规和行业协会的规定,在有关部门进行的执业检查中,没有发现违规、违纪的情况。

学历教育是宁夏财会函授学校银川市分校的一项长期工作。学校克服银川市高等、中专学校较多,生源竞争激烈等困难,坚持“学历教育与培训工作并重”的办学方针,采取多种形式进行招生宣传:发动本校学员,鼓励大家继续深造;在成人高考报名前张贴招生广告,吸引生源;在报纸等媒体刊登广告或群发短信,进行咨询服务;在会计人员继续教育中动员学历低的人员进校参加学历教育,提升会计专业知识水平。

五

宁夏天华会计师事务所从业质量、业务范围、业务规模都有了飞跃式发展,得到社会各界的一致好评。企业长期立足于服务地方经济建设,坚持规范化综合经营和“以人为本”的人才发展观,以“为社会展现真实、助客户挖掘价值、携员工实现自我”为企业宗旨,倡导“树正气守规则、讲情理多沟通、重诚信善合作、勤敬业勇开拓”的企业精神,用诚信服务、优质服务和满意服务的理念回报客户,赢得了市场和客户的认可。宁夏天华会计师事务先后被自治区财政厅、宁夏注册会计师协会授予自治区先进会计师事务所,获中国地区促进会颁发的中国地区开发杰出贡献(优秀)企业奖,被中国市场学会信用工作委员会评为中国质量诚信建设示范单位,被宁夏企业家协会评为宁夏诚信企业、最具社会责任感优秀企业、创品牌构和谐优秀企业 ,被宁夏自治区地方税务局评为全区A级纳税信用企业,2012年被自治区司法厅评为全区司法鉴定先进集体,同年又被自治区人民政府授予“第六届全区会计工作先进集体”称号。宁夏正业通工程咨询有限责任公司3次被自治区建设厅评为全区工程造价咨询先进集体,两次被自治区建设厅评为全区建设工程招标代理机构先进集体,2012年又被银川市、吴忠市分别授予“建筑业优秀企业”“造价管理先进单位”称号。2010年,宁夏正业通资产评估有限责任公司被宁夏企业家协会评为宁夏诚信企业;宁夏正业通房地产估价事务所(有限公司)被自治区建设厅评为全区房地产价格评估先进单位,被宁夏企业家协会授予创优质品牌树诚信楷模优秀企业,被银川市住房保障局、银川市房地产业协会评为“诚信建设先进机构”“评估诚信机构”等称号。宁夏财会函授学校银川市分校也连续12年获得宁夏财会函授学校先进办学单位等各种殊荣。

王海智、何玉玲、贾宪宁、丁华兵、温鸿江、杜兵、马向中等企业家是企业界优秀代表人士。他们精通业务,热心服务,兼职从事社会活动,传递和扩大了企业社会影响力,提高了企业的美誉度。王海智多次获宁夏“优秀注册会计师”称号,享有“最具社会责任感杰出企业家”以及“振兴宁夏经济、构建和谐社会杰出企业家”的殊荣。2007年获宁夏“第八届优秀青年企业家”称号,2008年获“银川市劳动模范”称号。2011年又被自治区社会组织工委评为优秀共产党员。

企业的发展、员工的优秀作为,得力于企业党组织的政治核心作用和党员先锋模范作用的发挥。1999年,企业党组织成立以来,将党员及全体员工的思想道德建设工作放在首位,常抓不懈。党员的“三讲”、“三个代表”重要思想教育等专题活动以及各种形式的创先争优活动,保持了党组织及党员队伍的先进性、纯洁性,2011年6月宁夏天华会计师事务所党支部被中共中国注册会计师行业委员会授予全国先进会计师事务所党组织称号,并被宁夏社会组织工作委员会授予“全区社会组织党建示范点”。在党组织领导下,企业工会、团支部、妇联等团体开展了内容丰富、形式灵活、效果显著的各项文体活动。员工军事训练、节庆联谊团拜、职工趣味运动会、业务知识竞赛及征文摄影比赛等企业文化建设活动,丰富和活跃了员工的文化生活,增强了员工的体质,提高了团队协作水平,激发了员工的工作热情,展现了企业风貌和职工的精神风采。2013年4月共青团中国注册会计师行业委员会授予宁夏天华会计师事务所团支部“2012年度全国会计师行业五四红旗团支部”的殊荣。

企业的发展离不开社会的发展和支持,离不开员工的协作。关心职工生活、投身社会公益事业、回报社会,多年来,企业为职工提供“五险一金”保障,维护职工的利益。坚持多劳多酬的分配制度,实行工资总额同经济效益挂钩,职工工资随着综合经济效益的提高逐年增长。2012年度人均工资达106,061元。

履行社会责任,也是提高企业知名度,认知度和美誉度的有效手段。多年来,企业将扶贫帮困、捐资助学、捐献救灾等社会公益活动纳入议事日程,仅2008年5月就为四川汶川地震灾区捐款3.5万元。2010年又向甘肃玉树地震灾区捐款5万元,全年累计向社会捐款超过10万元。2011年，董事会提出了将公益与专业服务相结合的创新理念，为银川市穆斯林孤儿院、宁夏麦丽燕基金会进行公益审计，积极参与中阿论坛，用专业知识为大会提供服务。企业领导坚持以人为本的理念，每年给每位员工送上生日祝福，一个蛋糕、一个盆栽让员工感到集体的关怀；对因病住院的员工进行看望慰问，带去大家的心意，使其感受到集体的温暖；对家庭生活困难的职工家属和已经退休的老职工、老领导在新春佳节来临之际到家里直面慰问，并送上慰问金；在员工失去至爱亲人时，去家里祭奠、送花圈、送慰问金，使员工早日从失去亲人的痛苦中坚强起来；每年春节为60周岁以上的老职工送上节日的祝福；每两年坚持组织全体员工进行健康体检，增强员工的自我保健意识。截至2012年底，职工福利性支出约85.56万元，人均福利补贴6531元。投身社会公益，关心职工生活，体现了企业的价值取向，增强了企业发展的凝聚力。

自成功改制以来，宁夏天华会计师事务所走过了12年的发展历程，积累了较为丰富的发展经验，那就是改革开放、社会稳定、经济发展，为企业发展造就了宽松的环境，这是企业发展的社会基础；企业改制和体制改革，企业资本结构、组织形式和经营管理模式的改变，为企业发展创造了条件，使企业迎来了新的机遇和挑战，这是企业在客观上适应了新的发展过程；高层、中层企业领导重视企业的发展，持续改善企业的竞争环境，积极应对多元市场需求，提供多元化市场服务，维护企业的发展利益，这是企业在同行业中跻身全国百强，在宁夏处于领先地位的关键所在；广大从业人员积极参与，敢于迎接挑战，勇于认识工作中的不足，善于取长补短协力合作，以主人翁的姿态积极为企业的发展建言献策，充分体现了员工积极向上的精神面貌和与时俱进发展创新的综合素质，这是企业的最大财富。另外，企业在质量管理和综合服务水平，以及企业文化建设等方面，也有许多个性经验，值得总结，自我借鉴。

今后公司将按照“十二五”发展规划，继续加强企业建设，继续在扩大规模、提高业务质量、提高市场占有率上狠下功夫，确保在业界的领先地位。

大事记

1984年

5月，银川市财政经济干部学校成立，为科级事业单位。同年10月更名为银川市财经干部学校。

1985年

4月，自治区人民政府批准成立宁夏财会函授学校。

1986年

12月，中华会计函授学校宁夏分校成立，与宁夏财会函授学校两块牌子、一套班子，在银川市的办学单位为银川市财经干部学校，由银川市财政局直接领导。

1987年

8月27日，宁夏财会函授学校银川函授辅导站正式成立，张维汉任站长。该站挂靠银川市财经干部学校。

1988年

11月，银川市财政局申请设立银川市会计师事务所。

1989年

4月，银川市编制委员会批准成立银川市会计师事务所，为银川市财政局所属自收自支、独立承办注册会计师业务的事业单位。李保重首任银川市会计师事务所所长。

8月，宁夏注册会计师协会成立。

是年，银川市会计师事务所工程部成立。

1990年

1月22日，银川市会计师事务所参加银川市首届会计知识大赛。

1991年

是年,银川市会计师事务所承办全市325家国营、集体企业和实行独立核算的197家行政事业单位委托的业务。

1992年

是年,银川市在宁夏首开拍卖国有企业先例,银川市会计师事务所承接了国有商业企业的资产评估工作。

1993年

1月,银川市会计师事务所承接银川信托投资公司会计报表检查验证业务,为事务所承接的第一笔金融业会计报表检查验证业务。

1994年

1月,银川市财政局副局长何登虎兼任银川市财经干部学校校长,张怀萱任副校长。

1995年

8月,银川市会计师事务所所长李保重被银川市人民政府授予全市"会计工作先进工作者"称号。

1996年

1月1日,银川市会计师事务所首批实行独立审计准则。

10月25日,银川市会计工作达标上等级评审委员会成立,银川市财政局局长陈舜贞任主任。

1997年

12月22日,银川市基本建设工程预决算审查中心成立,与银川市会计师事务所为两块牌子、一套班子。银川市会计师事务所主任王海智兼任中心主任。

1998年

3月30日,经银川市财政局批准,成立银川市资产评估中心,为银川市会计师事务所内设机构。

是年,银川市会计师事务所所长王海智获宁夏"优秀注册会计师"称号。

1999年

3月，银川市会计师事务所被自治区财政厅评为全区注册会计师行业先进集体。

5月11日，银川市财政局拟定《银川市会计师事务所脱钩改制方案》，要求于当年9月30日前与银川市财政局完成改制脱钩任务。

是月，银川市会计师事务所脱钩改制领导小组成立，市财政局局长周光禄任组长，市财政局副局长何登虎、银川市会计师事务所所长王海智任副组长。

7月1日，银川市财政局批复同意银川市会计师事务所脱钩改制领导小组制定的《银川市会计师事务所脱钩改制方案》。

7月28日，银川市机构编制委员会研究决定，银川市财经干部学校整建制并入银川市会计师事务所，对外称宁夏财会函授学校银川市分校，对内称宁夏正业通会计师事务所培训部。

9月27日，银川市会计师事务所脱钩改制领导小组副组长王海智主持召开出资人会议，讨论通过《宁夏正业通会计师事务所章程》《宁夏正业通会计师事务所出资人协议》，标志着宁夏正业通会计师事务所第一届股东会正式成立。

9月29日，宁夏正业通会计师事务所举行第一届股东会，选举王海智为主任会计师、法定代表人，选举杜兵、何玉玲为副主任会计师。

10月12日，宁夏宏源会计师事务所出具验资报告，宁夏正业通会计师事务所由12人出资100万元，其中王海智最高出资15万元。

11月，宁夏正业通会计师事务所党支部成立，隶属于银川市财政局党组，王海智任支部书记。

12月16日，银川市会计师事务所成功改制为宁夏正业通会计师事务所，成为自主经营、自负盈亏、自我发展的中介组织。宁夏注册会计师协会会长易昌元、自治区及银川市财政、审计等主管部门领导出席成立大会。

12月19日，银川市会计师事务所正式注销。

是年，宁夏正业通会计师事务所实现审计业务收入137.15万元。

2000年

1月28日，宁夏正业通会计师事务所贺兰县工作站成立，后更名为宁夏正业通会计师事务所贺兰分所。

4月8日，在中卫县审计事务所基础上新设宁夏正业通会计师事务所中卫分所。

5月19日，在永宁县审计事务所基础上新设宁夏正业通会计师事务所永宁分所。

6月，宁夏正业通会计师事务所参加“正业通杯”银川市第二届会计知识大赛，获集体二等奖和组织奖。

10月，宁夏正业通会计师事务所在全区同行业中率先开通网站。

是年，宁夏正业通会计师事务所实现各类业务收入400余万元。

是年，王海智获宁夏“优秀注册会计师”称号。

是年，宁夏财会函授学校银川市分校招收中专学生83人，此为历年函授中专班招生人数最多的一年。

2001年

3月23日，宁夏正业通会计师事务所被自治区财政厅评为全区注册会计师、注册资产评估师行业先进集体。

4月10日，宁夏正业通会计师事务所印发关于调整中卫分所管理办法的通知，正式执行新修订的《宁夏正业通会计师事务所分所管理办法》。

“五一”期间，宁夏正业通会计师事务所组织员工赴延安参观考察，开展革命传统教育活动。

5月7日，宁夏正业通会计师事务所印发通知，对修订和完善各项内控制度作了安排。

5月23日，宁夏正业通会计师事务所印发通知，征求对《正业通会计师事务所职业道德和工作守则》等8项制度的修订意见。

是月，宁夏正业通会计师事务所与自治区政协、各民主党派举行座谈会，讨论当前注册会计师行业的现状及发展形势。

6月29日，宁夏正业通会计师事务所作出决定，对万竹英、晋德喜、陈娟3个先进业务组，闫树静等4名先进个人进行表彰奖励。

“七一”期间，宁夏正业通会计师事务所党支部组织党员开展“党员奉献日”活动。

7月1日，自本日起，宁夏正业通会计师事务所培训部终止执行《目标管理责任协议》。

9月19日，宁夏正业通会计师事务所印发《中卫分所工薪管理制度》，从当年7月1日起执行。

“十一”期间，宁夏正业通会计师事务所组织员工开展以“重走长征路、重登六盘山”为主题的登山比赛等系列活动。

10月8日，宁夏正业通会计师事务所印发《关于做好〈工作日志〉的通知》，自本年10月1日起执行。

12月8日，宁夏正业通会计师事务所决定注销贺兰县工作站。

是年，宁夏正业通会计师事务所取得金融企业审计资质、大中型企业审计资格。

是年，修订、制定业务、行政、人事三类24项规章制度，自7月1日起执行。

是年，丁华兵被共青团银川市直属机关工委评为银川市青年岗位能手。

年底，位于银川市兴庆区延宾东路的宁夏正业通会计师事务所新办公楼建成并投入使用。

2002年

1月9日，宁夏正业通会计师事务所作出决定，对审查中心1个先进集体、吴瑞津等13名先进个人进行表彰奖励。

1月30日，姜伟被共青团银川市委员会评为银川市青年岗位能手。

2月2日，宁夏正业通会计师事务所被中国地区开发促进会授予“中国地区开发杰出贡献优秀企业”称号。

5月23日，宁夏正业通房地产估价事务所注册成立，注册资本100万元，马向中任法定代表人。

是月，实施第二届董事会换届工作，董事会由22名出资人组成。

是月，经董事会研究决定，以重奖方式提倡从业人员参加土地估价师资格考试。

6月，宁夏正业通房地产估价事务所取得房地产估价三级资质。

7月24日～26日，宁夏注册会计师协会秘书处组织检查组，对宁夏正业通会计师事务所执业情况实施检查。

9月2日，宁夏正业通会计师事务所印发通知，征求对《宁夏正业通会计师事务所质量管理制度之追究制度》的修订意见。

10月15日，宁夏正业通会计师事务所组织员工开展以“长城作证·爱心永存·关注未来·救助孩子”为主题的慈善活动，当日捐款4160元。

10月25日，宁夏正业通会计师事务所正式加入北京天华会计师事务所（集团），成为天华会计师事务所西北唯一成员所，并更名为宁夏天华会计师事务所。

是月，宁夏正业通会计师事务所党支部更名为宁夏天华会计师事务所党支部。

11月8日，宁夏天华会计师事务所党支部组织全体员工观看中共十六大开幕盛况。之后，组织员工参加银川市市直机关“欢庆十六大”歌咏比赛活动。

12月30日，宁夏天华会计师事务所作出决定，对基建工程部1个先进集体、施明星等8名先进个人进行表彰奖励。

是月，宁夏天华会计师事务所号召员工参加银川市财政局机关党委组织开展的扶助贫困户捐款活动。

是年，公司董事会成员坚持每年到银川回民二小、中卫市东台乡周夏夏家庭等定点扶贫点开展慰问帮困活动，成为定制。

是年，王海智获银川市首届优秀企业家称号。

是年，宁夏天华会计师事务所颁布《宁夏天华会计师事务所从业人员年度考核办法》。

2003年

1月1日，宁夏天华会计师事务所正式执行与北京天华会计师事务所（集团所）接轨的质量标准。

3月9日，宁夏天华会计师事务所取得金融企业审计B类资质。

3月28日，宁夏天华会计师事务所向宁夏注册会计师协会上报《2003年注册会计师及相关职业资格后续教育培训计划》。

4月初，邀请北京天华资产评估公司专业人员，为员工讲解评估软件的操作及评估管理规范，对审计、评估从业人员进行培训。

是月，宁夏正业通工程咨询有限责任公司成立，王海智任公司法定代表人，注册资本金100万元。

是月，组织全体员工开展礼仪培训活动。

5月中旬，为审计、评估从业人员举办WORD、EXCEL电子表格及计算机网络培训。

是月，对全所从业人员2002—2003年度的工作情况进行一次全面、公开、公正的考核。

6月上旬，组织审计人员参加《独立审计准则》有关业务知识的学习培训。

6月28日，北京天华会计师事务所（集团所）派合伙人王玮到银川，指导金融企业审计工作。

是月，宁夏天华会计师事务所被宁夏经济振兴促进会授予“重诚信单位”称号。

是月，宁夏天华会计师事务所开展结对子帮扶活动，先后为中卫县东台乡东台学校的周银、周夏夏兄妹捐款8500元，为银川市兴庆区回民二小马琛等10名同学捐款8400元，帮助他们完成学业。

是月，聘请金融业务专家，为员工讲授金融企业会计制度、商业银行核算办法、金融企业审计技巧。

7月，宁夏天华会计师事务所承接石嘴山市城市信用社的清产核资业务，为开拓金融相关审计业务扩宽了道路。

是月，宁夏财会函授学校银川市分校与上海财经大学联合举办的首届财政学研究生班正式开学。

9月13日，北京天华会计师事务所（集团所）派金融企业审计部经理赵翌到银川，指导内部控制制度的穿行测试、符合性测试与实质性测试等业务进行现场指导。

10月30日，宁夏天华会计师事务所在《银川晚报》首次发布员工招聘信息。

11月下旬，组织全体员工聆听职业道德教育专题讲座，组织审计人员参加《施工企业会计制度》《企业会计制度》学习培训。

是月，宁夏天华会计师事务所与宁夏正中信会计师事务所签订合并协议。

12月20日，宁夏正业通房地产估价事务所（有限公司）被自治区建设厅评为全区房地产价格评估先进企业。

是月，宁夏天华会计师事务所加入世界第八大会计师事务所——博太国际会计师事务所集团（简称“博太国际”），成为“博太国际”的成员所。

是年，宁夏正业通房地产估价事务所对房地产估价报告实行三级复审制度。

是年，宁夏天华会计师事务所注册资本增至200万元。

是年，贾宪宁被自治区建设厅评为全区建设工程造价管理工作先进个人。

是年，宁夏正业通工程咨询有限责任公司取得工程招投标代理暂定级资质，开始承接总投资6000万元以下的工程建设项目招标代理工作。

是年，罗立邦被银川市直机关评为青年岗位能手。

是年，公司中层副职岗位竞聘上岗制度实施。

2004年

1月1日，宁夏天华会计师事务所作出决定，对基建工程部等4个先进集体、陈晓梅等9名先进个人进行表彰奖励。

1月5日，宁夏天华会计师事务所承接银川市商业银行股份有限公司年度会计报表审计工作，至2月28日完成此项工作。

1月15日，宁夏天华会计师事务所印发通知，对《工薪标准》执行过程中部分不明条款作了补充完善。

是月，宁夏天华会计师事务所与北京天华会计师事务所（集团所）联合参与东风汽车、北京地铁、山西电力、西开股份、沙陇股份、武汉妙士、华亭煤业集团等上市公司及部分经营上规模的大公司年度会计报表审计业务，至9月结束，取得合作收入44万元。

是月，按照年薪与月薪相结合和多劳多得原则，调整工薪标准，保证最低收入。2007年5月再次调整员工工薪标准。

3月19日，宁夏正业通工程咨询有限责任公司取得工程招投标代理乙级资质，开始承接市内外计划投资1亿元以下的各类工程招标代理业务。

是月，增发员工医疗补助。

4月，宁夏正业通房地产估价事务所取得土地估价B级资质。

“五一”长假期间，组织全体员工到山东半岛旅游观光。

5月，宁夏天华会计师事务所对业务部门进行新的调整，分设审计部、工程部。

6月，宁夏天华会计师事务所建立高管人员目标责任制。

7月，天华会计师事务所集团成员所第四次代表大会在银川举行。宁夏天华会计师事务所为天华会计师事务所设在西北地区的唯一分支机构。

9月20—25日，自治区财政厅监督检查局统一安排检查组，对宁夏天华会计师事务所执业质量情况实施检查。

9月30日，宁夏天华会计师事务所决定新设灵武分所。

是月，宁夏天华会计师事务所选派5人参加北京天华总部举办的审计助理人员培训活动。

10月8日，宁夏正业通工程咨询有限责任公司被中国市场学会信用工作委员会评为宁夏首批中国质量诚信建设示范单位。

是月，为全体员工进行健康体检。

11月，在北京天华集团所的支持下，宁夏天华会计师事务所承担宁夏注册会计师协会第四期后续教育培训任务。

12月10日，宁夏财会函授学校银川市分校与上海财经大学联合开办的财政学专业首届研究生进修班学员正式结业。同时举行第二届研究生班开学典礼仪式。

是日，上海财经大学公共经济与管理学院、宁夏财会函授学校银川市分校联合授予水莉莉"财政学专业研究生进修班优秀班主任"称号。

是月，宁夏天华会计师事务所制定《共同基金管理办法》。

是年，宁夏正业通工程咨询有限责任公司被自治区建设厅评为全区建设工程招标代理机构先进单位。

2005年

1月1日，宁夏天华会计师事务所作出决定，对审计部等2个先进集体、章翾等7名先进个人进行表彰奖励。

是日，经董事会研究决定，首设职业道德风尚奖，并对贾宪宁等6人进行通报表彰。

1月21日，宁夏正业通工程咨询有限责任公司被银川市企业家协会评为诚信企业，贾宪宁被评为诚信企业家。

是月，宁夏正业通房地产估价事务所受北京天华会计师事务所委托，对西北片建设银行系统房屋租赁价格进行市场调查。

是月，宁夏天华会计师事务所党支部组织全体党员开展保持共产党员先进性教育活动，至6月结束。

2月7日，公司举行年终总结暨春节联欢会。

2月17日，宁夏正业通工程咨询有限责任公司转发《工程造价咨询业务操作指导规程》《工程造价咨询单位执业行为准则》《造价工程师职业道德行为准则》。

是月，宁夏正业通工程咨询有限责任公司、宁夏正业通房地产估价事务所配合银川市财政局到福州市、深圳市进行房地产评估。

4月，自治区政协领导到公司调研。

是月，宁夏正业通工程咨询有限责任公司被自治区建设厅授予全区建设工程招标投标工作先进集体。

5月，宁夏正业通房地产估价事务所(有限公司)被银川企业家协会评为科学管理、持续发展优秀企业。

是月，王海智、贾宪宁、徐万军、马丽霞4人被银川市发展和改革委员会聘为重大行政决策咨询专家。

2005年“五一”长假期间，组织员工到内蒙古、山西、河北(西柏坡)旅游观光。

6月4—5日，宁夏天华会计师事务所发展研讨会在中卫市召开。

6月27—28日，宁夏正业通工程咨询有限责任公司总经理贾宪宁随自治区造价管理站领导赴大连参加亚太区工料测量师协会第九届年会。

7月1日，宁夏正业通房地产估价事务所抽调3人进驻银川税务大厅，专门对涉税房地产进行估价。

7月7日，宁夏正业通工程咨询有限责任公司取得工程造价咨询单位甲级资质。

7月12日，宁夏天华会计师事务所在银川市“正业通杯”财政法规知识大赛中获集体二等奖。

8月28日，李海清在全区财政法规知识电视大赛中获“最佳选手”称号。

10月，宁夏天华会计师事务所组织注册资产评估师5人参加中国资产评估协会在兰州举办的继续教育培训班。

11月21—27日，王海智、贾宪宁、丁华兵前往湖南长沙考察财政评审工作及湖南天华公司内部管理工作。

12月，公司董事会成员到定点扶贫点，对周夏夏及其家人进行慰问。

2006年

1月1日，宁夏天华会计师事务所作出决定，对审计部等2个先进集体、罗立邦等8名先进个人进行表彰奖励。

是日，马向中等7人获公司道德风尚奖，陈晓梅、李海清获特别贡献奖。

1月13日，宁夏正业通工程咨询有限责任公司被银川市企业家协会评为“创品牌构和谐优秀企业”，温鸿江被评为“杰出企业家”。

2月，自治区财政厅副厅长宋立忠，宁夏注册会计师协会秘书长张茵等到宁夏天华会计师事务所开展慰问活动。

3月24日，宁夏天华会计师事务所在全区注册会计师、注册资产评估师行业财务会计报表工作中获二等奖。

4月12日,《宁夏天华会计师事务所2006年股东会、董事会换届办法》发布实施。

4月15日,召开第三届股东会,审议董事会工作报告,确定股东会出资人。

是月,宁夏正业通工程咨询有限责任公司被自治区建设厅授予全区建设工程造价管理工作先进集体。徐万军被评为第三届银川市优秀青年企业家。

是月,实施董事会换届选举及出资人进入与退出工作,进一步优化经营领导班子和出资人人力资源结构。

5月11日,宁夏天华会计师事务所发布施行《宁夏天华会计师事务所人事管理制度》《宁夏天华会计师事务所工薪管理制度》《宁夏天华会计师事务所工薪标准》及《宁夏天华会计师事务所从业人员考核办法》。

5月26日,在黄河东岸龙泉度假村举行首届职工运动会。

6月,公司举行主要管理人员近3年(2003—2005年)工作述职报告会和部门副职竞聘上岗会,同时对全体从业人员进行业务考核。

7月,企业内部专刊《历程》创刊,董事长王海智发表《继往开来》一文,为代序言。

8月24日,宁夏天华会计师事务所被宁夏企业家协会授予"宁夏优秀诚信企业"称号,杜兵获宁夏诚信企业家称号。

是月,何玉玲被宁夏企业家协会授予宁夏优秀诚信企业家称号。

10月20日,土地估价师远程继续教育培训工作结束,学习40个学时。

12月18日,举行宁夏天华会计师事务所成立7周年庆典活动,邀请中国人民大学著名教授孙健升作"阳光心态"讲座。

12月26日,宁夏天华会计师事务所印发通知,实施《共同发展基金制度(2006年12月修订)》。

是年,宁夏正业通房地产估价事务所采取"一站式"服务方式,缩短办事时间,提高工作效率。

是年,宁夏正业通房地产估价事务所抓住灵武地区开发建设机遇,初次参与土地拍卖评估。

是年,宁夏财会函授学校银川市分校获宁夏财会函授学校先进办学一等奖。该校连续5年先进获办学一等奖。

是年,在宁夏同行中首家制定《宁夏天华审计执业规程》,在区内同行执行技术业务标准中处于领先地位。

2007年

1月1日,公司作出决定,对马明等7名先进个人进行表彰奖励。

是日,杜茂珍等6人获公司特殊贡献奖。

是日，中国注册会计师执业准则正式施行。

1月9日，公司作出决定，对工程部等3个先进集体进行表彰奖励。

是日，林建江、宿俊英获公司道德风尚奖。

1月30日，宁夏天华会计师事务所被宁夏企业家协会评为最具社会责任感优秀企业，董事长王海智被评为最具社会责任感杰出企业家。

春节前夕，为员工统一定制服装，组织员工开展集体联欢活动。

3月7日，公司员工参加银川市财政系统庆祝“三八”妇女节联欢会。

3月13日，宁夏正业通工程咨询有限责任公司被自治区建设厅评为全区建设工程招标代理机构先进单位。

3月14日，自治区财政厅下发文件，批复同意在宁夏天华会计师事务所评估部基础上成立宁夏正业通资产评估有限责任公司。

4月3日，自治区党委常委、银川市委书记崔波到公司调研。

4月12日，宁夏天华会计师事务所在全区会计师事务所、资产评估机构财务会计报表工作中获三等奖。

是月，王海智获宁夏“第八届优秀青年企业家”称号。

5月，宁夏天华会计师事务所在银川市会计知识大赛中获组织奖。

6月29日，公司举行年度员工考核总结大会。

是月，组织员工到云南旅游观光。

7月1日，宁夏天华会计师事务所党支部组织党员、中层管理人员赴银川市看守所开展党建警示教育活动，并捐赠慰问金1万元。

是日，宁夏天华会计师事务所党支部组织党员参加银川市党员义务劳动。

8月13日，王海智、何玉玲等5人参加中国法学会在乌鲁木齐举办的《企业破产法》与破产管理人司法解释与适用专题讲座。

9月上旬，公司在中卫市举行第二届职工趣味运动会，共设13个比赛项目。

10月30日，宁夏天华会计师事务所开展团队协作内部培训活动，再次邀请孙健升教授作主题报告。

12月19日，举行宁夏天华会计师事务所成立8周年庆典活动，第三次邀请孙健升教授作以“营造和谐，快乐生活”为题的主题讲座。

是月，李召霞、马明获第三届全国会计知识大赛宁夏赛区个人三等奖。

是年，有8人次通过各类执业资格考试。

2008年

1月1日，宁夏天华会计师事务所作出决定，对审计部、办公室2个先进集体、李丽红等9名先进个人进行表彰奖励。

3月，自治区党委组织部领导到宁夏天华党支部调研，对企业党建工作给予高度评价。

4月28日，王海智获"银川市劳动模范"称号。

5月中旬，四川汶川大地震发生后，宁夏天华会计师事务所党支部在第一时间组织党员、员工开展捐献活动，先后3次共捐款4万多元。

6月30日，公司举行年度考核总结会。

是月，宁夏天华会计师事务所党支部组织党员参加银川市党员奉献日活动。

8月8日，宁夏天华会计师事务所党支部组织45周岁以下员工进行为期一周的首次军事训练，并开展军训征文活动，有18篇文章分获一、二、三等奖。

8月29日，宁夏正业通工程咨询有限责任公司被宁夏企业家协会授予"振兴宁夏经济·构建和谐社会"优秀企业，王海智被授予"振兴宁夏经济·构建和谐社会"杰出企业家。

9月5—6日，公司对新招聘的16名员工进行内部管理制度培训，董事长王海智授课。

11月14日，宁夏注册会计师协会第五次会员代表大会、宁夏资产评估协会第一次会员代表大会召开。

12月，中共宁夏注册会计师行业委员会、纪律检查委员会成立。

是年，宁夏正业通工程咨询有限责任公司加入中国建设工程造价管理协会。

是年，北京天华会计师事务所(集团)解体，宁夏天华会计师事务所继续保持稳步发展。

是年，固原正业通咨询服务有限公司成立。

是年，在银川、中卫、固原3市举办3期房地产企业的会计制度培训班。

2009年

1月16日，公司作出决定，对审计部、工程部2个先进集体，陈晓艳等11名先进个人进行表彰奖励。

是日，古妍娜等6人获公司特别贡献奖，马明、秦月华获道德风尚奖。

3月，宁夏正业通工程咨询有限责任公司被自治区住房和城乡建设厅评为全区招投标管理工作先进集体。

5月，宁夏天华会计师事务所注册资本增至300万元。

是月，选举产生第四届股东会，由19名出资人组成。

8月6日，宁夏注册会计师协会举行成立20周年座谈会。

8月16日，邀请中华企业人才培训学院高级讲师、聚成企业管理咨询集团讲师万玲女士作以"感恩、惜福、欢喜心"及"责任胜于能力"为题的主题讲座。

是日，对新招聘的人员进行内部管理制度培训。

是月，公司在中卫沙坡头举办第三届职工运动会。

9月，宁夏天华会计师事务所党支部组织党员、入党积极分子赴延安接受革命传统教育。

是月，宁夏正业通工程咨询有限责任公司被浙江大学中国西部发展研究院评为宁夏诚信建设突出贡献企业。

11月，宁夏正业通工程咨询有限责任公司被宁夏企业家协会评为宁夏诚信建设突出企业。

12月19日，举行宁夏天华会计师事务所成立10周年庆典活动。

是年秋，组织员工在宁夏拓展中心开展拓展训练。

是年，宁夏正业通房地产估价事务所重新修订房地产估价报告三级复审制度。

是年，招投标业务实现以政府项目为主向社会项目转型，工程全过程管理实现新突破。

是年，宁夏天华正业通公司将核心层治理与专业队伍建设相结合，实施第四届董事会、监事换届选举及股东退出、进入工作。

是年，安排4人参加EMBA教育学习。

2010年

2月9日，宁夏天华会计师事务所作出决定，对审计部、工程部2个先进集体，姜伟等10名先进个人进行表彰奖励。

是日，温鸿江、林建江获宁夏天华正业通公司特殊贡献奖，秦月华、王冬梅获道德风尚奖。

3月，宁夏天华正业通公司组织员工参加全区财政系统庆祝“三八”妇女节100周年文艺会演。

4月，甘肃玉树震灾发生后，公司组织开展捐款活动，现场捐款5万元，累计捐款10万元。

5月，宁夏天华会计师事务所党支部制定方案，率先在宁夏注册会计师行业内开展创先争优活动，并明确提出“三争先”目标。

5月28日，宁夏天华会计师事务所党支部印发开展创先争优活动情况第一期简报。

是月，宁夏天华会计师事务所党支部聘请自治区财政厅原党组书记、厅长邓炎辉为党建指导员。

6月，组织全体员工参观在上海举办的“世博会”，并开展“世博”征文、摄影比赛活动。

7月初，公司在银川市盈南村生态园举行第四届职工运动会。随后选送队员参加全区财政系统运动会，有3人次在全区财政系统运动会上取得比赛名次。选送贾宪宁参加中国注册会计师协会举办的“诚信杯”全国乒乓球比赛。

7月16日，宁夏正业通工程咨询有限责任公司被宁夏企业家协会评为区域品牌建设优秀企业。贾宪宁被评为优秀企业家。

是月，宁夏正业通资产评估有限责任公司被宁夏企业家协会评为宁夏诚信企业。

是月，宁夏天华会计师事务所党支部组织党员到革命老区盐池县开展革命传统教育和主题党日教育活动。

9月，公司对新进员工进行入职培训。

10月，宁夏正业通房地产估价事务所根据银川市地方税务局将金凤区、西夏区纳入到税基估价范围内的委托要求，通过现场勘察、调查和科学的价格分类、估价测算及平衡验证等程序，历时近3个月，按照约定的时间提交了税基估价的初稿。

是月，公司组织部门副职岗位竞聘，12个副职岗位全部由竞聘产生。

11月，举行"西部大开发与天华正业通发展"研讨会。有9名作者的文章作为会议交流材料收入2010年编辑的《历程》中。

12月4日，公司举行首届工会成立大会，率先在宁夏行业中成立工会组织。

12月19日，公司在银川悦海宾馆举行以"心怀感恩，永续前进"为主题的客户答谢会，社会各界人士300多人应邀参加了会议。

是月，宁夏天华会计师事务所被宁夏企业家协会授予"西部大开发建设优秀企业"称号。

是月，何玉玲被宁夏企业家协会评为西部大开发十周年杰出贡献企业家。

是年，宁夏正业通工程咨询有限责任公司注册资本金增至500万元。

是年，全面系统修订《人事类管理制度》《行政类管理制度》《福利薪酬制度》，新制定《大部门管理制度》《分业务类型的系统流程管理制度》及《员工守则》等。本次修订、制定的制度有30余项，于2011年1月1日施行。

是年，公司年收入达2434.18万元。

2011年

年初，宁夏正业通工程咨询有限责任公司被吸收为中国招标投标协会企业会员。

1月17日，宁夏天华会计师事务所开展的"世博征文比赛、世博摄影比赛"活动评选结果揭晓，共有20名作者的20篇作品获征文比赛一、二、三等奖，16名作者的16幅作品获摄影比赛一、二、三等奖。

1月22日，宁夏天华会计师事务所党支部举行党员集中点评创先争优工作会议。党建指导员邓炎辉等20余人参加会议，党支部书记、董事长王海智主持点评。

1月28日，公司作出决定，对工程部、固原分所2个先进集体，王自芳等10名先进个人进行表彰奖励。

是日，闫树静等4人获特殊贡献奖，陆静、张兰芹获道德风尚奖。

春节前夕，公司工会首次策划举办全员迎新春联欢会。

2月1日，2010年度工作总结表彰暨2011年春节联欢会在银川黄河明珠大酒店多功能厅举行。王海智作年度工作总结,2个先进集体及10名先进个人受到表彰。

3月8日下午,公司工会邀请银川市人民医院心理医师,对全体员工进行心理健康教育培训。

3月14日,宁夏天华会计师事务所被自治区社会组织工委命名为自治区级社会组织党建示范点。

3月22日下午,自治区创先争优督导检查组组长、自治区党委宣传部副部长房全忠,带领自治区创先争优办公室一行4人,在自治区社会组织工委专职副书记张成军,自治区财政厅党组成员、宁夏注会行业党委书记王本仁,宁夏注协秘书长尤学梅等领导的陪同下,莅临宁夏天华会计师事务所指导创先争优工作。

3月23日,宁夏正业通工程咨询有限责任公司在全区建筑管理工作会议上,被授予全区建筑业企业先进集体。

是月,宁夏正业通房地产估价事务所(有限公司)被银川市住房保障局、银川市房地产业协会评为诚信建设先进机构。

4月6日,董事长王海智主持召开2011年第一季度工作总结会议。

4月21日,全区建设工程造价员执业资格考试结果揭晓,宁夏正业通工程咨询有限责任公司7人通过考试。

4月24日,宁夏天华会计师事务所党支部副书记何玉玲参加中央党校中央国家机关分校财政部注册会计师行业党员骨干(处级)第二期进修班,接受为期3个月的培训。

5月20日,中国注册会计师协会创先争优综合评价检查组莅临银川,核查宁夏天华会计师事务所2010年度综合评价数据填列工作。

5月29—6月4日,分两批组织90多名党员、员工赴井冈山接受革命传统教育。

6月11日,全区注册会计师行业和资产评估行业创先争优表彰暨纪念建党90周年红歌汇演在宁夏武警礼堂举行,宁夏天华会计师事务所党支部获“全区注册会计师行业和资产评估行业深入开展创先争优活动先进党支部”称号,何玉玲、李海清、姜伟、邓炎辉4人获“全区注册会计行业优秀共产党员”及“优秀党务工作者”称号;宁夏天华会计师事务所80名员工组成的合唱团演唱的《歌唱祖国》《长征组歌》获一等奖。

6月24日,公司召开2010—2011年度从业人员年度考核总结会议。

6月27日,中国注册会计师行业党委在北京召开注册会计师行业庆祝建党90周年先进党组织表彰大会暨事迹报告会,宁夏天华会计师事务所作为全区注册会计师行业唯一受表彰单位,荣获“全国先进会计师事务所党组织”称号。

夏季,宁夏天华会计师事务所先后组织员工在内蒙古阿拉善盟南寺、四川峨眉山开展登山比赛活动。

7月1日下午,宁夏天华会计师事务所党支部组织党员、团员、青年员工近40人,在贺兰山滚钟口开展以“讲党史,保持忧患意识;攀高峰,岗位奋发有为”为主题的党日活动。

是日，宁夏正业通工程咨询有限责任公司取得政府采购代理机构甲级资质，开始承接以银川市政府采购项目为主的各类采购代理项目。

7月8日，宁夏天华会计师事务所党支部组织党员及中层以上管理人员学习胡锦涛总书记“七一”讲话。

7月11日，举行大部门管理推进研讨会，为完善大部门内部组织机构、明确项目负责人质量控制责任、规范出具报告程序、设立专人负责出具报告、重大项目建立标准电子档案等创造了条件。

7月12日，宁夏天华会计师事务所党支部作出决定，授予贾宪宁等3人“优秀共产党员”称号，授予古妍娜“优秀党务工作者”称号。

7月18日，全区2011年度建设工程招标代理机构从业资格考试结果揭晓，共有237人取得招标代理机构从业资格，其中宁夏正业通工程咨询有限责任公司10人通过考试。

7月22日，何玉玲被中共中国注册会计师行业委员会评为中央党校中央国家机关分校财政部注册会计师行业党员骨干（处级）第二期进修班学习积极分子。

7月22—29日，宁夏天华正业通公司在宁夏军区教导大队开展为期一周的封闭式军事化训练及征文活动，共78人参加，有10名员工的作品获优秀奖。

7月25日，中国注册会计师协会公布《2011年会计师事务所综合评价前百家信息》，宁夏天华会计师事务所位列第83名，成为宁夏首家进入全国行业百强的会计师事务所。

是月，宁夏天华会计师事务所在全区财政系统“红歌颂党旗，财政惠民生”歌咏比赛活动中获优秀组织奖。

是月，银川市兴庆区、金凤区、西夏区三区范围内住宅房的评税软件系统正式上线运行。

是月，对全体从业人员进行行政、人事管理及其他相关业务培训。

8月2日，宁夏天华会计师事务所制订《关于执行宁夏天华会计师事务所〈质量控制制度的指导意见〉》，进一步强化了三级复核和标准管理部门的作用，完善了质量控制标准。

8月4日，公司发布《天华正业通员工形象规范》，自8月8日起执行。

是日，宁夏天华会计师事务所印发《宁夏天华会计师事务所质量控制制度》。

8月5日，自本月起，每周星期五下午安排全体党员、入党积极分子及中层以上管理人员学习党建知识。

8月10—12日，对新进员工进行企业内部培训，董事长王海智主讲企业文化与职业道德。

8月15日，董事会专题研究落实《中阿博览会法律事务部组织机构设置方案》措施。

是月，自治区司法厅确定王海智、贾宪宁、李海清、秦月华为司法鉴定专家组成员，王海智任组长。

是月，开展进入全国行业百强征文比赛活动。10月25日，评选活动揭晓，评出一等奖5名、二等奖9名、三等奖15名。

是月，对项目质量复核人员、项目经理及以上人员进行质量控制制度培训。

9月5日，《宁夏日报》第4版刊登“热烈祝贺宁夏天华会计师事务所进入全国行业百强”，有46家单位表示祝贺。

9月13日下午，宁夏天华会计师事务所标准部举行专题沟通会，何玉玲主持会议。与会人员围绕内蒙古联络处近期业务开展情况、面临的具体困难进行交流沟通，在研究对策方面达成了共识。

9月19—23日，宁夏天华会计师事务所举办为期5天的审计人员实务操作技能培训班。51人参加培训，主要学习《审计手册(2011版)》。

9月22日，经过报名、初选、调查、考核4个环节，报经董事会研究同意，正式吸纳9名审计人员。这次招聘人员的学历和综合素质均高于历次。

9月23日，宁夏正业通工程咨询有限责任公司组织全员学习《关于全区造价咨询企业履行自律公约情况检查结果的通报》精神。

是月，宁夏天华会计师事务所(有限公司)举办审计内部执业规程培训班、内部审计人员实务操作技能培训班。

10月10—14日，安排19名注册会计师参加中国注册会计师协会举办的中国注册会计师执业准则(2010)第三期远程后续教育培训班。

10月27—29日，宁夏正业通资产评估有限责任公司举办新修订内部制度及评估业务培训班，共有18人参加培训。

10月31日，宁夏天华会计师事务所自6月以来开展的各项企业文化建设征文、摄影比赛活动评选结果揭晓。评选出的优秀文章及优秀摄影作品全部编入2011年出版的《历程》。

11月3日，宁夏天华会计师事务所党支部组织全体党员、入党积极分子及中层以上管理人员学习《中共中央关于深化文化体制改革，推动社会主义文化大发展大繁荣若干重大问题的决定》精神。

是月，公司组织全体员工进行健康体检。

12月1日，中国注册会计师协会副秘书长董新钢一行莅临公司检查指导工作。

12月8日，宁夏天华会计师事务所党支部召开支部委员及党小组长扩大会议，研究讨论2011年党建工作总结及2012年党建工作安排。

12月15日，宁夏正业通工程咨询有限责任公司取得工程招标代理机构甲级资质，成为全区唯一一家具有“三甲”资质的造价咨询企业。

12月25日，由宁夏天华会计师事务所党支部集中组织全体党员及群众代表，对天华会计师事务所党支部和党员开展创先争优活动情况进行群众评议。

12月30日，宁夏天华会计师事务所(有限公司)、宁夏正业通工程咨询有限责任公司、宁夏正业通资产评估有限公司、宁夏正业通房地产评估事务所(有限公司)成立联合妇女委员会。

是月，宁夏天华会计师事务所被自治区地方税务局、自治区国家税务局评为A级纳税人。

是月，宁夏正业通房地产估价事务所(有限公司)被宁夏企业家协会评为创优质品牌，树诚信楷模优秀企业，马向中获“杰出企业家”称号。

是年，自治区社会组织工委优秀共产党员王海智，全区注册会计师行业优秀党务工作者邓炎辉、全区注册会计师行业优秀共产党员何玉玲，受到中共全国注册会计师行业委员会的通报表彰。

是年，公司修订管理制度50余项。

是年安排4人参加东北大学EMBA教育、2人参加清华大学管理研修班。

2012年

1月16日，公司作出决定，对邵映昶等12名先进个人进行表彰奖励。公司各部门均为先进集体，也予以表彰奖励。

是日，邓炎辉等13人获公司特殊贡献奖。

是月，宁夏天华会计师事务所(有限公司)、宁夏正业通工程咨询有限责任公司、宁夏正业通资产评估有限责任公司、宁夏正业通房地产估价事务所(有限公司)由原址(银川市兴庆区长城东路339号)迁至银川市金凤区北京中路银川房地产交易大厦九层。

2月10日，宁夏天华会计师事务所党支部召开民主生活会。

是月，宁夏正业通工程咨询有限责任公司被银川市建设局评为银川市2011年度建筑业优秀企业。

3月6日，公司妇委会作出决定，授予李丽红等6人首届“三八红旗手”称号。

3月14日，自治区司法厅副厅长杨少华、银川市司法局局长王立新等到公司调研司法鉴定工作。

是月，上海社会组织工委领导到公司调研党建工作。

3月26日，宁夏正业通工程咨询有限责任公司被吴忠市建设局评为造价管理先进单位。

3月27日，宁夏正业通工程咨询有限责任公司被宁夏建设工程造价管理协会评为全区工程造价咨询企业工作先进集体，陆静被评为全区工程造价咨询工作先进个人。

4月12日，宁夏天华会计师事务所(有限公司)印发《天华正业通2012—2015年业绩目标发展计划》。

4月18—29日，宁夏天华会计师事务所(有限公司)派人参加全国行业百强所综合评价检查验收工作。

4月20日，宁夏正业通房地产估价事务所（有限公司）召开会议分解落实《天华正业通2012—2015年业绩目标发展计划》。

4月26日，中国注册会计师协会组织人员到宁夏天华会计师事务所核查百强指标。

4月30日下午，公司召开"天华正业通开展整顿执业行为提高执业质量活动动员大会"，董事长王海智主持会议，60余人参加会议。

是月，宁夏正业通房地产估价事务所（有限公司）被银川市住房保障局、银川市房地产协会评为评估诚信机构。

是月，公司开展"整顿执业行为　提高执业能力"主题活动。

是月，公司组织优秀员工到日本旅游。

5月2日，宁夏天华会计师事务所团支部下发通知，组织开展"五四"青年节活动。

5月24日，经银川市国家税务局、银川市地方税务局审核评定，宁夏天华会计师事务所（有限公司）被评为银川市2009—2010年度A级纳税信用单位。

5月28日，经董事会安排，对公司自2012年1月1日至5月31日出具的各类业务报告开展以"整顿执业行为，提高执业质量"为主题检查评选活动。至6月10日结束。

是月，公司团支部开展主题团日活动。

是月，自治区物价局、自治区财政厅会计处领导到宁夏天华会计师事务所（有限公司）调研审计收费情况。

是月，宁夏注册会计师行业党委书记王本仁、宁夏注册会计师协会秘书长尤学梅到公司调研。

6月1日，公司员工与银川市穆斯林孤儿院孩子共度六一儿童节，并捐款3万余元。

6月25日，宁夏天华会计师事务所党支部作出决定，授予李海清等5人"优秀共产党员"称号。26日宁夏天华会计师事务所党支部组织开展"七一"表彰暨"让党旗更鲜艳"党课活动。

6月30日，公司举行第五届股东会、董事会换届选举大会。

7月1日，宁夏天华会计师事务所党支部举行建党91周年庆祝大会，表彰优秀共产党员，邀请党史专家主讲"让党旗更加鲜艳"党课。

7月2日，董事会决定设置总审计师、总工程师岗位。8月6日，何玉玲任总审计师、贾宪宁任总工程师。

7月6日，《宁夏天华正业通公司志》编纂领导小组成立，王海智任组长，何玉玲任副组长，聘请邓炎辉、陈舜贞、周光禄为修志顾问，聘请范宗兴负责志书业务指导及总纂工作，正式启动编纂工作。

7月10日，宁夏天华会计师事务所（有限公司）印发《以管理促发展，巩固百强地位——整顿提高工作规划及实施方案》。

7月12日，自治区注册会计师协会对公司"开展整顿执业行为、提高执业质量活动"

进行督导检查。

7月20日，宁夏注册会计师协会表彰宁夏注册会计师行业质量控制等三类岗位能手，授予何玉玲、李海清质量控制岗位与培训工作岗位能手称号。

7月28—29日，公司举行招聘面试会，公开招聘工程咨询、审计、估价、综合办公室方面的工作人员。

7月，公司工会分3批组织员工到四川九寨沟、峨眉山旅游。

是月，宁夏天华会计师事务所党支部开展党员双述双评活动。

8月23日，公司在银川香渔王子酒店举行了以“庆乔迁、贺百强”为主题的2012年度客户答谢会。邀请社会各界人士400多人参加会议。

8月27日，公司印发《工薪管理制度（修订稿）》《差旅费管理制度（修订稿）》《工薪标准》，自当年8月1日起施行。

8月29日，宁夏天华会计师事务所（有限公司）被自治区司法鉴定工作管理委员会评为全区司法鉴定先进集体。

是月，中国注册会计师协会公布宁夏天华会计师事务所由全国会计师行业百强所排名榜中的第83位晋升到第82位。

是月，公司开展中层管理人员竞聘上岗工作。

是月，公司分批组织员工开展“企业文化建设活动——九寨沟、成都旅游”征文、摄影比赛活动。12月11日，比赛结果揭晓，20人作品获征文比赛优胜奖，16人作品获摄影比赛优胜奖。

是月，公司组织新进员工入职培训，有30多人参加。

9月中旬，宁夏天华会计师事务所（有限公司）再次为麦丽燕基金会、麦丽燕工贸公司相关捐赠、投资、税务、社会责任型企业等方面提供公益财务咨询服务。

9月24日，宁夏天华会计师事务所（有限公司）印发通知，公布入选2012年宁夏高端会计人才培养班（企业类）条件。10月，李海清名列首期宁夏高端人才库。

是月，宁夏天华会计师事务所（有限公司）被自治区人民政府评为全区第六次会计工作先进集体。

是月，宁夏正业通工程咨询有限责任公司全体招标代理从业人员参加财政部组织的“利盟杯”政府采购百题知识竞赛。

是月，全国注册会计师行业领军人才到宁夏天华会计师事务所调研。

11月16日，自治区财政厅及宁夏注册会计师协会王本仁、刘怀明、尤学梅、李广利等领导莅临宁夏天华会计师事务所调研特殊普通合伙制形式。

11月20日，冶正礼被宁夏财会函授学校授予“先进教育工作者”称号。

11月21日，宁夏注册会计师协会对公司“开展整顿执业行为、提高执业质量活动”进行检查验收，公司顺利通过验收。

11月30日，宁夏天华会计师事务所党支部组织全体党员、入党积极分子及中层以上管理人员认真学习贯彻党的十八大精神。

12月7日，自治区财政厅及宁夏注册会计师协会王本仁、刘怀明、尤学梅、李广利等领导莅临宁夏天华会计师事务所就贯彻落实党的十八大精神进行座谈交流。

12月20日，宁夏天华会计师事务所被宁夏企业家协会评为宁夏优秀诚信企业，副主任会计师丁华兵被评为宁夏优秀诚信企业家。

12月27日，银川市交警大队民警应邀到公司为从业人员讲解新交通法规，30余人参加培训。

是月，公司员工参加宁夏注册会计师和资产评估行业首届运动会。

是月，自治区住房和城乡建设厅领导到宁夏正业通工程咨询有限责任公司检查指导。

是月，宁夏天华会计师事务所(有限公司)被宁夏企业家协会评为宁夏优秀诚信企业。丁华兵被授予“杰出企业家”称号。

是年，宁夏正业通工程咨询有限责任公司免费为宁东投资公司进行招标代理法律法规知识培训。

是年，宁夏正业通工程咨询有限责任公司注册资本增至500万元。

第一章 公司治理

第一节 银川市会计师事务所

1988年11月，银川市财政局申请设立银川市会计师事务所，1989年4月经银川市机构编制委员会批准成立。该所为接受机关、企业、事业单位和个人委托，独立承办注册会计师业务的事业单位。其业务范围分为查账验证和会计咨询两大类，主要包括受托审查检验会计账目、会计报表和其他财务资料；受托承办验证企业投资资本、资金年检；受托办理企业合并、解散、破产资产清理；受托承办经济纠纷、鉴定和查证；受托设计财务、会计制度；接受有关财务、会计、税务和经营管理问题的咨询，担任委托单位常年会计顾问；受托提供改善经营管理，建立、健全管理制度的建议和措施，培训会计人员；办理其他有关财务、会计、委托事项。事务所实行企业管理，独立核算，自收自支。其行政归口银川市财政局领导，业务受自治区财政厅会计事务管理处指导。

事务所成立初，定编制2人，设所长、副所长各1人，由主管部门银川市财政局任命。李保重、魏定邦、王海智先后担任所长。工作人员多由事务所聘用。初聘银川市审计局总会计师朱本兴、银川市车辆厂会计师关焯华、银川市服装工业公司会计师陶永九、银川市卫生局会计师李年等退休人员进所工作。1990年以后，银川市会计师事务所工作面不断拓宽，业务量成倍增加。1991年，按《注册会计师条例》规定，事务所工作包括全市325家国营、集体企业和实行独立核算的197户行政事业单位的会计报表、注册资金验证、清查账目、财务会计设计、企业破产清算、国有资产评估、会计顾问和经济管理咨询等。当时临时聘用人员占83%以上，平均年龄为60岁以上，难以胜任工作。因此，银川市财政局申请扩编，以满足工作需要。1993年，事务所实有编制8人。

事务所成立初，在银川市财政局大楼内办公，注册资金2万元。1997年12月22日，银川市财政局决定成立银川市基本建设工程预算审查中心，以加强基本建设投资财务管理工作。该中心为会计师事务所内设机构，隶属银川市财政局领导，业务由银川市财政局基本建设科指导，具有法人资格，为独立核算单位，实行主任负责制。负责人由银川市财政局确定聘任。业务人员原则向社会招聘。其业务范围是依基本建设批准计划，接受委托承办基本建设工程预算项目编审；参与竣工项目的移交、决算的编制和审核；参与工程招标标底的测算。1998年1月，银川市会计师事务所所长王海智兼任银川市基本建设工程预决算审查中心主任。是年，银川市会计师事务所已有会计师事务所和工程预决算审查中心两个营业执照，具有会计审计、验资、资产评估、工程预决算审查、会计电算化培训5个资质，拥有资产200余万元，多种专业资格人才，技术实力雄厚，是自治区先进会计师事务所。

1999年5月11日，为了建立与社会主义市场经济相适应的会计事务管理体制，形成以注册会计师为投资主体，独立承担法律责任的运行机制，使会计师事务所直接成为自主经营，自担风险，自我约束，自我发展的社会中介机构，银川市财政局依据财政部《关于印发会计师（审计）事务所脱钩改制实施意见》和自治区财政厅《关于会计师（审计）事务所脱钩改制方案的通知》，并成立由银川市财政局和银川市会计师事务所共同组成的脱钩改制领导小组，组长周光禄（银川市财政局局长），副组长何登虎、王海智，成员有孙桂林、吴仲良、张怀萱、陶扬、杜兵、何玉玲、景建萍、王旭东。5月13日，领导小组拟订《银川市会计师事务所脱钩改制方案》。7月7日，银川市财政局党组批复同意《银川市会计师事务所脱钩改制方案》，以1999年7月31日为资产清查和资产评估的基准日开始改制工作。当月聘请石嘴山会计师事务所进行财务审计、资产评估。

1999年9月，银川市会计师事务所在人员、财务、业务、名称4个方面完成脱钩工作。

1.人员脱钩。银川会计事务所与银川市财政局不再具有行政隶属关系，事务所从业人员不再列入行政或事业编制，其人事关系及档案管理转由宁夏注册会计师协会管理。事务所有在职职工31人（含银川市财经干部学校职工13人），符合退休条件人员由银川市财政局办理退休手续。不适合在事务所工作，或本人要求自谋生路的，由事务所比照有关规定，从现有净资产中支付相应的安置费用。

2.财务脱钩。银川市财政局不再是事务所的投资者，不再享有所有者权益；经石嘴山会计师事务所对银川市会计师事务所以及银川市财经干部学校资产、负债、净资产进行审计、评估，并出具资产评估报告，经银川市国有资产管理局银国资发〔1999〕58号文件确认，实际处置资产为581,779.28元，全部转入新设的宁夏正业通会计师事务所。

3.业务脱钩。事务所自谋生路、自找业务，原挂靠单位不得违反国家规定将其行政职责范围内的工作委托给事务所转化为有偿服务，也不得为事务所指定业务或干预事务所执业。宁夏正业通会计师事务所业务上接受宁夏注册会计师协会的行业管理，依法接受财政部门的监督、检查。

4.名称脱钩。事务所名称不再冠有原挂靠单位的名称字样或痕迹，不得以行政区域或地名作为事务所名称，初次拟定名称为宁夏正源会计师事务所。

1999年9月30日，双方完成改制脱钩任务。同年12月19日，银川市财政局注销银川市会计师事务所。2000年1月30日，银川市机构编制委员会发文通知，银川市会计师事务所已经完成改制任务并更名为宁夏正业通会计师事务所，特注销原作为事业单位存在的银川市会计师事务所，所配事业编制全部收回。

银川市会计师事务所历任负责人名表

表1-1

职 务	姓 名	性 别	民 族	籍 贯	任期
所 长	李保重	男	汉族	山东齐东	1989.4 — 1997.4
	魏定邦	男	汉族	甘肃皋兰	1997.4 — 1997.12
	王海智	男	汉族	山东昌乐	1997.12 — 1999.12
副所长	吴仲良	男	汉族	四川内江	1991.12 — 1999.12

第二节 体制改革

1999年，根据国务院关于中介机构脱钩改制工作的要求，银川市财政局和银川市会计师事务所共同组成脱钩改制领导小组，银川市财政局局长周光禄任组长，市财政局副局长何登虎、银川市会计师事务所所长王海智任副组长，成员有孙桂林、吴仲良、张怀萱、陶扬、杜兵、何玉玲、景建萍、王旭东8人，共同负责银川市会计师事务所的脱钩改制工作。

1999年5月31日，领导小组提出《银川市会计师事务所脱钩改制方案》。7月1日，银川市财政局党组召开会议，根据财政部《会计师（审计）事务所脱钩改制实施意见》（财协字〔1999〕37号）及《自治区人民政府办公厅转发自治区关于会计师（审计）事务所脱钩改制方案的通知》（宁政办发〔1999〕77号）精神，研究并通过了《银川市会计师事务所脱钩改制方案》。7月7日，银川市财政局党组作出批复，原则同意《银川市会计师事务所脱钩改制方案》，并决定以1999年7月31日为资产清查和资产评估的基准日开始改制工作。同时聘请石嘴山市会计师事务所进行财务审计、资产评估。

1999年9月，银川市会计师事务所在人员、财务、业务、名称4个方面完成脱钩工作。

银川市会计师事务所改制后，初次拟定名称为宁夏正源会计师事务所，后经工商行政管理部门核准名称为宁夏正业通会计师事务所。1999年12月19日，银川市财政局正式注销银川市会计师事务所。

2002年10月，为扩大规模，实现联合，宁夏正业通会计师事务所加入北京天华会计师事务所，名称变更为宁夏天华会计师事务所，仍然保持独立注册的法人地位，独立取得各种业务资格并独立出具相应的业务报告；具备出资条件的现有执业资格人员，经原出资人会议同意吸收为出资人，出资人达到22人，注册资本由160万元增至200万元。实现联合以后,在北京天华会计师事务所指导下宁夏天华会计师事务所可以开展证券业务,双方共同承担业务按中国注册会计师协会有关职业要求办理。更名后的宁夏天华会计师事务所除接受自治区财政厅、宁夏注册会计师协会领导外,在办所方向、执业质量、从业人员后续教育等方面同时接受北京天华集团所的领导,以达到依托集团所的行政管理优势与业务管理优势,扩大事务所规模与提高执业水平的目的。

2012年8月初,为贯彻落实国务院办公厅转发财政部《关于加强发展我国注册会计师行业若干意见的通知》(国办发〔2009〕56号)精神,以及财政部、工商总局《关于推动大中型会计师事务所采用特殊普通合伙组织形式的暂行规定》(财会〔2010〕12号)精神,适应注册会计师行业的发展,加快探索新形势下注册会计师行业发展的路子,促进宁夏天华会计师事务所(有限公司)做大做强,宁夏天华会计师事务所(有限公司)拟转制为特殊普通合伙组织形式的会计师事务所。是年8月8日,宁夏天华会计师事务所(有限公司)向自治区财政厅正式报送了转制为特殊普通合伙组织形式的请示。由于相关条件不完备,未获批复。

第三节 股东会

一、第一届股东会

1999年9月中旬,银川市会计师事务所基本完成脱钩改制工作,正式更名为宁夏正业通会计师事务所。同年9月22日,经银川市财政局同意,确定一般出资人的基本条件为具有执业资格和参加全国统一考试考取得中级及以上职称者。按此条件,共有12人符合出资人条件。9月27日,银川市会计师事务所所长王海智主持召开会议,符合条件的12名出资人研究讨论章程、出资人协议和选举办法。会议通过了《宁夏正业通会计师事务所章程》《宁夏正业通会计师事务所出资人协议》。这次会议,标志着第一届股东会成立。

1999年10月12日,经宁夏宏源会计师事务所出具验资报告(宁宏源验字〔1999〕135号),审验宁夏正业通会计师事务所由王海智等12人出资100万元,实收资本100万元。(其间,景建萍于2001年退出股东会)

第一届股东会出资人及出资额基本情况表

表1-2

姓　名	性　别	民　族	执业资格/职称	出资额(万元)	出资比例(%)	出资方式
王海智	男	汉族	注册会计师	15	15	现金
吴仲良	男	汉族	注册会计师	11	11	现金
杜　兵	男	汉族	注册资产评估师	8	8	现金

续表1-2

姓 名	性 别	民 族	执业资格/职称	出资额(万元)	出资比例(%)	出资方式
何玉玲	女	汉族	注册会计师	8	8	现金
陶 扬	女	汉族	注册会计师	8	8	现金
闫树静	女	汉族	注册会计师	8	8	现金
景建萍	女	汉族	经济师	8	8	现金
马向中	男	回族	经济师	8	8	现金
丁华兵	男	汉族	会计师	8	8	现金
李 辉	女	汉族	审计师	8	8	现金
水莉莉	女	汉族	注册会计师	5	5	现金
谢 平	男	汉族	注册会计师	5	5	现金
合计	—	—	—	100	100	

二、第二届股东会

2002年5月，根据《宁夏正业通会计师事务所章程》《宁夏正业通会计师事务所出资人协议》，由22名出资人组成第二届股东会，共出资300万元。(其间，李辉因去世退出股东会，水莉莉、蒋凤萍、侯春琳先后退出股东会，施明星进入股东会)

第二届股东会出资人及出资额基本情况表

表1-3

姓 名	性 别	民 族	出资额(万元)	出资比例(%)	出资方式
王海智	男	汉族	45	15	现金
何玉玲	女	汉族	24	8	现金
杜 兵	男	汉族	24	8	现金
陶 扬	女	汉族	24	8	现金
贾宪宁	男	汉族	23	7.7	现金
闫树静	女	汉族	18	6	现金
马向中	男	回族	15	5	现金
丁华兵	男	汉族	13	4.3	现金
水莉莉	女	汉族	12	4	现金
谢 平	男	汉族	12	4	现金
李 辉	女	汉族	7.5	2.5	现金
温鸿江	男	汉族	7.5	2.5	现金
李海清	男	回族	7.5	2.5	现金
徐万军	男	汉族	7.5	2.5	现金
罗立邦	男	汉族	7.5	2.5	现金
马丽霞	女	回族	7.5	2.5	现金
李新华	女	汉族	7.5	2.5	现金
李永爱	女	汉族	7.5	2.5	现金
蒋凤萍	女	汉族	7.5	2.5	现金
侯春琳	女	汉族	7.5	2.5	现金

续表 1-3

姓　名	性　别	民　族	出资额(万元)	出资比例(%)	出资方式
夏晓菊	女	汉族	7.5	2.5	现金
章　翾	女	汉族	7.5	2.5	现金
合　计	—	—	300	100	—

三、第三届股东会

根据《宁夏天华会计师事务所章程》《宁夏天华会计师事务所人事管理制度》及《宁夏天华会计师事务所从业人员年度考核办法》,起草制定了《宁夏天华会计师事务所2006年股东会董事会换届办法》,并于2006年4月12日发布实施。2006年4月15日,召开第三届股东会,会议议程:审议通过董事会工作报告;审议通过2005年财务收支及利润分配情况议案;审议通过股东考核结果;审议同意张伟、原思群加入股东会,施明星、章翾退出股东会;审议同意陶扬、闫树静由董事转为一般股东。第三届股东会由19名出资人组成,共出资390万元。

第三届股东会出资人及出资额基本情况表

表1-4

姓　名	性　别	民　族	出资额(万元)	出资比例(%)	出资方式
王海智	男	汉族	92	23	现金
何玉玲	女	汉族	32	8	现金
杜　兵	男	汉族	32	8	现金
贾宪宁	男	汉族	32	8	现金
马向中	男	回族	32	8	现金
丁华兵	男	汉族	20	5	现金
温鸿江	男	汉族	20	5	现金
张　伟	男	汉族	20	5	现金
陶　扬	女	汉族	10	2.5	现金
李海清	男	回族	10	2.5	现金
徐万军	男	汉族	10	2.5	现金
罗立邦	男	汉族	10	2.5	现金
闫树静	女	汉族	10	2.5	现金
谢　平	男	汉族	10	2.5	现金
马丽霞	女	回族	10	2.5	现金
李新华	女	汉族	10	2.5	现金
李永爱	女	汉族	10	2.5	现金
夏晓菊	女	汉族	10	2.5	现金
原思群	男	汉族	10	2.5	现金
合　计			390	100	

四、第四届股东会

2009年3月28日，在公司三楼会议室召开股东会全体会议，根据《宁夏天华会计师事务所股东会董事会换届办法》选举产生第四届股东会，由19名出资人组成，共出资800万元。

第四届股东会出资人及出资额基本情况表

表1-5

姓　名	性　别	民　族	出资额(万元)	出资比例(%)	出资方式
王海智	男	汉族	204	25.5	现金
何玉玲	女	汉族	64	8	现金
杜　兵	男	汉族	64	8	现金
贾宪宁	男	汉族	64	8	现金
马向中	男	回族	64	8	现金
丁华兵	男	汉族	40	5	现金
温鸿江	男	汉族	40	5	现金
张　伟	男	汉族	40	5	现金
李海清	男	回族	20	2.5	现金
徐万军	男	汉族	20	2.5	现金
罗立邦	男	汉族	20	2.5	现金
闫树静	女	汉族	20	2.5	现金
马丽霞	女	回族	20	2.5	现金
李永爱	女	汉族	20	2.5	现金
李新华	女	汉族	20	2.5	现金
施明星	男	汉族	20	2.5	现金
马　明	男	回族	20	2.5	现金
张红菊	女	汉族	20	2.5	现金
秦月华	女	汉族	20	2.5	现金
合　计	—	—	800	100	—

五、第五届股东会

2012年6月30日，在房地产交易大厦九楼会议室召开股东会、董事会换届会议。根据表决通过的《天华正业通2012年换届选举办法》，选举产生第五届股东会。第五届股东会应由19名出资人组成，实际由18名出资人组成。根据考核，秦月华、李新华退出股东身份；陆静、吴彦符合加入股东的条件，成为新股东。18名出资人共出资1000万元。

第五届股东会出资人及出资额基本情况表

表1-6

姓　名	性　别	民　族	出资额(万元)	出资比例(%)	出资方式
王海智	男	汉族	280	28	现金
丁华兵	男	汉族	80	8	现金
温鸿江	男	汉族	80	8	现金
杜　兵	男	汉族	80	8	现金
马向中	男	回族	80	8	现金
李海清	男	回族	50	5	现金
徐万军	男	汉族	50	5	现金
罗立邦	男	汉族	50	5	现金
何玉玲	女	汉族	25	2.5	现金
贾宪宁	男	汉族	25	2.5	现金
闫树静	女	汉族	25	2.5	现金
马丽霞	女	回族	25	2.5	现金
李永爱	女	汉族	25	2.5	现金
施明星	男	汉族	25	2.5	现金
马　明	男	回族	25	2.5	现金
张红菊	女	汉族	25	2.5	现金
陆　静	女	汉族	25	2.5	现金
吴　彦	女	汉族	25	2.5	现金
合　计	—	—	1000	100	—

第四节　董事会

一、第一届董事会

1999年9月29日，举行第一届股东会，银川市财政局局长周光禄、副局长何登虎及宁夏注册会计师协会代表出席会议，符合出资人条件的12人参加会议。会议同意职工代表郭鹏为监票员。选举王海智、吴仲良、杜兵、何玉玲、陶扬、闫树静任董事，王海智任董事长，杜兵、何玉玲任副董事长，丁华兵任监事。选举王海智任主任会计师、法定代表人，杜兵、何玉玲、陶扬为副主任会计师。

二、第二届董事会

2002年5月，实施第二届董事会换届工作，22名股东参加会议，选举王海智、何玉玲、杜兵、陶扬、闫树静、贾宪宁、马向中7人为董事会成员，王海智任董事长，何玉玲、杜兵、陶扬任副董事长，丁华兵任监事。选举王海智任主任会计师、法定代表人，何玉玲、杜兵、陶扬任副主任会计师。

三、第三届董事会

2006年4月，实施第三届董事会换届工作，19名股东参加会议，选举王海智、何玉玲、杜兵、贾宪宁、马向中、温鸿江、张伟7人为董事会成员，王海智任董事长，何玉玲、杜兵、贾宪宁、马向中任副董事长，丁华兵任监事。选举王海智任主任会计师、法定代表人，何玉玲、杜兵任副主任会计师。

四、第四届董事会

2009年5月，实施第四届董事会换届工作，19名股东参加会议，选举王海智、何玉玲、杜兵、贾宪宁、马向中、温鸿江、张伟、丁华兵8人为董事，王海智任董事长，何玉玲、杜兵、贾宪宁、马向中任副董事长，李海清任监事。选举王海智任主任会计师、法定代表人。

五、第五届董事会

2012年6月30日，实施第五届董事会换届工作，18名股东参加会议，选举王海智、丁华兵、温鸿江、杜兵、马向中、李海清、徐万军7人为董事，王海智任董事长，法定代表人，丁华兵任副董事长兼审计执行董事，温鸿江任副董事长兼工程咨询公司执行董事，杜兵任副董事长兼资产评估公司执行董事，马向中任副董事长兼房地产估价事务所执行董事，罗立邦任监事。

历届董事会、监事成员名表

表1-7

<table>
<tr><th>届 次</th><th>职 务</th><th>姓 名</th><th>性 别</th><th>民 族</th><th>任 期</th></tr>
<tr><td rowspan="6">第一届</td><td>董事长</td><td>王海智</td><td>男</td><td>汉族</td><td rowspan="6">1999.9—2002.5</td></tr>
<tr><td rowspan="2">副董事长</td><td>杜 兵</td><td>男</td><td>汉族</td></tr>
<tr><td>何玉玲</td><td>女</td><td>汉族</td></tr>
<tr><td>董事</td><td>陶扬</td><td>女</td><td>汉族</td></tr>
<tr><td>董事</td><td>闫树静</td><td>女</td><td>汉族</td></tr>
<tr><td>监事</td><td>丁华兵</td><td>男</td><td>汉族</td></tr>
</table>

续表1–7

届 次	职 务	姓 名	性 别	民 族	任 期
第二届	董事长	王海智	男	汉族	2002.5—2006.4
	副董事长	何玉玲	女	汉族	
		杜 兵	男	汉族	
		陶 扬	女	汉族	
	董 事	闫树静	女	汉族	
		贾宪宁	男	汉族	
		马向中	男	回族	
	监 事	丁华兵	男	汉族	
第三届	董事长	王海智	男	汉族	2006.4—2009.5
	副董事长	何玉玲	女	汉族	
		杜 兵	男	汉族	
		贾宪宁	男	汉族	
		马向中	男	回族	
	董 事	温鸿江	男	汉族	
		张 伟	男	汉族	
	监 事	丁华兵	男	汉族	
第四届	董事长	王海智	男	汉族	2009.5—2012.6
	副董事长	何玉玲	女	汉族	
		杜 兵	男	汉族	
		贾宪宁	男	汉族	
		马向中	男	回族	
	董 事	温鸿江	男	汉族	
		张 伟	男	汉族	
		丁华兵	男	汉族	
	监 事	李海清	男	回族	
第五届	董事长	王海智	男	汉族	2012.6—2015.1
	副董事长	丁华兵	男	汉族	
		温鸿江	男	汉族	
		杜 兵	男	汉族	
		马向中	男	回族	
	董 事	李海清	男	回族	
		徐万军	男	汉族	
	监 事	罗立邦	男	汉族	

第五节 法人机构

一、宁夏天华会计师事务所(有限公司)

1999年11月19日,自治区财政厅以宁财(会协)发〔1999〕902号文件批准,同意银川市财政局上报的《宁夏正业通会计师事务所章程》《宁夏正业通会计师事务所出资人协议》,银川市会计师事务所改制为宁夏正业通会计师事务所,为有限责任制会计师事务所,时有从业人员56人(含银川市财经干部学校安置人员8人),出资人12人,法定代表人王海智,注册资本100万元。

2000年1月、4月、5月,分别在贺兰、中卫、永宁设立3个分所,宁夏正业通会计师事务所执业队伍由年初的58人增加到72人,其中注册会计师24人,注册资产评估师8人,房地产估价师5人,造价工程师5人,待批执业资格3人,人员结构进一步趋于合理。全年服务客户800余户,实现业务收入240万元。

2001年4月,宁夏正业通会计师事务所注册资本增至160万元,出资人增至16人。取得了金融企业审计B类资质、大中型企业审计资格和工程造价乙类资质,全年服务各类客户762户,实现各类业务收入400万元,业务收入比上年增长66.67%。截至年底,从业人员68人,其中注册会计师25人,资产评估师8人,房地产估价师5人,注册税务师3人,造价工程师6人,讲师4人,9人具有两种以上执业资格。

2002年5月,宁夏正业通会计师事务所对出资人进行调整,增至21人,注册资本仍为160万元。

2002年10月,宁夏正业通会计师事务所加入北京天华会计师事务所(集团),成为北京天华会计师事务所(集团)西北地区唯一成员所,更名为宁夏天华会计师事务所(有限公司),仍然保持独立注册的法人地位,独立取得各种业务资格并独立出具相应的业务报告。同时,宁夏天华会计师事务所对部分业务、人员重新进行整合,在部、室、分所基础上,新增设财税顾问部,统一承揽、开拓代理记账、税务筹划、专业顾问等业务;将稽核部调整为标准管理部,主要负责内控制度管理、专业报告核发、内部业务协调等工作。

到2002年底,宁夏天华会计师事务所有从业人员65人,其中注册会计师25人,注册资产评估师8人,造价工程师7人,注册税务师5人,房地产估价师5人。大专以上学历从业人员占总人数的64%,中级职称以上人员占总人数的65%,具备相关执业资格人员占总人数的47%。

2003年,宁夏天华会计师事务所注册资本增至200万元。

2004年，宁夏天华会计师事务所整体加入全球排名第八位的博太国际会计师事务所集团（简称博太国际），成为博太国际的成员所。2008年，北京天华会计师事务所（集团）解体，宁夏天华会计师事务所名称继续延用并保持稳步发展。

2009年5月，宁夏天华会计师事务所注册资本增加到300万元，出资人调整为19人，名称变更为宁夏天华会计师事务所（有限公司）。

2011年7月，财政部、中国注册会计师协会发布“2011年全国会计师行业前百家事务所排行榜”，宁夏天华会计师事务所（有限公司）名列第83位，成为宁夏首家惟一进入全国行业百强事务所。2012年8月，宁夏天华会计师事务所（有限公司）晋位第82位，继续保持百强地位。

2012年，宁夏天华会计师事务所（有限公司）有注册资本1000万元，内设审计一部、审计二部、审计三部、稽核部、验资部、培训部、综合办公室，分设永宁分所、中卫分所、灵武分所等分支机构。截至年底，全所（包括其他3个法人单位）共有在职职工141人。

宁夏天华会计师事务所（有限公司）历任负责人名表

表1–8

单位名称	职　务	姓　名	性　别	民　族	籍　贯	任　期
宁夏正业通会计师事务所	主任会计师	王海智	男	汉族	山东	1999.9—2002.5
	副主任会计师	杜　兵	男	汉族	安徽	
		何玉玲	女	汉族	宁夏	
	所长助理	陶　扬	女	汉族	北京	
宁夏天华会计师事务所	主任会计师	王海智	男	汉族	山东	2002.5—2006.4
	副主任会计师	何玉玲	女	汉族	宁夏	
		杜　兵	男	汉族	安徽	
		陶　扬	女	汉族	北京	
	主任会计师	王海智	男	汉族	山东	2006.4—2009.5
	副主任会计师	何玉玲	女	汉族	宁夏	
		杜　兵	男	汉族	安徽	
	主任会计师	王海智	男	汉族	山东	2009.5—2012.6
	副主任会计师	何玉玲	女	汉族	宁夏	
	主任会计师	王海智	男	汉族	山东	2012.6—2015.1
	副主任会计师	丁华兵	男	汉族	湖北	
	总审计师	何玉玲	女	汉族	宁夏	

（一）内设机构　截至2012年底，宁夏天华会计师事务（有限公司）有内设机构5个。

1.审计部分设审计一部、审计二部、审计三部。

负责财务报表审计、经济案件鉴证、清产核资、离任审计及其他特殊目的的审计业务。

2.稽核部负责业务制度管理、专业报告复核、业务协调等工作。

3.验资部负责对被审验单位注册资本的实收情况或注册资本及实收资本的变更情况进行审验，并出具验资报告。

4.培训部负责对外会计类人员后续教育和会计电算化培训，财务类中专、大专、本科学历教育。

5.综合办公室负责公司行政管理、财务核算、人力资源、后勤保障、党建群建等工作。

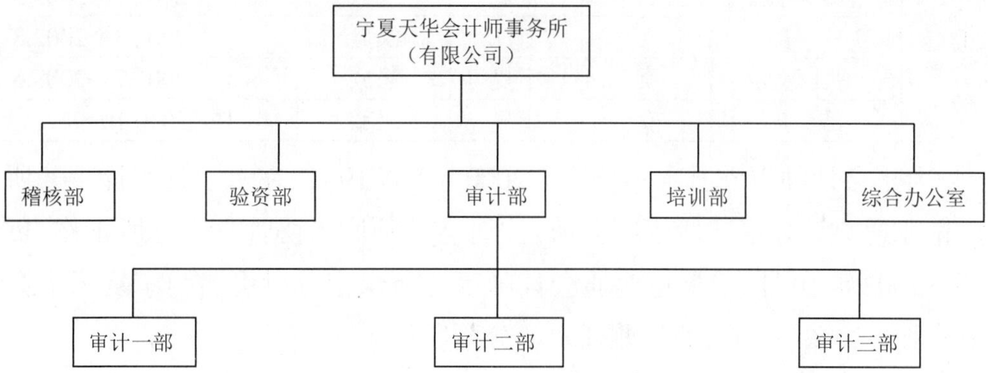

宁夏天华会计师事务所（有限公司）内部机构设置示意图

（二）分支机构 截至2012年，宁夏天华会计师事务所（有限公司）先后设有分支机构4个。

1.宁夏天华会计师事务所贺兰工作站。2000年1月28日，宁夏正业通会计师事务所在贺兰县设立工作站，注册会计师水莉莉由宁夏正业通会计师事务所培训部调任贺兰县工作站主任，负责业务质量管理。另有工作人员2人。2001年12月，因贺兰县企业规模小，资金周转困难，几乎没有业务，遂决定撤销。

2.宁夏天华会计师事务所中卫分所。2000年4月8日，在中卫县审计事务所基础上新设宁夏正业通会计师事务所中卫分所，注册会计师刘占和由宁夏正业通会计师事务所审计部调入中卫分所工作，负责业务质量管理。中卫分所成立初期，租赁使用中卫商城南三楼营业房2间办公，面积132.63平方米，从业人员8人。

2002年10月，宁夏正业通会计师事务所中卫分所更名为宁夏天华会计师事务所中卫分所。2009年，中卫分所迁至中卫鼓楼南街银基17号综合楼，上下两层，面积135平方米。从业人员8人，其中注册会计师1名，注册房地产估价师1名，高级会计师2名，中级会计师2名。从业人员可为客户提供验资、审计、会计咨询服务、房地产评估等业务，承接资产评估、工程预决算审查、工程招投标等相关业务。2012年，中卫分所从业人员8人。其中，注册会计师1人，房地产估价师1人，注册税务师1人；有本科学历6人，高级职称2人，中级职称2人。

宁夏天华会计师事务所中卫分所历任负责人名表

表1-9

职　务	姓　名	性　别	籍　贯	民　族	任　期
所　长	张国华	男	宁夏	汉族	2000.5—2001.6
	章　翾	女	浙江	汉族	2002.8—2003.5
	朱淑英	女	宁夏	汉族	2003.5—2008.6
	张红菊	女	宁夏	汉族	2008.6—
副所长	田文杰	男	宁夏	汉族	2002.1—2002.3
	章　翾	女	浙江	汉族	2002.3—2002.8
	张红菊	女	宁夏	汉族	2005.7—2008.6
	葛　畅	女	宁夏	汉族	2010.10—

3.宁夏天华会计师事务所永宁分所。2000年5月19日，在永宁县审计事务所基础上新设宁夏正业通会计师事务所永宁分所，注册会计师谢平协管永宁分所工作，负责业务质量管理。2002年10月，宁夏正业通会计师事务所永宁分所更名为宁夏天华会计师事务所永宁分所。2006年6月，谢平兼任永宁分所所长。

4.宁夏天华会计师事务所灵武分所。2004年9月30日，宁夏天华会计师事务所决定设立宁夏天华会计师事务所灵武分所。

宁夏天华会计师事务所灵武分所历任负责人名表

表1-10

职　务	姓　名	性　别	籍　贯	民　族	任　期
所　长	马灵勤	女	宁夏	回族	2004.9.30—2007.9
	丁华兵	男	湖北	汉族	2009.4.21—
副所长	周　娟	女	宁夏	回族	2010.10—

二、宁夏正业通房地产估价事务所(有限公司)

2002年4月，宁夏正业通房地产估价事务所成立。同年5月23日，由自治区工商行政管理局正式注册成立，属独立核算、自负盈亏、自我发展的法人机构，法定代表人为马向中。公司类型为有限责任公司(自然人投资或控股)，经营范围为房地产价格估价等与之有关的业务范围。注册资本100万元，实收资本100万元。注册登记经营场所为银川市兴庆区长城东路339号。当年有从业人员25名，其中注册房地产估价师5名，土地估价师13名，房地产经纪人7名。

2002年6月，宁夏正业通房地产估价事务所被自治区建设厅批准为房地产估价三级资质企业。2003年，全所注册房地产估价师增至8名。2004年6月，宁夏正业通房地产估价事务所被批准为土地估价B级资质企业。

2005年，宁夏正业通房地产估价事务所取得房地产估价二级资质资格。

是年，宁夏正业通房地产估价事务所保持注册资本100万元，实收资本200万元。全所有土地估价师10名、注册房地产估价师10名。从业人员可为客户提供房地产评估、经纪、咨询及相关业务服务。

2012年，宁夏正业通房地产估价事务所（有限公司）注册登记经营场所迁至银川市金凤区北京中路房产交易大厦九层，增加执业人员2名，共有执业人员27名，其中房地产估价师10名，土地估价师10名，房地产经纪人7名。

宁夏正业通房地产估价事务所自成立以来，常年为客户提供房地产评估、咨询及相关业务服务。2006年1月取得《司法鉴定许可证》后，业务范围又扩大到司法鉴定、房地产经纪领域。

宁夏正业通房地产估价事务所（有限公司）历任负责人名表

表1-11

职务	姓名	性别	民族	籍贯	任期
所长（总经理）	马向中	男	回族	宁夏	2002.4—
副所长（副总经理）	吴彦	女	汉族	天津	2009.12—2012.8
	闫树静	女	汉族	山西	2012.8—
	涂小东	男	汉族	湖北	2012.8—

三、宁夏正业通工程咨询有限责任公司

1989年，银川市会计师事务所工程部成立。1997年12月，银川市财政局批复成立银川市基本建设工程预决算审查中心，与银川市会计师事务所工程部两个牌子，一套班子。1999年，银川市会计师事务所脱钩改制后，银川市会计师事务所工程部更名为宁夏正业通会计师事务所工程部，2002年10月又更名为宁夏天华会计师事务所工程部。2003年4月，因业务发展及行业管理需要，以宁夏天华会计师事务所工程部为基础分设宁夏正业通工程咨询有限责任公司，并取得工程招标代理暂定级资质，当年注册资本100万元。时有职工14人。办公场址设在银川市兴庆区延宾东路35号。

2004年，宁夏正业通工程咨询有限责任公司取得工程招标代理乙级资质。同年6月30日，对公司部门设置进行调整，分设工程一部、工程二部、招投标部。2005年7月7日经建设部批准，宁夏正业通工程咨询有限责任公司具备工程造价咨询单位甲级资质资格。是年，公司有职工21人。

2006年，宁夏正业通工程咨询有限责任公司注册资本保持100万元，2007年4月增至200万元，2007年11月决定增至300万元，达到申请招标甲级资质的资金要求。2010年11月增至500万元。2011年7月经财政部批准为政府采购代理机构甲级资质，2011年12月经住房和城乡建设部批准为招标代理甲级资质，是全区唯一一家具有“三甲”资质的造

价咨询企业。2012年,公司保持注册资本500万元。当年有职工45人。宁夏正业通工程咨询有限责任公司主要从事编、审建筑安装、市政公路、园林绿化、水利电力、有色化工、煤炭古建等各个专业工程概预算、竣工结(决)算;编制招(投)标标底、工程量清单及控制价;全过程咨询服务;工程造价争议司法鉴定;政府采购代理业务;工程招标代理业务;与工程造价业务有关的其他业务。1998—2012年,公司累计完成预算、结算、决算编审基建投资超过160亿元。服务领域涉及各级政府及各行政事业单位。涉及的大中型国有企业有国电、中电投、神华宁煤、宁夏发电集团;品牌房地产企业有白云房地产、英力特房地产、绿地房地产、京能房地产、银水房地产、泰和房地产、林威房地产、天荣房地产、长庆房地产、龙海房地产等;著名民营企业有新华百货商业集团、物美新华连锁超市等。综合实力有保障、诚信体系良好、造价咨询服务体系完善、各类经验可借鉴、质量可靠有保证是公司五大优势。擅长各种计价模式、信息管理领先、软件算量快捷、结算审价精确是公司四大特长。

宁夏正业通工程咨询有限责任公司在各类工程、货物、服务项目代理方面具有丰富的经验,1998～2012年累计完成招投标业务近50亿元。

宁夏正业通工程咨询有限责任公司历任负责人名表

表1-12

职　务	姓　名	性　别	籍　贯	民　族	任　期
总经理	贾宪宁	男	山西	汉族	2002.12—2012.8
	温鸿江	男	河北	汉族	2012.8—
副总经理	贾宪宁	男	山西	汉族	2000.12—2002.12
	温鸿江	男	河北	汉族	2003.5—2012.8
	徐万军	男	宁夏	汉族	2002.12—
总工程师	贾宪宁	男	山西	汉族	2012.8—

(一)内设部门截至2012年底,宁夏正业通工程咨询有限责任公司内设工程一部、工程二部、工程三部、招标代理部、办公室5个部门。

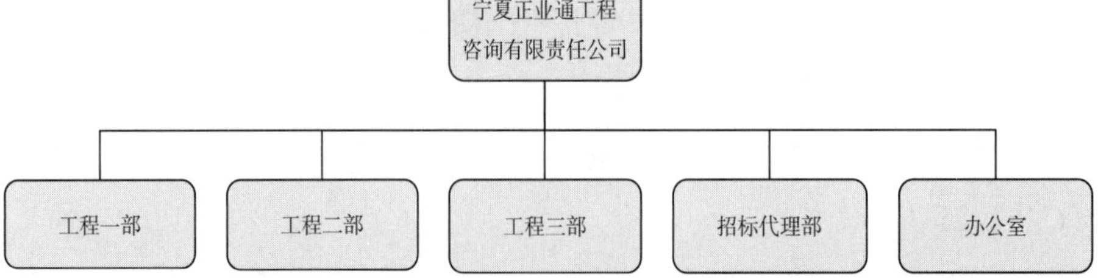

2012年宁夏正业通工程咨询有限责任公司内部机构设置示意图

1.工程一部、二部、三部。负责工程概预算、竣工结(决)算,编制招(投)标标底、工程量清单及控制,全过程咨询服务,工程造价司法鉴定。

2.招标代理部。2003年成立，有员工4名。2007年有员工3名，2009年有员工4名，2012年有员工6名。贾宪宁（兼）、古妍娜历任主任，刘鹏、古妍娜、潘明锐历任副主任。

招标代理部负责承揽营业执照及资质承揽范围内的工程招标及政府采购项目代理业务。

3.办公室（内设在天华正业通综合办公室）。

（二）分支机构 截至2012年底，宁夏正业通工程咨询有限责任公司先后设有2个分支机构。

1.宁夏正业通工程咨询有限责任公司吴忠分公司。2004年3月成立，温鸿江任负责人。

2.宁夏正业通工程咨询有限责任公司石嘴山分公司。2004年3月成立，历任负责人原思群、温鸿江。

宁夏正业通工程咨询有限责任公司石嘴山分公司历任负责人名表

表1–13

职　务	姓　名	性　别	籍　贯	民　族	任　期
所　长	原思群	男	宁夏	汉族	2004.12—2009.6
	温鸿江	男	河北	汉族	2009.6—

四、宁夏正业通资产评估有限责任公司

2007年3月14日，自治区财政厅批文决定，在宁夏天华会计师事务所评估部基础上，新设宁夏正业通资产评估有限责任公司，为专业化资产评估机构。

业务范围主要为企业改制资产评估，资产拍卖、转让、抵押（贷款）评估，企业破产、兼并、出售，国内企业联营、合资、合作经营，产权变动、资产抵押评估，事业单位非经营性资产转为经营性资产等评估业务。

具备财政部颁发的资产评估资质，司法行政主管部门颁发的司法鉴定资质，是区内从事评估项目和评估值较多的机构之一，评估结果得到自治区财政厅、自治区国资委和地方财政部门、国有资产管理部门及其他管理部门的审查确认。

宁夏正业通资产评估有限责任公司历任负责人名表

表1–14

职　务	姓　名	性　别	籍　贯	民　族	任　期
总经理	杜　兵	男	安徽	汉族	2007.3—
副总经理	施明星	男	宁夏	汉族	2007.3—
	李　虹	男	甘肃	汉族	2007.3—2009
	路　明	男	宁夏	汉族	2012.8—2014.9

2008年8月8日，成立固原正业通咨询服务有限公司（简称固原分所），杜兵任法人。

第二章　建设与运营

第一节　发展规划

一、总体规划

根据国家、地区、行业发展规划相关要求，结合公司发展实际，经过董事会认真调研分析，制定了总体规划，也称“12345”奋斗目标。该规划明确了业务发展方向和工作奋斗目标，具有明显的导向作用。规划通过努力，建设“一套体系”，主抓“两个重心”，突破“三大创新”，统筹“四大关系”，打造“五型企业”，为实现“五个一流”打下基础。建设“一套体系”，即建立一套有效的质量管理体系，夯实管理基础；主抓两个“业务重心”，即政府业务和工程造价业务，着力提高市场业务份额、扩大业务网络、提升服务水平；突破“三大创新”，即突破管理创新、制度创新、服务创新，提高自主创新能力；统筹“四大关系”，即统筹企业与社会、企业与客户、企业与监管部门、企业与员工之间的关系；打造“五型企业”，即全力打造学习型、创新型、服务型、高效型、快速成长型企业；实现“五个一流”，即把公司打造成为行业管理一流、质量一流、效率一流、服务一流、团队一流的中介服务企业。

主要工作措施和要求：从严监管，标本兼治，促进整顿规范取得新进展；优质服务，全面提升，促进客户关系取得新进展；攻坚克难，突出重点，促使品牌培育取得新进展；深化改革，推进创新，促进科学管理取得新进展。

二、中期发展计划

公司于2012年4月制订了2012—2014年业绩目标发展计划，称为企业中期发展计划。该计划分基本目标、争取目标两类：基本目标为必须完成目标，其中2010年、2012年为实际考核完成目标；争取目标为在完成基本目标的基础上努力争取的更高目标。各种目标按业务类别和责任部门进行分解。

公司2012～2014年业务目标责任表

表2-1　　单位:万元

业务类别	目标	2012年	2013年	2014年
审　计	基本目标 争取目标	1050 1200	1150 1300	1250 1540
工程咨询	基本目标 争取目标	2150 2300	2300 2500	2500 2750
招标代理	基本目标 争取目标	220 240	240 260	260 280
资产评估	基本目标 争取目标	380 400	420 450	460 500
房产评估	基本目标 争取目标	260 280	280 300	300 330
培　训	基本目标 争取目标	60 70	70 75	75 80
中卫分所	基本目标 争取目标	120 130	130 140	140 150
合　计	基本目标 争取目标	4240 4620	4590 5025	4985 5630

第二节　制度建设

1999年,宁夏正业通会计师事务所完成脱钩改制任务后,除严格执行新制定的《宁夏正业通会计师事务所章程》《宁夏正业通会计师事务所出资人协议》外,财务核算与管理基本沿用行政事业单位相关管理制度。

2001年,宁夏正业通会计师事务所将健全完善规章制度作为重要工作任务之一,根据《公司法》《劳动合同法》等相关法律,行业准则等监管法规,结合企业发展不同阶段的实际,不断完善企业规章制度建设,共修订、制定规章制度三类24项,其中补充修订11项,主要为业务管理类制度,如审计、验资、资产评估、质量控制等制度;新制定的主要为人事管理类和行政管理类制度,如人事、文书、会议等制度。新修订、制定的各项规章制度于当年7月1日起执行。这次修订完善内控制度主要有以下特点。一是适应改制后事务所发展需要;二是借鉴先进经验;在制定、修订制度过程中收集和听取了其他事务所管理经验,或整体、或局部,甚至在编排上都进行了有益的借鉴;三是总结以往经验,预测以后的发展,使制度的适用相对稳定;四是涉及面广。修订完善后的24项制度基本涵盖企业内控管理的各个方面,初步建立了内控制度的框架体系。新的制度实施以后,使企业实现了用制度约束、用制度管理、用制度保证企业各项工作有序开展的目标。

是年,新修订、制定的各项制度实施后,宁夏正业通会计师事务所从细微处入手,规范了审计报告、评估报告、工程结算审核报告、验资报告等格式和装帧,首次树立了企业品牌,提升了企业社会形象。

2002年，宁夏天华会计师事务所完成了企业第一套较为系统完善的内部管理制度。以后每年都结合法律、法规与企业发展实际进行补充、调整、完善。健全的企业管理制度保障了企业的持续、健康发展，初步实现了企业管理的制度化、规范化。

2006年5月11日，宁夏天华会计师事务所发布施行新修订的《宁夏天华会计师事务所人事管理制度》《宁夏天华会计师事务所工薪管理制度》《宁夏天华会计师事务所工薪标准》，制定了《宁夏天华会计师事务所从业人员考核办法》。另重新制定了《宁夏天华会计师事务所执业规程》。

2009年，建立《共同发展基金管理制度》。实施主要管理岗位目标责任制，探索良好运营机制。

2010年探索提高内部执行力的大部门管理制度，达到规模化的内部管理要求；统一标准管理，明确质量控制责任，改进质量控制管理。当年全面修订和完善各项管理制度工作。通过规划设计、制定方案、分工协作、广泛征求意见、发布实施等程序，分别制定了《人事、行政管理制度汇编》《(分业务类别)业务管理制度汇编》《(分业务类别)执业工作手册》。

2011年1月17日，宁夏天华会计师事务所印发《质量控制制度》等9项审计业务类管理制度征求意见稿，即广泛征求从业人员对《质量控制制度》《业务管理制度》《业务承接制度》《客户管理制度》《工作底稿的管理和使用制度》《司法鉴定业务管理制度》《司法鉴定质量管理制度》《司法鉴定诚信管理制度》《司法鉴定档案管理制度》9项审计业务类管理制度。同年8月4日，宁夏天华会计师事务所印发《关于执行〈宁夏天华会计师事务所质量控制制度〉的指导意见》，以提高宁夏天华会计师事务所的业务质量控制水平，通过狠抓业务质量控制工作实现提升广大从业人员专业胜任能力和风险意识的管理目标。到2011年完成行政类制度9项，人事管理类制度10项，业务管理类制度26项，党群类制度15项，共计30余万字。修订后的各项管理制度自2011年1月1日起执行。

2012年8月27日，宁夏天华会计师事务所(有限公司)公布新修订的《工薪管理制度(修订稿)》《差旅费管理制度(修订稿)》《工薪标准》，自当年8月1日起施行。

一、宁夏天华会计师事务所章程

1999年改制时制定《宁夏正业通会计师事务所章程》，共10章82条。包括第一章总则11条，第二章经营范围2条，第三章股东出资4条，第四章股东及其权利与义务4条，第五章组织机构及其职权、议事规则13条，第六章股东加入、退出与股权转让11条，第七章工作规则和员工管理9条；第八章财务、会计、利润分配制度11条，第九章解散和清算10条，第十章争议解决及其他7条。

2002年10月,因宁夏正业通会计师事务所加入北京天华集团所更名为宁夏天华会计师事务所,在原《宁夏正业通会计师事务所章程》的基础上,修改完善了《宁夏天华会计师事务所章程》。

二、人事、行政管理制度及管理办法

2001年4月10日,宁夏正业通会计师事务所印发《关于调整中卫分所管理办法的通知》,自即日起实施《宁夏正业通会计师事务所分所管理办法》,明确暂停中卫分所对外单独出具会计师事务所相关报告的资格,执业报告用章收回办公室封存;不得以任何方式对外出具相关证明文件;凡出具执业报告及相关证明文件均须由事务所按规定程序签发。

2001年5月23日,宁夏正业通会计师事务所下发通知,征求对《宁夏正业通会计师事务所职业道德和工作守则》等8项制度的修改意见。

2001年7月30日,宁夏正业通会计师事务所制定出台《宁夏正业通会计师事务所职业道德和工作守则》。本制度规定员工不得接受客户馈赠的礼品、代金券、礼金及其他变相好处;不得接受客户的宴请及私人消费。

2001年9月19日,宁夏正业通会计师事务所董事会研究决定,同意中卫分所制定的《工薪管理制度》,从当年7月1日起执行,未尽事宜按总所制度执行。

2001年10月8日,宁夏正业通会计师事务所印发《关于做好〈工作日志〉的通知》,要求执业人员必须将每日的重大事项记录在《工作日志》上,每周不得少于3篇,作为执业人员考核评价的内容之一;各部门、分所至少每月检查一次;事务所每半年至少组织检查一次,检查结果直接记录于被检查人《工作日志》上。本规定自2001年10月1日起执行。

2002年9月2日,宁夏正业通会计师事务所印发通知,征求对《宁夏正业通会计师事务所质量管理制度之追究制度》的修改意见。

2004年1月15日,宁夏天华会计师事务所印发通知,对《工薪标准》执行中遇到的问题作了补充说明,对部分条款作了修订完善。

是年3月17日,宁夏天华会计师事务所作出决定,同意宁夏天华会计师事务所石嘴山分所执行分所制定的工薪标准。

2004年3月17日,宁夏天华会计师事务所作出决定,同意宁夏天华会计师事务所石嘴山分所实行目标经济责任考核制。同年6月30日,宁夏天华会计师事务所作出关于2004年度经营目标与考核的决定,考核目标以宁夏天华会计师事务所现行工薪标准、考核办法、人事管理制度为基础。

2004年12月22日,宁夏天华会计师事务所印发《共同发展基金管理办法(征求意见稿)》的通知,广泛征求从业人员意见,并要求以书面形式反馈办公室。

2006年5月11日，印发新修订的《宁夏天华会计师事务所人事管理制度》《宁夏天华会计师事务所工薪管理制度》《宁夏天华会计师事务所工薪标准》，制定《宁夏天华会计师事务所从业人员考核办法》，自当年7月1日起施行。

2006年12月26日，宁夏天华会计师事务所印发《共同发展基金管理制度(2006年12月修订)》。共同发展基金是为促进事务所长远发展而建立的鼓励性基金。2009年，进一步完善《共同发展基金管理制度》。

2010年，修订公司人事、行政管理制度和管理办法共23项，形成《人事、行政管理制度汇编》。

1.人事管理制度共16章46条。包括第一章总则5条，第二章人员录用11条，第三章出资人加入与退出4条，第四章机构设置2条，第五章岗位设置1条，第六章岗位职责1条，第七章员工考核1条，第八章工薪待遇1条，第九章考勤1条，第十章福利1条，第十一章退休2条，第十二章调动1条，第十三章调离或退出6条，第十四章经济补偿3条，第十五章责任2条，第十六章附则4条。

2.员工守则共5章35条。包括第一章总则6条，第二章一般守则9条，第三章执业守则10条，第四章其他工作守则8条，第五章附则2条。

3.岗位职责涵盖7个方面的内容。包括项目助理Ⅲ能力要求，项目助理Ⅱ能力要求，项目助理Ⅰ能力要求，高级助理能力要求，项目经理能力要求，经理能力要求，高级经理能力要求等。

4.员工考核制度共7章15条。包括第一章总则4条，第二章岗位设置1条，第三章聘用考核1条，第四章试用考核1条，第五章年度考核3条，第六章考核纪律2条，第七章附则3条。

5.考勤制度共6章22条。包括第一章总则2条，第二章考勤管理6条，第三章假期8条，第四章旷工3条，第五章加班1条，第六章附则2条。

6.工薪管理制度共10章30条。包括第一章总则6条，第二章专业技术人员报酬6条，第三章行政人员、试用期人员薪酬1条，第四章临聘人员、实习生报酬2条，第五章新进急需人才工薪3条，第六章特岗人员工薪2条，第七章待岗人员工薪1条，第八章工薪扣除3条，第九章工薪核定、调整与升级3条，第十章附则3条。

7.工薪标准涵盖7个方面的内容。包括基础工资，岗位工资，提成工资，奖励工资，行政工勤人员、试用期人员薪酬，实习生报酬，新进急需人才年薪标准等。

8.社会保障及福利制度共4章13条。包括第一章总则1条，第二章社会保险3条，第三章单位福利7条，第四章附则2条。

9.共同发展基金管理制度共8章21条。包括第一章总则2条，第二章共同发展基金的享有人3条，第三章共同发展基金的来源1条，第四章共同发展基金的管理3条，第五章共同发展基金的支付2条，第六章共同发展基金的积累4条，第七章监督3条，第八章附则3条。

10.培训制度共9章30条。包括第一章总则3条,第二章培训的目的1条,第三章培训的组织8条,第四章培训内容6条,第五章培训要求5条,第六章培训的评估2条,第七章培训费用的开支1条,第八章服务年限和违约金1条,第九章附则3条。

11.财务管理制度共7章26条。包括第一章总则3条,第二章一般原则6条,第三章财会核算管理6条,第四章财务人员岗位管理3条,第五章支票与货币资金管理3条,第六章会计档案1条,第七章附则4条。

12.财产管理制度共9章44条。包括第一章总则3条,第二章一般规定4条,第三章房屋的管理4条,第四章汽车使用管理7条,第五章办公设备使用管理6条,第六章文体设施使用管理6条,第七章局域网管理7条,第八章易耗办公物品的管理5条,第九章附则2条。

13.会议管理制度共4章13条。包括第一章总则4条,第二章会议类别2条,第三章会议要求5条,第四章附则2条。

14.差旅费管理制度共8章32条。包括第一章总则3条,第二章一般规定6条,第三章交通及通讯费7条,第四章住宿费4条,第五章伙食补助费3条,第六章参加外派后续教育、会议、培训和其他外派的差旅费2条,第七章差旅费的借支及报销规定5条,第八章附则2条。

15.档案管理制度共7章31条。包括第一章总则4条,第二章档案分类1条,第三章档案管理人员岗位责任制4条,第四章立卷归档5条,第五章查阅档案7条,第六章档案的管理7条,第七章附则3条。

16.公文处理制度共4章24条。包括第一章总则6条,第二章公文种类4条,第三章公文办理12条,第四章附则2条。

17.印鉴、介绍信及证件管理制度共5章17条。包括第一章总则2条,第二章种类和适用范围3条,第三章印鉴和介绍信的管理8条,第四章证件的管理2条,第五章附则2条。

18.分支机构管理制度共8章29条。包括第一章总则2条,第二章设立3条,第三章人员管理4条,第四章业务管理8条,第五章财务管理6条,第六章监督管理2条,第七章注销1条,第八章附则3条。

19.安全卫生管理制度共4章17条。包括第一章总则2条,第二章安全保卫管理6条,第三章卫生管理6条,第四章附则3条。

20.保洁员工作守则涵盖8个方面内容。包括制定本守则的目的,管理部门、保洁员的工作职责,工作范围,工作程序,考核标准,评比制度,以及奖罚制度等。

21.员工宿舍管理办法涵盖5个方面的内容。包括本管理办法制定目的,员工入住手续与条件,费用承担,宿舍物品的保管和使用,宿舍的安全卫生等内容。

22.笔记本电脑管理办法涵盖4个方面的内容。包括本管理办法制定的目的,笔记本电脑的购置,日常管理,作价处理等内容。

23.预算管理制度共8章26条。包括第一章总则4条,第二章预算管理的组织5条,第三章预算管理的范围和内容2条,第四章预算编制和审批4条,第五章预算的执行4条,第六章预算的分析3条,第七章预算的考核1条,第八章附则3条。

24.2011年8月4日,宁夏天华会计师事务所制定并发布《员工形象规范》,自2011年8月8日起执行。为提升企业整体形象,本制度对员工职业着装进行了统一要求。

三、业务管理制度

自2001年7月1日起,宁夏正业通会计师事务所培训部执行宁夏正业通会计师事务所印发的规章制度,原培训部与事务所签订的《目标管理责任协议》废止。

2002年,为了提高房地产估价报告质量,宁夏正业通房地产估价事务所对房地产估价报告实行三级复核制度。首先,项目经理和经办人员对其承接项目进行一级复核,将问题解决在最初阶段;其次,各项目组之间进行交叉复核,互相查找问题,提升报告质量;最后,由所长对报告质量进行把关,签字出具报告。

2006年,宁夏天华会计师事务所重新修订执业规程。宁夏正业通房地产估价事务所在建立三级复核制度的基础上,同时建立房地产估价报告检查制度,每个执业人员进行自查,项目组进行互查,及时进行沟通,努力清除差错与失误,严把估价报告业务质量关。

2009年,宁夏正业通房地产估价事务所对房地产估价报告三级复核制度进行重新修订。全面实行业务评审制度,逐步实现规范化管理,完善业务评审工作,出具评审意见书,业务稽核工作由事后批判性转向事前预防性、事中控制性,业务三级复核工作逐步走向制度化、规范化。

2010年,宁夏正通房地产估价事务所全面实行业务评审制度,主要由事务所副所长负责,对房地产的估价报告进行三级复审,以逐步建立质量管理体系。

是年共修订业务管理制度42项,形成《业务管理制度汇编》。

1.宁夏天华会计师事务所(有限公司)审计业务管理制度共8章52条。包括第一章总则3条,第二章职业道德守则1条,第三章客户关系和具体业务的承接与保持12条,第四章业务执行22条,第五章业务报告的签发8条,第六章业务工作底稿2条,第七章客户管理1条,第八章附则3条。

2.宁夏天华会计师事务所(有限公司)业务承接制度共25条。

3.宁夏天华会计师事务所(有限公司)质量控制制度共10章27条。包括第一章总则3条,第二章责任主体和机构设置3条,第三章职业道德规范3条,第四章客户关系和具体业务的承接与保持5条,第五章人力资源2条,第六章业务执行4条,第七章业务工作底稿3条,第八章监控1条,第九章记录1条,第十章附则2条。

4.宁夏天华会计师事务所(有限公司)工作底稿的管理和使用制度共4章12条。包括第一章总则3条,第二章整理、立卷、归档5条,第三章工作底稿的管理和借阅2条,第四章附则2条。

5.宁夏天华会计师事务所(有限公司)客户管理制度共4章6条。包括第一章总则1条,第二章客户的分类1条,第三章管理方法2条,第四章附则2条。

6.宁夏正业通工程咨询有限责任公司工程造价咨询业务管理制度共8章26条。包括第一章总则1条,第二章基本准则9条,第三章咨询业务范围1条,第四章咨询业务的承接3条,第五章咨询业务准备阶段3条,第六章咨询业务实施阶段4条,第七章咨询业务终结阶段2条,第八章附则3条。

7.宁夏正业通工程咨询有限责任公司业务承接制度共26条。

8.宁夏正业通工程咨询有限责任公司质量控制制度11条。

9.宁夏正业通工程咨询有限责任公司业务档案的管理和使用制度共4章12条。包括第一章总则3条,第二章整理、立卷、归档5条,第三章业务档案的管理和借阅2条,第四章附则2条。

10.宁夏正业通工程咨询有限责任公司客户管理制度共4章6条。包括第一章总则1条,第二章客户的分类1条,第三章管理办法2条,第四章附则2条。

11.宁夏正业通工程咨询有限责任公司招标代理业务管理制度共19条。

12.宁夏正业通工程咨询有限责任公司建设工程招标代理业务承接制度共20条。

13.宁夏正业通工程咨询有限责任公司招标代理质量控制制度共15章55条。包括第一章总则2条,第二章签订委托代理合同2条,第三章招标代理项目组织2条,第四章资料备案登记及进度计划2条,第五章招标公告7条,第六章投标邀请书2条,第七章资格预审5条,第八章招标文件11条,第九章工程量清单及招标控制价2条,第十章踏勘现场3条,第十一章答疑会议2条,第十二章开标、评标7条,第十三章评标报告4条,第十四章招标项目档案2条,第十五章附则2条。

14.宁夏正业通工程咨询有限责任公司建设工程招标代理档案的管理和使用制度共4章12条。包括第一章总则3条,第二章整理、立卷、归档5条,第三章代理档案的管理和借阅2条,第四章附则2条。

15.宁夏正业通工程咨询有限责任公司建设工程招标业务客户管理制度共4章6条。包括第一章总则1条,第二章客户的分类1条,第三章管理方法2条,第四章附则2条。

16.宁夏正业通资产评估有限责任公司资产评估业务管理制度共9章31条。包括第一章总则2条,第二章职业道德3条,第三章人力资源3条,第四章业务承接7条,第五章业务实施和报告8条,第六章工作底稿2条,第七章质量控制2条,第八章档案管理2条,第九章附则2条。

17.宁夏正业通资产评估有限责任公司业务承接制度共24条。

18.宁夏正业通资产评估有限责任公司资产评估质量控制制度共6章41条。包括第一章总则4条,第二章质量控制责任6条,第三章三级审核制度15条,第四章重大事项及疑难问题解决9条,第五章监控和改进5条,第六章附则2条。

19.宁夏正业通资产评估有限责任公司资产评估工作底稿编制及业务档案管理制度共9章45条。包括第一章总则5条,第二章工作底稿编制要求5条,第三章工作底稿编制内容3条,第四章工作底稿的管理7条,第五章业务档案的立卷与归档8条,第六章业务档案的保管6条,第七章业务档案的利用6条,第八章业务档案的鉴定与销毁3条,第九章附则2条。

20.宁夏正业通资产评估有限责任公司客户管理制度共7章17条。包括第一章总则1条,第二章客户的分类1条,第三章管理原则4条,第四章管理方法2条,第五章业务报告的交付手续2条,第六章客户信息的收集和意见反馈的处理5条,第七章附则2条。

21.宁夏正业通房地产估价事务所(有限公司)房地产估价业务管理制度共11章57条。包括第一章总则4条,第二章房地产估价前期工作1条,第三章估价原则4条,第四章估价程序8条,第五章估价方法6条,第六章各类型房地产评估程序3条,第七章房地产估价的复核程序4条,第八章房地产估价报告14条,第九章房地产估价技术报告4条,第十章房地产估价报告工作底稿6条,第十一章附则3条。

22.宁夏正业通房地产估价事务所(有限公司)业务承接制度共24条。

23.宁夏正业通房地产估价事务所(有限公司)房地产估价质量管理制度共2章16条。包括第一章总则2条,第二章业务规模与范围14条。

24.宁夏正业通房地产估价事务所(有限公司)工作底稿的管理和使用制度共4章12条。包括第一章总则3条,第二章整理、立卷、归档5条,第三章工作底稿的管理和借阅2条,第四章附则2条。

25.宁夏正业通房地产估价事务所(有限公司)档案管理制度共7章32条。包括第一章总则2条,第二章档案管理人员岗位责任制6条,第三章档案管理制度5条,第四章立卷、归档制度6条,第五章档案查阅制度5条,第六章业务档案管理制度5条,第七章附则3条。

26.宁夏正业通房地产估价事务所(有限公司)客户管理制度共7章16条。包括第一章总则,第二章客户分类,第三章管理原则4条,第四章管理方法2条,第五章房地产估价报告的交付手续2条,第六章客户信息的收集和反馈5条,第七章附则3条。

27.宁夏天华司法会计鉴定所业务管理制度共7章34条。包括第一章总则4条,第二章业务委托4条,第三章工作规范7条,第四章对司法鉴定活动的监督6条,第五章质量管理1条,第六章司法鉴定意见书10条,第七章附则2条。

28.宁夏天华司法会计鉴定所质量管理制度共4章16条。包括第一章总则4条,第二章质量管理6条,第三章队伍管理4条,第四章附则2条。

29.宁夏天华司法会计鉴定所司法鉴定档案管理制度共5章10条。包括第一章总则1

条,第二章立卷5条,第三章司法鉴定档案的提取1条,第四章档案的保管和销毁1条,第五章附则2条。

30.宁夏天华司法会计鉴定所诚信管理制度共4章15条。包括第一章总则1条,第二章诚信守则11条,第三章诚信评估制度1条,第四章附则2条。

31.宁夏正业通工程咨询有限责任公司工程造价司法鉴定业务管理制度共8章21条。包括第一章总则1条,第二章基本准则9条,第三章司法鉴定业务范围1条,第四章司法鉴定业务的承接1条,第五章司法鉴定业务准备阶段3条,第六章司法鉴定业务实施阶段2条,第七章司法鉴定业务终结阶段1条,第八章附则3条。

32.宁夏正业通工程咨询有限责任公司工程造价司法鉴定质量控制制度共11条。

33.宁夏正业通工程咨询有限责任公司工程造价司法鉴定档案管理制度共5章10条。包括第一章总则1条,第二章立卷5条,第三章司法鉴定档案的提取1条,第四章档案的保管和销毁1条,第五章附则2条。

34.宁夏正业通工程咨询有限责任公司工程造价司法鉴定诚信管理制度共3章14条。包括第一章总则1条,第二章诚信守则11条,第三章附则2条。

35.宁夏正业通资产评估有限责任公司司法鉴定业务管理制度共10章40条。包括第一章总则4条,第二章职业道德3条,第三章人力资源3条,第四章业务受理4条,第五章业务执行8条,第六章司法鉴定文书制做10条,第七章质量控制2条,第八章司法鉴定业务监督4条,第九章档案管理2条,第十章附则2条。

36.宁夏正业通资产评估有限责任公司司法鉴定质量控制制度共6章41条。包括第一章总则3条,第二章质量控制责任6条,第三章三级审核制度16条,第四章重大事项及疑难问题解决9条,第五章监控和改进5条,第六章附则2条。

37.宁夏正业通资产评估有限责任公司司法鉴定业务档案管理制度共5章11条。包括第一章总则2条,第二章立档5条,第三章档案的提取1条,第四章档案的保管和销毁1条,第五章附则2条。

38.宁夏正业通资产评估有限责任公司司法鉴定业务诚信管理制度共4章15条。包括第一章总则1条,第二章诚信守则11条,第三章诚信评估制度1条,第四章附则2条。

39.宁夏正业通房地产估价事务所(有限公司)司法鉴定业务管理制度共10章42条。包括第一章总则4条,第二章职业道德3条,第三章人力资源3条,第四章业务受理4条,第五章业务执行8条,第六章司法鉴定文书制做10条,第七章质量控制2条,第八章司法鉴定业务监督4条,第九章档案管理2条,第十章附则2条。

40.宁夏正业通房地产估价事务所(有限公司)司法鉴定质量控制制度共5章35条。包括第一章总则3条,第二章三级审核制度15条,第三章重大事项及疑难问题解决10条,第四章监控和改进5条,第五章附则2条。

41.宁夏正业通房地产估价事务所(有限公司)司法鉴定业务诚信管理制度共4章15条。包括第一章总则1条,第二章诚信守则11条,第三章诚信估价制度1条,第四章附则2条。

42.宁夏正业通房地产估价事务所(有限公司)司法鉴定业务档案管理制度共5章11条。包括第一章总则2条,第二章立档5条,第三章档案的提取1条,第四章档案的保管和销毁1条,第五章附则2条。

四、执业工作手册

2010年,修订宁夏天华会计师事务所(有限公司)执业工作手册、宁夏正业通工程咨询有限责任公司执业工作手册、宁夏正业通资产评估有限责任公司执业工作手册、宁夏正业通房地产估价事务所(有限公司)执业工作手册,并汇编成《执业工作手册》。

(一)宁夏天华会计师事务所(有限公司)执业工作手册

涵盖8个方面的内容,包括项目管理程序、审计工作底稿、审计过程、承接审计业务、审计计划、风险评估程序、会计账户的实质性程序、审计报告等。

(二)宁夏正业通工程咨询有限责任公司执业工作手册

涵盖以下4个方面内容。

1.宁夏正业通工程咨询有限责任公司工程预(结)算审核业务规程共6章31条。包括第一章总则4条,第二章一般原则5条,第三章工程预(结)算的审核6条,第四章审核时间2条,第五章审核文件的内容12条,第六章附则2条。

2.宁夏正业通工程咨询有限责任公司工程预(结)算编制业务规程共6章29条。包括第一章总则4条,第二章一般原则3条,第三章工程预(结)算的编制6条,第四章编制时效2条,第五章编制文件的内容12条,第六章附则2条。

3.宁夏正业通工程咨询有限责任公司工程量清算及招标控制价编制业务规程共6章18条。包括第一章总则4条,第二章一般原则3条,第三章工程量清算及招标控制价编制文件内容4条,第四章工程量清单及招标控制价的编制3条,第五章编制时间2条,第六章附则2条。

4.工程造价咨询报告书模板(宁正审字)、工程造价咨询报告书模板(宁正工报-审)、工程造价咨询报告书模板(宁正工报-编)、工程造价司法鉴定报告书模板等。

(三)宁夏正业通资产评估有限责任公司执业工作手册

涵盖以下2个方面内容。

1.资产评估业务操作规程共11章51条。包括第一章总则5条,第二章评估程序与评估工作底稿的对应关系2条,第三章明确评估业务基本事项1条,第四章签订业务约定书2条,第五章编制评估计划2条,第六章现场调查15条,第七章收集评估资料3条,第八章评定估算8条,第九章编制和提交评估报告6条,第十条工作底稿归档4条,第十一章附则3条。

2.股东权益价值项目资产评估报告(参考格式)、部分资产价值项目资产评估报告(参考格式)、司法鉴定意见书(参考格式)、资产评估说明(参考格式)、资产评估工作底稿(参考格式)。

(四)宁夏正业通房地产估价事务所(有限公司)执业工作手册

涵盖35项内容,包括房地产估价业务操作手册、房地产估价业务约定书、房地产价格估价收费标准、房地产估价业务重大问题处理记录、宁夏正业通房地产估价事务所估价报告审定意见书、房地产估价报告备案表、房地产估价报告征询函、宁夏正业通房地产估价事务所房地产估价报告送达签收单、房地产估价现场查看作业表、可比实例情况一览表、建筑物估价现场查看作业表、估价对象现场查看作业表、构筑物及其他辅助设施现场查看作业表、租金水平测算可比实例情况一览表、测算租金水平房屋现场作业表、测算租金水平计算过程表、可比实例出租情况调查表、宁夏正业通房地产估价事务所房地产估价记录表、房地产估价报告评审表、土地估价业务约定书、土地使用权价格评估收费标准、一般因素现场调查表、估价对象区域因素及个别因素调查表、评估宗地外基础设施状况调查表、评估宗地内基础设施状况调查表、评估宗地地上建(构)筑物状况调查表、待估商业宗地基准地价因素修正现场调查表、待估住宅宗地基准地价因素修正现场调查表、待估工业宗地基准地价因素修正现场调查表、市场比较法现场调查表、土地估价报告备案表、宁夏正业通房地产估价事务所土地估价报告审定意见书、土地估价报告征询函、宁夏正业通房地产估价事务所土地估价报告送达签收单、土地估价报告检查评分细则等。

第三节　人力资源

一、员工规模

1999年,宁夏正业通会计师事务所从业人员58人。

2000年,宁夏正业通会计师事务所从业人员63人。

2001年,宁夏正业通会计师事务所从业人员76人。通过面向社会招聘,先后吸纳6名具有相关执业资格的从业人员,辞退4名从业人员,调整出资人结构,调整增加审计人员,加快了人员结构调整的力度,使人员结构进一步趋于合理。

2002年7月,通过竞争上岗,淘汰3名工作人员,使宁夏正业通会计师事务所审计部实现了具备执业资格人员与无执业资格人员2:1的结构。同时通过其他途径,帮助4名工作人员选择更适合自我发展的工作。年内,事务所增加注册会计师6名、资产评估师2名、注册税务师2名、造价工程师5名,并招聘计算机专业人员1名。全所出资人中有三分之二是在近3年调整进入事务所,从业人员60%以上是通过人员流动进入事务所。

2002年以后，随着业务的发展，内部机构及分支机构的增设，从业人员不断增加，至2003年5月有从业人员67人。2005年6月有从业人员84人。2011年6月，全所员工达117人。人员综合素质也在逐步提高。在2011年6月统计的117名从业人员中，具有本科以上学历64人，占54.7%；具有高级职称21人，占17.94%。

2012年6月，全所有从业人员125人。其中，本科以上学历76人(有硕士研究生1人)，占60.8%；取得技术职称92人，其中具有高级职称26人，占20.8%；取得执业资格130人次，为注册会计师、注册资产评估师、注册税务师、造价工程师、房地产估价师、土地估价师、房地产经纪人、旧机动车鉴定估价师、项目咨询师、项目管理师、招标师、二级建造师、司法鉴定人。是年底，全所共有从业员工142人。

2000—2012年度从业人员学历、职称情况表

表2-2　　单位：人

统计时间	全部从业人员数	应参加考核人数	学历结构			职称结构		
			本科及以上学历	专科学历	中专及以下学历	高级职称	中级职称	初级职称
1999年	58	58	10	28	20	8	29	3
2000年	63	63	11	30	22	10	33	7
2001年	76	76	13	33	30	8	38	13
2002年	67	67	15	28	24	5	37	9
2003年	79	79	18	38	23	8	47	10
2004年	78	78	18	38	22	8	46	10
2005年	92	92	24	50	18	15	47	10
2006年	90	90	24	48	18	15	47	10
2007年	86	86	27	43	16	15	49	5
2008年	100	100	38	44	18	14	49	6
2009年	106	106	48	46	12	15	48	7
2010年	128	128	70	49	9	15	48	7
2011年	120	120	72	41	7	23	47	14
2012年	142	142	92	44	6	32	49	19

2000—2012年度从业人员执业资格情况表

表2-3　　单位：人

时间	从业人员人数	执业人数	非执业人数	注册会计师	注册资产评估师	注册税务师	造价工程师	房地产估价师	土地估价师	房地产经纪人	旧机动车鉴定估价师	项目咨询师	项目管理师	招标师	二级建造师	司法鉴定人
1999年	58	26	32	22	6	—	3	4	—	—	—	—	—	—	—	—
2000年	63	29	34	24	8	—	3	5	—	—	—	—	—	—	—	—
2001年	76	32	44	23	7	3	6	5	—	—	—	—	—	—	—	—
2002年	67	33	34	26	8	5	6	5	—	—	6	—	—	—	—	—
2003年	79	34	45	23	9	8	6	5	14	7	7	—	—	—	—	—
2004年	78	40	38	26	9	8	6	5	14	5	7	—	—	—	—	—
2005年	92	36	56	23	8	7	9	7	12	5	7	—	—	—		16

续表2-3

时间	从业人员人数	执业人数	非执业人数	注册会计师	注册资产评估师	注册税务师	造价工程师	房地产估价师	土地估价师	房地产经纪人	旧机动车鉴定估价师	项目咨询师	项目管理师	招标师	二级建造师	司法鉴定人
2006年	90	36	54	23	8	7	9	7	12	—	7	—	—	—	—	—
2007年	86	39	47	22	9	6	12	10	11	6	7	—	—	—	—	26
2008年	100	43	57	26	10	7	12	11	11	6	7	—	—	—	—	25
2009年	106	42	64	24	10	8	11	9	10	6	6	—	—	—	—	23
2010年	128	49	79	24	10	8	11	9	10	6	6	—	—	—	—	23
2011年	120	43	77	21	11	5	14	10	9	6	6	5	2	1	3	27
2012年	142	48	94	24	13	8	15	13	10	6	6	3	4	3	8	36

注：在执业资格人员中，部分人员具有多种执业资格，按人次进行统计

二、竞聘上岗

（一）员工招聘 多年来，公司对新进员工实行公开招聘，并制定人员招聘办法，明确招聘目的、程序。招聘对象要具备全日制大学本科以上学历或中级以上专业技术职称，持有本企业经营范围内的执业资格优先。招聘工作按照公司制定的招聘办法及工作流程运行，并坚持公开、公平、公正；以德为首，唯才是举；多元兼容，优势互补的原则。

公司对从业人员实行考核制度，分为聘用考核、试用考核、年度考核3种。聘用考核是对计划录用人员的考核。综合办公室统一受理各部门需要新增聘用人员的相关材料，初步审核后向董事会提交符合本单位聘用条件人员的相关资料，考核领导小组负责考试的组织、实施和面试工作，董事会根据面试或考试得分，结合本单位业务发展的需要做出是否聘用的决定，由综合办公室予以公布。试用考核是试用人员转正考核。试用人员试用期满，由本人提出转正申请，经项目经理和部门负责人签署考评意见后，提交董事会作出是否同意转正的决定，由综合办公室予以公布。年度考核在每年6月进行，截至考核日起前一年中累计缺勤3个月者另行确定，试用期人员不参加年度考核，其余人员一律参加年度考核。

员工招聘前，由用人部门或部门负责人根据本部门实际需要，填写《人员需求计划申批表》向综合办公室提出申请。综合办公室对递交的《人员需求计划申批表》进行审核，呈报董事会批准，根据用人部门所需人员制订招聘计划，在《银川晚报》《新消息报》等新闻媒体对外发布招聘信息。综合办公室对应聘材料进行筛选，对筛选出的应聘人员进行初试；初试通过的人员进行复试。复试采取招聘会形式对应聘者进行综合考核，由董事会及相关部门代表组成考核小组，根据应聘者所学专业、年龄结构、综合能力、文化修养等进行综合评分。根据评委评分情况结合本单位发展目标，择优聘用评分高者。考核领导小组确定拟录用人员，综合办公室形成书面材料报董事会批准，并由综合办公室向被录入人员发

布录用通知。综合办公室检验录用者有关证件原件，包括身份证、学位证、学历证、毕业证、技能证书、执业资格证书及荣誉证书等，对原件进行复印归档。被录用人员填写《员工登记表》。新进员工一般实行试用期制度，试用期限按法律法规和劳动合同的有关规定予以确定。对试用人员进行上岗培训，试用期满后试用人员需要提交工作总结和转正申请，项目经理和部门负责人签署考评意见，董事会作出是否同意转正的决定。由综合办公室发布转正通知，办理与被聘用者签订劳动合同、缴纳社会保险等事宜。

2003年7月29日，王亚军等5人报名应聘到宁夏天华会计师事务所审计部试用工作。11月12日，又有24名应聘人员经过初试后参加面试，11月19日发布通告，有马明等12名应聘者通过面试，由董事会审定进入试用期。

2004年10月15日，宁夏天华会计师事务所召开招聘会，孟娟等14人参加招聘面试会。13人由董事会审定进入试用期。

2006年10月，宁夏天华会计师事务所发布招聘信息，通过初试、面试，王晓菁等13人由董事会审定进入试用期。

2008年8月12日，公司在《新消息报》刊登招聘启事：拟招聘审计专业人员若干名，会计师以上职称和注册会计师优先；招聘评估专业人员若干名，工程师、评估师、房地产估价师优先；招聘工程造价专业人员若干名，工程师、造价工程师优先。截至8月26日，经过初试有侯旭辉、周娟等35人进入面试阶段，其中工程咨询部9人，审计部20人，资产评估部5人，培训部1人。实际参加面试31人，经董事会审定，有13名应聘者通过面试，其中审计部3人，工程部5人，资产评估部2人，中卫分所2人，固原分所1人。

2009年7月27日，宁夏天华会计师事务所在《新消息报》发布招聘启事，拟招聘工程造价人员、审计人员、评估人员若干名。有24人报名应聘，经过初试筛选，于8月8日召开招聘从业人员面试会，经董事会审定，录用郝东胜等12名新成员，其中审计专业5人，工程专业4人，评估专业3人。

2010年1月22日，宁夏正业通房地产估价事务所(有限公司)在《银川晚报》发布招聘启事，拟招聘房地产估价师、资产评估师、建筑工程师若干名。截至2月3日，有6人报名应聘，经过初试、面试、董事会审定，有1人被录用到工程咨询部工作。

2011年9月22日，宁夏天华会计师事务所(有限公司)召开招聘从业人员面试会，有9人经过初试合格进入面试，经过层层筛选，董事会审定，最终有8名新成员加入团队。

2012年6月25日，宁夏天华会计师事务所(有限公司)在《新消息报》刊登招聘启事，拟公开招聘审计人员10名、工程造价人员10名、前台人员2名、行政文职人员1名、招标代理人员数名、建筑工程师数名。全日制本科重点院校毕业的相关专业应届毕业生、执业资格全科和部分科目考试合格人员优先。截至7月20日，有39人初审合格获得面试资格。7月28日、29日，举行为期两天的招聘会，8名评委从20个评价要素对应聘人员进行定量打分，并从录用、考虑录用、不录用3个方面进行定性评价，最后决定17人进入试用阶段。其中，审计部6名，占审计部应聘人员的42%；工程部7名，占工程部应聘人员的36%；房地产估价事务所1名，占房地产估价事务所应聘人员的50%；综合办公室3名，占综合办公室应聘人员的60%。综合录用率为43.58%。本次应聘人员从报名人数、学历学识、语言表达、应变能力等综合素质均好于往年，招聘结果基本达到招聘计划要求，招聘效果良好。

（二）部门副职及中层管理人员竞聘上岗

2001年8月16日，宁夏正业通会计师事务所董事会研究决定，聘任陶扬为宁夏正业通会计师事务所副主任会计师，马向中为宁夏正业通会计师事务所办公室主任，水莉莉为宁夏正业通会计师事务所培训部主任。

2002年1月15日，宁夏正业通会计师事务所董事会研究决定，聘任田文杰为宁夏正业通会计师事务所中卫分所副所长。3月15日，宁夏正业通会计师事务所董事会研究决定，聘任章翾为宁夏正业通会计师事务所中卫分所副所长。6月27日，宁夏正业通会计师事务所董事会研究决定，聘任闫树静为宁夏正业通会计师事务所稽核部主任，负责事务所业务报告稽核工作；副主任贾宪宁主持基建工程预决算审查中心工作。8月21日，宁夏正业通会计师事务所董事会研究决定，聘任章翾为宁夏正业通会计师事务所中卫分所所长。10月21日，宁夏正业通会计师事务所董事会研究决定，聘任丁华兵为审计部副主任，主要负责财务顾问、代理记账、业务咨询、税收筹划方面业务。12月2日，宁夏天华会计师事务所董事会研究决定，聘任丁华兵为宁夏天华会计师事务所财税顾问部主任，聘任贾宪宁为宁夏天华会计师事务所基建工程审核部主任，聘任徐万军、李永爱为宁夏天华会计师事务所基建工程审核部副主任，聘任罗立邦为宁夏天华会计师事务所审计部副主任。

自2003年后，每3年公开竞聘各部门的中层管理人员，按照竞聘演讲、评委评比、监事监督、董事会研究决定的聘任程序进行。参加竞岗人员基本条件：具备竞聘岗位行业执业资格，部分岗位可不做要求；熟悉所竞聘岗位业务，有一定的管理工作经验、较强的组织协调与行政能力；团结部门其他人员，发扬团队精神共同工作；具有风险意识，恪守职业道德规范，正确处理质量与效率的关系；热爱本职工作、敬业勤勉、忠于职守、努力工作。

2003年4月21日，宁夏天华会计师事务所印发《关于宁夏天华会计师事务所各部门副职、各业务项目分组竞岗方案的通知》。5月20日，经竞聘演讲、评委评比、监事监督等程序，宁夏天华会计师事务所董事会研究决定，聘任徐万军、温鸿江为基建工程审核部副主任，聘任罗立邦、李新华为审计部副主任，聘任施明星为资产评估部副主任，聘任张泽坤为培训部副主任，聘任姜伟为综合办公室副主任。

是年5月21日，经董事会研究同意，宁夏正业通工程咨询有限责任公司作出决定，聘任刘鹏、张立和为公司招标代理部副经理。

2006年5月22日，宁夏天华会计师事务所印发《关于各部门副职、各业务项目组竞岗工作的通知》。6月，召开部门副职竞聘会，首次举行主要管理人员向全体员工述职大会，并接受询问，全部副职岗位在全体员工中竞聘产生。本次有10个部门11名部门副职经过竞聘上岗。

2010年10月，公司10个部门副职和4个分所副主任岗位全部由竞聘产生。经过竞聘演讲、考评小组成员现场打分、董事会审定等程序，有13名竞聘人员被聘任。

2011年2月9日，公司董事会研究决定，聘任李丽红为宁夏天华会计师事务所审计三部副主任。

2012年7月2日，宁夏天华会计师事务所(有限公司)印发《关于设置中层管理岗位的决定》，对各项业务所需内设职能部门和管理岗位职数进行设置。管理岗位人员实行任命和聘任方式，任期3年，实行聘任方式的采取公开竞聘方式产生，按年考核。同时，宁夏天华会计师事务所(有限公司)印发《关于公开竞聘中层管理人员的通知》，原则要求应聘人员具备竞聘岗位行业执业资格；熟悉业务，有一定的管理工作经验、较强的组织协调能力；发扬团队精神，具有风险意识、恪守职业道德规范等，对竞聘岗位、职数和具体条件，作了明确规定(详见下表)。

中层管理岗位设置情况表

表2-4

公司	竞聘岗位	职数	条件
宁夏天华会计师事务所(有限公司)	审计部部门主任	3名	满足基本条件的同时要求具备注册会计师资格，担任项目经理3年以上的经历
	审计部部门副主任	3名	满足基本条件的同时要求具备注册会计师资格，担任项目经理两年以上的经历
	培训部主任	1名	满足基本条件的同时持有注册会计师等执业资格和相关管理工作经验
	培训部副主任	1名	满足基本条件的同时，具有相关教学管理3年以上工作经验
	综合办公室主任	1名	满足基本条件的同时，要求有5年以上综合管理经验，中级以上职称
	综合办公室副主任	1名	满足基本条件的同时，要求有两个以上工作岗位经历，熟悉基本业务流程
	灵武分所负责人	1名	满足基本条件的同时，要求有3年以上工作经验，熟悉主要业务流程，熟悉当地市场
	固原分所负责人	1名	满足基本条件的同时，要求有3年以上工作经验，熟悉主要业务流程，熟悉当地市场
宁夏正业通工程咨询有限责任公司	工程部部门主任	3名	满足基本条件的同时要求持有造价工程师资格，担任项目经理3年以上的经历
	工程部部门副主任	3名	满足基本条件的同时要求具有中级以上职称，担任项目经理两年以上的经历
	招标部主任	1名	满足基本条件的同时具有中级以上职称
	招标部副主任	1名	满足基本条件的同时，具有3年以上相关工作经历

续表2-4

公司	竞聘岗位	职数	条件
宁夏正业通资产评估有限责任公司	副总经理	2名	满足基本条件的同时具备资产评估师或房地产估价师资格,5年以上专业经历,3年以上项目经理工作经验
宁夏正业通房地产估价事务所	副总经理	2名	满足基本条件的同时具备房地产估价师或资产评估师资格,5年以上专业经历,3年以上项目经理工作经验

在这次竞聘活动中,对竞聘上岗程序作了明确规定:由董事会组成竞聘领导小组,由副董事长、工会主席温鸿江任组长,领导小组具有最终决策权;由监事及从业人员代表3人组成监督小组,监事罗立邦任组长,对竞聘全过程进行监督;竞聘大会上竞聘人员发表10分钟以内的演讲,并接受竞聘领导小组成员的提问,以最简练的语言回答要点;竞聘领导小组在综合评定竞聘人员具备的条件、讲演的内容和表现的基础上确定入围人选,提交董事会研究决定并签发正式任命文件。

2012年8月13日,召开竞岗大会,8月15日公布竞聘结果。本次设置24个岗位招聘管理人员,有27人报名应聘,经过上岗竞聘程序实际录用22人,并由各公司印发任职决定:

宁夏天华会计师事务所(有限公司)任职决定:李海清任审计一部主任(兼),罗立邦任审计二部主任(兼),马明任审计三部主任,姜伟任综合办公室主任,张红菊任中卫分所所长;邵映昶任审计一部副主任,侯旭辉任审计三部副主任,陈晓艳任综合办公室副主任,张泽坤任培训部副主任,葛畅任中卫分所副所长。

宁夏正业通工程咨询有限责任公司任职决定:秦月华任工程一部主任,李翔任工程一部副主任;陆静任工程二部主任,张磊任工程二部副主任;马丽霞任工程三部主任,徐琳任工程三部副主任;古妍娜任招标部主任,潘明锐任招标部副主任。

宁夏正业通资产评估有限公司任职决定:施明星、路明任副总经理。

宁夏正业通房地产估价事务所(有限公司)任职决定:闫树静、涂小东任副总经理,吴彦任评估、估价质量控制复核人。

2012年11月30日,宁夏天华会计师事务所(有限公司)对审计二部副主任等工作岗位人员进行调整:李丽红任审计二部副主任,张艳玲任项目质量控制复核人,何玉玲负责设立验资业务。

三、总审计师和总工程师岗位设置

2012年7月2日,经董事会研究决定,宁夏天华会计师事务所(有限公司)印发《关于设置总审计师岗位的决定》。宁夏正业通工程咨询有限责任公司印发《关于设置总工程师岗位的决定》。8月6日,经董事会研究决定,宁夏天华会计师事务所(有限公司)聘任何玉玲担任总审计师,宁夏正业通工程咨询有限责任公司聘任贾宪宁担任总工程师。

四、职业培训

(一)职业后续教育

职业后续教育,是注册会计师、注册资产评估师、注册造价工程师等执业人员为保持和提高其专业胜任能力与执业水平,掌握和运用相关新知识、新技能、新法规所进行的学习与研究,职业继续教育贯穿于整个执业生涯。《注册会计师法》规定,注册会计师后续教育每两年需要完成80小时,其中每年接受后续教育培训时间不得少于40学时。从理论上,从实践上加强培训。另外,职业道德、风险意识、质量意识,新政策的出台,新业务的开展都需要培训。同时行业需要了解国际会计准则、国际审计准则、国际评估准则的一些新发展。把这些主要内容融汇到40个小时的培训中。

其中注册会计师职业后续教育一般采用参与中国注册会计师协会及其地方组织举办或认可的各种培训活动,参加中国注册会计师协会认可的有关大专院校的专业课程进修,参加中国注册会计师协会组织或认可的相关专题研讨会及中国注册会计师协会认可的以下形式,如参加各会计师事务所自行组织的专业研讨与培训;公开出版专业著作或发表专业论文;承担专业课题研究,并取得研究成果;个人专业学习与实务研究;其他形式。

注册会计师、注册资产评估师职业后续教育的内容主要包括:会计准则及国家其他有关财务会计法规;独立审计准则及其他职业规范;与执业相关的其他法规;执业所需的其他知识与技能。

公司从业人员培训工作由董事会统一规划,归口各业务部门进行管理,员工享有参加培训的权利,也有接受培训和培训他人的义务,除了积极参加本单位和各部门组织的培训外,单位提倡和鼓励从业人员从提高专业知识、工作技能和综合素质等方面进行自主学习,培训结果记入个人档案,作为转正、升(降)级、晋(降)职、转岗的重要依据之一;支持执业资格人员参加职业后续教育学习,完成规定的后续教育学时。

1999年12月,宁夏正业通会计师事务所成立伊始即设立内设机构七个,其中设立培训部专门从事面向社会的财务类学历教育和会计证、会计职称考前培训、注册会计师考前培训等。

(二)专业技术培训

专业技术培训分为内部培训和外部培训两种形式。内部培训是指单位自己组织,请员工或外聘老师根据培训内容采取授课、专题研究、案例分析讨论等形式进行的培训;外部培训是指派员工参加国家会计学院或行业协会等培训机构组织的各类专业培训课程;利用现代化科技手段实施远程教育培训、计算机专业技术培训和接受有关部门的委托,承办专业技术培训工作。

1.内部培训

2001年8月，宁夏正业通会计师事务所根据中国注册会计师协会关于会计师事务所从业人员后续教育的有关规定，有计划地开展内部培训工作，主要培训对象是注册会计师，特别是业务助理人员。

首期培训班设税法课程，计划74个学时，培训考核结果作为2001—2002年度从业人员职务等级考核评比一项内容。这次培训，使从业人员尽快掌握了独立审计及相关的专业知识和业务技术，提高了人员的整体素质，建立和扩大了执业信誉及社会影响，减少和避免了执业风险。

2002年，宁夏天华会计师事务所全年安排从业人员非脱产培训63个学时，实际完成57个学时。11月，安排5名注册会计师参加区注协组织的审计实务培训班。

是年，事务所制定了每周五业务学习的制度，要求所有注册会计师都参与讲课，每个注册会计师讲1~2个会计准则或审计准则，由培训部排出课表对全所从业人员统一进行业务培训。

2003年4月初，邀请北京天华资产评估公司专业技术人员介绍评估业务计算机软件操作，评估管理规范，审计、评估从业人员参加了培训，培训8个课时。6月上旬，组织审计人员参加《独立审计准则第7号——审计报告》《独立审计准则第17号——持续经营》《独立审计准则第28号——前后任注册会计师的沟通》的学习，培训16个课时。6月底邀请北京天华合伙人王玮为审计从业人员讲解金融企业审计方法和天华集团业务标准，培训16个课时。是年6月，宁夏天华会计师事务所聘请银行业务的专家讲授《金融企业会计制度》《商业银行核算办法》、金融企业审计技巧，授课48学时。同年11月下旬，组织审计人员参加《施工企业会计制度》《企业会计制度》培训班，培训4个课时。

2004年12月18日，在宁夏天华会计师事务所改制5周年之际，特邀上海财经大学会计学院副院长、博士生导师潘飞为全体从业人员作“战略成本管理——公司内部治理和财务管理与控制”专题讲座。

2005年4月11日，宁夏正业通工程咨询有限责任公司组织工程部全体从业人员学习工程量清单软件操作。

2006年11月中旬，宁夏天华会计师事务所结合对分所执业质量检查中发现的问题，进行内部培训。组织全所从业人员听取对分所执业质量检查结果的通报，结合具体业务侧重讲解存在的问题和应对措施。

是年，宁夏天华会计师事务所派从业人员参加中国注册会计师协会举办的“注册会计师新执业准则（第一期）培训班”，要求11月底完成与新准则相配套的审计执业规程、工作底稿的修订，对从业人员进行内部培训和讲解；针对从业人员对被审计单位内部控制测试、计算机系统测试及审计抽样技术方面普遍存在的不足，注重对1211号准则《了解被审计单位及其环境并评估重大错报风险》、1231号准则《针对评估的重大错报风险实施的程序》和1314号准则《审计抽样及其他选取测试项目的方法》进行深入浅出的讲解和实例分析，使从业人员对审计理论的了解与实务操作水平得到快步提升，确保中国注册会计师执业准则执行到位。

2007年10月26日，公司董事会研究决定，为提高从业人员综合素质，加强团队协作能力，促进员工全面发展，举办为期2天的团队协作培训，由中国人民大学教授孙健升主讲"团队协作、沟通艺术"。2007年积极组织员工进行内部培训，各类内部培训达到28次。

2008年10月，组织中层以上管理人员参加"西点军校管理模式训练"课程。

2011年7月，宁夏天华会计师事务所为全体从业人员举办内部培训班，培训主旨是理顺业务管理流程，加强新业务学习和落实回授制度。本次培训包括业务管理制度讲解、医院财务制度解读和IPO学习心得体会。8月，对项目质量控制复核人员、项目经理及部门副职以上人员进行质量控制制度培训。

2011年9月19—9月23日，宁夏天华会计师事务所举办为期5天的审计人员实务操作技能培训班。参加本次培训的人员有审计部、标准部、各分所及新聘员工等51人，培训主要内容为《审计手册(2011年版)》，新文件解读及疑难问题讨论，天华正业通企业文化等，极大地激发了审计人员的学习热情。

2011年10月27—29日，宁夏正业通资产评估有限责任公司举办新修订内部管理制度及评估业务培训。资产评估公司及房地产估价事务所的资产评估师、房地产估价师及项目助理人员共18人参加培训。培训内容全面系统，涵盖了评估公司本次修订的所有内部规章制度及操作规程。

2.外部培训

2002年，宁夏天华会计师事务所选派24人参加自治区培训中心举办的后续教育培训班，其中执业会员22人，非执业会员2人。选派6人次参加北京、上海国家会计学院举办的从业人员后续教育培训班。选派5人次参加其他培训项目，其中4人参加旧机动车鉴定估价师资格考试培训，1人参加北京天华会计师事务所(集团)内部培训。

2003年，宁夏天华会计师事务所分3批安排11人次参加国家会计学院举办的"税收法规、税收筹划""评估准则培训班""新审计准则培训班"。是年，分3批安排63人次参加宁夏注册会计师协会组织的培训班，及时学习新制度、新准则，学习审计理论，掌握审计重点，了解新会计准则对企业财务核算的影响。参加宁夏注册会计师协会组织的主任会计师赴福建"事务所内部治理与建设"研讨班。

2003年3月29—30日，宁夏正业通工程咨询有限责任公司组织19人参加宁夏建设工程造价协会举办的造价工程师后续教育16个课时的培训。

是年，宁夏正业通工程咨询有限责任公司选派3人参加建设部组织的建设工程招投标从业人员研讨学习班。

2004年，宁夏天华会计师事务所两次安排3人参加国家会计学院组织的“企业纳税筹划”“会计舞弊审计”培训班；组织1次6人参加中国资产评估协会举办的“甘青宁三省资产评估实务培训班”；组织1次2人参加中国证券业协会和清华大学经济管理学院共同举办的“上市公司独立董事培训班”；安排42人参加宁夏注册会计协会组织的“司法会计的理论与实务”“小规模企业会计报表审计风险控制”及“风险导向审计、审计风险及其防范”等内容的培训。

是年5月，宁夏正业通工程咨询有限责任公司首次选派16人参加自治区建设厅举办的《宁夏回族自治区〈建设工程工程量清单计价规范〉实施办法》应用培训班，从业人员逐步掌握了工程量清单及控制价有关业务知识。

是年6月，宁夏天华会计师事务所选派2人参加国家税务总局在重庆举办的“企业所得税”培训班。9月，宁夏天华会计师事务所选派5名项目助理参加北京天华总部组织的各分所审计助理人员培训班，学习审计基本程序及操作技术。11月，宁夏天华会计师事务所派副主任会计师、稽核部主任到北京天华总部参加“集团公司审计若干问题”“项目经理的职责”等课题的培训。

是年12月25日，宁夏正业通工程咨询有限责任公司组织10人参加由自治区司法厅组织的全区司法鉴定法律业务综合知识培训班，提高了司法鉴定方面的专业知识，为以后司法鉴定工作更加规范奠定了基础。

2005年4月11日，宁夏正业通工程咨询有限责任公司组织全体人员学习工程量清单软件操作。5月27—30日，宁夏正业通工程咨询有限责任公司组织2人赴北京参加由国家发改委培训中心组织的“建设项目管理最新法规与工程造价、合同管理、内控和审计实务”培训班。6月3—23日，宁夏正业通工程咨询有限责任公司分6期组织全体从业人员参加宁夏建设工程造价管理站组织的“工程造价专业新法规培训班”学习，每期学习3天，共24个课时。

是年7月，宁夏天华会计师事务所组织18名注册会计师，参加中国注册会计师协会和宁夏注册会计师协会联合举办的培训班。这次培训内容为企业改制、重组相关法律程序、破产清算风险、企业纳税风险及税收筹划、企业并购财务会计处理、企业诚信与职业道德等。通过培训，提高了注册会计师及从业人员的执业水平，使从业人员掌握了企业改制、破产清算的法律法规。

是年8月，宁夏天华会计师事务所选派8人参加宁夏注册资产评估协会委托宁夏瑞衡资产评估公司举办的注册资产评估师继续教育培训班，培训3天。10月又组织注册资产评估师4人参加中国资产评估协会在兰州举办的注册资产评估师继续教育培训班，培训4天共32课时。10—12月，宁夏正业通工程咨询有限责任公司组织造价工程师参加宁夏造价协会组织的后续教育网络学习。

2006年7月，宁夏天华会计师事务所组织业务骨干9批15人参加由北京、上海、厦门国家会计学院举办的新会计准则培训班，一方面为自治区会计从业人员后续教育培训工作提供优质师资，一方面对全所从业人员进行新会计准则培训。通过学习，全体注册会计师全部超额完成后续教育培训学时，使从业人员及时理解和掌握新审计准则的审计理念、目的、意义、适用范围、各准则之间的内在联系，理解和掌握新会计准则实质性变化。

2007年8月13日，中国法学会举办的《企业破产法》与破产管理人司法解释与适用专题讲座在新疆乌鲁木齐市举行，宁夏天华会计师事务所安排5人参加学习，并与法院系统、律师、会计师学员进行互动交流。

2009年，安排9批15人分别参加北京国家会计学院、上海国家会计学院、厦门国家会计学院举办的企业重组会计与审计专题班、计算机信息系统审计高级研修班、企业管理咨询实务与案例高级研修班、企业破产清算及审计专题班、企业内部控制设计与鉴证业务研讨班、中小企业审计工作底稿培训班、会计师事务所领导者管理思想与管理能力研修班、其他鉴证业务及验资相关理论与实务培训班、新业务探讨班等。

是年4月16日至5月19日，宁夏正业通工程咨询有限责任公司组织全体造价工程师和造价员参加自治区建设厅组织的《宁夏回族自治区〈建设工程工程量清单计价规范〉实施细则》和《2008宁夏回族自治区建设工程造价计价依据》学习班。

11月，安排三名注册会计师参加区财政厅在南京举办的宁夏高级会计人员企业内部控制继续教育培训班，系统学习了企业内部控制与新企业会计准则执行过程中难点解析。

2010年6—9月，宁夏天华会计师事务所安排9批17人分别参加北京国家会计学院、上海国家会计学院、厦门国家会计学院举办的金融衍生工具、金融会计准则研讨班、新会计准则培训班、内部控制实务培训班、新审计准则培训班、金融企业审计高级研修班、IPO审计专题高级研修班、企业重组审计专题、宏观经济形式与政策走势等内容的培训。

是年，选派6名部门及项目经理参加区财政厅与国资委“全区大中型企业参加中国会计学会内部控制配套指引培训班”，选派4名部门及项目经理参加区注协在上海国家会计学院举办的宁夏高级会计人员企业内部控制继续教育培训班。

2011年6月，组织全体司法鉴定人参加银川市司法局组织的“司法鉴定业务相关法律法规”培训班。7月，组织审计人员及中层以上管理人员参加银川市会计学会举办的“内部控制”培训。

2012年6月，组织全体审计人员参加“经济责任审计”培训。

3.远程教育培训

2005年，中国注册会计师协会开通了注册会计师继续教育远程通讯。宁夏注册会计师协会，在宁夏农业银行学校专门设置培训点进行远程教育培训。是年，宁夏天华会计师事务所组织从业人员参加宁夏注册会计师协会组织的远程教育培训5期，有29人参加培训。参加培训的人员对远程教育授课内容、授课方式、授课老师水平给予高度评价。

2006年2月15日，中国注册会计师执业准则正式发布，于2007年1月起正式施行。本次新准则体系发生了重大变化，由鉴证业务准则、相关服务准则、质量控制准则构成；鉴证业务准则又由审计、审阅及历史财务信息审计或审阅以外的鉴证业务准则组成；实质性变化主要体现在风险导向审计理论的运用，着眼于了解被审计单位实际情况基础上的重大错报风险的评估及应对，围绕审计奉献的评估来确定审计目标、制定审计计划、实施审计程序并得出审计结论；新准则的变化对审计观念、审计思路、审计程序设计、审计证据获取和评价、重大错报的侦破策略以及审计资源分配等诸多方面产生深远影响，准则数量多、变化大，对学习培训工作提出了更高的要求。为确保准则执行到位，根据中国注册会计师协会执业准则远程教育培训班的安排，宁夏天华会计师事务所于2006年安排22名注册会计师、多名助理人员参加4期“拉网式”执业准则学习班。这次远程教育培训，帮助从业人员理清了新准则的整体结构、新准则体系内各准则之间的逻辑关系、各准则在整个体系中的地位，了解了新准则的实质性变化。

2006年8月9日，宁夏正业通房地产估价事务所下发通知，组织员工落实中国注册土地估价师协会《关于开展远程继续教育培训的通知》精神。本次网上继续教育培训于10月20日结束，总计40个学时，每人不少于8个专题课程。远程教育系统通过摄像头自动记录学习和考试的场景。

2007年5月22—25日，宁夏天华会计师事务所安排10名员工在宁夏农业银行干部培训中心参加中国注册会计师协会举办的注册会计师2007年度首期后续教育远程培训班，培训内容为新《企业破产法》下的破产清算实务；7月23日、7月27日，安排10名员工参加注册会计师2007年度第二期后续教育远程培训班，培训内容为内部治理、涉税业务风险、新企业所得税、税法与会计准则的协调等；8月28—31日，安排12名员工参加注册会计师2007年度第三期后续教育远程培训班，培训内容为新审计准则对工作底稿的要求、风险评估工作底稿、特殊项目工作底稿、审计完成阶段工作底稿等；10月25—28日，安排13名员工参加注册会计师第四期后续教育远程培训班，培训内容为注册会计师民事责任审判实务、注册会计师民事责任介绍和审计责任界定、公司证券法律立法若干问题等。每期参加培训人员，都根据工作情况与讲课内容，至少参加1天培训，以补足学时；每天授课8个课时，参加培训学员全部完成当年后续教育规定的学时。

2008年3月18—21日和4月20—23日，宁夏正业通资产评估有限责任公司每期安排4名员工，在宁夏农业银行干部培训中心参加中国注册资产评估协会举办的注册资产评估师第一期和第二期注册资产评估师后续教育远程培训班，每天8个课时，晚上组织分组讨论。

2008年5月13—17日，宁夏天华会计师事务所安排18名员工，在宁夏农业银行干部培训中心参加中国注册会计师协会举办的注册会计师后续教育远程培训班，培训内容为新企业所得税法；7月3—7日，安排5名员工参加中国注册会计师协会举办的注册会计师后续教育远程培训班，培训主要内容为企业破产法、反洗钱法、物权法等；7月26—29日，安排6名员工参加中国注册会计师协会举办的注册会计师后续教育远程培训班，培训主要内容为企业会计准则重点与难点等；11月17—20日，安排审计部项目经理参加中国注册会计师协会举办的注册会计师后续教育远程培训班，培训主要内容为审计工作底稿等，其中3名人员补1天课时。全部从业人员完成当年后续教育规定的学时。

2009年5月12—16日，宁夏天华会计师事务所安排10名员工，在宁夏农业银行干部培训中心参加中国注册会计师协会举办的2009年度第一期注册会计师后续教育远程培训班，培训内容为高新企业认定专项审计指引、企业重组审计等；7月20—24日，安排15名员工参加中国注册会计师协会举办的2009年度第三期注册会计师后续教育远程培训班，培训内容为中小企业审计与验资业务等；10月26—30日，安排11名员工参加中国注册会计师协会举办的2009年度第四期注册会计师后续教育远程培训班，培训内容为新企业所得税法等。参加培训人员全部完成当年注册会计师后续教育学时。

2010年5—11月，分4批安排30名注册会计师和项目助理人员参加中国注册会计师协会举办的税法新规与纳税筹划、中小企业审计与验资业务、注册会计师新业务、新审计准则等远程教育培训班。

2011年10月10—14日，宁夏天华会计师事务所安排19名注册会计师参加中国注册会计师协会举办的中国注册会计师执业准则(2010)第三期远程教育培训班，重点掌握中国注册会计师执业准则(2010)与原执业准则的区别，为迎接新一轮年审工作打下基础。

2012年10月22—26日，安排项目经理参加中国注册资产评估协会举办的2012年度第二期注册资产评估师后续教育远程培训班，每天授课8课时，参加培训人员全部完成当年后续教育规定的学时。

4.计算机应用基础培训

2000年2月，宁夏正业通会计师事务所利用年后施工单位还未上班，审核工作无法开展的一段空闲时间，组织为期两周的计算机初级应用学习，内容包括硬件的组成及维护，打印机的使用及维护，软盘的使用及维护，以及DOS基础、WINDOWS、OFFICES基本操作、神机妙算套价软件的使用及工程量计算软件的使用。形式上采用讲座及上机操作相结合，通过培训，使大部分工程技术人员初步掌握了计算机的基本使用方法，为以后的微机辅助工作和审核报告实现全部打印奠定了基础。

2001年5月，宁夏正业通工程咨询有限责任公司利用一周时间，组织员工学习工程量自动计算软件技术，重点学习工程钢筋使用量计算软件。

2003年4月，宁夏正业通资产评估有限责任公司组织从业人员学习北京中天华资产评估公司评估软件操作方法，共培训8个课时。

是年5月中旬，宁夏天华会计师事务所培训部专门为审计、评估从业人员举办WORD、EXCEL电子表格的使用及计算机网络维护方法进行培训，培训16课时。

5.受托培训

2004年，宁夏天华会计师事务所接受宁夏注册会计师协会委托，承办宁夏注册会计师协会2004年第二期后续教育培训，邀请天华总部——北京天华合伙人张明威、杨贵鹏来宁夏讲授“审计风险与审计重要性水平”“注册会计师审计过程中的职业必要关注”“改制设立股份有限公司所涉及会计问题”等课题。同时，宁夏天华会计师事务所的业务骨干讲解“项目经理在审计过程中的职责”“集团公司审计应把握的若干问题”“小企业会计制度相关内容”等课题。由于授课老师均有丰富的审计实践经验，授课理论联系实际，学员反映授课内容通俗易懂、要点清晰，收获很大。

2005年，宁夏天华会计师事务所受自治区国有资产管理委员会委托，承接大型企业清产核资工作。10月，组织审计人员进行“清产核资的要求及工作程序”的专题培训，使参加清产核资的审计人员在工作中能较好地把握清产核资的政策，有助于提高清产核资的工作质量。

2010年9月，宁夏天华会计师事务所接受宁夏注册会计师协会的委托，邀请国内组织行为专家井润田，为全区注会计师行业从业人员进行培训，受到好评。

五、上岗与礼仪培训

对新聘员工进行上岗前培训，培训内容包括企业文化、企业制度、职业道德、专业基础知识，以及工作底稿及操作规范、实务、商务礼仪、与客户沟通技巧等。

2003年5月底，为提升公司企业形象，公司为员工举办商务礼仪培训，全体从业人员参加培训，培训16课时。

是年11月，公司组织全体从业人员聆听职业道德讲座，培训4个课时。

2004年招聘新员工较多。11月，综合办公室利用一天时间组织全体员工学习“内控管理制度”。主要讲解宁夏天华会计师事务所的规章制度，各专业的管理制度及人事、工薪、考勤、后续教育的规定，使老员工重温制度，新员工了解制度。

2005年8月初，综合办公室组织本所从业人员学习各项规章制度，学习内容有行政及财务管理类制度、业务管理及质量控制类制度、人力资源及薪酬管理类制度等。学习时间1天，参加人数50余人，其中部分为新员工。

2006年，综合办公室组织新聘员工学习本所的各项规章制度。

2008年9月5—6日，综合办公室对新聘16名员工进行公司内部管理制度的培训。

2009年8月16日，综合办公室组织新聘员工进行内部管理制度的培训。

2011年7月，综合办公室对全体新聘员工进行入职培训。对全体从业人员进行行政和人事管理制度、业务管理制度的培训。

是年8月10—12日，综合办公室对新进员工进行为期3天的企业内部培训，董事长王海智讲授企业文化与职业道德，综合办公室主任姜伟讲授行政与人事管理制度，各部门主管自行组织新聘员工进行业务培训。本期培训班有31名员工参加。

2012年，聘请礼仪老师对全体从业人员进行礼仪知识、办公形象方面知识的培训。

六、执业资格考试

公司鼓励从业人员参加执业资格考试。同时鼓励从业人员获得与本专业相关的第二种类别的执业资格。公司董事会规定，凡考试合格者报销培训费，并给予奖励。

2001年，从业人员水莉莉、田文杰、侯春琳通过注册税务师考试。

2002年，从业人员李永爱、马丽霞通过注册造价工程师考试，李海清通过注册会计师考试，李新华、李辉通过注册税务师考试。

2003年，从业人员王海智、杜兵、马向中、温鸿江、徐万军、贾宪宁、施明星、闫树静、马丽霞、陶扬、谢平、水莉莉12人通过注册土地估价师考试。

2004年，从业人员何玉玲通过注册房地产估价师考试，李永华通过注册会计师考试，闫树静、李海清通过注册税务师考试，徐万军通过注册咨询工程师考试。

2005年，从业人员秦月华通过注册造价工程师考试。

2006年，从业人员马灵琴通过注册房地产估价师考试。

2007年，从业人员蔡铁、李丽红通过注册会计师考试，丁华兵、李海清、马明、李翔通过注册造价工程师考试，张伟通过注册房地产估价师考试，刘学花通过注册税务师考试，徐万军通过注册项目投资咨询师考试。

2008年，从业人员马丽霞、张磊、徐琳通过注册项目投资管理师考试。

2009年，从业人员张磊通过注册造价工程师考试。

2010年，从业人员张丽通过注册房地产估价师考试。

2011年，从业人员陈朝晖、高姓泉通过注册资产评估师考试，刘旖旎、高姓泉通过注册房地产估价师考试，张杰通过招标师考试。

2012年，从业人员李新华通过注册房地产估价师考试，王自芳通过注册税务师考试，陆静和刘宇翔通过招标师考试，张杰通过项目咨询师考试。

七、人才培养

（一）高端会计人才培养

2012年5月7日，宁夏天华会计师事务所（有限公司）根据自治区财政厅关于组织开展高端会计人才选拔工作的通知精神，印发了贯彻《关于开展2012年宁夏高端会计人才（企业类）选拔培养工作的通知》的实施方案。本方案具有分层次、可持续、多样化和多渠道的特点。按照方案要求，宁夏天华会计师事务所推荐把关，组织13人参加宁夏高端会计人才选拔考试，10人进入面试程序，牟阳、张宏平、李海清、毛丽荣、李丽红5人通过面试，有2人符合培养条件，其中1人自愿放弃本次入选机会。

是年9月27日，自治区财政厅公布宁夏高端会计人才选拔培养入选人员名单，共52人入选，宁夏天华会计师事务所李海清名列其中。10月8日，自治区财政厅印发宁夏高端会计人才（企业类）培训班第一次集中培训的通知，并以宁夏回族自治区财政厅、上海国家会计学院的名义为李海清颁发《录取通知书》。

（二）行业领军人才培养

2012年1月17日，根据中国注册会计师协会《关于开展注册会计师行业十大类岗位能手评选活动的通知》，中国注册会计师协会评选马向中为财务管理岗位能手，姜伟为人力资源管理岗位能手。

2012年5月15日，根据中国注册会计师协会《关于开展注册会计师行业十大类岗位能手评选活动的通知》及《关于开展注册会计师行业国际合作等岗位能手评选活动的通知》精神，宁夏天华会计师事务所（有限公司）印发《关于推荐参选“注册会计师行业岗位能手”的通知》，计划开展品牌建设、质量控制、培训工作、信息技术管理等四类岗位能手的推荐评选活动。首期品牌建设推荐人员为王海智、丁华兵；质量控制推荐人员为何玉玲、闫树静；培训工作推荐人员为李海清、侯旭辉；信息技术管理推荐人员为马明、张泽坤。

是年，宁夏天华会计师事务所（有限公司）推荐马明、李丽红参加第二批注册会计师行业领军（后备）人才（金融审计方向）的考试，其中1人进入面试。

八、学历教育

2002年，宁夏财会函授学校银川市分校与上海财经大学联合举办财政学专业研究生课程进修班，宁夏天华会计师事务所鼓励员工参加学习。2004年，宁夏财会函授学校银川市分校与上海财经大学联合举办投资经济学专业研究生课程进修班。宁夏天华会计师事务所鼓励员工参加学习，接受学历教育。

2009年,东北大学EMBA首期班招生,宁夏天华会计师事务所(有限公司)董事长王海智参加学习,于2012年取得硕士学位证书。

2012年,东北大学EMBA班7期班招生,宁夏天华会计师事务所(有限公司)委派马向中、徐万军、罗立邦、姜伟4名员工参加学习。

第四节　职工保障

一、职工工资

自2000年起,宁夏正业通会计师事务所实行工资总额同经济效益挂钩。2001年4月22日,宁夏正业通会计师事务所向银川市劳动局、银川市财政局提出申请,继续实行工资总额同经济效益挂钩。

2003年8月8日,宁夏天华会计师事务所向银川市劳动和社会保障局、银川市财政局、银川市地方税务局申请,继续实行工资总额同经济效益挂钩。

历年职工年均工资收入统计表

表2-5

年份	工资总额(万元)	平均人数(人)	职工人均工资收入(元)	年份	工资总额(万元)	平均人数(人)	职工人均工资收入(元)
1999年	57	58	9 828	2006年	536	91	58 901
2000年	130	61	21 311	2007年	545	88	61 932
2001年	192	70	27 429	2008年	617	93	66 344
2002年	132	72	18 333	2009年	897	103	87 087
2003年	223	73	30 548	2010年	1 139	117	97 350
2004年	362	79	45 823	2011年	1 483	124	119 597
2005年	455	85	53 529	2012年	2 026	131	154 656

二、社会保险

公司为员工提供养老保险、医疗保险、失业保险、工伤保险和生育保险五类社会保险。

历年职工社会保险缴纳情况统计表

表2-6　　单位:元

年份	五险总额	养老保险	医疗保险	失业保险	工伤、生育保险	人均五险	平均人数
1999年	48 197	48 197	—	—	—	831	58
2000年	37 350	37 350	—	—	—	612	61
2001年	53 232	43 760	9 472	—	—	760	70

续表2-6

年份	五险总额	养老保险	医疗保险	失业保险	工伤、生育保险	人均五险	平均人数
2002年	68 938	63 086	5 852	—	—	957	72
2003年	86 310	67 075	19 235	—	—	1 182	73
2004年	73 040	56 892	15 869	—	279	925	79
2005年	135 058	102 140	30 965	—	1 953	1 589	85
2006年	158 970	125 089	31 079	—	2 802	1 747	91
2007年	206 223	153 423	45 141	—	7 659	2 343	88
2008年	409 443	296 551	69 669	30 545	12 678	4 403	93
2009年	459 285	327 611	92 711	21 498	17 465	4 459	103
2010年	589 339	417 762	131 467	20 389	19 721	5 037	117
2011年	828 849	593 312	161 687	42 171	31 679	6 684	124
2012年	1 036 395	714 823	190 091	92 168	39 313	7 911	131

注：本表统计数据指公司为职工缴纳的社会保险数据

三、住房公积金

1999年改制后，按照有关规定为职工办理住房公积金手续，并按时缴纳。

历年职工住房公积金储存情况统计表

表2-7　　单位：元

年份	总额储存	人均储存	年份	总额储存	人均储存
1999年	7 183	124	2006年	76 586	842
2000年	8 352	137	2007年	240 907	2 738
2001年	9 303	133	2008年	228 700	2 459
2002年	11 550	160	2009年	221 800	2 153
2003年	24 475	335	2010年	236 400	2 021
2004年	32 725	414	2011年	352 600	2 844
2005年	82 225	967	2012年	429 300	3 277

注：本表统计数据指公司为职工储存的公积金金额

四、休假

按国家有关政策和本单位依法制定的规定落实员工的公休假、年休假、婚丧假、女工孕期(产期、哺乳期)等待遇。

五、职工福利

(一)综合福利

2002年起，每2年为员工定制工装，每年开展节日慰问和办好节日福利；

每次运动会专门配发运动服、运动鞋,军训时配发军装;

对考取大学的员工子女设立奖学金进行鼓励,考取一本奖励5000元,考取二本奖励3000元,2002年有一名员工的孩子获得此奖项。

2005年起,对职工住院医疗费用,在参加医保报销之外,对于个人应承担的部分给予一次性限额报销。

2011年,公司联合工会开展员工生日祝福活动,送生日蛋糕1盒、盆栽鲜花1盆。全年看望慰问因病住院员工6人。春节前夕,为1名家庭困难的职工家属、4名已退休员工送了慰问金。

2012年,凡遇青年员工结婚,在《银川晚报》上刊登喜报,并加印100份赠送给新人,摆放在婚礼现场。

(二)健康体检

自公司成立以来,1~2年组织全体员工进行体检,科学选择体检项目,在往年体检的基础上为每一位员工建立个人健康档案,通过体检进一步增强了员工的自我保健意识。

2003年之前每年组织员工进行健康体检,之后每2年组织体检一次。2000年夏天,组织员工在银川口腔医院进行健康体检;2001年夏天,组织员工在银川市中医院进行健康体检;2002年夏天,组织员工在银川市妇幼保健院进行健康体检;2003年夏天,组织员工在中国人民解放军武装警察部队宁夏总队医院进行健康体检;2005年8月,组织全体员工在银川市工人疗养院进行健康体检;2007年8月,组织员工在宁夏康盟健康体检中心进行健康体检;2009年10月,组织全体员工在宁夏国际旅行卫生保健中心进行健康体检;2011年11月,组织全体员工在银川市人民医院进行健康体检。

第五节　考核表彰

一、内部年度考核

2002年5月10日,宁夏天华会计师事务所印发《宁夏天华会计师事务所从业人员年度考核办法》,包括考核的目的与分类,人力价值评估计分标准,人力价值评估的组织、程序及评估分值的作用,考核纪律等四项内容。自此,宁夏天华会计师事务所遵循"严格公正,科学有效,注重实际,不断创新,逐步完善"的指导思想,按照此办法,坚持对从业人员进行年度考核工作。年度考核在每年6月进行。截至考核日起的前一年中,累计缺勤3个月者另行确定。试用期人员不参加年度考核,其余从业人员一律参加。

2003年5月6日,宁夏天华会计师事务所印发《2002—2003年度从业人员年度考核方案的通知》，首次对全体从业人员进行全面考核。根据《宁夏天华会计师事务所从业人员分级与考核晋升管理制度》，按照从业人员自评，项目经理、部门经理考评，董事会考核，监事审核程序，对从业人员进行考核。凡在2003年1月1日前进入宁夏天华会计师事务所工作的所有从业人员，包括董事、监事、管理人员、专业技术人员、一般从业人员及分所员工，均纳入考核范围。对员工个人考核，按照《宁夏天华会计师事务所从业人员年度考核办法》的规定，设计《年度人员考核评分细则表》，将考核内容细化、量化，从能力、绩效、态度、述职报告4个方面按照权重的大小对各个分项的比重进行合理分配。对董事、监事的考核，专门设立民主评议箱，设计民主评议表，由全体从业人员以划钩投票的方式进行，由监督小组负责开箱唱票计票。

在首次考核中，全所有从业人员67人，应参加考核61人，实际参加考核58人。考核过程公开、透明，没有暗箱操作。2003年5月20日，经考核监督小组复核后，按照优秀、优良、良好、良、合格5个等级，对考核结果进行公告、公布，其中获优秀等级5人，占参加考核人数的8.62%。

2003—2004年度参照2002—2003年度的考核条件、内容、形式及程序对从业人员进行考核，按照董事会成员和监事、中层管理人员与一般从业人员3个层次进行。

2005年6月8日，宁夏天华会计师事务所印发通知，对2004—2005年度从业人员84人进行考核。实际参加考核79人，其中董事会成员8人经民主评议全部为称职。

2006年5月，为了加强人力资源管理，提高从业人员综合素质，增强市场竞争能力和抗风险能力，促进宁夏天华会计师事务所持续健康发展，根据新修订的人事管理制度《宁夏天华会计师事务所从业人员考核办法》，在2005—2006年度考核中，采用人力资源与业务量分别进行考核的办法。为了贯彻《会计师事务所、资产评估机构内部管理机制指导意见》，保持事务所竞争力的持续发展能力，提高主要管理人员大局观和责任感，更好地促进管理工作上台阶，根据《天华会计师事务所人事管理制度》，主要管理人员还进行了述职，接受员工的评判。本年有从业人员91人，应参加考核72人，实际参加考核72，考核结果全部为合格以上。

2007年5月，在2006—2007年度考核中，结合事务所发展要求，采取人力资源与业绩量分别考核办法。在88名从业人员中，应参加考核的82人全部参加了考核，评出优秀、优良等级21人，占参加考核人数的25.61%。

2009年12月，对2008—2009年度进行考核，考核期间为2008年7月1日至2009年12月31日。考核由人力资源分值考核和业绩量排名组成。人力资源分值考核以《从业人员考核办法》，结合从业人员工作情况进行评估，并按专业类别分别公布人力资源评估分值进行排名。业绩量排名依据综合办公室核实的2008年、2009年会计年度数据公布，其中2008年度比例为40%，2009年度比例为60%。实用期人员及业绩至2009年12月31日未满一年的不进行业绩量排名，满一年不满两年按一年100%计算。是年从业人员96人，实际参加考试94人，经考核，评出优秀2人，优良20人，良好23人，合格49人。

2011年6月，对2010—2011年度进行考核，考核期间为2010年1月1日至2011年5月30日。从业人员117人，本次考核应参加人数115人，实际参加考核115人，未纳入考核范围2人(为病假1人、新进人员1人)。本次考核调整了各个考核指标的权重，更加突出对工作能力的考核。根据人力资源状况，按业务部门类别进行排名公布。评出优秀7人，优良29人，良好13人，合格66人。工程、审计、评估部门从业人员的考核分为最后一名的在三个月内调离，倒数第二、三名连续三年考核评分均排在后三位的予以调离。

对从业人员的年度考核长期坚持进行，且结合实际，考核事项更为具体，方法较为灵活。在2011—2012年度考核中，采用人力资源综合考核的办法。全所共有从业人员125人，应参加考核112人，实际参加112人，评出优秀等级8人、优良等级31人，优秀、优良等级人数占全部参加考核人数的34.82%。首次对综合办公室人员施行绩效考核和360评价。宁夏天华会计师事务所将每年度的员工考核结果，作为从业人员职位级别升降、提薪奖励、岗位轮换、教育培训、合同续签、末位淘汰的重要依据。

2002—2012年各年度员工考核情况统计表

表2-8

年度	从业人数(人)	应考核人数(人)	实际考核人数(人)	考核结果(人)					实际参加考核人数占应参加考核人数(%)	优秀、优良等级人数占参加考核人数(%)	考核时间
				优秀	优良	良好	良	合格			
2002年—2003年度	67	61	58	5	31	18	4	—	95.08	62.06	2003.5
2004年—2005年度	84	84	79	5	39	13	21	1	94.04	55.69	2005.6
2005年—2006年度	91	72	72	72					100	—	2006.5
2006年—2007年度	88	82	82	1	20	38		23	100	25.60	2007.5
2007年—2008年度	81	81	76	2	17	32		25	93.82	25.00	2008.6
2008年—2009年度	96	96	94	2	20	23		49	97.91	23.40	2009.12
2010年—2011年度	117	115	115	7	29	13		66	100	31.3	2011.6
2011年—2012年度	125	112	112	8	31	12		61	100	34.82	2012.6

二、内部表彰奖励

公司成立后，每年年终组织员工从政治思想、工作业绩、执业质量等诸方面进行总结、考核，通过民主评议、不记名投票等方式评选优秀员工，经董事会研究决定，对先进集体、优秀员工和勇于开拓等优秀员工进行表彰奖励。表彰项目除先进集体、先进个人外，还根据业务开展情况，结合工作表现，增设特殊贡献奖、道德风尚奖等不同的奖项，以从多方面调动从业人员工作、学习的积极性，激发员工积极向上的进取精神。

(一)先进集体与先进个人表彰2001年，宁夏正业通会计师事务所业务收入达400万元，创历史新高。2002年1月8日经董事会研究决定，对上年度全体执业人员进行表彰奖励。

2005年4月4日，宁夏正业通工程咨询有限责任公司被自治区建设厅授予全区建设工程招标投标工作先进集体。4月26日，公司董事会作出决定，对贾宪宁及工程部工作人员、招投标工作人员进行表彰奖励。

2011年，宁夏天华会计师事务所进入全国行业百强83位，经董事会研究决定，2011年度先进集体为全公司各部门；2012年宁夏天华会计师事务所晋级全国行业百强82位，经董事会研究决定，2012年度先进集体为全公司各部门。

先进集体名表(2010—2012年度)

表2-9

<table>
<tr><th>先进集体名称</th><th>荣誉称号</th><th>表彰单位</th><th>表彰时间</th></tr>
<tr><td>万竹英(项目经理)、于丽萍(项目助理)业务组</td><td rowspan="3">2000—2001年度先进业务组</td><td rowspan="3">宁夏正业通会计师事务所</td><td rowspan="3">2001.6.29</td></tr>
<tr><td>晋德喜(项目经理)、曹佩英(项目助理)、党玉洁(项目助理)业务组</td></tr>
<tr><td>陈娟(项目经理)、郭鹏(项目助理)业务组</td></tr>
<tr><td>审查中心</td><td>2001年度先进集体</td><td rowspan="2">宁夏正业通会计师事务所</td><td rowspan="2">2002.1.9</td></tr>
<tr><td>对全体执业人员奖励</td><td>业务收入达400万元，创本所历史新高</td></tr>
<tr><td>基建工程部</td><td>2002年度先进集体</td><td>宁夏天华会计师事务所</td><td>2002.12.30</td></tr>
<tr><td>基建工程部</td><td rowspan="4">2003年度先进集体</td><td rowspan="4">宁夏天华会计师事务所</td><td rowspan="4">2004.1.1</td></tr>
<tr><td>审计部</td></tr>
<tr><td>资产评估部</td></tr>
<tr><td>中卫分所</td></tr>
<tr><td>审计部</td><td rowspan="2">2004年度先进集体</td><td rowspan="2">宁夏天华会计师事务所</td><td rowspan="2">2005.1.1</td></tr>
<tr><td>工程部</td></tr>
<tr><td>审计部</td><td rowspan="2">2005年度先进集体</td><td rowspan="2">宁夏天华会计师事务所</td><td rowspan="2">2006.1.1</td></tr>
<tr><td>工程部</td></tr>
<tr><td>工程部</td><td rowspan="3">2006年度先进集体</td><td rowspan="3">宁夏天华会计师事务所</td><td rowspan="3">2007.1.1</td></tr>
<tr><td>评估部</td></tr>
<tr><td>综合办公室</td></tr>
</table>

续表2–9

先进集体名称	荣誉称号	表彰单位	表彰时间
审计部	2007年度先进集体	公司董事会	2008.1.1
综合办公室			
审计部	2008年度先进集体	公司董事会	2009.1.16
工程部			
审计部	2009年度先进集体	公司董事会	2010.2.9
工程部			
工程部	2010年度先进集体	公司董事会	2011.1.28
固原分所			
全所、全公司各部门	2011年度先进集体	公司董事会	2012.1.16
	2012年度先进集体	公司董事会	2013.1.25

先进个人名表(2010–2012年度)

表2–10

姓　名	所在部门、岗位	表彰单位	表彰时间
闫树静	业务经理	宁夏正业通会计师事务所	2001.6.29
吴瑞津	项目经理		
刘桂霞	项目经理		
赵祥根	项目助理		
吴瑞津	审查中心	宁夏正业通会计师事务所	2002.1.9
包永红			
贾宪宁			
刘志旗			
万竹英	审计部		
张洪莲			
孙　敏			
孙　牧	评估部		
路　华	培训部		
刘占和	永宁分所		
谢　平			
徐瑞华	中卫分所		
马向中	办公室		
施明星	审计部	宁夏天华会计师事务所	2002.12.30
孙　敏			
孙　牧	评估部		
贾宪宁	工程部		
李永爱			
水莉莉	培训部		
俞贤良	中卫分所		
姜　伟	办公室		

续表2–10

姓　名	所在部门、岗位	表彰单位	表彰时间
陈晓梅	审计部	宁夏天华会计师事务所	2004.1.1
罗立邦			
李海清			
章　翾			
施明星	评估部		
温鸿江	工程部		
马丽霞			
路　华	培训部		
陶和平	办公室		
章　翾	审计部	宁夏天华会计师事务所	2005.1.1
陈晓梅			
李海清			
张耀明	评估部		
吴红莉			
陈舜玲	办公室		
朱淑英	中卫分所		
温鸿江	工程部	宁夏正业通工程咨询有限责任公司	
夏晓菊			
罗立邦	审计部	宁夏天华会计师事务所	2006.1.1
马　明			
谢　平			
吴红莉	评估部		
左芬仙	培训部		
姜　伟	办公室		
张红菊	中卫分所		
谢　颖	灵武分所		
吴瑞津	工程部	宁夏正业通工程咨询有限责任公司	
温鸿江			
罗立邦	审计部	宁夏天华会计师事务所	2007.1.9
李海清			
马　明			
邹建霞			
施明星	评估部		
姜　伟	办公室		
葛　畅	中卫分所		
徐万军	工程部	宁夏正业通工程咨询有限责任公司	
古妍娜			

续表2–10

姓　名	所在部门、岗位	表彰单位	表彰时间
罗立邦	审计部	公司董事会	2008.1.7
李丽红			
王金霞			
马丽霞	工程部		
王冬梅			
李　虹	评估部		
宿俊英			
姜　伟	办公室		
章玉龙	中卫分所		
罗立邦	审计部	公司董事会	2009.1.16
李丽红			
陈晓艳			
涂小东	评估部		
徐万军	工程部		
林建江			
王冬梅			
杜茂珍	估价所		
王旭东	办公室		
张泽坤	培训部		
孙中怀	中卫分所		
罗立邦	审计部	公司董事会	2010.2.9
马　明			
陈晓艳			
徐万军	工程部		
陆　静			
张兰芹			
闫树静	评估部		
吴　彦	估价所		
姜　伟	办公室		
张红菊	中卫分所		
马　明	审计部	公司董事会	2011.1.28
邵映昶			
张艳玲			
李从容	工程部		
李　翔			
张　磊			
吴　彦	估价所		
涂小东	评估部		
戴慧清	办公室		
王自芳	中卫分所		

续表2-10

姓 名	所在部门、岗位	表彰单位	表彰时间
马 明	审计部	公司董事会	2012.1.16
邵映昶			
李召霞			
郝东胜			
陆 静	工程部		
秦月华			
张兰芹			
王 刚			
吴 彦	估价所		
糜 宁	评估部		
陈舜玲	办公室		
王自芳	中卫分所		
马 明	审计部	公司董事会	2013.1.25
毛丽荣			
张闻卫			
李丽红			
秦月华	工程部		
陆 静			
马 乐			
王 刚			
张晓明			
顾文龙			
金学涛	评估部		
张 丽	估价所		
陈晓艳	办公室		
张红菊	中卫分所		
董秀芳	固原分所		

(二)业务能手、工作成绩突出者、业务开拓及创新者表彰 自2004年起,公司开始对在工作实践中涌现出来的业务能手及业务开拓者等进行表彰奖励。

业务能手名表

表2-11

姓 名	所在部门	表彰单位	表彰时间
陈晓梅	审计部	宁夏天华会计师事务所	2004.1.1
孙 牧	评估部		
马丽霞	工程部		
李海清	审计部	宁夏天华会计师事务所	2005.1.1
谢 平			
傅雪娟			
施明星	评估部		
孙 牧			
徐万军	工程部	宁夏正业通工程咨询有限责任公司	2005.1.1
吴瑞津			
张兰芹			

续表2-11

姓 名	所在部门	表彰单位	表彰时间
徐万军	工程部	宁夏正业通工程咨询有限责任公司	2006.1.1
马丽霞			
张兰芹			
李新华	审计部	宁夏天华会计师事务所	
邹建霞			
蔡 铁			
孙 牧	评估部		
李 虹			
张泽坤	培训部		
陈晓梅	审计部	宁夏天华会计师事务所	2007.1.9
谢 平			
蔡 铁			
李 虹	评估部		
孙 牧			
张泽坤	培训部		
李永爱	工程部	宁夏正业通工程咨询有限责任公司	
夏晓菊			
李 翔			
侯旭辉	审计部	宁夏天华会计师事务所	2013.1.25
张艳玲			
涂小东	估价所	宁夏正业通房地产估价事务所	
路 明	评估部	宁夏正业通资产评估有限责任公司	
李 翔	工程部	宁夏正业通工程咨询有限责任公司	
张 磊			

工作成绩突出人员通报表彰名表

表2-12

姓 名	所在部门	取得奖项	表彰单位	表彰时间
陈晓梅	审计部	开拓业务成绩突出通报嘉奖	宁夏天华会计师事务所	2005.7.1
陶 扬	培训部	培训部连续七年取得宁夏财会函授学校先进办学单位一等奖通报表彰	宁夏天华会计师事务所	2008.1.7
张泽坤				
左芬仙				
贾宪宁	招标代理	获得“全区建设工程招标代理机构先进单位”公司给予通报表彰	宁夏正业通工程咨询有限责任公司	
古妍娜				
刘宇翔				

业务开拓者名表

表2–13

姓　名	所在部门	表彰单位	表彰时间
路　华	培训部	宁夏正业通会计师事务所	2002.6.27
马向中	办公室		
温鸿江	工程部	宁夏天华会计师事务所	2004.1.1
董光华	审计部		
陈晓梅	审计部	宁夏天华会计师事务所	2005.7.1
陈晓梅	审计部	宁夏天华会计师事务所	2007.1.9
陆　嵘			
原思群	工程部		
陆　静	工程部	公司董事会	2009.1.16
宿俊英	评估部		
罗立邦	审计部	公司董事会	2010.2.9
陈晓艳			
徐瑞华			
陆　静	工程部		
包永红			
高姓泉	评估部		
李新华	审计部	公司董事会	2011.1.28
张　磊	工程部		
路　明	评估部		
毛丽荣	审计部	公司董事会	2012.1.16
张艳玲			
高　瑾	评估部		
陈晓梅	审计部	公司董事会	2013.1.25
徐　琳	工程部		
潘明锐			
施明星	评估部		

业务创新者名表

表2–14

姓　名	所在部门	表彰单位	表彰时间
张　杰	工程部	公司董事会	2013.1.25
邢天庆			

（三）特殊贡献表彰　自2006年起，公司董事会增设特殊贡献奖。

特殊贡献奖获得者名表

表2–15

姓　名	所在部门、岗位	表彰单位	表彰时间
陈晓梅	审计部	宁夏天华会计师事务所	2006.1.1
李海清			

续表2–15

姓　名	所在部门、岗位	表彰单位	表彰时间
杜茂珍	估价所	宁夏正业通房地产估价事务所	2007.1.1
马向中	估价所	宁夏正业通房地产估价事务所	2007.1.1
陶　扬	培训部	宁夏天华会计师事务所	2007.1.1
丁华兵	审计部	宁夏天华会计师事务所	2007.1.1
李海清	审计部	宁夏天华会计师事务所	2007.1.1
闫树静	评估部	宁夏天华会计师事务所	2007.1.1
温鸿江	工程部	宁夏正业通工程咨询有限责任公司	2008.1.7
古妍娜	工程部	宁夏正业通工程咨询有限责任公司	2009.1.16
刘宇翔	工程部	宁夏正业通工程咨询有限责任公司	2009.1.16
丁华兵	审计部	宁夏天华会计师事务所	2009.1.16
李海清	审计部	宁夏天华会计师事务所	2009.1.16
张泽坤	培训部	宁夏天华会计师事务所	2009.1.16
左芬仙	培训部	宁夏天华会计师事务所	2009.1.16
温鸿江	工程部	公司董事会	2010.2.9
林建江	工程部	公司董事会	2010.2.9
张　伟	审计部	公司董事会	2010.2.9
姜　伟	综合办公室	公司董事会	2010.2.9
闫树静	评估部	公司董事会	2011.1.28
罗立邦	审计部	公司董事会	2011.1.28
徐万军	工程部	公司董事会	2011.1.28
杜茂珍	估价所	公司董事会	2011.1.28
邓炎辉	党建指导员	公司董事会	2012.1.16
马向中	估价所	公司董事会	2012.1.16
杜茂珍	估价所	公司董事会	2012.1.16
李海清	审计部	公司董事会	2012.1.16
李丽红	审计部	公司董事会	2012.1.16
刘学花	审计部	公司董事会	2012.1.16
侯旭辉	审计部	公司董事会	2012.1.16
徐万军	工程部	公司董事会	2012.1.16
张　磊	工程部	公司董事会	2012.1.16
李　翔	工程部	公司董事会	2012.1.16
李从容	工程部	公司董事会	2012.1.16
路　明	评估部	公司董事会	2012.1.16
姜　伟	综合办公室	公司董事会	2012.1.16
集体奖：招标部	成员：古妍娜、刘宇翔、顾文龙、潘明锐	公司董事会	2012.1.16

续表2-15

姓　名	所在部门、岗位	表彰单位	表彰时间
邓炎辉	党建指导员	公司董事会	2013.1.25
李海清	审计部		
贾宪宁	总工程师		
古妍娜	招标部		
戴慧清	综合办公室		

（四）道德风尚受表彰　2005年起，对获得道德风尚奖的员工，由宁夏天华正业通公司董事会授予"道德之星"称号。

道德风尚（道德之星）获得者名表

表2-16

姓　名	所在部门	表彰单位	表彰时间
贾宪宁	工程部	宁夏天华会计师事务所	2005.1.1
刘志旗			
李永爱			
古妍娜			
丁华兵	审计部		
施明星	评估部		
马向中	估价所	宁夏天华会计师事务所	2006.1.1
闫树静	评估部		
施明星			
宿俊英			
古妍娜	工程部		
李亚茹	审计部		
王金霞			
林建江	工程部	宁夏天华会计师事务所	2007.1.9
宿俊英	评估部		
马　明	审计部	公司董事会	2009.1.16
秦月华	工程部		
秦月华	工程部	公司董事会	2010.2.9
王冬梅			
陆　静	工程部	公司董事会	2011.1.28
张兰芹			
周兴明	工程部	公司董事会	2012.1.18
宿俊英	评估部		
马向中	估价所	公司董事会	2013.1.25
吴　彦			
徐万军	工程部		
马　明	审计部		
蒙　强			

（五）执业资格考试合格表彰 自2000年起，公司董事会对执业资格考试合格人员进行表彰奖励。

受表彰的执业资格考试合格人员名表

表2-17

姓　名	取得资质名称	表彰单位	表彰时间
水莉莉	注册税务师	宁夏正业通会计师事务所	2002.1.9
田文杰			
侯春琳			
李永爱	注册造价工程师	宁夏正业通会计师事务所	2002.6.27
马丽霞			
李海清	注册会计师	宁夏天华会计师事务所	2002.12.30
李新华	注册税务师		
李　辉			
何玉玲	注册房地产估价师	宁夏天华会计师事务所	2005.1.1
李永华	注册会计师		
闫树静	注册税务师		
李海清			
徐万军	注册咨询工程师	宁夏正业通工程咨询有限责任公司	
秦月华	注册造价工程师	宁夏正业通工程咨询有限责任公司	2006.1.1
马灵琴	注册房地产估价师	宁夏天华会计师事务所	2007.1.9
蔡　铁	注册会计师	公司董事会	2008.1.7
李丽红			
丁华兵	注册造价工程师		
李海清			
马　明			
李　翔			
张　伟	注册房地产估价师		
刘学花	注册税务师		
徐万军	注册项目投资咨询师		
马丽霞	注册项目投资管理师	公司董事会	2009.1.16
张　磊			
徐　琳			
张　磊	注册造价工程师	公司董事会	2010.2.9
张　丽	注册房地产估价师	公司董事会	2011.1.28
陈朝晖	注册资产评估师	公司董事会	2012.1.16
高姓泉			
刘旖旎	注册房地产估价师		
高姓泉			
张　杰	招标师		

续表2-17

姓　名	取得资质名称	表彰单位	表彰时间
李新华	注册房地产估价师	公司董事会	2013.1.25
王自芳	注册税务师		
陆　静	招标师		
刘宇翔			
张　杰	项目咨询师		

（六）最快进步奖　2011年起，公司董事会增设最快进步个人奖，对入职2年内进步最快的员工进行表彰。

最快进步奖获得者名表

表2-18

姓　名	所在部门	表彰单位	表彰时间
王　刚	工程部	公司董事会	2011.1.28
孙　亮	审计部		
金学涛	评估部		
牛筱燕	审计部	公司董事会	2012.1.16
陆　芳	工程部		
马　乐			
刘旖旎	评估部		
李　一	审计部	公司董事会	2013.1.25
刘丽娟	工程部		
郝　浩			
刘旖旎	评估部		

（七）知识竞赛表彰　自2000年起，公司董事会对参加各类知识竞赛取得优异成绩的集体和个人，予以表彰奖励。

参加知识竞赛取得优异成绩的集体和人员名表

表2-19

姓　名	知识竞赛内容	取得奖项	表彰单位	表彰时间
水莉莉	“正业通杯”银川市会计知识大赛	宁夏正业通会计师事务所代表队取得团体三等奖、组织奖	银川市财政局	2000.7
姜　伟				
卢　昆	全区会计知识大赛	代表宁夏注册会计师协会取得优秀奖	宁夏财政厅	2009.9
李海清	“正业通杯”银川市财政法规知识竞赛	宁夏天华会计师事务所代表队取得团体二等奖通报嘉奖	宁夏天华会计师事务所	2005.8.29
马　明				
李召霞				
王金霞				
李海清	宁夏财政法规知识电视大赛	代表银川市财局代表队取得团体第二名的主力队员、获得自治区优秀选手的嘉奖通报		

续表2-19

<table>
<tr><th>姓　名</th><th>知识竞赛内容</th><th>取得奖项</th><th>表彰单位</th><th>表彰时间</th></tr>
<tr><td>李海清</td><td rowspan="7">第三届全国
会计知识大赛</td><td rowspan="2">代表宁夏注册会计师协会参加
中注协选拔赛获团体第六名</td><td rowspan="7">宁夏天华会计
师事务所</td><td rowspan="7">2008.1.9</td></tr>
<tr><td>李召霞</td></tr>
<tr><td>李召霞</td><td>宁夏赛区个人二等奖</td></tr>
<tr><td>马　明</td><td>宁夏赛区个人三等奖</td></tr>
<tr><td>周　淼</td><td rowspan="3">参加集训人员</td></tr>
<tr><td>李丽红</td></tr>
<tr><td>刘学花</td></tr>
</table>

三、上级及其他有关部门对公司及员工的表彰

（一）对宁夏天华会计师事务所（有限公司）的表彰奖励

1999—2012年，宁夏天华会计师事务所（有限公司）先后20次获得上级及有关部门各类表彰奖励，详见表2-20。

2011年，宁夏天华会计师事务所（有限公司）进入全国注册会计师行业百强第83位，2012年进入全国注册会计师行业百强第82位。

宁夏天华会计师事务所（有限公司）获奖名表

表2-20

荣誉称号	表彰单位	表彰时间
1998年度全区注册会计师行业先进集体	自治区财政厅	1999.3
2000年度全区注册会计师、注册资产评估师行业先进集体	自治区财政厅	2001.3
银川市“正业通杯”财政法规知识大赛三等奖、组织奖	银川市财政局	2000.8
中国地区开发杰出贡献优秀企业	中国地区开发促进会	2002.2
重诚信单位	宁夏经济振兴促进会	2003.6
银川市“正业通杯”财政法规知识大赛二等奖	银川市财政局	2005.7
全区注册会计师、注册资产评估师行业2005年度财务会计报表工作先进集体、二等奖	宁夏注册会计师协会、宁夏资产评估师协会	2006.3
宁夏优秀诚信企业	宁夏企业家协会	2006.8
最具社会责任感优秀企业	宁夏企业家协会	2007.1
全区会计师事务所、资产评估机构2006年度财务会计报表工作先进集体、三等奖	宁夏注册会计师协会、宁夏资产评估师协会	2007.4
银川市会计知识大赛组织奖	银川市财政局	2007.5
第三届全国会计知识大赛宁夏赛区组织奖	自治区财政厅	2007.11
感谢贵单位扶弱助残爱心奉献，为宁夏残疾人福利基金会捐赠善款3万元	宁夏残疾人联合会、宁夏残疾人福利基金会	2010.10
西部大开发十周年突出贡献企业	宁夏企业家协会	2010.12
银川市2009—2010年度A级纳税人	银川市国家税务局、银川市地方税务局	2011

续表2-20

荣誉称号	表彰单位	表彰时间
全区财政系统"红歌颂党旗,财政惠民生"歌咏活动优秀组织奖	自治区财政厅	2011.7
宁夏2009—2010年度A级纳税人	宁夏国家税务局、宁夏地方税务局	2011.12
全区司法鉴定先进集体	宁夏司法鉴定工作管理委员会	2012.8
全区第六次会计工作先进集体	宁夏回族自治区人民政府	2012.9
宁夏优秀诚信企业	宁夏企业家协会	2012.12

(二)对宁夏正业通工程咨询有限责任公司的表彰

2004—2012年,宁夏正业通工程咨询有限责任公司先后15次获得上级及有关部门各类表彰奖励,详见表2-21。

宁夏正业通工程咨询有限责任公司获奖名表

表2-21

荣誉称号	表彰单位	表彰时间
中国质量诚信建设示范单位	中国市场学会信用工作委员会	2004.10
诚信企业	银川企业家协会	2005.1
2004年度全区建设工程招标投标工作先进集体	自治区建设厅	2005.4
创品牌构和谐优秀企业	银川企业家协会	2006.1
全区建设工程造价管理工作先进集体	自治区建设厅	2006.4
全区建设工程招标代理机构先进单位	自治区建设厅	2007.3
振兴宁夏经济·构建和谐社会优秀企业	自治区整顿和规范市场经济秩序领导小组办公室、宁夏企业家协会	2008.8
2008年度全区招投标管理工作先进集体	自治区住房和城乡建设厅	2009.3
宁夏诚信建设突出贡献企业	中国西部发展研究院	2009.9
区域品牌建设优秀企业	宁夏企业家协会	2010.7
2010年度全区建筑业企业先进集体	自治区住房和城乡建设厅	2011.3
银川市2011年度建筑业优秀企业	银川市建设局	2012.2
2011年度建筑工程造价管理先进单位	吴忠市建设局	2012.3
全区工程造价咨询企业工作先进单位	宁夏建设工程造价管理协会	2012.3
2012年度吴忠建设系统造价管理先进单位	吴忠市建设局	2013.3

(三)对宁夏正业通资产评估有限责任公司的表彰 2010年7月,宁夏正业通资产评估有限责任公司被宁夏企业家协会评为宁夏诚信企业。

(四)对宁夏正业通房地产估价事务所(有限公司)的表彰

自2003—2012年,宁夏正业通房地产估价事务所(有限公司)先后5次获得上级及有关部门各类表彰奖励,详见表2-22。

宁夏正业通房地产估价事务所(有限公司)获奖名表

表2-22

荣誉称号	表彰单位	表彰时间
全区房地产价格评估先进单位	自治区建设厅	2003.12
科学管理 持续发展优秀企业	银川企业家协会	2005.8

续表2-22

荣誉称号	表彰单位	表彰时间
诚信建设先进机构	银川市住房保障局、银川市房地产业协会	2011.3
创优质品牌,树诚信楷模优秀企业	宁夏企业家协会	2011.12
评估诚信机构	银川市住房保障局、银川市房地产业协会	2012.4

(五)对宁夏财会函授学校银川市分校的表彰

自2001年至2012年,宁夏财会函授学校银川市分校(宁夏天华会计师事务所培训部)共有13次受到宁夏财会函授学校的表彰。详见表2-23。

宁夏财会函授学校银川市分校(宁夏天华会计师事务所培训部)获奖名表

表2-23

荣誉称号	表彰单位	表彰时间
2000—2001年学年招生工作奖	宁夏财会函授学校	2001.9
2000—2001年学年教学管理奖	宁夏财会函授学校	2001.9
2000—2001学年先进办学单位	宁夏财会函授学校	2001.9
2001—2002学年先进办学单位	宁夏财会函授学校	2002.9
2002—2003年度先进办学工作一等奖	宁夏财会函授学校	2003.9
2003—2004年度先进办学单位一等奖	宁夏财会函授学校	2004.9
2004—2005年度先进办学单位一等奖	宁夏财会函授学校	2005.9
2006年先进办学单位一等奖	宁夏财会函授学校	2006.9
2007年办学工作一等奖	宁夏财会函授学校	2007.9
2008年办学工作一等奖	宁夏财会函授学校	2008.9
2009—2010学年办学工作二等奖	宁夏财会函授学校	2010.9
2010—2011学年办学工作二等奖	宁夏财会函授学校	2011.9
2011—2012学年教育培训工作二等奖	宁夏财会函授学校	2012.9

第六节　基础设施

一、办公场地

1989年,银川市会计师事务所与银川市财经干部学校同在银川市老城区南环路大院中办公。

2001年12月,宁夏正业通会计师事务所位于银川市兴庆区延宾东路39号的新办公楼建成并投入使用。

2012年1月,公司购买银川市金凤区北京中路房地产交易大厦九层1700余平米作为办公场所。

二、办公设施

2000年，宁夏正业通会计师事务所投资30余万元，增加购置台式电脑24台、激光打印机2台、装订机1台、资产评估软件4套，电脑基本实现人手一台，保证了正常业务的开展。

2001年12月，宁夏正业通会计师事务所新购置10台高配置笔记本电脑、6台台式电脑及数套相关软件，办公设备硬件、软件全面更新。

2002年，宁夏天华会计师事务所在新办公楼建立新的培训教室和计算机培训中心，建立计算机办公网络，通过程控电话交换机使每一位工作人员拥有电话分机；同时购置“东芝”牌笔记本电脑17台、台式计算机40台、激光打印机4台，购置工程软件2套、空调6台，先后又对会议室、健身房、电教室、培训教室进行设计与布置，共投入160余万元。其中，宁夏正业通工程咨询有限责任公司增添笔记本电脑5台、工程量钢筋计算机软件2套，购置“富利卡”公务用车1辆。

2004年，宁夏正业通工程咨询有限责任公司又购置笔记本电脑3台、打印机2台、复印机1台。同时，对所有办公桌及书柜进行了更换。

宁夏天华会计师事务所固定资产明细表

表2-24

序号	项　目	单位	数量	购入日期	原值(元)
一	房屋建筑物		1232.01		17,310,415.00
1	公寓	平方米	140.34	2012年2月	935,365.00
2	房产交易大厦101/102室	平方米	1091.67	2013年7月	16,375,050.00
二	机器机械运输设备				791,617.00
1	大众速腾汽车	辆	1	2007年2月	228,817.00
2	通用君威轿车	辆	1	2009年6月	240,000.00
3	通用别克商务车	辆	1	2009年6月	212,800.00
4	奇瑞商务车	辆	1	2010年11月	110,000.00
三	家具用具				50,320.00
1	档案柜	组	4	2003年6月	23,520.00
2	沙发	组	3	2012年3月	24,000.00
3	椅子	把	1	2012年3月	2,800.00
四	电子设备				434,478.00
1	联想笔记本电脑(G450)	台		2009年8月	23,300.00
2	联想锋行电脑	台	1	2010年11月	5,499.00
3	理光复印机	台	1	2010年11月	5,600.00
4	联想笔记本电脑	台	1	2011年2月	3,465.00
5	联想笔记本电脑	台	1	2011年2月	3,465.00

续表2-24

序号	项　目	单位	数量	购入日期	原值(元)
6	联想台式电脑	台	1	2011年8月	3,900.00
7	复合复印机(BH363-BH364)	台	2	2012年3月	60,800.00
8	联想电脑(A460)	台	1	2012年3月	3,800.00
9	联想电脑(T2900)	台	1	2012年3月	3,500.00
10	兄弟一体打印机(2820)	台	1	2012年3月	1,850.00
11	电热开水器	台	2	2012年4月	16,000.00
12	创维彩电	台	1	2012年4月	19,999.00
13	投影仪(EX615)	台	2	2012年4月	7,760.00
14	康佳彩电	台	1	2012年5月	5,300.00
15	联想笔记本电脑(E420)	台	30	2012年5月	147,000.00
16	苹果笔记本电脑MO318	台	6	2012年5月	79,800.00
17	惠普电脑(23寸一体机台式)	台	2	2012年8月	11,000.00
18	笔记本电脑(惠普4431)	台	1	2012年8月	5,400.00
19	平板电脑	台	3	2012年8月	8,964.00
20	数码相机(佳能600D)	台	1	2012年8月	4,900.00
21	苹果手机	台	2	2012年8月	7,776.00
22	笔记本电脑(惠普4431)	台	3	2012年9月	5,400.00
	合计	台			18,586,830.00

宁夏正业通工程咨询公司固定资产明细表

表2-25

序号	类别	固定资产名称	规格	单位	数量	购入日期	原值(元)
1	房屋建筑物	中卫分所办公用房	框架	平方米	135.21	2008年12月	554,227.23
2	房屋建筑物	房产大厦九层	框架	平方米	781.27	2011年12月	10,150,00.00
3	运输设备	克莱斯勒轿车	—	辆	1	2006年1月	483,000.00
4	运输设备	别克轿车	—	辆	1	2006年3月	226,646.00
5	运输设备	别克凯越旅行车	—	辆	1	2007年1月	142,300.00
6	运输设备	别克轿车	SGM7205ATA	辆	1	2010年11月	218,070.00
7	运输设备	越野车	ENCLAVE CXL	辆	1	2009年5月	644,769.00
8	运输设备	奥迪A4轿车	CDZ158877	辆	1	2011年11月	330,851.00
9	运输设备	别克商务车(宁A GA611)	SGM6521ATA	辆	1	2012年5月	396,196.00
10	电子设备	复印机	—	台	2	2004年11月	18,200.00
11	电子设备	笔记本电脑	IBM	台	1	2005年1月	11,500.00
12	电子设备	康祥恩空调	KFR-50LW/KYF	台	2	2005年8月	4,600.00
13	电子设备	兄弟传真机	2820	台	4	2006年1月	9,780.00
14	电子设备	数码复印机	—	台	1	2006年3月	10,300.00
15	电子设备	东芝笔记本电脑	东芝	台	7	2006年5月	70,000.00
16	电子设备	IBM笔记本电脑	IBM	台	5	2006年12月	53,500.00

续表2-24

序号	类别	固定资产名称	规格	单位	数量	购入日期	原值（元）
17	电子设备	笔记本电脑	东芝	台	5	2007年1月	53,250.00
18	电子设备	格力空调	—	台	1	2007年8月	5,360.00
19	电子设备	笔记本电脑IBM	IBM	台	1	2007年12月	9,500.00
20	电子设备	打印机	HP5200L	台	1	2007年12月	6,800.00
21	电子设备	笔记本电脑	IBM	台	10	2008年1月	110,000.00
22	电子设备	数码相机	佳能	台	1	2008年3月	2,980.00
23	电子设备	科龙空调	三匹	台	1	2008年5月	7,200.00
24	电子设备	打印机	佳能2900	台	1	2008年10月	1,100.00
25	家具	办公桌	1.6m班台	张	8	2008年6月	19,950.00
26	电子设备	数码相机	佳能450D	台	1	2008年8月	5,980.00
27	电子设备	摄像机	索尼SR-11E	台	1	2008年8月	9,975.00
28	电子设备	笔记本电脑	戴尔	台	17	2008年11月	112,200.00
29	电子设备	台式电脑	联想	台	2	2008年11月	8,200.00
30	电子设备	笔记本电脑	戴尔	台	2	2009年3月	12,800.00
31	电子设备	投影仪	C110	台	1	2009年3月	3,900.00
32	电子设备	笔记本电脑	DELL	台	1	2009年4月	6,400.00
33	电子设备	一体机	MFC7220	台	2	2009年4月	1,900.00
34	电子设备	笔记本电脑	IBM	台	1	2009年5月	9,950.00
35	电子设备	打印机	HP	台	1	2009年5月	2,300.00
36	电子设备	数码照相机	佳能IX0S-110IS	台	5	2009年8月	11,430.00
37	家具	办公家具	九类	件	25	2009年9月	27,500.00
38	电子设备	打印机	HP5200	台	1	2010年1月	6,900.00
39	电子设备	华硕笔记本电脑	U80E	台	13	2010年1月	83,200.00
40	电子设备	打印机	佳能LBP2900	台	1	2010年2月	1,380.00
41	电子设备	打印机	惠普1020	台	2	2010年7月	1,560.00
42	电子设备	笔记本电脑	索尼	台	1	2010年9月	6,499.00
43	电子设备	联想台式电脑-办公室	K3R1、ER622	台	2	2010年12月	8,500.00
44	电子设备	戴尔笔记本电脑（潘明锐）	488R	台	1	2011年3月	3,465.00
45	电子设备	HPDV3笔记本电脑（张晓明）	HPDV3	台	1	2011年3月	3,465.00
46	家具	三门书柜	—	组	7组	2011年12月	14,700.00
47	家具	H6屏风	—	组	—	2011年12月	52,400.00
48	家具	猫王家具（隔断）	—	组	—	2012年3月	196,200.00

续表2-25

序号	类别	固定资产名称	规格	单位	数量	购入日期	原值(元)
49	家具	电脑椅	—	把	77	2012年3月	17,710.00
50	家具	中班椅	—	把	9	2012年3月	28,800.00
51	家具	班台(2张)	—	张	2	2012年3月	3,400.00
52	家具	铁皮文件柜(鑫瑞格)	—	组	—	2012年3月	53,940.00
53	家具	1米2条桌(9张)	—	张	9	2012年4月	4,140.00
54	家具	天坛折椅(35把)	—	把	35	2012年4月	8,400.00
55	家具	放章柜(1个)	—	个	1	2012年4月	650.00
56	家具	电视柜平台	—	米	10.3	2012年4月	8,240.00
57	家具	电脑椅(13把)	—	把	13	2012年4月	2,990.00
58	电子设备	联想E40笔记本电脑	—	台	1	2012年7月	3,360.00
59	家具	演讲台	—	组	1	2012年7月	2,300.00
60	家具	猫王组合电视柜	—	个	1	2012年8月	2,559.00
61	家具	猫王组合转角书柜	—	组	1	2012年8月	7,696.00
62	家具	猫王茶几(5组)	—	组	5	2012年8月	2,400.00
63	家具	猫王FA单人沙发	—	组	10	2012年8月	15,000.00
64	家具	猫王主管桌	—	组	1	2012年11月	2,450.00
65	家具	猫王两人员工桌	—	组	2	2012年11月	9,100.00
66	家具	猫王单排五人位办公桌	—	套	1	2012年11月	7,000.00
67	家具	猫王G462A推柜(10组)	—	组	10	2012年11月	6,230.00
68	家具	猫王定制推柜(2组)	—	组	2	2012年11月	1,360.00
69	电子设备	综合训练器	—	台	1	2012年12月	9,980.00
70	电子设备	踏步机	—	台	1	2012年12月	980.00
71	电子设备	动感单车	—	台	1	2012年12月	6,380.00
72	电子设备	椭圆车	—	台	1	2012年12月	6,980.00
73	电子设备	腹肌板	—	台	1	2012年12月	880.00
74	电子设备	举重床	—	台	1	2012年12月	3,260.00
75	电子设备	哑铃	—	台	1	2012年12月	4,980.00
76	电子设备	磁控车	—	台	1	2012年12月	4,580.00
77	电子设备	跑步机	—	台	1	2012年12月	9,880.00
78	电子设备	乒乓球台	—	台	1	2012年12月	5,000.00
79	电子设备	台式电脑	—	台	1	2012年12月	3,300.00
80	家具	猫王单排六人位办公桌	—	套	1	2012年12月	12,600.00
81	家具	猫王G462A推柜(7组)	—	组	7	2012年12月	4,361.00
		合计					14,391,69.23

宁夏正业通房地产估价事务所固定资产明细表

表2-26

序号	固定资产名称	规格	单位	数量	购入日期	原值(元)
1	华泰圣达菲	宁A 60683	辆	1	2007年2月	206,022.00
2	打印机	—	台	1	2008年9月	1,240.00
3	笔记本电脑	—	台	1	2008年9月	7,000.00
4	办公家具	—	组	1	2011年6月	9,500.00
	合计	—	—	—	—	223,762.00

二、网络建设

2000年10月,在宁夏注册会计师行业率先开通企业网站。由综合办公室进行日常维护。

2002年10月,宁夏正业通会计师事务所加入北京天华集团所更名为宁夏天华会计师事务所后,使用天华统一网站宣传联系,使用以成员所名称汉语拼音打头四个字母为前缀的电子信箱联系,以达到利用行业管理优势与业务管理优势共同促进,提高事务所规模与执业质量、服务水平的目的。

三、公务车辆

1999年,购置"红旗"牌轿车1辆。2002年,购置"富利卡"牌公用车1辆。截至2012年,先后购置公务用车14辆。

公司公务车辆统计表

表2-27

车辆类型	单位	数量	购置日期
红旗轿车	辆	1	1999年7月
富利卡公务车	辆	1	2002年5月
克莱斯勒轿车	辆	1	2006年1月
别克旅行车	辆	1	2006年3月
别克凯越旅行车	辆	1	2007年1月
大众速腾汽车	辆	1	2007年2月
别克昂克雷越野车	辆	1	2009年5月
别克君威轿车	辆	1	2009年6月
别克商务车	辆	1	2009年6月
别克君威轿车	辆	1	2010年11月
别克君威轿车	辆	1	2010年11月
奇瑞商务车	辆	1	2010年11月
奥迪A4轿车	辆	1	2011年11月
别克商务车	辆	1	2012年5月
合计	辆	14	

第三章　财务审计

第一节　财务报表审计

1980年12月，财政部发布《关于成立会计顾问处的暂行规定》，始将注册会计师行业纳入规范化、法制化的轨道。1986年7月3日，《中华人民共和国注册会计师条例》发布，对注册会计师资格、会计师事务所的设立，以及业务范围（会计查账验证业务与会计咨询业务）等作出了规定，并明确了注册会计师行业的性质和地位。1988年12月27日，财政部发布《注册会计师检查验证会计报表规则（试行）》，明确注册会计师接受委托检查验证各类经济组织的会计报表，会计报表系指年度会计报表、中期会计报表，以及与这些会计报表有关的附表和凭证、账簿、说明、其他资料等；发布《注册会计师检查验证报告规则（试行）》，明确注册会计师应根据查账验证的结果和编报单位对有关问题的处理情况，编制和出具无保留意见、保留意见、反对意见或拒绝表示意见四种类型之一的标准查账报告。1989年4月，银川市财政局根据财政部的要求，批准成立银川市会计师事务所（简称事务所），严格按照《注册会计师条列》与《注册会计师检查验证会计报表规则（试行）》的规定，从执行注册会计师基本业务即主要从事审查会计账目、会计报表和其他财务资料及验证企业的投入资本开始，逐步扩大审计范围。

一、国有企业会计报表审计

1989年，银川市会计师事务所成立初，因受计划经济或有计划的商品经济，国有企业投资主体一元化等因素影响，审计业务单一，主要与银川市审计局合作，对银川市属国有企业会计报表进行承包经营兑现审查，出具查账报告书，并向市审计局呈报查账报告书，由银川市审计局下发审计决定。是年，银川市会计师事务所共出具国有企业会计报表承包经营兑现查账报告书23份，审查客户主要为银川市八大公司所属的国有工业企业，即银川市黄河机械厂、银川市建材化工厂、银川市金属家具厂、银川市汽车配件厂、银川市电器开关厂等21家国有工业企业与银川市汽车配件公司、银川市广告美术公司2家国有商业企业。

1990年共出具国有企业会计报表第一轮承包终结查账报告书36份,比1989年增加13户,增长56.52%。新增客户主要为银川市商业局所属的国有工业企业,即银川市清真豆制品厂、银川市清真酱制品厂、银川市新城清真酱制品厂;银川市八大公司所属的国有工业企业。新增的国有商业企业有银川市燃料公司、银川市机电设备公司、银川市化轻公司、银川市木材公司。

1991年共出具国有企业会计报表查账报告书78份,比1990年增加42户,增长116.66%。新增客户大部分为银川市商业局所属国有商业企业、服务企业、公用事业单位与工业企业,银川市八大公司所属的国有工业企业客户有所减少。新增客户主要为银川市新华百货商店、银川百货大楼等银川市属国有商业企业、服务企业、公用事业单位与工业企业。

1992年共出具国有企业会计报表查账报告书69份,比1991年减少9户,减少11.5%,减少客户主要为银川市黄河机械厂、银川市建材化工厂、银川市金属家具厂、银川市汽车配件厂等国有工业企业。

1993年共出具国有企业会计报表查账报告书66份,减少客户主要是宁夏华侨友谊公司、银川市食品公司、银川市钟表修理厂等。新增客户主要有银川新华购物中心。

1994年1月1日,国务院发布《中华人民共和国注册会计师法》,国有企业会计报表审计业务范围扩大,业务量有所增加。是年,银川市会计师事务所共出具国有企业会计报表查账报告书85份,比1993年增加19户,增长28.79%,新增客户主要为银川市盐务管理局盐业副食批发站,银川市商业局所属银川公园街百货大楼、银川蓝梦商厦,以及宁夏发酵厂、银川开发区金属包装容器厂、银川石油分公司销售公司、银川重阳实业总公司贸易公司等。

1995年共出具国有企业会计报表查账报告书85份,与1994年持平。

自1996年1月1日起,实行第一批独立审计准则,并第一批印发"会计报表审计"和"审计报告"作为独立审计具体准则。在"会计报表审计"准则中明确会计报表审计定义、目的、范围与要求等,规范了注册会计师执行会计报表审计业务。注册会计师依法接受委托,依照独立审计准则的要求,对被审计单位的会计报表实施必要的审计,并对会计报表发表审计意见:会计报表的编制是否符合《企业会计准则》及国家其他财务会计法规的规定;会计报表在所有重大方面是否公允地反映了被审计单位的财务状况、经营成果和资金变动情况;会计处理方法的选用是否符合一贯性原则。在"审计报告"准则中明确了注册会计师应当根据审计结论,出具无保留意见、保留意见、否定意见或拒绝表示意见四种类型之一的审计报告。随着独立审计具体准则的出台,注册会计师的业务从单纯的查错防弊审计,到法定的会计报表审计,再发展到进行管理咨询和其他会计服务。事务所审计业务开始由检查验证会计报表向会计报表审计业务过渡。是年,银川市会计师事务所共出具国有企业会计报表审计报告97份,比1995年增加12户,增长14.12%。

1997年,全年实现审计业务收入(含验资收入)43.28万元。

1998年加大银川市所属国有企业改制力度，全所员工以开展国有企业改制的评估业务为主，审计业务因此受到一定影响，但全年实现审计业务收入55万元，比上年增加11.72万元，增长27.08%。因企业改制，企业个数减少或企业破产影响，全年共出具国有企业会计报表审计报告79份。

1999年，银川市会计师事务所全年实现审计业务收入137.15万元，比上年增加82.15万元，增长149.36%。全年共出具国有企业会计报表审计报告98份，新增客户主要为银川建设发展集团公司、银川住房公积金管理中心等。

是年12月，银川市会计师事务所改制为宁夏正业通会计师事务所，成为自主经营、自负盈亏、自我发展的中介组织。脱钩改制后，宁夏正业通会计师事务所探索新体制运行思路，制定各项预定目标，以开拓业务巩固改制成果。

2000年，共出具国有企业会计报表审计报告73份，比上年减少25份，下降25.51%。全年实现国有企业会计报表审计业务收入21.38万元，占全年实现审计业务总收176.29万元的12.38%，平均每份报告收费2,929元。收费在5000元以上的客户有10户11份（银川百货大楼出具2份）报告，其中主要客户为宁夏百货总公司收费2.4万元，为最高收费，宁夏华联商厦、银川乳品饮料总公司2家企业每家收费1万元，银川百货大楼、银川市房地产综合开发公司、宁夏绿苑工贸有限公司3家企业每家收费9,000元，银川市第一建筑工程公司收费8,000元，银川丽华商场、银川东方贸易大厦、银川百货大楼3家企业各收费6,000元，中卫县房地产开发公司收费5,000元。最低收费1,500元有6户。

是年，由于银川市属国有企业的改制步伐加快，其他企业会计报表审计业务增加，而国有企业会计报表审计业务趋于减少。对此，宁夏正业通会计师事务所在改制时即先期接收宁夏会计师事务所二分所（银川前进分所），使宁夏正业通会计师事务所首次接触到自治区级国有企业，主要接收了宁夏百货总公司、宁夏华联商厦、宁夏商业储运总公司、宁夏纺织品总公司、宁夏盐业公司、宁夏盐业公司宁盐大厦、宁夏五金交电化工总公司，为国有企业会计报表审计增添了活力。

2001年，银广夏事件对注册会计师行业的信用和声誉造成了影响。此后，宁夏正业通会计师事务所重视执业水准的提高和职业道德建设，加强对从业人员的质量优先意识的培养。2001年共出具国有企业会计报表审计报告50份。全年因银川市属国有企业的改制步伐仍在继续加快，其他企业会计报表审计客户数量反超国有企业会计报表审计客户数量，使会计报表审计业务结构发生了变化。全年实现国有企业会计报表审计业务收入21.2万元，占全年实现审计业务总收入160.51万元的13.09%，比上年下降1.68%，平均每户收费4,204元。收费在5,000元以上的客户有13户，其中主要为银川市房地产综合开发公司收费2万元，为最高收费。

2002年10月，宁夏正业通会计师事务所加入北京天华会计师事务所（集团所），成为天华会计师事务所西北唯一成员所，并改名为宁夏天华会计师事务所。从此，宁夏天华会计师事务所以市场为导向，以人才为纽带，使区域性会计师事务所发展成跨地区的大型会计师事务所，并取得了大中型企业审计资格。全年共出具国有企业会计报表审计报告31份，实现国有企业会计报表审计业务收入12.98万元，占全年实现审计业务总收入116.88万元的11.11%，平均每户收费4187元。收费在5000元以上的客户有10户，其中宁夏商业学校收费1.5万元，为最高收费。

2002年11月中旬，宁夏天华会计师事务所审计部配合质量标准部，组织全体审计人员学习与北京天华会计师事务所接轨的会计报表审计标准，对标准要求的每一张表格进行详细讲解。新增加的审计计划、审计计划备忘录、审计总结等于2003年1月1日开始执行。

2003年，面对新的审计业务，全所合理分配审计资源，项目负责人节约现场审计时间，指导审计计划、审计计划备忘录、审计总结的制作等，经过全体从业人员共同努力，全所完成工作量连续4年实现快速增长。全年出具国有企业会计报表审计报告27份，全年实现国有企业会计报表审计业务收入19万元，占全年实现审计业务总收入173.3万元的10.96%，平均每户收费7037元。客户数量减少，审计业务收入却有增长，全部财务审计业务收费在5000元以上的客户有国有企业会计报表审计6户，其中老客户银川市自来水总公司收费5.5万元，成为2000—2003年收费最高的客户。最低收费1500元，有3户。

2004年，全年审计业务发展最快，工作量快速增长，达到历史新高。2004年1—9月，在年审工作的大忙季节，由北京天华总部抽调宁夏天华会计师事务所审计人员，与总部联合参与东风汽车、北京地铁、山西电力、西开股份、沙陇股份、武汉妙士、华亭煤业集团等上市公司及一些经营上规模的大公司的会计报表审计业务，取得合作收入44万元。审计部克服审计业务过于集中的困难，及时完成各类企业的会计报表审计业务。全年出具国有企业会计报表审计报告31份，全年实现国有企业会计报表审计业务收入12.05万元，占全年实现审计业务总收入201.53万元的5.98%。国有企业会计报表审计平均每户收费3887元。国有企业会计报表审计收费在5000元以上的客户有6户，其中新增客户中国烟草总公司宁夏分公司收费2万元，成为当年单户收费最高的客户。最低收费2500元，有4户，比2001年、2002年、2003年的最低收费分别高1800元、1700元、1000元，说明在市场竞争中，客户认同宁夏天华会计师事务所的服务质量，收费起点逐年提高。

2005年，全年审计业务继续保持增长态势，并超额完成了预定目标。全年共出具国有企业会计报表审计报告31份，与上年持平。全年实现国有企业会计报表审计业务收入15.1万元，占全年实现审计业务总收入387.18万元的3.9%。国有企业会计报表审计收入比上年增长25.31%，平均每户收费4,871元。国有企业会计报表审计收费在5000元以上的客户有8户。其中，新增客户宁夏清河机械厂(6家合并)收费3.7万元，为当年收费最高的客户；宁夏商业集团有限公司(合并3家一级子公司，4家二级子公司)收费2.3万元。这两户企业成为宁夏天华会计师事务所首次承接合并会计报表审计业务规模较大的国有企业,银川市公交公司收费1.2万元,成为单户收费最高的客户。

2006年,中国注册会计师协会对注册会计师完成审计业务需要的执业准则体系与会计准则进行重新修订。宁夏天华会计师事务所组织全体注册会计师及助理人员参加中国注册会计师协会举办的4期“拉网式”执业准则远程教育培训班学习;先后选派主任会计师、各有关部门主任、副主任及业务骨干等15人次参加“三院”(北京国家会计学院、上海国家会计学院、厦门国家会计学院)及北京财经专修学院举办的新审计准则、新会计准则、金融企业审计及高级财务管理人员培训班。要求从业人员在参加各培训班的基础上反复自学并接受所内培训。标准部进一步规范审计业务程序与质量标准,建立了一套更加具体的审计系统,并于11月中旬组织全所从业人员对其进行系统的学习,并以案例形式通报各分所执业质量检查中存在的问题,目的在于引以为戒,更好地防范执业风险,提高执业质量。

是年,围绕“以人为本”发展战略,坚持“调整、控制、持续、稳定”指导原则,突出重点,开拓创新,使全年的审计业务继续保持稳定的增长趋势,并完成了预定目标。全年共出具国有企业会计报表审计报告22份,是国有企业会计报表审计客户最少的一年,比上年减少9户,下降29%。全年实现国有企业会计报表审计业务收入28.75万元,占全年实现审计业务总收入430.83万元的6.67%,总收入比上年增长11.27%。国有企业会计报表审计收入比上年增长90.4%,国有企业会计报表审计收入的增长比例高于总收入的增长比例,平均每户收费13,068元,比上年的平均每户收费高8197元。全年国有企业会计报表审计收费在5000元以上的客户有11户,占全部客户的50%。老客户银川市自来水总公司从单家审计收费3000—5000元,发展成为合并17家子公司,收费12万元,成为国有企业会计报表审计中的大客户;老客户宁夏商业集团有限公司(合并8家一级子公司、4家二级子公司)收费4.35万元,成为国有企业合并会计报表审计业务的重要客户,自治区新华书店收费3.35万元,成为单户收费最高的客户。当年最低收费2000元。

2007年,宁夏天华会计师事务所坚持“三级复核制”,有效地防止了漏报、错报、工作程序缺失等情况的发生,提升了业务报告质量的安全系数。率先在全区制定并执行新的执业规程。全年共出具国有企业会计报表审计报告22份,与上年持平。全年实现国有企业会计报表审计业务收入65.48万元,占全年实现审计业务总收入627.61万元的10.43%,总收入比上年增长45.67%,国有企业会计报表审计收入比上年增长125.75%。国有企业会计报表审计收入的增长比例明显高于总收入的增长比例,也高于数量增长比例,平均每户收费突破2万元,为29,768元。全年国有企业会计报表审计收费在5000元以上的客户有14户,其中老客户宁夏商业集团有限公司(共合并21家子公司)收费21万元,成为国有企业合并会计报表审计业务收费最高的大客户;老客户宁夏烟草公司,从单家审计发展成为合并6家子公司,收费15.8万元。老客户银川市自来水公司合并17家子公司收费15万元,成为国有企业合并会计报表审计业务的重要客户。新客户银川市供销联社农副公司收费1.68万元,成为单户收费最高的客户。全年最低收费3000元有3户。

2008年,全年共出具国有企业会计报表审计报告27份,比上年增加5份,增长22.73%,国有企业会计报表审计客户慢慢开始回升。全年实现国有企业会计报表审计业务收入68.55万元,占全年审计业务总收入702.95万元的9.75%,总收入比上年增长12%,国有企业会计报表审计收入比上年增长4.69%,平均每户收费25,388元。全年国有企业会计报表审计收费在5000元以上的客户有15户,占全部客户的55.56%,其中老客户宁夏烟草公司(6家子公司)收费19.5万元,比上年增长23.42%,为当年国有企业合并会计报表审计业务收费最高的大客户;老客户银川市自来水总公司(17家子公司)收费13万元,为当年合并报表审计收费最高的客户;老客户银川市城市建设投资控股有限公司收费8万元,为当年国有企业会计报表审计业务(单家)收费最高的大客户。全年最低收费2000元有1户。

是年,宁夏天华会计师事务所与北京天华总部合作得到进一步加强,合作项目明显高于往年。从2007年12月1日开始到2008年8月共合作10个项目,实现收入100余万元。这些项目都是一些具有影响的项目,大部分为大型国有企业的会计报表审计,主要为中国电信、中国邮政、中国外运、中国铝业、山西电力;还有上市公司的会计报表审计,主要为本溪钢铁(辽宁)、幸福实业(武汉);还有拟上市的翔云飞龙(昆明)等。通过合作项目的实施,不断提高了审计人员承接大项目业务的能力。

2009年,全年共出具国有企业会计报表审计报告24份,比上年减少3份,下降11.11%。全年实现国有企业会计报表审计业务收入74.3万元,占全年实现审计业务总收入980.44万元的7.58%,总收入比上年增长39.47%,国有企业会计报表审计收入比上年增长8.38%,平均每户收费30,958元。全年国有企业会计报表审计收费在5000元以上的客户有15户,占全部客户的62.5%,国有企业会计报表审计大客户比例增高,结构趋于合理。老客户银川市自来水总公司(15家子公司)收费16万元,比上年增加3万元,为当年合并报表审计收费最高的客户;新客户银川住房公积金管理中心收费12万元,为当年国有企业会计报表审计业务(单家)收费最高大客户。最低收费3000元有3户。

2010年,全年共出具国有企业会计报表审计报告39份,比上年增加15份,增长62.5%。全年实现国有企业会计报表审计业务收入73.90万元,占全年实现审计业务总收入1090.02万元的6.78%,总收入比上年增长11.18%,国有企业会计报表审计收入比上年下降0.54%,平均每户收费18,949元。全年国有企业会计报表审计收费在5000元以上的客户有30户,占全部客户的76.9%。老客户银川市自来水总公司(15家子公司)收费16万元,为当年合并报表审计收费最高客户;老客户银川住房公积金管理中心收费12万元,为当年国有企业会计报表审计业务(单家)收费最高大客户;宁夏煤田地质局(合并)收费4万元,宁夏房地产集团有限公司(大合并)收费3万元,宁夏粮食产业集团有限公司(合并

4家)收费3万元,均为当年综合评价中省部级以上的高端客户。自治区粮食局所属8家储备库、1家粮油仓库、1家市场共10家单位全部委托宁夏天华会计师事务所审计,也成为当年国有企业会计报表审计重要客户和综合评价中省部级以上的高端客户最多的客户。最低收费2000元有1户。

2011年,全年共出具国有企业会计报表审计报告45份,比上年增加6份,增长15.38%。全年实现国有企业会计报表审计业务收入首次突破百万元,为135万元,占全年实现审计业务总收入1003.01万元的13.45%,国有企业会计报表审计收入比上年增长82.68%,平均每户收费3万元。全年国有企业会计报表审计收费在5000元以上的客户有27户,占全部客户的60%。新取得自治区国有资产管理委员会所属的5家公司的会计报表审计业务,即宁夏发电集团有限责任公司,合并16家子公司,收费33.4万元,为当年合并报表审计收费最高客户。老客户银川住房公积金管理中心收费12万元,保持当年国有企业会计报表审计业务(单家)收费最高大客户地位。全年最低收费3000元有2户。

2012年共出具国有企业会计报表审计报告56份,比2011年增加11份,增长比例为24.44%。全年实现国有企业会计报表审计业务收入71.25万元,占全年实现审计业务总收入1366万元的5.22%,国有企业会计报表审计收入比2011年的135万元下降了47.22%,平均每户收费12,723元。2012年国有企业会计报表审计收费在5000元以上的客户有25户,占全部客户的44.64%。老客户宁夏阅海实业集团有限公司,合并4家子公司,收费6.8万元,为2012年合并报表审计收费最高的客户。老客户区烟草公司所属的五家分公司的会计报表审计,其中的宁夏烟草公司银川公司,收费50,000元,为2012年单户报表审计收费最高的客户。最低收费3000元有1户。

1989—2012年国有企业会计报表审计业务收入统计表

表3-1

年份	报告书(份)	收入(万元)	年份	报告书(份)	收入(万元)
1989年	23	—	2001年	50	21.20
1990年	36	—	2002年	31	12.98
1991年	78	—	2003年	27	19.00
1992年	69	—	2004年	31	12.05
1993年	66	—	2005年	31	15.10
1994年	85	—	2006年	22	28.75
1995年	85	—	2007年	22	65.48
1996年	97	—	2008年	27	68.55
1997年	—	—	2009年	24	74.30
1998年	79	—	2010年	39	73.90
1999年	98	—	2011年	45	135.00
2000年	73	21.38	2012年	56	71.25

2000—2012年国有企业会计报表审计业务收费统计表

表3-2 单位:元

年份	最高收费（含集团合并）	单户最高收费	最低收费	平均每户收费
2000年	24,000	24,000	1,500	2,929
2001年	20,000	20,000	700	4,204
2002年	15,000	15,000	800	4,187
2003年	55,000	55,000	1,500	7,037
2004年	20,000	20,000	2,500	3,887
2005年	37,000	12,000	1,000	4,871
2006年	120,000	33,500	2,000	13,068
2007年	210,000	16,800	3,000	29,768
2008年	195,000	80,000	2,000	25,388
2009年	160,000	120,000	3,000	30,958
2010年	160,000	120,000	2,000	18,949
2011年	334,000	120,000	3,000	30,000
2012年	68,000	50,000	3,000	12,723

2000—2012年国有企业会计报表审计收费5000元以上的部分客户名表

表3-3 单位:万元

年份	客户名称	收费最高客户（单户）	最高收费金额
2000年	宁夏百货总公司、宁夏华联商厦、银川乳品饮料总公司、银川市房地产综合开发公司、宁夏绿苑工贸有限公司、银川市第一建筑工程公司、银川丽华商场、银川东方贸易大厦、银川百货大楼、中卫县房地产开发公司	宁夏百货总公司	2.4
2001年	银川市房地产综合开发公司、宁夏兰星石油销售公司、宁夏百货总公司、银川乳品饮料总公司、宁夏纺织品总公司、宁夏五金化工总公司、宁夏华联商厦、银川百货大楼、银川丽华商场、银川驾驶员培训学校、银川市房地产综合开发公司武威分公司、宁夏公路勘测设计院	银川市房地产综合开发公司	2.0
2002年	宁夏商业学校、宁夏兰星石油销售公司、宁夏华联商厦、银川市燃料总公司东方饭店、宁夏五金化工总公司、银川市房产农副产品中心、银川市西夏贸易总公司、银川市南郊副食商场、银川市自来水总公司	宁夏商业学校	1.5
2003年	银川市自来水总公司、宁夏商业储运总公司、银川市公交公司、银川肉类联合加工厂、宁夏五金公司（含华联商厦）、宁夏石油化学工业上海公司银川分公司	银川市自来水总公司	5.5

续表3-3

年份	客户名称	收费最高客户（单户）	最高收费金额
2004年	中国烟草总公司宁夏分公司、银川市公交公司、宁夏烟草公司石嘴山市公司、宁夏中宁烟草有限公司、宁夏烟草公司平罗公司、宁夏兴庆机械厂	中国烟草总公司宁夏分公司	2.0
2005年	宁夏清河机械厂、宁夏商业集团有限公司、宁夏新禾药品连锁有限公司、银川市城市建设投资控股有限公司、银川市市政建设综合开发公司、银川市自来水总公司永宁分公司、银川市自来水总公司贺兰分公司	宁夏清河机械厂	3.7
2006年	银川市自来水总公司、宁夏商业集团有限公司、宁夏煤矿安全技术培训中心、宁夏粮食产业(集团)有限公司、银川市公交公司、宁夏美利科技印刷包装公司、宁夏新禾药品连锁有限公司、银川市市政建设综合开发公司、银川城建投资控股公司、宁夏新药特药公司	银川市自来水总公司	12.0
2007年	宁夏商业集团有限公司、宁夏烟草公司、银川市自来水总公司、银川市供销联社农副公司、宁夏宁东水务有限公司、宁夏粮食产业集团有限公司、银川市城市建设投资控股有限公司、银川市市政综合开发公司、吴忠市自来水公司、宁夏新禾药品连锁有限公司、贺兰县国有资产经营有限公司、宁夏清河机械厂、宁夏新药特药公司、青铜峡市盐业公司	宁夏商业集团有限公司	21.0
2008年	宁夏烟草公司、银川市自来水总公司、宁夏商业集团有限公司、银川市城市建设投资控股有限公司、宁夏医药集团有限公司、吴忠市国有资产经营有限公司、银川市保安公司、宁夏粮食产业集团有限公司、吴忠自来水公司、永宁县国有资产经营有限公司、银川市总工会新市区俱乐部、宁夏清河机械厂、银川市医用设备公司、陕西庆盛石油生产公司、宁夏投资置业有限公司	宁夏烟草公司	19.5
2009年	银川市自来水总公司、银川住房公积金管理中心、银川市城市建设投资控股有限公司、吴忠市人民医院、青铜峡市国有资产经营公司、银川市经济适用住房公司、宁夏房地产集团有限公司、灵武市国有资产经营有限公司、平罗县国有资产经营有限公司、石嘴山市大武口区城投公司、永宁国有资产经营有限公司、彭阳县国有资产经营有限公司、银川市兴庆区国有资产投资有限公司、吴忠市自来水公司、银川市食品公司	银川市自来水总公司	16.0

续表3-3

年份	客户名称	收费最高客户（单户）	最高收费金额
2010年	银川市自来水总公司、银川住房公积金管理中心、宁夏阅海实业集团有限公司、宁夏煤田地质局、宁夏房地产集团有限公司、永宁国有资产经营有限公司、吴忠市自来水公司、银川市公共交通有限公司、宁夏惠农国家粮食储备库、宁夏平罗国家粮食储备库、宁夏青铜峡国家粮食储备库、中卫国家粮食储备库、永宁国家粮食储备库、灵武国家粮食储备库、固原国家粮食储备库、宁夏粮油批发交易市场、银川铸龙投资有限公司、银川市煤气供热总公司、宁夏清河机械厂、吴忠市顺通建设工程公司、银川市苗木场、宁夏长城水务有限责任公司	银川市自来水总公司	16.0
2011年	宁夏发电集团有限责任公司、宁夏建工集团有限公司、宁夏报业传媒集团有限公司、宁夏电影集团有限公司、宁夏金湾农业综合推广中心、银川中铁水务集团有限公司（原银川市自来水总公司）、银川住房公积金管理中心、宁夏阅海实业集团有限公司、固原市供排水总公司、宁夏烟草公司银川分公司、宁夏烟草公司石嘴山分公司、宁夏烟草公司固原分公司、宁夏烟草公司吴忠分公司、宁夏烟草公司中卫分公司、宁夏宁电硅业有限公司、宁夏矿产地质调查院、吴忠市人民医院、宁夏核工业地质勘查院、银川市公共交通有限公司、银川市城市建设投资控股有限公司、石嘴山市大武口城市建设投资有限公司、永宁国有资产经营有限公司、吴忠市自来水公司、宁夏清河机械厂、永宁县土地储备中心、宁夏高新软件动漫发展有限公司、银川市煤气供热总公司	宁夏发电集团有限责任公司	33.4
2012年	宁夏阅海实业集团有限公司、宁夏烟草公司银川市公司、宁夏烟草公司石嘴山分公司、宁夏烟草公司固原分公司、宁夏烟草公司吴忠分公司、宁夏烟草公司中卫分公司、宁夏宁东能化投资有限责任公司、银川市保安服务有限公司、吴忠市人民医院、永宁县土储备中心、银川市公共交通有限公司、吴忠市自来水公司、银川市城市建设投资控股有限公司、宁夏长城水务有限责任公司、石嘴山市大武口城市建设投资有限公司、永宁国有资产经营有限公司、银川市金凤区国有资产投资控股有限公司、银川市煤气供热总公司（合并2家）、宁夏矿产地质调查院、陕西庄盛石油生产基地、中盐石嘴山金石通冶金股份有限公司、宁夏燕宝基金会、银川市建筑协会、银川交通投资有限公司、宁夏核工业地质勘查院	宁夏阅海实业集团有限公司	6.8

历年国有企业会计报表审计中新增部分客户名表

表3-4

年　份	新增客户名单
1989年	银川市黄河机械厂、银川市建材化工厂、银川市金属家具厂、银川市汽车配件厂、银川市电器开关厂、银川市广告美术公司、银川市汽车配件公司
1990年	银川市清真豆制品厂、银川市清真酱制品厂、银川市新城清真酱制品厂、银川市燃料公司、银川市机电设备公司、银川市化轻公司、银川市木材公司
1991年	银川新华百货商店、银川百货大楼、银川新城百货大楼、银川新市区百货大楼、银川复兴百货商店、银川鼓楼百货商场、银川五金交电大楼、银川市新华照相馆、银川市新影照相馆、银川饭店、银川鼓楼饭店、银川交通饭店、银川迎宾楼清真饭店、银川市自来水公司、银川市煤气供热公司、银川乳品饮料总厂、银川胶带厂、银川酒厂、银川精细化工厂、银川碳化硅厂
1993年	银川新华购物中心
1994年	银川市盐业副食批发站、银川公园街百货大楼、银川蓝梦商厦、宁夏发酵厂、银川开发区金属包装容器厂、银川石油分公司销售公司、银川重阳实业总公司贸易公司
1996年	—
1999年	银川建设发展集团公司、银川住房公积金管理中心
2000年	宁夏百货总公司、宁夏华联商厦、银川市房地产综合开发公司、宁夏绿苑工贸有限公司、银川市第一建筑工程公司、银川丽华商场、银川东方贸易大厦、中卫县房地产开发公司
2001年	宁夏兰星石油销售公司、宁夏五金化总公司、银川市驾驶员培训学校、银川市房地产综合开发公司武威分公司、宁夏公路勘测设计院
2002年	宁夏商业学校、银川市燃料总公司东方饭店、银川市房产农副产品中心、银川市西夏贸易总公司、银川市南郊副食商场、宁夏新材水电安装处
2003年	宁夏商业储运总公司、银川市公交公司、银川肉类联合加工厂、宁夏五金公司、宁夏石油化学工业上海公司银川分公司
2004年	中国烟草总公司宁夏分公司、石嘴山市烟草公司、中宁烟草公司、平罗烟草公司、宁夏兴庆机械厂
2005年	宁夏商业集团有限公司、宁夏新禾药品连锁有限公司、银川市城市建设投资控股有限公司、银川市政建设综合开发公司、永宁县自来水公司、贺兰县自来水公司、石嘴山市惠农区医药公司、石嘴山市医药药材公司、宁夏军粮供应管理中心
2006年	宁夏煤矿安全技术培训中心、宁夏粮食产业(集团)有限公司、宁夏美利科技印刷包装公司、宁夏新药特药公司
2007年	中卫国家粮食储备库、固原国家粮食储备库、灵武国家粮食储备库、永宁国家粮食储备库
2008年	宁夏医药集团有限公司、吴忠市国有资产经营公司、银川市保安公司、永宁县国有资产经营有限公司、银川市总工会新市区俱乐部、宁夏投资置业有限公司
2009年	青铜峡市国有资产经营公司、银川市经济适用住房建设公司、宁夏房地产集团有限公司、灵武市国有资产经营有限公司、平罗县国有资产经营有限公司、石嘴山市大武口区城市建设投资有限公司、彭阳县国有资产有限公司、银川市兴庆区国有资产投资有限公司、银川市食品公司、宁夏惠农国家粮食储备库、宁夏平罗国家粮食储备库、宁夏青铜峡国家粮食储备库、石嘴山国家粮食储备库、宁夏粮油批发交易市场

续表2-4

年　份	新增客户名单
2010年	宁夏阅海实业集团有限公司、宁夏煤田地质局、固原市粮食局北海子粮油仓库、银川铸龙投资有限公司、银川市煤气供热总公司、银川市政综合开发公司、宁夏清河机械厂、吴忠市顺通建筑工程公司、银川市苗木场、宁夏长城水务有限责任公司
2011年	宁夏发电集团有限责任公司、宁夏建工集团有限公司、宁夏报业传媒集团有限公司、宁夏电影集团有限公司、宁夏金湾农业综合推广中心、固原市供水排水总公司污水处理厂、银川烟草分公司、固原烟草分公司、吴忠烟草分公司、中卫烟草分公司、宁夏宁电硅业有限公司、宁夏矿产地质调查院、宁夏核工业地质勘查院、石嘴山市大武口城市建设投资有限公司、永宁国有资产经营有限公司、吴忠市自来水公司、永宁县土地储备中心、平罗高新软件动漫发展有限公司
2012年	宁夏宁东能化投资有限责任公司、银川市保安服务有限公司、宁夏长城水务有限责任公司、银川市金凤区国有资产投资控股有限公司、陕西庄盛石油生产基地、中盐石嘴山金石通冶金股份有限公司、宁夏燕宝基金会、银川市建筑协会、银川交通投资有限公司

二、金融企业会计报表审计

1994年承接银川信托投资公司(1993年1月至1994年6月)会计报表检查验证业务，为银川市会计师事务所承接的第一笔金融业会计报表检查验证业务。1996年承接银川信托投资公司(1994年7月至1996年10月)会计报表检查验证业务。这两次业务承接为银川市会计师事务所承接金融审计业务积累了经验。

2000年7月14日，中国人民银行、财政部联合制定《会计师事务所从事金融相关审计业务暂行办法》，对会计师事务所的金融审计业务范围作出了明确规定。宁夏正业通会计师事务所组织相关人员对暂行办法进行学习讨论，严格按照有关条件组织上报材料，经中国人民银行和财政部审批，于2001年3月9日取得金融企业审计B类资质。2001年7月，宁夏正业通会计师事务所承接石嘴山市城市信用社的清产核资业务，为事务所取得金融企业审计B类资质承接的首批金融企业清产核资业务，为继续开拓金融相关审计业务提供了经验，创造了条件。

2003年5月，宁夏天华会计师事务所开拓银川市商业银行的会计报表审计业务。这项业务量大，投入人员多，技术要求严格。为了做好此项业务，董事会研究决定请求北京天华集团所予以帮助和支持。同年6月28日，北京天华集团所派具有多年银行业及各类企业审计经验的合伙人王玮先期抵达银川，对参与这项工作的审计人员进行实际操作方面的技术培训，突出了对金融企业审计工作中应关注的事项、运用的方法、发现问题的技巧、大型审计项目控制的要点等基础知识的讲解，增强了审计人员的信心。

在对银川市商业银行的会计报表审计中，鉴于委托人欲变更注册资本的情况，审计人员决定将上半年的预审工作与变更注册资本事宜同时进行。审计人员按照北京天华集团所业务程序与质量标准，与该行总会计师沟通后取得各支行上半年会计报表资料，经汇总、分析并与有关人员商讨就此项业务作出审计计划。9月中旬，依据银川市商业银行的要求，宁夏天华会计师事务所安排两个审计组协调有关事宜，对该行在预审的基础上进行变更验资。

是年9月13日，北京天华集团所派金融企业审计部经理赵翌到银川，现场指导各审计组进行内部控制制度的穿行测试、符合性测试与实质性测试等，使审计组及时完成了该行变更验资与预审工作。

2004年1月5日—2月28日，宁夏天华会计师事务所项目组完成了银川市商业银行股份有限公司2003年度会计报表审计工作，出具了无保留意见的审计报告。同时，在审计过程中也发现在财务管理方面存在一些不足，并及时提供了9条管理建议书，均有举例说明，多被银川市商业银行在加强财务管理中予以采纳。

是年3月16日—4月6日，宁夏天华会计师事务所完成了石嘴山市城市信用社会计报表审计工作，出具了无保留意见的审计报告。全年在完成这两家金融企业审计工作中共取得审计收入39.7万元，占审计总收入201.53万元的19.7%，比1997年的审计收入（不含验资收入）39.02万元还高，为事务所上规模奠定了基础。

是年3月23日，宁夏天华会计师事务所还与银川市商业银行股份有限公司业务部联系，取得了对其客户即贷款的中小企业信用等级评定审计业务。针对该业务的特殊性，调整业务程序，设计出信用等级评定计算表，及时确定和提供该行在进行信用等级评定工作时所需的指标。

2005年，金融审计业务继续保持稳定态势，继续完成2家金融企业即银川市商业银行股份有限公司和石嘴山市城市信用社的会计报表审计业务，共取得审计收入41.2万元，占审计总收入387.18万元的10.64%，比上年增长3.78%。同时在贷款方面、会计核算方面，为银川市商业银行股份有限公司提供了11条管理建议书。

2006年，新修订的审计准则、会计准则正式实施，对从业人员提出了更高要求。宁夏天华会计师事务所早动手、早安排，由所领导挂帅，及时调整审计安排，加强审计的沟通协调能力，加大审计力度，及时完成2家金融企业年度会计报表审计，共取得金融企业审计收入44万元，占审计总收入430.83万元的10.21%，比上年增长6.8%。

2007年，继续完成银川市商业银行股份有限公司和石嘴山市城市信用社的会计报表审计业务，共取得审计收入52万元，占审计总收入627.61万元的8.29%，比上年增加8万元，增长18.19%。审计收入的增加，印证了2家金融企业的规模不断增大。是年，银川市商业银行股份有限公司资产总额达202.85亿元，比上年增加27.71亿元，增长15.82%。

2008年，继续完成银川市商业银行股份有限公司和石嘴山市城市信用社的会计报表审计业务，共取得金融企业审计收入57万元，占审计总收入702.95万元的8.1%，比上年增加5万元，增长9.6%。

2009年，因各种原因，最大的客户银川市商业银行股份有限公司退出审计业务，同时承接宁夏黄河农村商业银行股份公司会计报表审计，收取审计收入12万元。全年共取得金融企业审计收入21万元，占审计总收入980.44万元的2.14%，比上年减少36万元，下降63.16%。

2010年，共出具金融企业会计报表审计报告2份、保险代理企业会计报表审计报告3份，全年共取得金融保险企业审计收入25.65万元，占审计总收入1090.02万元的2.35%，比上年增加4.65万元，增长22.14%。其中，老客户宁夏黄河农村商业银行股份公司收费15万元，比上年增加3万元；老客户石嘴山市城市信用社收费10万元，比上年增加1万元；新客户3家保险代理公司收费6,500元。

2011年，共出具金融企业会计报表审计报告6份、保险代理企业会计报表审计报告4份，共取得金融保险企业审计收入33.9万元，占审计总收入1003.01万元的3.38%，比上年增加8.25万元，增长32.16%。

2012年，共出具金融企业会计报表审计报告9份，保险代理企业会计报表审计报告3份，小贷公司1份，共取得金融保险企业审计收入60.6万元，占审计总收入1366万元的4.44%，比上年的增长了26.7万元，增长率为78.76%。主要为老客户石嘴山市城市信用社会计报表审计收费为18万元，比上年12万元增加6万元，另外又委托了2010年、2011年的合并报表审计，收费8万元，新客户前郭县阳光村镇银行股份有限公司，收费6万元；青岛西元泰村镇银行股份有限公司，收费2万元；安徽肥西石银村镇银行股份有限公司收费2万元。

2004—2012年金融保险企业会计报表审计业务收入统计表

表3-5

年份	报告书(份)	收入(万元)	年份	报告书(份)	收入(万元)
2004年	2	39.70	2009年	2	21.00
2005年	2	41.20	2010年	5	25.65
2006年	2	44.00	2011年	10	33.90
2007年	2	52.00	2012年	13	60.60
2008年	2	57.00			

三、外商投资企业会计报表审计

财政部1983年12月26日发布《关于中外合资企业、外国企业委托会计师查账问题的若干规定》，1988年2月23日又发布《关于外商投资企业必须依法委托注册会计师验资、查账的通知》，明确规定只有注册会计师才能对外商投资企业的出资和会计报表出具法定有效的验资报告书和查账报告书。

1989—1993年，银川市会计师事务所先后承接4家外商投资企业会计报表验证业务，主要客户为宁夏宏嘉房地产实业开发有限公司、宁夏聚力织带有限公司、宁夏皇宫娱乐有限公司、宁夏健利行工贸有限公司，其中宁夏宏嘉房地产实业开发有限公司为事务所承接的第一家房地产企业的会计报表检查验证业务单位。

1994年，银川市会计师事务所共出具外商投资企业会计报表查账报告书3份，比上年减少1户，减少客户为宁夏皇宫娱乐有限公司。

1995年共出具外商投资企业会计报表查账报告书4份，宁夏皇宫娱乐有限公司又成为当年发展的新客户。

1996年共出具外商投资企业会计报表查账报告书7份，比上年增加3户，新增加客户3家。

1998年共出具外商投资企业会计报表审计报告11份，当年增加客户5户，减少1户。

1999年共出具外商投资企业会计报表审计报告14份，比上年净增加3户，新增加客户3户。

2000年共出具外商投资企业会计报表审计报告17份，其中出具无保留意见报告3份，保留意见14份。当年新增客户6户，减少客户3户。全年实现收入3.3万元，占审计总收入176.29万元的1.87%，其中收费5000元的1家，收费3000元的5家，收费2000元的3家，其余都在2000元以下。从收费情况来看，这些外商投资企业的规模都很小，收费也很低；出具保留意见报告的比例比较大，为八部门联合年检外商投资企业提供了真实的财务数据，进一步规范了外商投资企业财务核算。

2001年共出具外商投资企业会计报表审计报告17份，其中出具无保留意见报告4份，保留意见13份。新增客户2户，减少客户2户。全年实现收入4.54万元，比上年增长37.58%，占审计总收入160.51万元的2.83%，其中收费5000元的增至2家，收费4000元的2家，收费3000元的4家，收费2000元的4家，其余都在2000元以下。收入增长比例高于客户数量的增长，收费情况明显好于2000年。

2002年，宁夏天华会计师事务所开拓市场，取得中外合资企业——宁夏丰源活性炭有限公司会计报表审计业务，同时还取得中外合资企业——宁夏威宁活性炭有限公司的会计报表审计业务，使外商投资企业会计报表审计业务得到进一步发展。全年共出具外商投资企业会计报表审计报告20份(其中1户企业出具报告2份)。新增客户3户，减少客户1户。全年实现收入7.23万元，比上年增长59.25%，占总收入116.88万元的6.19%，其中宁夏丰源活性炭有限公司与宁夏威宁活性炭有限公司分别收费1.5万元、1.2万元，收入增长比例提高，使外商投资企业会计报表审计收入实现了新的突破。

2003年共出具外商投资企业会计报表审计报告17份，其中出具无保留意见报告3份，保留意见13份，拒绝表示意见1份。新增客户4户，减少客户6户，皆因经营终结而减少。全年实现收入9.8万元,比上年增长35.55%,占总收入173.30万元的5.65%。宁夏丰源活性炭有限公司收费增至2.8万元,宁夏教育信息技术股份有限公司出具2份报告,1份为合并4家子公司的合并报告,收费1.2万元,为外商投资企业第一家合并会计报表审计报告。

2004年共出具外商投资企业会计报表审计报告11份,其中出具无保留意见报告1份,保留意见10份。新增客户2户,减少客户8户,其中因经营终结而减少3户,因经营不善而减少5户。全年实现收入7.42万元,比上年降低24.29%,占总收入201.53万元的3.68%,其中宁夏丰源活性炭有限公司收费增至3.1万元,宁夏太阳神大酒店有限公司收费7600元,收入降低速度仍慢于客户数量的降低速度。

2005年共出具外商投资企业会计报表审计报告13份,其中出具无保留意见报告3份,保留意见10份。新增客户3户,减少客户1户。全年实现收入9.2万元,比上年增长23.99%,占总收入387.18万元的2.38%,其中宁夏太阳神大酒店有限公司收费增至1.2万元,宁夏教育信息技术股份有限公司(合并4家子公司)收费增至1.4万元,银川洁能科技有限公司收费为6000元,收入增长比例仍高于客户数量的增长。

2006年共出具外商投资企业会计报表审计报告13份,其中出具无保留意见报告1份,保留意见12份。新增客户2户,减少客户2户。全年实现收入9.75万元,比上年增长5.98%,占总收入430.83万元的2.26%。客户数量与上年持平,但收入增长5.98%,收入增长比例仍高于客户数量的增长。

2007年共出具外商投资企业会计报表审计报告10份,其中出具无保留意见报告2份,保留意见8份。减少客户3户。全年实现收入7.8万元,比上年降低20%,占总收入627.61万元的1.24%。收入降低速度慢于客户数量降低的速度,但外商投资企业审计收入占审计总收入的比例越来越低,由2002年最高占比6.19%降至2007年的1.24%。

2008年共出具外商投资企业会计报表审计报告9份,其中出具无保留意见报告1份,保留意见8份。减少客户1户。全年实现收入7.4万元,比上年降低5.13%,占总收入702.95万元的1.05%,收入降低速度仍慢于客户数量降低的速度。

2009年共出具外商投资企业会计报表审计报告7份,其中出具无保留意见报告2份,保留意见5份。减少客户2户。全年实现收入5.5万元,比上年降低25.68%,占审计总收入980.44万元的0.56%。

2010年共出具外商投资企业会计报表审计报告3份,减少客户4户。全年实现收入3.7万元,比上年降低32.73%,占审计总收入1090.02万元的0.34%。

2011年共出具外商投资企业会计报表审计报告2份。新增客户1户,减少客户2户。全年实现收入1.9万元,比上年降低48.65%,占审计总收入1003.01万元的0.19%。

2012年共出具外商投资企业会计报表审计报告2份,与2011年持平,新增1户为达力(银川)污水处理有限公司,减少1户为宁夏白云新型铝材有限公司。实现收入4.5万元,比上年的1.9万元增加136.8%,占审计总收入1,366万元的3.29%。

1993—2012年外商投资企业会计报表审计收入统计表

表3-6

年份	报告书(份)	收入(万元)	年份	报告书(份)	收入(万元)
1993年	4		2003年	17	9.80
1994年	3		2004年	11	7.42
1995年	4		2005年	13	9.20
1996年	7		2006年	13	9.75
1997年	–		2007年	10	7.80
1998年	11		2008年	9	7.40
1999年	14		2009年	7	5.50
2000年	17	3.30	2010年	3	3.70
2001年	17	4.54	2011年	2	1.90
2002年	20	7.23	2012年	2	4.50

2000—2012年外商投资企业会计报表审计收费5000元以上的客户名表

表3-7

年份	客户名称	收费最高客户	最高收费金额(万元)
2000年	宁夏威林达家私有限公司	宁夏威林达家私有限公司	0.50
2001年	宁夏教育信息技术股份有限公司,宁夏威林达家私有限公司	宁夏教育信息技术股份有限公司、宁夏威林达家私有限公司	0.50
2002年	宁夏丰源活性炭有限公司、宁夏威宁活性炭有限公司	宁夏丰源活性炭有限公司	1.50
2003年	宁夏丰源活性炭有限公司、宁夏威宁活性炭有限公司、宁夏教育信息技术股份有限公司、宁夏金伯爵农牧产品有限公司	宁夏丰源活性炭有限公司	2.80
2004年	宁夏丰源活性炭有限公司、宁夏太阳神大酒店有限公司、宁夏教育信息技术股份公司、宁夏汇川服装有限公司	宁夏丰源活性炭有限公司	3.10
2005年	宁夏丰源活性炭有限公司、宁夏太阳神大酒店有限公司、宁夏教育信息技术股份有限公司、宁夏汇川服装有限公司	宁夏丰源活性炭有限公司	3.10
2006年	宁夏丰源活性炭有限公司、宁夏太阳神大酒店有限公司、宁夏教育信息技术股份公司、宁夏洁能新科技有限公司、宁夏汇川服装有限公司	宁夏丰源活性炭有限公司	3.10
2007年	宁夏丰源活性炭有限公司、宁夏太阳神大酒店有限公司、宁夏教育信息技术股份公司、宁夏汇川服装有限公司	宁夏丰源活性炭有限公司	3.10
2008年	宁夏丰源活性炭有限公司、宁夏太阳神大酒店有限公司、宁夏教育信息技术股份公司、宁夏汇川服装有限公司	宁夏丰源活性炭有限公司	3.10

续表3-7

年份	客户名称	收费最高客户	最高收费金额(万元)
2009年	宁夏丰源活性炭有限公司、宁夏教育信息技术股份公司、宁夏汇川服装有限公司	宁夏丰源活性炭有限公司	3.10
2010年	宁夏丰源活性炭有限公司	宁夏丰源活性炭有限公司	3.10
2011年	宁夏宇库污水处理有限公司	宁夏宇库污水处理有限公司	1.50
2012年	达力(银川)污水处理有限公司、宁夏宇库污水处理有限公司	宁夏宇库污水处理有限公司	3.00

部分年份外商投资企业会计报表审计新增部分客户名表

表3-8

年份	新增客户名称
1983—1993年	宁夏宏嘉房地产实业开发有限公司、宁夏聚力织带有限公司、宁夏皇宫娱乐有限公司、宁夏健利行工贸有限公司
1996年	宁夏大昌进口汽车修理有限公司、宁夏博士文全息技术有限公司、宁夏远通汽车运输有限公司
1998年	宁夏白云新型铝型材有限公司、宁夏威林达家私有限公司、宁夏来裕食品有限公司、宁夏华丰房地产开发公司、宁夏古宁土特产加工有限公司
1999年	宁夏金威农副产品开发公司、宁夏欣欣活力素有限公司、宁夏施尔福印刷有限公司
2000年	银川横滨碳素制品有限公司、宁夏巨龙新科技工程发展有限公司、宁夏吉利达房地产开发有限公司、宁夏现达工贸开发有限公司、宁夏银欧装饰有限公司、银川特种轴承有限公司
2001年	宁夏教育信息技术股份有限公司、宁夏杨格土特产品发展有限公司
2002年	宁夏丰源活性炭有限公司、宁夏威宁活性炭有限公司、宁夏隆兴实业有限公司
2003年	宁夏色俩目食品有限公司、宁夏金伯爵羊产业(集团)有限公司、银川金伯爵肉类联合加工有限公司、宁夏金伯爵农牧产品有限公司
2004年	宁夏太阳神大酒店有限公司、宁夏汇川服装有限公司
2005年	宁夏洁能科技有限公司、宁夏兆通阿姆斯食品公司、宁夏奥声娱乐服务公司
2006年	拉普斯置业有限公司、银川特种轴承有限公司
2011年	宁夏宇库污水处理有限公司
2012年	达力(银川)污水处理有限公司

注:2007—2010年没有新增客户

四、其他企业会计报表审计

其他企业会计报表审计是指除以上国有企业、金融保险企业与外商投资企业以外的企业,主要为私营企业(股份有限公司、有限责任公司)、集体企业等。

1993年共出具其他企业会计报表查账报告书2份,主要客户为银川金豹股份有限公司、宁夏信达科工贸有限责任公司，其中银川金豹股份有限公司是银川市第一家改制的股份制企业。

1994年共出具其他企业会计报表查账报告书8份，比1993年增加6户，增长比例为300%。新增客户主要有7家，其中中房集团银川房地产开发有限责任公司、银川鑫星集团银力水泥有限公司是银川市改制最早的企业，改制评估全部由银川市会计师事务所承担。中房集团银川房地产开发有限责任公司会计报表检查验证业务的承接，为以后承接房地产业的会计报表检查验证业务积累了经验。全年减少客户1户。

1995年共出具其他企业会计报表查账报告书11份，新增客户7户，减少客户4户。

1996年共出具其他企业会计报表审计报告11份，与1995年持平。随着国有企业改制步伐的加快，银川市属国有企业也进入改制时期，银川市会计师事务所承担的国有企业的会计报表检查验证业务客户已逐步向其他企业会计报表检查验证业务客户转移或失去。

1998年共出具其他企业会计报表审计报告19份，新增客户9家，减少客户1家。

1999年共出具其他企业会计报表审计报告46份，比1998年净增加27户，说明国有企业改制的速度越来越快，新增客户主要为国有企业改制后转入。

2000年共出具其他企业会计报表审计报告80份，比1999年净增加34户，增长73.91%。增长的原因：一是企业改制；二是私营企业增长速度也越来越快，尤其是房地产企业由于资质年检的要求，每个房地产企业都要进行会计报表审计。宁夏正业通会计师事务所开拓25家房地产企业会计报表审计业务。全年实现企业会计报表审计业务收入21.79万元，占全年实现审计业务总收入176.29万元的12.36%，平均每户收费2,724元。收费在5000元以上的客户有6户，占全部客户的7.5%，其中老客户银川第一市政工程有限责任公司收费1.2万元，为最高收费。最低收费1000元有6户。

2001年共出具其他企业会计报表查账报告书77份，全年实现其他企业会计报表审计业务收入36.17万元，占全年实现审计业务总收入160.51万元的22.53%，其他企业会计报表审计收入比上年增长65.99%，平均每户收费4697元。收费在5000元以上的客户有10户，占全部客户的12.99%，比上年增长5.49%，其中新增客户银川长城房地产有限公司(合并9家)收费9万元，成为自2000年以来收费最高的客户，也成为第一家合并的大客户。最低收费700元有1户。

2002年共出具其他企业会计报表查账报告书75份，全年实现其他企业会计报表审计业务收入31.23万元，占全年实现审计业务总收入116.88万元的26.75%，其他企业会计报表审计收入比上年下降13.66%，平均每户收费4164元。收入下降的主要原因为大客户银川长城房地产有限公司由上年合并9家公司，变更为单家审计6家公司，收费由上年的9万元降至2万元，使收费减少7万元。收费在5000元以上的客户有15户，占全部客户的20%。新客户银川广夏春之醇保健品公司收费2.2万元，为当年收费最高客户。最低收费1200元有1户。

2003年共出具其他企业会计报表查账报告书84份，比上年净增加9户。全年实现其他企业会计报表审计业务收入39.24万元，占全年实现审计业务总收入173.30万元的22.64%，其他企业会计报表审计收入比上年增长25.65%，平均每户收费4,671元。收费在5000元以上的客户有20户，占全部客户的23.8%。大客户的比例逐年上升，其中老客户宁夏银川长城房地产开发有限公司6家合并收费4万元，单家收费2万元，为当年收费最高的客户。最低收费1500元有1户。

2004年共出具其他企业会计报表查账报告书100份，比上年净增加16户。全年实现其他企业会计报表审计业务收入41.26万元，占全年实现审计业务总收入201.53万元的20.47%，其他企业会计报表审计收入比上年增长5.15%。是年，其他企业会计报表审计客户数量及收入达到历史最高水平，其他企业会计报表审计业务已基本稳定，并成为审计业务的主要业务，也是发展最快的业务。其他企业平均每户收费情况尚不稳定。2004年平均每户收费4126元,比2000年高1402元，又分别比2001年、2002年、2003年低571元、38元、545元。

2004年，收费在5000元以上的客户有19户，占全部客户的19%，比上年减少4.8%，其中老客户银川众一房地产有限公司收费3.8万元，为当年单家收费最高的客户。最低收费2000元有20户。

2005年共出具其他企业会计报表查账报告书74份，比上年净减少26户，全年实现其他企业会计报表审计业务收入37.62万元，占全年实现审计业务总收入387.18万元的9.72%，其他企业会计报表审计收入比上年降低8.82%，平均每户收费5083元。收费在5000元以上的客户有21户，占全部客户的28.37%。其中老客户宁夏银川长城房地产开发有限公司（合并9家）收费4万元，为当年合并报表审计收费最高的客户；老客户银川众一房地产有限公司收费3.8万元，为当年单家收费最高的客户。

从数据分析看出，虽然客户数量及收入都有不同程度的下降，但大客户的占比与平均每户收费均有上升，说明事务所从低端业务向中高端业务发展。最低收费1500元有1户。

2006年共出具其他企业会计报表查账报告书79份，比上年净增加5户。全年实现其他企业会计报表审计业务收入42.4万元，占全年实现审计业务总收入430.83万元的9.84%，其他企业会计报表审计收入比上年增长12.71%。平均每户收费5367元,比上年增加284元。全年收费在5000元以上的客户有25户，占全部客户的31.65%，其中老客户银川长城房地产开发有限公司（合并9家）收费4万元，为当年合并报表审计收费最高的客户；老客户银川众一房地产有限公司收费3.8万元，为当年单家收费最高的客户。最低收费1000元有3户。

2007年共出具其他企业会计报表查账报告书70份，比上年减少9户。全年实现其他企业会计报表审计业务收入46.29万元，占全年实现审计业务总收入627.61万元的7.38%，其他企业会计报表审计收入比上年增长9.17%。平均每户收费6613元,比上年增加1,246元。全年收费在5000元以上的客户有24户，占全部客户的34.29%，其中新客户宁夏天净电能集团有限公司(合并18家)收费9万元，为当年合并报表审计收费最高的客户；老客户银川众一房地产有限公司收费3.8万元，为当年单家收费最高的客户。最低收费1000元有2户。

2008年共出具其他企业会计报表查账报告书74份，比上年净增加4户。全年实现其他企业会计报表审计业务收入43.55万元，占全年实现审计业务总收入702.95万元的6.19%，其他企业会计报表审计收入比上年减少5.92%。平均每户收费5885元，比上年减少728元。收费在5,000元以上的客户有25户，占全部客户的33.78%，其中老客户银川众一房地产有限公司收费5万元，为当年单家收费最高的客户；老客户宁夏银川长城房地产开发有限公司(合并4家)收费3万元，为当年合并报表审计收费最高的客户。最低收费1,000元有1户。

2009年共出具其他企业会计报表查账报告书90份，比上年净增加16户。全年实现其他企业会计报表审计业务收入80.27万元，占全年实现审计业务总收入980.44万元的8.19%，其他企业会计报表审计收入比上年增长84.32%。平均每户收费8919元,比上年增加3034元。收费在5000元以上的客户有27户，占全部客户的30%，其中新客户宁夏瀛海集团有限公司(汇总合并6家)收费15万元，老客户银川长城房地产开发有限公司(合并4家)收费15万元，为当年合并报表审计收费最高的客户。银川众一房地产有限公司收费5万元，为当年单家收费最高的客户。最低收费1200元有1户。

2010年共出具其他企业会计报表查账报告书101份，比上年净增加11户。全年实现其他企业会计报表审计业务收入98.45万元，占全年实现审计业务总收入1090.02万元的9.03%，其他企业会计报表审计收入比上年增长22.65%。平均每户收费9748元，比上年增加829元。收费在5000元以上的客户有44户，占全部客户的43.56%，其中老客户宁夏瀛海集团有限公司(汇总合并6家)收费15万元，为当年合并报表审计收费最高的客户；新客户宁夏钢铁(集团)有限公司收费10万元，为当年单家收费最高的客户。最低收费1500元有1户。

2011年共出具其他企业会计报表查账报告书90份，比上年净减少11户。全年实现其他企业会计报表审计业务收入突破百万元，为158.15万元，占全年实现审计业务总收入1003.01万元的15.77%，其他企业会计报表审计收入比上年增长60.64%。平均每户收费17,572元,比上年增加7824元。收费在5000元以上的客户有51户，占全部客户的56.67%，其中新客户宁夏亿群矿业发展集团有限公司(合并3家)收费36万元，为当年合并报表审计收费最高的客户；新客户宁夏天净电能开发集团有限公司(合并)收费30万元；宁夏哈纳斯新能源集团天然气有限公司收费5.5万元，为当年单家收费最高的客户。

最低收费1,000元有1户。

2012年共出具其他企业会计报表审计报告95份，比2011年增加5户，增长比例为5.56%；全年实现其他企业会计报表审计业务收入189.75万元，占全年实现审计业务总收入1,366万元的13.89%；其他企业会计报表审计收入比2011年的158.15万元增长了19.98%，平均每户收费19,974元，与2011年的17,572元相比增加了2,402元。全年收费在5,000元以上的客户有58户，占全部客户的61.05%，比上年占比增加了4.38%。老客户宁夏天净电能开发集团有限公司，合并33家子公司，收费34万元，为2012年合并报表审计收费最高的客户。新客户宁夏北方置业开发有限公司收费16万元，为2012年单家收费最高的客户。最低收费1,000元有4户。

1993—2012年其他企业会计报表审计收入统计表

表3-9

年份	报告书(份)	收入(万元)	年份	报告书(份)	收入(万元)
1993年	2	—	2003年	84	39.24
1994年	8	—	2004年	100	41.26
1995年	11	—	2005年	74	37.62
1996年	11	—	2006年	79	42.40
1997年	—	—	2007年	70	46.29
1998年	19	—	2008年	74	43.55
1999年	46	—	2009年	90	80.27
2000年	80	21.79	2010年	101	98.45
2001年	77	36.17	2011年	90	158.15
2002年	75	31.23	2012年	95	189.75

2000—2012年其他企业会计报表审计业务收费情况统计表

表3-10 单位:元

年份	最高收费(含集团合并)	单户最高收费	最低收费	平均每户收费
2000年	12,000	12,000	1,000	2,724
2001年	90,000	30,000	700	4,697
2002年	22,000	22,000	1,200	4,164
2003年	40,000	20,000	1,500	4,671
2004年	38,000	38,000	2,000	4,126
2005年	40,000	38,000	1,500	5,083
2006年	40,000	38,000	1,000	5,367
2007年	90,000	38,000	1,000	6,613
2008年	50,000	50,000	1,000	5,885
2009年	150,000	50,000	1,200	8,919
2010年	150,000	100,000	1,500	9,748
2011年	360,000	55,000	1,000	17,572
2012年	340,000	160,000	1,000	19,974

2000—2012年其他企业会计报表审计收费5000元以上的部分客户名表

表3-11　　单位:万元

年份	客户名称	收费最高客户	最高收费金额
2000年	银川第一市政工程有限责任公司、中房集团银川房地产开发有限公司、宁夏永川食品有限责任公司、宁夏平罗第一房地产开发有限责任公司、宁夏华建房地产开发有限公司、银川市福生实业有限公司	银川第一市政工程有限责任公司	1.20
2001年	银川长城房地产有限公司、银川市海宝实业有限公司、宁夏美利纸业集团有限责任公司、银川第一市政有限公司、宁夏美利纸业集团有限责任公司、宁夏胶带有限公司、宁夏长庆威龙工贸有限公司、宁夏三新技术股份有限公司、银川市福生实业有限公司、银川振兴标牌厂	银川长城房地产有限公司	9.00
2002年	银川广夏春之醇保健品公司、银川众一房地产有限公司、银川长城房地产有限公司、天津大桥银川电焊条有限公司、宁夏鑫汇集团美洁纸业股份公司、银川第一市政工程有限公司、兰州铁路第二工程公司、银川北塔乳业(集团)股份公司、宁夏美利绿丰造纸林基地有限公司、宁夏贺兰联营汽车修理厂、银川特种物资供需有限公司、银川市第一建筑工程有限公司、银川饭店有限公司、银川胶带有限公司、银川市第一市政房地产有限公司	银川广夏春之醇保健品公司	2.2
2003年	银川长城房地产开发有限公司、银川众一房地产有限公司、青铜峡市丰硕化工有限责任公司、青铜峡市清真食品有限责任公司、银川第一市政工程有限公司、宁夏对外建筑总公司第六分公司、银川第一市政房地产开发有限公司、银川众一房地产公司武威分公司、银川通城置业有限公司、宁夏联谊石油开发有限公司、宁夏华联商厦、银川第一建设工程有限公司、宁夏绿苑工贸有限公司、宁夏宁化工业企业公司、宁夏广远钻井有限公司、宁夏鼎城房地产有限公司、宁夏永宁神农农业项目服务中心、银川胶带有限公司	银川长城房地产开发有限公司	4.00
2004年	银川众一房地产有限公司、银川长城房地产开发有限公司、银川第一市政工程有限公司、宁夏黄河宾馆、宁夏新禾药品连锁公司、银川市方园监理有限公司、宁夏华联商厦、银川舜琦房地产开发有限公司、银川第一建筑工程有限公司、银川通城置业有限公司、银川新城百货大楼有限责任公司、宁夏储贸物资有限公司、银川变压器有限公司、宁夏光耀实业有限公司、宁夏光耀房地产开发公司、银川市一建房地产开发公司、宁夏晶峰玻璃公司、宁夏昌飞汽车贸易公司、银川胶带有限公司	银川众一房地产有限公司	3.80
2005年	银川长城房地产开发有限公司、银川众一房地产有限公司、银川第一市政工程有限公司、宁夏飞鹭砼业有限公司、银川鼎新实业公司、银川众一福生实业、宁夏光耀实业有限公司、银川市万兴隆建筑工程有限公司、银川舜琦房地产开发有限公司、银川第一建筑工程有限公司、银川中嘉能源有限公司、宁夏光耀房地产开发公司、宁夏鑫羊装饰公司、宁夏宏义工贸有限公司、银川市规划设计院有限公司、宁夏派胜房产公司、银河仪表有限公司、银川通城置业有限公司、银川变压器有限公司、银川市一建房地产开发公司、银川胶带有限公司	银川长城房地产开发有限公司	4.00

续表3-11

年份	客户名称	收费最高客户	最高收费金额
2006年	银川长城房地产开发有限公司、银川众一房地产有限公司、宁夏西部汽车城有限公司、老客户银川第一市政工程有限公司、银川夏元农机有限公司、宁夏飞鹭砼业有限公司、宁夏紫荆花纸业有限公司、甘肃百沟煤矿有限公司、银川舜琦房地产开发有限公司、银川市房产银立物业管理有限公司、宁夏龙海信通房地产开发有限公司、银川市第一建筑工程有限公司、宁夏永宁实成房地产开发有限公司、宁夏银钢构件制造有限公司、宁夏宏基耐磨材料有限公司、银川市新牛实业有限公司、宁夏兰亭高新技术沥青有限公司、宁夏建成有限公司、银川众一物业管理有限公司、宁夏联谊石油开发有限公司、宁夏天城达汽车贸易有限公司、宁夏来福面粉有限公司、银川市规划设计院房地产公司与老客户银川胶带有限公司、银川鼎新实业公司	银川长城房地产开发有限公司	4.00
2007年	宁夏天净电能集团有限公司、银川众一房地产有限公司、宁夏银川长城房地产开发有限公司、宁夏哈纳斯天然气有限公司、银川第一市政工程有限公司、宁夏银报印务有限公司、宁夏康力贸易集团有限公司、宁夏飞鹭砼业有限公司、宁夏哈纳斯天然气执电有限公司、宁夏共享地产有限公司、宁夏龙海信通房地产开发有限公司、银川市第一建筑工程有限公司、银川市一建房地产开发公司、银川正科电子技术有限公司、银川金百禾林牧有限公司、宁夏银带橡胶有限公司、宁夏永宁实成房地产开发有限公司、银川市东部天然气有限公司、宁夏宁东能化投资有限公司、宁夏锦融投资有限公司、银川晨阳工程有限公司、宁夏投资置业有限公司、银川市规划设计院、银川通城置业有限公司	宁夏天净电能集团有限公司	9.00
2008年	银川众一房地产有限公司、银川长城房地产开发有限公司、山西龙城国际饭店、银川第一市政工程有限公司、宁夏中邮物资有限公司、银川市规划设计院、宁夏飞鹭砼业有限公司、银川市银融典当行(有限公司)、宁夏派胜房地产开发有限公司、银川高新房地产开发公司、银川市设计院有限公司房地产公司、银川市第一建筑工程有限公司、银川龙升市场开发有限公司、银川天银汽车销售服务公司、宁夏房地产开发有限公司、宁夏清河机械厂、银川晨阳工程有限公司、银川市一建房地产开发公司、宁夏银带橡胶有限公司、宁夏永宁实成房地产开发有限公司、宁夏嘉昌典当有限公司、银川市泰和典当有限公司、银川方圆监理公司、宁夏天都餐饮娱乐有限公司、宁夏江河房地产开发有限公司	银川众一房地产有限公司	5.00
2009年	宁夏瀛海集团有限公司、银川长城房地产开发有限公司、银川众一房地产有限公司、银川第一市政工程有限公司、宁夏众一发展集团有限公司、宁夏住宅建筑工程公司、老客户宁夏天都餐饮娱乐有限公司、宁夏哈纳斯天然气热电有限公司、宁夏飞鹭砼业有限公司、银川市规划设计院建筑公司、银川正科电子技术有限公司、银川高新房地产开发公司、银川市设计院有限公司、银川市设计院建筑环境装饰设计公司、宁夏乐杞生物科技发展有限公司、银川市阳源咨询监理公司、银川市第一建筑工程有限公司、银川市一建房地产开发公司、张裕(宁夏)葡萄酒有限公司,老客户银川市泰和典当有限公司、银川晨阳工程有限公司、宁夏银带橡胶有限公司、银川西夏兴业商贸有限公司、吴忠市义明黄沙窝奶牛养殖合作社、宁夏正中信会计师事务所、银川龙升市场开发有限公司	宁夏瀛海集团有限公司、银川长城房地产开发有限公司	15.00

续表3–11

年份	客户名称	收费最高客户	最高收费金额
2010年	宁夏瀛海集团有限公司、宁夏钢铁(集团)有限公司、银川长城房地产开发有限公司、银川众一房地产有限公司、银川鑫星建材有限责任公司、宁夏龙海信通房地产开发公司、宁夏哈纳斯天然气有限公司、宁夏西部热电有限公司、银川第一市政工程有限公司、宁夏神鹿机电设备有限公司、宁夏银水房地产开发公司、宁夏众一发展集团有限公司、银川鲁银投资有限公司、宁夏住宅建筑工程公司、宁夏飞鹭砼业有限公司、宁夏雪利科贸有限公司、银川市设计院有限公司、银川高新房地产开发公司与新客户宁夏嘉昌典当有限公司、宁夏瑞鑫典当有限公司、宁夏鑫磊典当有限公司、银川鸿曦房地产开发公司与老客户银川市第一建筑工程有限公司、银川龙升市场开发有限公司、银川通城置业有限公司、银川绿之友园林绿化有限公司、银川市一建房地产开发公司、张裕(宁夏)葡萄酒有限公司、宁夏汇信典当有限公司、银川宝源典当有限公司、石嘴山市宏泰典当有限公司、宁夏天帝贸易有限公司、银川市泰和典当有限公司、宁夏银带橡胶有限公司、宁夏永宁实城房地产开发公司、宁夏坤泰房地产开发有限公司、宁夏四季鲜置业有限公司、宁夏长源园林绿化工程公司、银川市银融典当行(有限公司)、宁夏长河银通典当有限公司、宁夏众成典当有限公司、宁夏光辉典当有限公司、银川方园监理咨询有限公司、宁夏九通典有限公司	宁夏瀛海集团有限公司	15.00
2011年	宁夏亿群矿业发展集团有限公司、宁夏天净电能开发集团有限公司、宁夏瀛海集团有限公司、宁夏银川长城房地产开发有限公司、宁夏哈纳斯新能源集团天然气有限公司、银川众一房地产有限公司、宁夏西部热电有限公司、宁夏四季鲜置业有限责任公司、银川第一市政工程有限公司、银川鸿曦房地产开发公司、宁夏钢铁(集团)有限公司、宁夏金太阳药业有限公司、银川市设计院有限公司、宁夏惠民小额信贷有限公司、宁夏住宅建筑工程公司、宁夏飞鹭砼业有限公司、宁夏贝隆建筑安装工程有限公司、宁夏政通酒店有限责任公司、银川市第一建筑工程有限公司、银川绿之友园林绿化有限公司、银川第一市房地产开发有限公司、张裕(宁夏)葡萄酒有限公司、银川市一建房地产开发公司、吴忠市昌盛典当有限公司、银川逐鹿工程机械有限公司、银川龙升市场开发有限公司、宁夏福祉典当有限公司、宁夏鼎银典当有限公司、宁夏隆晟典当有限公司、石嘴山市广济典当有限公司、宁夏金桥物流有限公司、宁夏鹿鸣汽车贸易有限公司、银川天和永泰典当有限公司、中卫市融通达典当有限公司、银川市光泰典当有限公司、宁夏功达建筑工程有限公司、银川通城置业有限公司、石嘴山市宏泰典当有限公司、宁夏银带橡胶有限公司、内蒙古中诺矿业有限责任公司、银川市日升昌典当有限公司、银川市通融典当有限公司、银川市百盛典当行、银川市金润典当有限公司、银川市新华典当有限公司、银川久德典当有限公司、吴忠市嘉诚典当有限公司、宁夏城乡规划设计院、东莞徐记食品有限公司银川分公司、宁夏哈纳篮球俱乐部有限公司、银川方园监理咨询有限公司	宁夏亿群矿业发展集团有限公司	36.00

续表3-11

年份	客户名称	收费最高客户	最高收费金额
2012年	宁夏天净电能开发集团有限公司、宁夏瀛海集团有限公司、宁夏哈纳斯新能源集团天然气有限公司、宁夏北方置业开发有限公司、宁夏四季鲜置业有限责任公司、宁夏钢铁(集团)有限公司、银川鸿曦房地产开发公司、宁夏西部热电有限公司、银川众一房地产有限公司、宁夏特米尔羊绒制品有限公司、银川市规划建筑设计院房地产开发有限公司、宁夏亿群矿业发展集团有限公司、银川第一市政工程有限公司、宁夏红寺堡区陈老大现代农业有限公司、银川市一建房地产开发公司、银川第一市房地产开发有限公司、石嘴山市金地焦化有限公司、宁夏住宅建筑工程公司、银川市通城置业集团房地产有限公司、银川同福餐饮服务有限公司、宁夏长源园林绿化工程有限公司、宁夏金太阳药业有限公司、宁夏长庆房地产开发有限责任公司、张裕(宁夏)葡萄酒有限公司、银川规划设计院有限公司、宁夏贝隆建筑安装工程有限公司、银川龙升市场开发有限公司、吴忠市昌盛典当有限公司、宁夏中瑞发展煤业有限公司、宁夏荣昌绒业集团有限公司、宁夏夏盛实业集团有限公司、银川逐鹿工程机械有限公司、宁夏张裕罗斯十五世酒庄有限公司、宁夏德邦生物科技有限公司、宁夏福祉典当有限公司、宁夏鼎银典当有限公司、宁夏鹿鸣汽车贸易有限公司、宁夏银带橡胶有限公司、石嘴山市宏泰典当有限公司、银川方园监理咨询有限公司、银川市泰和典当有限公司、宁夏长河银通典当有限公司、宁夏汇信典当有限公司、宁夏金源通典当有限公司、宁夏伟源典当有限公司、银川市宝源典当有限公司、银川特种轴承有限公司、宁夏城乡规划设计院、宁夏哈纳篮球俱乐部有限公司、吴忠市嘉诚典当有限公司、银川市银融典当行(有限公司)、宁夏兴浩典当有限公司、宁夏德晟典当有限公司、银川城建集团工程有限公司、银川茂盛工程咨询有限公司、银川有形建筑工程交易中心(有限公司)、宁夏住宅物业服务有限公司、宁夏天帝贸易有限公司	宁夏天净电能开发集团有限公司	34.00

1993—2012年其他企业会计报表审计新增部分客户名表

表3-12

年份	新增客户名单
1993年	银川金豹股份有限公司、宁夏信达科工贸有限责任公司
1994年	中房集团银川房地产开发有限责任公司、宁夏通惠羊绒纱有限公司、宁夏银启拉链有限公司、宁夏银泽紧固件有限公司、银川鑫星集团银力水泥有限公司、宁夏永宁居丰工贸有限公司、宁夏长城科工贸发展有限公司
1995年	宁夏银盾工贸集团公司、银川中房物资有限公司、银川中房物业管理有限责任公司、银川鑫星磨料有限责任公司、宁夏力城羊绒纺织有限公司、银川昊都酿酒公司、银川广夏昊都大酒店
1996年	银川金豹股份有限公司、银川市凤城五金交电有限责任公司、宁夏大家乐娱乐有限公司、银川花中花娱乐有限公司、银川特种物资供需有限责任公司、银川节能直埋管制作有限公司
1997年	无

续表3-12

年份	新增客户名单
1998年	银川富银活性碳公司、银川市三利酿造公司、银川凤城集团副食品批发部、凤城饮食集团公司、银川鼓楼饭店有限公司、宁夏隆湖经济建设发展公司、银川凤城饮食公司、银川阳光大厦、宁夏水利电子技术公司
1999年	银川胶带有限公司、宁夏正大印刷包装有限公司、银川乐佳清真食品工业有限公司、银川绿洲饭店(商场)有限公司、银川京津春餐业有限公司、银川市迎宾楼餐饮有限公司、银川第一市政工程有限公司、银川白云房地产开发公司、中房长城宾馆
2000年	宁夏隆湖房地产开发有限公司、宁夏嘉屋房地产有限公司、宁夏北方温和房地产开发有限公司、宁夏城乡绿地房地产综合开发公司、银川市三建房地产开发有限公司、宁夏地矿房地产开发有限公司、中卫城关镇房地产开发有限责任公司、宁夏平罗第一房地产开发有限责任公司、宁夏永川食品有限责任公司、宁夏华建房地产开发有限公司、银川市福生实业有限有限公司、宁夏乐维清真食品工业有限公司、宁夏骏威农副产品开发有限公司、宁夏西夏广告策划有限公司、银川市食品公司北门生猪加工厂、宁夏南方电梯工程公司
2001年	银川长城房地产有限公司、银川市海宝实业有限公司、宁夏美利纸业集团有限责任公司、宁夏美洁纸业股份有限公司、宁夏长庆威龙工贸有限公司、宁夏三新技术股份有限公司、银川市福生实业有限公司、银川振兴标牌厂
2002年	银川广夏春之醇保健品公司、银川众一房地产有限公司、天津大桥银川电焊条有限公司、兰州铁路第二工程公司、银川北塔乳业(集团)股份公司、宁夏美利绿丰造纸林基地有限公司、宁夏贺兰联营汽车修理厂、银川特种物资供需有限公司、银川市第一建筑工程有限公司、银川饭店有限公司、银川第一市政房地产有限公司
2003年	青铜峡市丰硕化工有限责任公司、青铜峡市清真食品有限责任公司、宁夏对外建筑总公司第六分公司、宁夏联谊石油开发有限公司、宁夏绿苑工贸有限公司、宁夏宁化工业企业公司、宁夏广远钻井有限公司、宁夏鼎城房地产有限公司、宁夏永宁神农农业项目服务中心、银川高新区维光电力设备有限公司
2004年	宁夏黄河宾馆、宁夏新禾药品连锁公司、银川市方园监理有限公司、银川舜琦房地产开发有限公司、银川市新城百货大楼有限责任公司、宁夏储贸物资有限公司、银川变压器有限公司、宁夏光耀实业有限公司、宁夏光耀房地产开发公司、银川市一建房地产开发公司、宁夏晶峰玻璃公司、宁夏昌飞汽车贸易公司
2005年	宁夏飞鹭砼业有限公司、银川鼎新实业公司、银川众一福生实业、银川市万兴隆建筑工程有限公司、银川中嘉能源有限公司、宁夏鑫羊装饰公司、宁夏宏义工贸有限公司、银川市规划设计院有限公司、宁夏派胜房产公司、银河仪表有限公司
2006年	宁夏西部汽车城有限公司、银川夏元农机有限公司、宁夏紫荆花纸业有限公司、甘肃百沟煤矿有限公司、银川市房产银立物业管理有限公司、宁夏龙海信通房地产开发有限公司、宁夏永宁实成房地产开发有限公司、宁夏银钢构件制造有限公司、宁夏宏基耐磨材料有限公司、银川市新牛实业有限公司、宁夏兰亭高新技术沥青有限公司、宁夏建成有限公司、银川众一物业管理有限公司、宁夏天城达汽车贸易有限公司、宁夏来福面粉有限公司、银川市规划设计院房地产公司、银川市博英旅游文化有限公司、银川民用设计院、永宁县安宁园林绿化有限公司

续表3-12

年份	新增客户名单
2007年	宁夏天净电能集团有限公司、宁夏哈纳斯天然气有限公司、宁夏银报印务有限公司、宁夏康力贸易集团有限公司、宁夏哈纳斯天然气执电有限公司、宁夏共享地产有限公司、银川正科电子技术有限公司、银川金百禾林牧有限公司、宁夏银带橡胶有限公司、银川市东部天然气有限公司、宁夏宁东能化投资有限公司、宁夏锦融投资有限公司、银川晨阳工程有限公司、宁夏投资置业有限公司、宁夏风鸣彩印广告有限公司、宁夏鑫茂祥力办公用品有限公司
2008年	山西龙城国际饭店、宁夏中邮物资有限公司、银川市银融典当行(有限公司)、宁夏派胜房地产开发有限公司、银川高新房地产开发公司、银川龙升市场开发有限公司、银川天银汽车销售服务公司、宁夏房地产开发有限公司、宁夏清河机械厂、宁夏嘉昌典当有限公司、银川市泰和典当有限公司、银川方圆工程监理公司、宁夏天都餐饮娱乐有限公司、宁夏江河房地产开发有限公司
2009年	宁夏瀛海集团有限公司、宁夏众一发展集团有限公司、宁夏住宅建筑工程公司、银川正科电子技术有限公司、银川市设计院建筑环境装饰设计公司、宁夏乐杞生物科技发展有限公司、银川市阳源咨询监理公司、张裕(宁夏)葡萄酒有限公司、银川西夏兴业商贸有限公司、吴忠市义明黄沙窝奶牛养殖合作社、宁夏正中信会计师事务所、宁夏国药投资发展有限公司
2010年	宁夏钢铁(集团)有限公司、银川鑫星建材有限责任公司、宁夏龙海信通房地产开发公司、宁夏西部热电有限公司、宁夏神鹿机电设备有限公司、宁夏银水房地产开发公司、银川鲁银投资有限公司、宁夏雪利科贸有限公司、宁夏嘉昌典当有限公司、宁夏瑞鑫典当有限公司、宁夏鑫磊典当有限公司、银川鸿曦房地产开发公司、银川绿之友园林绿化有限公司、宁夏汇信典当有限公司、银川宝源典当有限公司、石嘴山市宏泰典当有限公司、宁夏天帝贸易有限公司、宁夏坤泰房地产开发有限公司、宁夏四季鲜置业有限公司、宁夏长源园林绿化工程公司、银川市银融典当行(有限公司)、宁夏长河银通典当有限公司、宁夏众成典当有限公司、宁夏光辉典当有限公司、宁夏九通典有限公司
2011年	宁夏亿群矿业发展集团有限公司、宁夏天净电能开发集团有限公司、宁夏哈纳斯新能源集团天然气有限公司、宁夏金太阳药业有限公司、宁夏惠民小额信贷有限公司、宁夏贝隆建筑安装工程有限公司、宁夏政通酒店有限责任公司、吴忠市昌盛典当有限公司、银川逐鹿工程机械有限公司、宁夏福祉典当有限公司、宁夏鼎银典当有限公司、宁夏隆晟典当有限公司、石嘴山市广济典当有限公司、宁夏金桥物流有限公司、宁夏鹿鸣汽车贸易有限公司、银川天和永泰典当有限公司、中卫市融通达典当有限公司、银川市光泰典当有限公司、宁夏功达建筑工程有限公司、内蒙古中诺矿业有限责任公司、银川市日升昌典当有限公司、银川市通融典当有限公司、银川市百盛典当行、银川市金润典当有限公司、银川市新华典当有限公司、银川久德典当有限公司、吴忠市嘉诚典当有限公司、宁夏城乡规划设计院、东莞徐记食品有限公司银川分公司、宁夏哈纳篮球俱乐部有限公司
2012年	宁夏北方置业开发有限公司、宁夏特米尔羊绒制品有限公司、银川市规划建筑设计院房地产开发有限公司、宁夏红寺堡区陈老大现代农业有限公司、石嘴山市金地焦化有限公司、银川同福餐饮服务有限公司、宁夏长源园林绿化工程有限公司、宁夏长庆房地产开发有限责任公司、宁夏中瑞发展煤业有限公司、宁夏荣昌绒业集团有限公司、宁夏夏盛实业集团有限公司、宁夏张裕罗斯十五世酒庄有限公司、宁夏德邦生物科技有限公司、银川市泰和典当有限责任公司、宁夏长河银通典当有限公司、宁夏汇信典当有限公司、宁夏金源通典当有限公司、宁夏伟源典当有限公司、银川市宝源典当有限公司、银川特种轴承有限公司、银川市银融典当行(有限公司)、宁夏兴浩典当有限公司、宁夏德晟典当有限公司、银川城建集团工程有限公司、银川茂盛工程咨询有限公司、银川有形建筑工程交易中心(有限公司)、宁夏住宅物业服务有限公司、宁夏天帝贸易有限公司

1997—2012年企业财务审计业务收入汇总表

表3-13 单位:万元

年份	全年审计业务总收入	财务报表审计				专项财务审计	其他鉴证	
		国有企业	金融企业	外商投资企业	其他企业		资本验证	基本建设项目竣工决算
1997年	43.26	43.26	—	—	—	—	—	—
1998年	55.00	47.64	—	—	—	—	7.36	—
1999年	137.15	126.33	—	—	—	—	10.82	—
2000年	176.29	21.38	—	3.30	21.79	—	44.83	—
2001年	160.51	21.20	—	4.54	36.17	—	43.97	—
2002年	116.88	12.98	—	7.23	31.23	—	22.33	8.53
2003年	173.30	19.00	—	9.80	39.24	4.50	41.98	2.50
2004年	201.53	12.05	39.70	7.42	41.26	0.50	15.13	7.10
2005年	387.18	15.10	41.20	9.20	37.62	12.90	17.66	3.00
2006年	430.83	28.75	44.00	9.75	42.40	16.75	14.56	88.04
2007年	627.61	65.48	52.00	7.80	46.29	21.00	24.90	9.60
2008年	702.95	68.55	57.00	7.40	43.55	502.37	21.02	3.06
2009年	980.44	74.30	21.00	5.50	80.27	673.11	42.68	83.58
2010年	1090.02	73.90	25.65	3.70	98.45	849.26	29.34	9.72
2011年	1003.01	135.00	33.90	1.90	158.15	572.81	57.30	43.95
2012年	1366	71.25	60.60	4.5	189.75	—	—	—

第二节　专项财务审计

本节记述的专项财务审计专指企业破产清算审计。

改革开放前,企业破产清算被严格禁止,没有破产清算审计业务。

1985年,沈阳市实施《关于城市集体所有制工业企业破产清算倒闭处理试行规定》,拉开了新中国企业破产清算的序幕。1988年11月1日,《中华人民共和国企业破产法(试行)》正式生效。1994年,《中华人民共和国注册会计法》实施,由此确立了破产清算审计的法律依据。

1989年,银川市会计师事务所成立后,即探索企业破产清算审计业务。截至2002年,宁夏天华会计师事务所接受相关清算组的委托,共对12家企业进行破产清算审计,主要客户有宁夏第一塑料厂及其两家子公司、银川酱制品二厂、中卫县化工总厂、宁夏青铜峡市飞达农贸集团公司、青铜峡市交通服务总公司、宁夏鑫汇集团美洁银川纸业公司、宁夏天元化学有限责任公司。审计收费共计16.55万元。通过审计,客观、公正地反映了破产清算企业的资产状况,不同程度地维护了债权人、债务人和相关第三人的利益。审计工作的结果，为清算组分配破产清算财产提供了基本依据，为各级人民法院顺利审结企业破产清算案件奠定良好基础。

2003年，审计专家李杰提出破产清算企业审计的风险贯穿于接受委托到编制审计报告的各个环节理论观点。其中，接受委托时的风险控制包括企业的破产清算原因、是否存在属于会计师事务所应回避情况、是否有胜任的专业队伍、签订业务约定书等；审计实施阶段的风险控制包括将审计项目的目标贯彻到每一个审计小组成员、编制周密的审计方案、严格遵守审计底稿“三级复核”制度等；编制审计报告时的风险控制包括详细说明注册会计师由于受审计范围、审计程序限制未能审查清楚的问题、未决诉讼事项及财产抵押等事项的说明、其他需要说明的事项等。宁夏天华会计师事务所将上述观点与《中国注册会计师独立审计准则》的相关规定相结合，完善了破产清算审计程序，规范了破产清算审计工作，为以后的破产清算审计提供了技术支撑。2003年共出具破产清算审计报告2份，客户为吴忠市塑料制品工业股份公司、青铜峡市丰硕化工有限公司。审计收费共计4.5万元。

2004年出具报告2份，客户为吴忠市红果清真食品有限公司、吴忠市红果清真食品有限公司。审计收费共计0.5万元。

2005年，宁夏天华会计师事务所对吴忠市金塔机电工会有限公司、银川变电器有限公司、宁夏兴庆机器厂进行破产清算审计，并出具破产审计报告3份，审计收费共计12.9万元。

2006年8月27日，新《企业破产法》颁布，破产清算审计的风险控制成为新的热点问题。宁夏天华会计师事务所结合《中国注册会计师执业准则》的变化，并以风险导向审计为准绳，制定各个行业的审计工作底稿模板，调整审计思路，按照新模板根据新准则开展年度的破产审计工作。全年对宁夏机械设备进出口公司、宁夏电机有限公司进行破产清算审计，并出具破产审计报告2份，审计收费16.75万元。

2007年出具报告4份，客户为宁夏银川拖拉机厂、宁夏益本集团公司、吴忠市瑞特纸业有限公司，审计收费共21万元。

2008年以后无企业破产清算审计业务。

1989—2007企业破产清算审计业务统计表

表3-14

年份	审计报告(份)	审计单位(个)	业务收入(万元)	年份	审计报告(份)	审计单位(个)	业务收入(万元)
1989—2002年	12	12	16.55	2005年	3	3	12.90
2003年	2	2	4.50	2006年	2	2	16.75
2004年	2	2	0.50	2007年	4	3	21.00

第三节　其他鉴证业务

一、资本验证

（一）验资依据　验资制度最初适用于外商投资企业。1983年9月20日，国务院发布《中华人民共和国中外合资经营企业法实施条例》，规定合营各方缴付出资额后，应由中国注册的会计师验证，出具验资报告后，由合营企业据以发给出资证明书。1988年2月，财政部印发《关于外商投资企业必须依法委托注册会计师验资、查账的通知》，规定凡已批准设立的外商投资企业，于按合同规定收到资本后，必须委托注册会计师进行验证，并出具验资报告书。非经注册会计师验证的出资文件，不得作为出资的合法依据。

1991年8月，财政部首次颁布《注册会计师验资规则（试行）》，规定对各类企业所有者权益及相关的资产、负债的真实性和合法性的检查验证，包括对各类企业成立时的验资和开始经营后的定期和不定期验资。《注册会计师验资规则（试行）》印发后，银川市会计师事务所从业人员严格按照规则和制度规定执行验资业务。

1993年12月，《中华人民共和国公司法》颁布，自1994年7月1日起施行。该法为新中国颁布的首次适合公司制企业的法规，其中注册资本最低限额规定为有限责任公司以生产经营为主的公司人民币50万元；以商品批发为主的公司人民币50万元；以商业零售为主的公司人民币30万元；科技开发、咨询、服务性公司人民币10万元。股份有限公司注册资本的最低限额为人民币1000万元。股东可以用货币出资，也可以用实物、工业产权、非专利技术、土地使用权作价出资。以工业产权、非专利技术作价出资的金额不得超过有限责任公司注册资本的20%。是年，银川市会计师事务所根据《中华人民共和国公司法》和《注册会计师验资规则（试行）》的相关规定，执行验资业务。自此，验资业务又扩大到所有的公司制企业。以后，验资制度又延伸到事业单位、社会团体等非盈利性单位。

1996年1月，财政部颁布《独立审计实务公告第1号——验资》，对验资范围、出资方式、验资方法等方面做出了相应的规定。同时，中国注册会计师协会印发《中国注册会计师执业规范手册》，对实务公告提供了可操作的指导意见，规范了注册会计师执行验资业务程序。

2001年1月，财政部对1996年颁布的《独立审计实务公告第1号——验资》进行修订并颁布。此次修订，明确了验资的类型，将其分为设立验资和变更验资；修改审验方法，将出资方式中的工业产权变更为知识产权；明确产权变更事项，对于国家规定应当在一定期限内办理财产权转移手续，但在验资时尚未办妥的，注册会计师应当获取被审验单位与其出资者签署的在规定期限内办妥财产权转移手续的承诺函，并在验资报告的说明段中予以反映。

2005年10月，第十届全国人民代表大会常务委员会第十八次会议修订通过了《中华人民共和国公司法》，自2006年1月1日起全面施行。本次修订涉及公司设立及对注册资本要求变化如下：对有限责任公司，其注册资本规定的最低限额为人民币3万元；首次出资额不得低于注册资本的20%，也不得低于法定的注册资本最低限额；股东可以用货币出资，也可以用实物、知识产权、土地使用权等可以用货币估价并可以依法转让的非货币财产作价出资，但全体股东的货币出资金额不得低于有限责任公司注册资本的30%。对股份有限公司，规定注册资本最低限额500万元，公司全体发起人的首次出资额不得低于注册资本的20%，其余部分由发起人自成立之日起两年内缴足。允许成立一人有限责任公司，一人有限责任公司的注册资本最低限额为人民币10万元，且一次足额缴纳。公司法的修订，放宽了成立公司的准入条件，有利于各地民间资本进入市场，鼓励投资创业，促进经济发展和扩大就业。

2006年2月，财政部印发中国注册会计师协会拟定的《中国注册会计师执业准则》，并于2007年1月1日起施行。其中《中国注册会计师审计准则第1602号——验资》较2001年《独立审计实务公告第1号——验资》，在结构和内容上有了很大变动，对注册会计师执行验资业务也产生了影响，其中规定对于出资者以实物、知识产权和土地使用权等非货币财产作价出资的，注册会计师应当在出资者依法办理财产权转移手续后予以审验。此条规定更加严谨了实物资产出资的产权转移手续，更大程度地保护了债权人和其他出资人的权益。

（二）验资业务　1989年，银川市会计师事务所成立初，验资成为承接的主要业务之一。全年共出具验资报告125份，客户主要有银川第一市政工程公司，银川市第一、二、三建筑工程公司，银川市自来水公司，银川市公共交通公司，银川市信托投资公司，银川市证券公司，银川市燃料公司，银川市规划建筑设计院工程咨询公司，宁夏回族自治区电影公司银川分公司等125家。

1990年共出具验资报告277份，比上年增加152户。

1991年共出具验资报告125份，比上年减少152户。

1992年共出具验资报告140份，比上年增加15户。

1993年共出具验资报告163份，比上年增加23户。

1994年共出具验资报告72份，比上年减少91户。

1995年共出具验资报告162份，比上年增加90户。

1996年根据《独立审计实务公告第1号——验资》和《中国注册会计师执业规范手册》，修订验资程序及验资报告模板。全面实行验资相关新规定，全年共出具验资报告

152份,比上年减少10户。

1998年共出具验资报告257份,比上年增加105户。全年实现验资收入73,610元,占审计总收入的13.45%。

1999年共出具验资报告170份,比上年减少87户。其中,设立验资159户,变更验资11户。全年实现验资收入108,150元,占审计总收入的7.9%,比上年验资收入增加46.92%。

2000年共出具验资报告380份,比上年增加210户。其中,设立验资350户,变更验资30户。全年实现验资收入448,330元,占审计总收入的26.08%。

2001年共出具验资报告295份,比上年减少85户。其中,设立验资232户,变更验资63户。全年实现验资收入439,727元,占审计总收入的27.57%。

2002年共出具验资报告149份,比上年减少146户。其中,设立验资125户,变更验资24户。全年实现验资收入223,260元,占审计总收入的19.35%。

2003年共出具验资报告259份,比上年增加110户。其中,设立验资225户,变更验资34户。全年实现验资收入419,775元,占审计总收入的24.64%。

自2003年起,宁夏地区各事务所兴起,多数客户首选收费较低的事务所。宁夏天华会计师事务所严把验资条件,严格执行收费标准,不承接不符合相关法规和制度规定的客户,由此验资收入遂呈不稳定态势。

2004年共出具验资报告181份,比上年减少78户。其中,设立验资154户,变更验资27户。全年实现验资收入151,270元,占审计总收入的7.64%。

2005年共出具验资报告139份,比上年减少42户。其中,设立验资102户,变更验资37户。全年实现验资收入176,450元,占审计总收入的4.57%。

2006年共出具验资报告153份,比上年增加14户。其中,设立验资101户,变更验资52户。全年实现验资收入145,550元,占审计总收入的3.38%。

因受"出资者依法办理财产权转移手续后予以审验"规定的影响,以后各年98%的客户出资方式为货币。2007年共出具验资报告164份,比上年增加11户。其中,设立验资112户,变更验资52户。全年实现验资收入248,950元,占审计总收入的3.97%。

2008年共出具验资报告130份,比上年减少34户。其中,设立验资99户,变更验资31户。全年实现验资收入210,150元,占审计总收入的2.99%。

2009年共出具验资报告174份,比上年增加44户。其中,设立验资128户,变更验资46户。全年实现验资收入426,800元,占审计总收入的4.53%。

2010年共出具验资报告167份,比上年减少7户。其中,设立验资117户,变更验资50户。全年实现验资收入293,400元,占审计总收入的2.85%,比上年验资收入减少31.25%。

2011年共出具验资报告147份，比上年减少20户。其中，设立验资106户，变更验资41户。全年实现验资收入突破50万元，为573,000元，占审计总收入的6.04%。

2012年共出具验资报告146份，比上年减少1户。其中：设立验资93户，变更验资53户。全年验资收入达到所成立以来的最高点，实现收入657,850元，占审计总收入的9.73%。

1989—2012年企业验资业务统计表

表3-15

年份	验资报告(份)	客户(个)	收入(元)	年份	验资报告(份)	客户(个)	收入(元)
1989年	125	125	—	2001年	295	295	439,727
1990年	277	277	—	2002年	149	149	223,260
1991年	125	125	—	2003年	259	259	419,775
1992年	140	140	—	2004年	181	181	151,270
1993年	163	163	—	2005年	139	139	176,450
1994年	72	72	—	2006年	153	153	145,550
1995年	162	162	—	2007年	164	164	248,950
1996年	152	152	—	2008年	130	130	210,150
1997年	—	—	—	2009年	174	174	426,800
1998年	257	257	73610	2010年	167	167	293,400
1999年	170	170	108150	2011年	147	147	573,000
2000年	380	380	448330	2012年	146	146	657,850

历年承接资本验证业务主要客户名表

表3-16

年份	客户名称
1989年	银川第一市政工程公司、银川市第一、二、三建筑工程公司、银川市自来水公司、银川市公共交通公司、银川市信托投资公司、银川市证券公司、银川市燃料公司、银川市规划建筑设计院工程咨询公司、宁夏回族自治区电影公司银川分公司
1990年	银川同福居大酒店、银川五金交电大楼、银川市水泥厂、宁夏电力设计院、银川百货大楼、银川东方红影剧院、银川鼓楼饭店、银川食品公司、银川造纸厂、银川饭店、银川新华书店、银川绿洲饭店、银川市第五建筑工程公司、银川供电局、银川市路灯管理处
1991年	银川市广播电视服务部、银川市规划建筑设计院、武警宁夏总队预制构件厂、自治区城乡建设厅劳动服务公司、宁夏大学劳动服务公司、宁夏电力设计院职工技术协会、银川供电局职工技术协会服务部
1992年	宁夏宁信贸易公司、宁达高新技术开发总公司、宁夏黄河商场、宁夏农林科学院科技开发部、银川市教育开发中心、自治区环保局劳动服务公司、银川市凤城五金交电大楼、中央人民广播电视台宁夏办事处经理部、西北第二民族学院服务公司、银川市建筑工程质量咨询部、银川市蔬菜果品公司、银川市总工会工贸公司
1993年	银川市特种石油产品供应站、银川百货大楼、银川西北机电设备公司、银川市自来水公司物资供销公司、宁夏英宝实业有限公司、宁夏公路工贸实业开发公司、银川市第三建筑工程公司、宁夏进出口联合开发公司、武警宁夏总队物资运销站、银川东来顺清真饭店、银川市郊区建设开发公司、银川物资集团公司、银川园林实业公司、银川新华购物中心

续表3-16

年份	客户名称
1994年	宁夏宏嘉房地产实业开发公司、银川西夏宾馆、银川市建筑材料总公司、宁夏军区教导大队矿产开发公司、宁夏西部对外经贸公司、宁夏金泰实业有限公司、银川市民用建筑设计研究院、银川市电信信息服务中心、中房集团银川房地产开发公司、银川市物业管理公司
1995年	银川市新华购物中心、银川益民化工厂、银川物资集团公司贸易部、兰州军区银川房管处物资公司、银川市郊区二建公司、银川康二歌舞厅、银川自来水设备公司、上海三菱电梯宁夏服务中心、自治区地矿局服务中心物资经营部、银川燃料总公司供热公司、银川市住宅建设公司
1996年	宁夏经贸公司、银川市制钉厂、宁夏物资集团有限公司、银川昊王宾馆、银川新华购物中心、银川鼓楼美食娱乐宫、宁夏海航实业有限公司
1997年	无
1998年	银川市民用建筑设计院、宁夏隆湖经济建设发展公司、银川供电局调度电网公司、银川市花花公子专卖店、银川城乡建设实业公司、宁夏隆湖房地产、吴忠市欣欣清真食品公司、银川中房集团公司、银川中房物业公司
1999年	宁夏地矿房地产开发公司、银川市物业管理公司、银川第一市政有限公司、建发集团物业管理公司、宁夏银川特种石油有限公司、德力西集团公司、银川市信用担保中心、宁夏富兴房地产开发公司、银川市癫痫病防治协会、银川市中医药协会、银川市科技协会、银川房地产交易中心
2000年	宁夏哈轴销售处、宁夏广夏制药厂、宁夏贺兰星河房地产开发公司、宁夏圣雪绒农业科技有限公司、宁夏启元生物科技有限公司、银川房地产综合开发公司、银川市住宅建设公司、银川第一市政房地产开发公司
2001年	银川白云房地产开发公司、宁夏教育信息技术股份公司、宁夏大学科技开发公司、宁夏三新大元锅炉制造公司、银川市足球协会、银川市建一房地产开发公司、银川长城房地产开发公司、宁夏长庆房地产开发公司、银川众一热力有限公司
2002年	银川公交旅游有限公司、银川市一建工程有限公司、银川饭店有限责任公司、银川水司工程安装处、宁夏三新热超导技术公司、宁夏贺兰磷肥有限公司、银川众一房地产开发公司、宁夏基础工程公司
2003年	银川新牛实业有限公司、银川晨阳工程有限公司、宁夏建筑工程有限公司、宁夏建筑工程有限公司、银川市盐业公司、银川市商业银行、宁夏中国旅行社有限公司
2004年	宁夏九三零种鸡有限公司、宁夏宁宏基耐磨材料有限公司、宁夏贺兰县建筑工程公司、银川第二市政工程有限公司、宁夏新禾医药有限公司、宁夏银带橡胶有限公司
2005年	石嘴山市城市信用社、宁夏银带橡胶有限公司、银川市商业银行、银川长城建筑工程有限公司、银川市农村信用合作联社、平罗农村信用合作社、大武口农村信用合作社、永宁农村信用合作社、银川博文小学
2006年	银川市房地产担保置换有限公司、宁夏丰源活性炭有限公司、宁夏玉泉营葡萄苗木有限公司、银川市产权交易中心、宁夏海基雅医院有限公司、吴忠市自来水公司、宁夏电力建设工程公司、灵武国家粮食储备库、中冶美利纸业集团有限公司

续表3-16

年份	客户名称
2007年	银川伊斯兰国际经济友好促进会、银川市商业银行股份有限公司、宁夏永宁双龙彩板制品有限公司、贺兰县国有资产经营有限公司、宁夏宁东水务有限公司、宁夏汇川服装有限公司、宁夏住宅建设发展(集团)有限公司、吴忠自来水有限公司、宁夏回族自治区烟草公司固原市分公司、灵武市国有资产经营有限公司、石嘴山市城市信用社、中国烟草总公司宁夏回族自治区公司、宁夏盐池紫荆花药业有限公司
2008年	银川市保安服务有限公司、宁夏塞上文化城有限公司、上海绿地集团宁夏置业有限公司、银川方圆监理有限公司、宁夏医学院口腔系口腔门诊部、石嘴山城市信用社、宁夏众一发展公司、宁夏住宅建设工程有限公司
2009年	宁夏农垦西湖(农场)有限公司、宁夏国大药品有限公司、宁夏瀛海集团实业有限公司、上海绿地集团银川置业有限公司、宁夏长城集团房地产开发有限公司、吴忠市第一供热有限责任公司、宁夏阋海农业发展有限公司、宁夏担保集团有限公司、银川市自来水总公司
2010年	石嘴山银行股份有限公司、银川鸿曦房地产开发公司、宁夏担保集团有限公司、宁夏太阳山能源开发有限公司、宁夏长城水务有限公司、宁夏均旺食品有限公司、宁夏丰源活性炭有限公司
2011年	银川伊斯兰国际经济友好促进会、宁夏银行股份有限公司、宁夏永宁双龙彩板制品有限公司、贺兰县国有资产经营有限公司、宁夏宁东水务有限公司、宁夏汇川服装有限公司、宁夏住宅建设发展(集团)有限公司、吴忠自来水有限公司、宁夏回族自治区烟草公司固原市分公司、灵武市国有资产经营有限公司、石嘴山银行、中国烟草总公司宁夏区公司、宁夏盐池紫荆花药业有限公司
2012年	宁夏麦尔乐食品股份有限公司、银川市城建集团有限公司、银川城建集团工程有限公司、银川众一集团热力有限公司、达力(银川)污水处理有限公司、银川众一集团房地产开发有限公司、宁夏天净新能源开发建设有限公司、宁夏九三零种鸡有限公司、中电投宁夏能源铝业吴忠新能源有限公司、宁夏六盘山铁路有限公司、宁夏电力集团资产投资有限公司、银川兵沟黄河大桥投资管理有限公司、银川万达投资置业有限公司、石嘴山市商业银行爱心基金会、银川自来水公司灵武分公司、石嘴山市大武口区农村信用合作联社、银川滨河新区投资发展(集团)有限公司、宁夏哈纳斯新能源集团控股有限公司

二、基本建设项目财务竣工决算审计

(一)基本建设项目会计核算和审计依据 基本建设项目竣工财务决算是工程竣工验收的重要组成部分,是正确确定新增交付使用固定资产价值的主要依据,是综合反映竣工建设项目或单项工程的建设成果和财务情况的总结性文件,是办理固定资产交付手续的依据。

1986年,财政部印发《国营建设单位会计制度——会计科目和会计表》,自1987年1月1日起施行。以后,随着投资体制、财税体制和财务制度的变化,对这项制度作了多次修改和补充。1995年,财政部对建设单位会计制度作了统一的修改和补充,制定《国有建设单位会计制度》,规范了中华人民共和国境内实行独立核算的国有建设单位的会计核算。同年4月28日，中国注册审计师协会发布《注册审计师基本建设施工预决(结)算审计验证规则(试行)》，为注册审计师对基本建设施工预决(结)算审计验证规范化、制度化提供了保障。1996年，为了规范注册会计师的执业行为，中国注册会计师协会又颁布了《基本建设施工预决(结)算审计验证规则(试行)》。是年12月，国家审计署发布了国家建设项目竣工决算审计实施办法，以规范国家建设项目竣工决算的审计监督。

随着企业财务会计"两则""两制"的实行，企业在基本建设投资中的财务管理自主权的落实，一些条件成熟的单位实现了基本建设财务会计与企业财务会计接轨。但在稳妥推进基建财务与企业财务接轨的过程中，基本建设财务管理面临一些急需解决的问题。1998年2月，财政部针对基本建设财务中反映出的主要问题，制定了《基本建设财务管理若干规定》。同年6月，财政部对现行的《国有建设单位会计制度》和分行业的企业会计制度中，有关基本建设业务的会计处理作了补充规定，制定了《国有建设单位会计制度补充规定》和《企业基建业务有关会计处理办法》，进一步加强和规范了基本建设项目的会计核算。

1999年，为了进一步提高基本建设工程预算、结算、决算、编报与审核质量，发挥社会中介机构在投资监督体系中的作用，根据《中华人民共和国注册会计师法》和《国务院关于整顿会计工作秩序进一步提高会计工作质量的通知》(国发〔1996〕16号)等规定，财政部制定了《会计师事务所从事基本建设工程预算结算决算审核暂行办法》，同时废止了1996年颁布的《基本建设施工预决(结)算审计验证规则(试行)》。

2002年，为了适应社会主义市场经济体制和投融资体制改革的需要，规范基本建设投资行为，加强基本建设财务管理和监督，提高投资效益，财政部颁布了《基本建设财务管理规定》。

(二)重点审计内容

主要包括以下5个方面。

1.审查竣工决算的编制。决算编制有无专门组织，各项清理工作是否全面、彻底，编制依据是否符合国家有关规定，资料是否齐全，手续是否完备，对遗留问题处理是否合规；审查决算报表的真实性、完整性、合法性，审查的主要内容包括竣工工程概况表、竣工财务决算表、交付使用资产总表、交付使用资产明细表的真实和合法情况以及竣工决算说明书的准确与真实情况。

2.审查项目建设及概算执行情况。审查项目建设是否按批准的初步设计执行，各单位工程建设是否严格按批准的概算内容执行，有无概算外项目和提高建设标准，扩大建设规模的问题;有无重大质量事故和经济损失。

3.审查交付使用资产和在建工程。审查交付使用资产是否真实、完整，是否符合交付条件，移交手续是否齐全、合规；成本核算是否正确，有无挤占成本，提高造价，转移投资的问题；核实在建工程投资完成额，查明未能全部建成、及时交付使用的原因。

4.审查转出投资、应核销投资及应核销其他支出。审查其列支依据是否充分，手续是否完备，内容是否真实，核销是否合规，有无虚列投资的问题。

5.审查资金结余和盘点。核实结余资金，重点是库存物资，防止隐瞒、转移、挪用或压低库存物资单价，虚列往来欠款，隐匿结余资金的现象；查明器材积压、债权债务未能及时清理的原因，提示建设管理中存在的问题。重点搞好实地抽查盘点，主要抽查盘点项目：⑴基础资料不全的项目（如未提供概预算资料、未提供结算报告、决算报表与财务账面差异较大且无合理解释及未提供相应依据的）；⑵单项投资金额占总投资额比例较大的项目；⑶结算金额超概预算较大，且无合理解释及未提供相应依据的；⑷其他随机抽查项目。对上述盘点项目如实记录，并形成相应工作底稿。

（三）审计客户及收费2002年，宁夏天华会计师事务所首次接受委托，对中国工商银行宁夏7家支行的办公楼及装修工程和宁夏美利纸业股份有限公司的基建项目进行竣工决算审计，审计收费共计85,290元。

2003年接受自治区农牧厅项目办公室委托，对自治区农牧厅负责组织建设的基本建设项目进行竣工决算审计，审计收费2.5万元。

2004年接受委托，对自治区农业厅项目办、银川市市政综合公司、银川污水处理有限公司、贺兰县第二水厂筹建项目负责组织建设的基建项目进行竣工决算审计，审计收费共计7.1万元。

2005年接受委托，对吴忠市自来水公司负责组织建设的基本建设项目进行竣工决算审计，并按照新的工作底稿模板出具审核报告，审计收费共计3万元。

2006年，宁夏天华会计师事务所按照财政部颁布的《中国注册会计师执业准则》，制定各个行业审计工作底稿，统一审核报告格式及执行的审计程序，全年接受委托，对吴忠市自来水公司负责组织建设的住宅工程、二水厂工程、管网改造工程，银川市商业银行股份有限公司负责组织建设的住宅楼工程，中国联通有限公司宁夏分公司负责购建的设备及安装工程，吴忠市供热公司负责组织建设的水厂工程，联通新时空移动通信有限公司负责组织建设的设备及安装工程进行竣工决算审计，审计收费共计88.04万元，占审计总收入的20.45%。

2007年接受委托，对石嘴山市城市信用社负责组织建设的办公楼工程、宁夏清河机械厂负责组织建设的国防和住宅工程以及宁夏汇川服装公司负责组织建设的装修工程进行竣工决算审计并出具了审核报告，审计收费共计9.6万元。

2008年接受委托，对银川客货运输调度中心（交通运输管理处）负责组织建设的调度中心大楼工程，中国银行股份有限公司宁夏分行负责组织建设的中国银行宁夏分行行政中心分理处、东城支行、燕鸽湖支行、新城支行、东城支行营业部、玉皇阁北街支行、青铜峡理财中心的装修弱电工程进行竣工决算审计并出具审核报告，审计收费共计3.06万元。

2009年接受银川市财政局委托，对银川市代建办、银川市城市建设投资控股有限公司、银川市中山公园、宁夏宏友项目管理有限公司、银川市市政建设综合开发公司、银川建瓴建设工程咨询公司、银川绿化一处、银川绿化二处、银川市园林规划设计院、银川市城市苗圃、银川市唐徕公园、银川市城市管理局12家国有企业负责组织建设的市政道路、房屋等81个基本建设项目进行竣工财务决算审计。通过对上述项目的决算审计，向银川市财政局及项目建设单位及时汇报发现的问题，并在报告中提出5个方面的合理化建议。

是年，接受委托对中国银行宁夏分行负责组织建设的装修工程、宁夏银行负责组织建设的办公楼工程及宁夏宁东水务有限公司负责组织的项目工程进行竣工决算审计。全年共计收费83.58万元，占审计总收入的8.8%。

2010年共出具基本建设项目竣工决算审核报告3份，审计收费9.72万元。主要客户为吴忠市自来水公司、宁夏回族自治区机关事务管理局及吴忠烟草公司（盐池分公司）。其中，接受宁夏回族自治区机关事务管理局委托，对宁夏政兴房地产开发建设有限公司和宁夏政通酒店有限责任公司负责组织建设的宁夏回族自治区信访综合楼工程进行决算审计，信访综合楼工程建设由自治区机关事务局所属宁夏政兴房地产开发建设有限公司承担，财务核算由宁夏政通酒店有限责任公司负责，宁夏政通酒店有限责任公司未对该项目单独设置账册，将其纳入本公司的在建工程一并核算。由于剥离的难度和工作量较大，审计小组对在建工程中核算的每一笔交易都进行核实查阅，将属于信访综合楼工程的成本进行归集，并依据《国有建设单位会计制度》及《基本建设财务制度》的规定指导政通酒店对财务报表进行转换。通过审计，真实合理地反映了信访综合楼工程的成本及资金来源，并针对发现的问题提出了合理化建议，进一步加强了自治区机关事务管理局的管理和规范了宁夏政通酒店有限责任公司的财务核算。

2011年接受委托，对宁夏医科大学负责组织建设的新校区工程、湖南中国烟草工业有限责任公司吴忠卷烟厂负责组织建设的吴忠卷烟厂技术改造工程、吴忠市交通运输局负责组织建设的6条交通道路工程、吴忠市公安局交警支队负责组织建设的车管业务综合大厅、宁夏回族自治区固海扬水管理处负责组织建设的基建项目、固原试验区健民特种垃圾处理有限公司负责组织建设的垃圾处理站、宁夏回族自治区信访局负责组织建设的信访系统工程、吴忠市污水处理公司第二污水处理厂负责组织建设的厂区工程、宁夏万亩生态园建设发展有限公司负责组织建设的项目等9家客户14个项目进行审计，审计收费共计43.95万元。

2012年接受委托，对宁夏英力特特种树脂有限公司负责组织建设的年产4万吨糊状PVC树脂改造工程项目、宁夏回族自治区固海扬水管理处负责组织建设的生产调度中心项目、吴忠市国土资源局组织建设的吴忠市牛首山东麓砂石矿区地质环境治理二期项目、吴忠市利通区水务局负责组织建设的吴忠市利通区金积镇“回乐人家”农民新居自来水入户、吴忠市利通区金银滩镇灵白村农村自来水入户等8个工程项目、吴忠市土地储备中心负责组织建设的吴忠市左营村开元小区农民安置楼二期项目、吴忠市利通区上桥镇人民政府负责组织建设的中华清真美食街改建项目等9家客户17个项目进行了基本建设财务竣工决算审计，审计收费共计243,803元。

基本建设项目竣工决算审计业务情况表

表3-17

年份	报告书(份)	收入(元)	年份	报告书(份)	收入(元)
2002年	7	85,290	2008年	8	30,600
2003年	1	25,000	2009年	81	835,800
2004年	4	71,000	2010年	3	97,200
2005年	1	30,000	2011年	14	439,500
2006年	7	880,400	2012年	17	243,803
2007年	3	96,000			

第四节　清产核资审计

清产核资审计是对企业清产核资的结果，在实施必要的审计程序，以取得充分、适当审计证据的基础上出具报告的一种专门的审计活动。清产核资审计的要求是全面核实企业资产、负债、权益的存在性、权利和义务、完整性、计价和分摊及分类，最终使会计报表反映的资产、负债、权益都是存在的，且是企业的权利或义务，并进行了准确的计价和分摊，其分类也是准确适当的。

清产核资分为国有企业、行政事业单位的清产核资和一般企业的清产核资。国有企业、行政事单位的清产核资不同于一般企业，是指国有资产监督管理机构根据国家专项工作要求或者企业特定经济行为需要，按照规定的工作程序、方法和政策，组织企业进行账务清理、财产清查，并依法认定企业的各项资产损溢，从而真实反映企业的资产价值和重新核定企业国有资本金的活动。

1989—1999年共发生清产核资业务3笔，该期间的业务受国家经济环境的影响，特点是清产核资业务少，规模较小。

2001年发生清产核资业务1笔，审计收费5万元。即对石嘴山市城市信用社、石嘴山市兴业城市信用社、平罗县城市信用社三家联合重组进行资产清查。

2002年发生清产核资业务1笔，审计收费1.4万元。即受宁夏烟草公司委托，对其下属三产6家企业进行清产核资。即中宁县烟草公司劳动服务中心、中宁县烟草公司服务分公司、固原地区烟草专卖局服务公司、泾源县烟草有限责任公司、石嘴山市烟草专卖局服务公司、海原县烟草有限责任公司。

2003年共发生清产核资业务2笔,审计收费5.3万元。即受宁夏宇化工业总公司委托,对本部及控股5家子公司进行清产核资。4家子公司为宁夏化工厂宁化恒益化工有限责任公司、宁夏化工厂宁化恒宇置业有限责任公司、宁化三和商贸公司、宁夏宇化商贸运输公司,共计收费3.5万元。由银川咪咪洗涤用品有限公司委托对其进行资产清查,收费1.8万元。

2004年共发生清产核资业务2笔,收费2.7万元。其中,对宁夏监狱管理局进行清产核资,审计收费2.4万元;对莱州恒通船舶有限公司进行清产核资,审计收费4,000元。

2005年4月22日,自治区国有资产监督管理委员会下发《关于开展清产核资的通知》,要求全面摸清企业"家底",真实、完整反映企业资产状况、财务状况和经营成果,规范企业会计核算和财务报告制度,提高会计信息质量;全面清查核实企业各项资产损失情况,并根据国家清产核资政策规定进行处理,促进企业解决历史遗留问题,为更好执行《企业会计制度》创造条件;通过清产核资工作,建立和健全企业有关资产管理各项制度,规范资产管理行为,以保证企业各项工作正常进行。是年,宁夏天华会计师事务所受自治区国资委委托,自5月15日至12月2日历时半年,对宁夏东方有色金属集团有限公司及其所属子公司,宁夏有色金属冶炼厂、西北稀有金属材料研究院、宁夏星日电子股份有限公司、宁夏东方特种材料科技开发有限责任公司进行清产核资,审计收费18万元。宁夏有色集团及所属全部子公司的全部资产,资产总额2,169,330,235.35元,负债总额为913,894,124.79元,所有者权益为761,170,326.71元。本次财产清查工作,共清查出损失51,873,744.52元。同期,对青铜峡铝业集团有限公司及其7个子公司青铜峡铝业股份有限公司、青铜峡铝业集团进出品有限公司、青铜峡铝业集团机械品有限公司、青铜峡铝业集团建筑安装有限公司、青铜峡铝业集团经济技术开发总公司、青铜峡铝业集团运输有限公司、青铜峡铝业集团铝材有限公司进行清产核资。

是年共进行清产核资业务6笔,收费67.9万元。

2006年共进行清产核资业务6笔,收费38.7万元,清产核资单位分别为宁夏夏风旅行社有限公司、宁夏农业职业技术学院、吴忠市自来水公司、银川市自来水总公司及其21个子公司、银川市城市投资控股有限公司、银川宁湘和制化工有限公司。本年清产核资规模较大的为吴忠市自来水公司和银川市自来水总公司及其21个子公司。银川市自来水总公司及所属全部子公司合并后资产总额494,116,434.68元,负债总额301,342,603.40元,所有者权益192,055,110.20元,少数股东权益为718,721.08元。财产清查共清查出原制度损失43,433,989.12元。

2007年共进行清产核资业务161笔,收费1,103,825元。其中,受银川市财政局委托对市属行政事业单位进行资产清查共74家,受银川市兴庆区财政局委托对兴庆区属行政事业单位进行资产清查共34家,受灵武市财政局委托对市属行政事业单位进行资产清查共24家，受自治区财政厅委托对区属行政事业单位进行资产清查共10家，受石嘴山市财政局委托对市属行政事业单位进行资产清查共4家，受海原县财政局委托对县属行政事业单位进行资产清查共4家。当年所有注册会计参与了清产核资审计。

清产核资后，按业务约定书，对银川市财政局和银川市兴庆区财政局及自治区财政厅所托委的单位存在的问题出具了管理建议书。

2008年共进行清产核资业务1笔，收费2万元，即受委托对宁夏建设职工技术学院进行资产清查。

2009年共进行清产核资业务11笔，收费45万元。由自治区财政厅委托对自治区水利厅办公室、自治区党委统战部、自治区发展和改革委员会、自治区防范和处理邪教问题领导小组、自治区党委台湾工作办公室、宁夏工商企业联合会、自治区卫生厅、自治区国家保密局、自治区民政厅、自治区公安厅交通警察总队、自治区公安厅交通警察总队文惠路支队进行资产清查。

2010年共进行清产核资业务16笔，收费13.62万元。由自治区财政厅委托对自治区人力资源和社会保障厅、宁夏农垦干部学校、罗山国家级自然保护区管理局、宁夏以工代赈办公室、自治区水利灌溉管理局、自治区水资源勘测局、宁夏扶贫基金、宁夏水产技术推广站、宁夏反邪教协会进行资产清查。由宁夏黄河农村商业银行有限公司委托对本部及吴忠市农村信用合作联社、中卫市农村信用合作联社、平罗县农村信用合作联社进行资产清查。

2010年由自治区国资委委托，对宁夏建工集团有限公司进行资产清查。截至基准日，宁夏建工集团有限公司合并资产总额为2,722,814,344.08元，合并负债总额为2,362,469,618.32元，合并的所有者权益为360,344,725.76元。其中，归属于母公司所有者权益为358,058,202.59元，少数股东权益为2,286,523.17元。在此次清产核资过程中，经审计确认宁夏建工集团公司符合清产核资申报条件的资产损失共1756笔，金额144,701,427.80元；符合清产核资申报条件资金挂账共4笔，金额7,202,438.03元；符合清产核资申报条件的潜盈共1笔，金额439,185元。合计损失金额151,464,680.83元。由于证据不充分，不符合清产核资申报条件的资产损失共526笔，金额87,443,056.56元，报告中建议拟计提资产减值准备。

2010年由石嘴山市国资委委托对石嘴山市星瀚市政产业集团公司及8个子公司进行资产清查，石嘴山市星瀚市政产业集团公司资产总额2,283,961,054.12元，负债总额为1,592,343,358.28元，所有者权益为688,337,695.84元。本次清查出资产损失共715笔，金额2,620,481.88元。其中，流动资产损失共315笔，金额1,602,506.05元；固定资产损失共316笔，金额2,318,921.43元；流动负债损失共84笔，金额1,300,945.6元。

2011年共进行清产核资业务11笔，收费1,058,888元。由自治区财政厅委托对22户区属行政事业单位进行资产清查，这些单位为宁夏农业机械化技术推广站、宁夏医科大学、宁夏防沙治沙与退耕还林工作站、自治区国土开发整理管理局、宁夏建设工程招标投标管理中心、宁夏兽药饲料监察所、宁夏供销合作社联合社、宁夏固海扬水管理处、宁夏卫生监督所、宁夏固原云雾山草原自然保护区管理处、宁夏贺兰山国家级自然保护区管理局、宁夏仁存渡护岸林场、中卫山羊选育场、宁夏草原工作站、宁夏原种场、宁夏农业技术推广总站、宁夏水利科学研究所、宁夏金沙林场、宁夏种子管理站、宁夏墙体材料改革领导小组、宁夏盐环定扬水管理处、自治区水利厅经济管理局,审计收费508,888元。

是年,由银川市开发区管委会委托对银川高新技术产业开发总公司、银川高新投资有限公司、银川经济技术开发区建设开发公司、宁夏高新软件动漫发展有限公司进行资产清查,收费55万元。该项目是宁夏天华会计师事务所近年收费较高时间较长的清产核资项目。资产清查目的是摸清银川高新技术产业开发总公司家底,如实反映银川高新技术产业开发总公司的资产质量和财务状况,核实其实际占用的国有资本金情况。资产清查范围为银川高新技术产业开发总公司的全部资产、负债、所有者权益。清查后截至2011年6月30日,银川高新技术产业开发总公司资产负债表数据为:资产总额1,113,363,218.35元,其中清查出资产损失17,740,557.96元,负债总额769,319,758.45元,所有者权益总额为344,043,459.90元。

2011年由宁夏伊品股份有限公司委托,对宁夏开元丰友化工股份有限公司及其5个子公司进行资产清查,摸清宁夏开元丰友化工股份有限公司截至日资产、负债情况为宁夏伊品股份有限公司收购该企业做决策参考。全体项目组人员历时20余天完成该项业务,收费8万元。

2012年没有开展清产核资审计业务。

2001—2011年清产核资审计业务统计表

表3-18

年份	业务量(笔)	审计收费(万元)	年份	业务量(笔)	审计收费(万元)
2001年	1	5.00	2007年	161	110.38
2002年	1	1.40	2008年	1	2.00
2003年	2	5.30	2009年	11	45.00
2004年	2	2.70	2010年	16	13.62
2005年	6	67.90	2011年	11	105.90
2006年	6	38.70	合　计	218	397.90

第五节　资产重组审计

资产重组审计是通过兼并、合并、收购、出售等方式,实现资产主体的重新选择和组合,优化企业资产结构,提高企业资产的总体质量,最终建立起符合市场经济要求的,更富有竞争力的资产组织体系。资产重组的价值取向主要包括改制上市、转换主业、出售资产、置换资产、企业并购、买“壳”或借“壳”上市、减轻债务负担等。

2003年，宁夏经贸职业技术培训学院进行资产重组，审计收费2万元。

2005年由自治区科技厅牵头，拟组建宁夏活性炭集团，委托宁夏天华会计师事务所对宁夏威宁活性炭有限公司和宁夏华辉活性炭有限公司进行重组审计，审计收费8万元。

2009年经自治区人民政府批准，宁夏政兴房地产开发公司和宁夏区经济适用住房建设公司合并组建宁夏房地产集团开发有限公司，审计人员历时3个月完成该项委托，审计收费8万元。

2010年发生重组业务2笔，审计收费17.8万元。是年，石嘴山市交通局将下属企业石嘴山市渡口管理所、石嘴山市工路工程质量检测有限公司、石嘴山市山水大道建设管理处3家公司组建为石嘴山善道交通有限公司。石嘴山市水务局将下属企业石嘴山市星海湖产业有限公司、石嘴山市设计院有限公司、石嘴山市华兴水表有限公司3家公司组建为石嘴山市水务投资有限公司。

2012年发生业务重组4笔，审计收费28万元。是年，由自治区财政厅委托，对现代生活报社、博客天下杂志社、石油化工应用杂志社进行企业改制审计。银川龙场开发有限公司委托对资产进行剥离重组审计。

2003–2012年资产重组审计业务统计表

表3-19

年份	业务量(笔)	审计收费(万元)	年份	业务量(笔)	审计收费(万元)
2003年	1	2.00	2010年	2	17.80
2005年	1	8.00	2012年	4	28.00
2009年	1	8.00	合计	9	63.80

第六节　司法会计鉴定

司法会计鉴定是司法鉴定活动之一，司法会计鉴定是指司法鉴定人依照法定条件和程序,运用会计、审计专门知识对诉讼中涉及的专门性问题进行审查、鉴别和判断工作,并出具司法鉴定意见书的鉴证活动。司法会计鉴定的标准包括：国家有关的财经法规、会计制度、会计准则、审计准则；地方有关财经法规政策；单位内部的有关制度规定，重要的合同以及重大会议纪要；当事人双方质证材料；司法部颁发的《司法鉴定程序通则》规定；其他与鉴定有关的资料。

1989—2012年共发生司法会计鉴定业务64笔，其中：1989—1999年共发生司法会计鉴定业务11笔，主要是受各级法院和检查院的委托对涉及财务方面双方当事人产生的纠纷进行司法会计鉴定。2000—2012年共发生司法会计鉴定业务53笔(2011年没有开展司法会计鉴定业务)，鉴定收入共计173.19万元。

2000—2012年司法会计鉴定业务统计表

表3-20

年份	业务量(笔)	鉴定收入(万元)	委托单位	被委托单位
2000年	2	0.60	宁夏欣欣小家电有限公司	宁夏欣欣小家电有限公司
			银川市新城区人民法院	—
2001年	4	3.90	贺兰县人民法院 银川市公安局郊区分局 银川市城区人民法院	—
			新城纪检委	银川管道疏通剂厂
2002年	7	5.50	贺兰县人民法院	
			宁夏对外贸易经济合作厅	宁夏对外贸易经济合作厅
			青铜峡市城区人民法院	—
			自治区高级人民法院	—
			中国地方煤矿总公司京盛煤矿	中国地方煤矿总公司京盛煤矿
			银川市中级法院	—
			青铜峡市城区人民法院	—
2003年	5	9.00	银川市中级法院	—
			银川市公安局经济犯罪侦查支队	—
			三北林业局	—
			吴忠市中级人民法院	—
			中卫县人民法院	—
2004年	5	32.78	银川市公安局经济犯罪侦查支队	—
			自治区高级人民法院	—
			银川市中级人民法院	—
			银川市兴庆区人民法院	—
2005年	3	2.70	银川市公安局经济犯罪侦查支队	—
			银川市兴庆区法院	—
2006年	3	10.00	银川市公安局经济犯罪侦支队	—
			银川市公安局	—
			青铜峡人民法院	—
2007年	10	8.86	吴忠市中级人民法院	—
			银川市公安局经济犯罪侦支队	—
			银川市公安局	—
			固原市中级法院	—
			银川市兴庆区检察院	—
			永宁县公安局	—
			吴忠市利通区法院	—
2008年	4	9.30	银川市金凤区人民法院	—
			银川市公安局	—

续表3-20

年　份	业务量(笔)	鉴定收入(万元)	委托单位	被委托单位
2009年	6	34.55	银川市公安局	—
			银川市兴庆区公安局	—
			银川市公安局经济犯罪侦支队	宁夏博尔泰力有限公司、孙国明非法集资
			银川市城区人民检察院	长庆威龙有限公司
2010年	3	21.00	银川市公安局	民用设计院马根那、银川市饭店有限公司
			银川市公安局经济犯罪侦支队	宁夏博尔泰力公司
			银川市城区人民检察院	长庆威龙有限公司
2012年	1	35.00	宁夏金融服务办公室	民航快递有限责任公司宁夏分公司
合　计	53	173.19	—	—

注:2011年没有开展司法会计鉴定业务

附记:宁夏天华会计师事务所中卫分所业务活动

2000年1月,宁夏天华会计师事务所中卫分所成立后,按照总所要求,“创一流的服务质量,创一流的员工队伍,创一流的的事务所”的办所宗旨,建立健全制度,完善机制,狠抓分所内部管理。瞄准“成为优质客户的首选会计师事务所”执业目标,坚持“为客户展现真实,助客户挖掘价值”的执业信念,秉承“以质量求生存、以信誉求发展”的服务宗旨,严格执行总所既定的操作规范,努力提高专业水平,保证执业质量不降低。按“三级复核”的要求,在严格遵守注册会计师基本准则的基础上,广揽客源,开拓各种业务,不断提高效益。

2000年,中卫分所完成收入14万元,共开展业务项目83项,其中年审13项,专项审计10项,资本验证60项,共完成业务收入14.48万元。

2003年以后,中卫分所完成业务收入不断增长。

2004年首次突破30万元,为30.42万元。

2006年,中卫分所接受中冶美利纸业集团委托,对26万吨白卡纸项目进行资金审核及变更验资。

2007年接受中卫市财政局委托,对中卫市4所直属中学、10个学区、1所特殊教育学校进行财务检查,对29家行政事业单位进行清产核资审计,全年业务收入首次突破40万元,为40.55万元,共开展业务项目149项。

2008年,中卫分所接受委托对中卫市应理城乡市政产业集团有限公司及其所属子公司净资产进行审计并验资,全年业务收入突破60万元,为65.96万元,共开展业务项目178项。

2009年,服务领域不断拓宽,业务收入持续增长,至2010年,分所业务收入突破80万元,为85.3万元,共开展业务项目196项。

2011年,中卫分所全年完成收入84万元,共开展业务项目141项。

2012年,中卫分所业务收入122.4万元。完成总所预定的120万元的目标任务。全年共开展业务项目207项,其中年审29项,专项审计35项,验资135项,其他咨询服务8项。

2000—2012年,宁夏天华会计师事务所中卫分所累计完成业务收入649.16万元,累计审计项目2081个。

2000—2012年宁夏天华会计师事务所中卫分所财务审计业务统计表

表3-21

年份	审计单位(项目)(个)	财务审计				业务收入(元)	其中
		年审(个)	专项审计(个)	资本验资(个)	其他(个)		验资(元)
2000年	83	13	10	60	—	144,800	29,900
2001年	147	29	23	95	—	286,276	85,876
2002年	123	15	20	88	—	205,150	72,550
2003年	146	20	25	101	—	245,640	115,200
2004年	209	26	32	151	—	304,230	158,080
2005年	172	27	62	83	—	347,880	85,450
2006年	160	13	46	101	—	354,530	106,830
2007年	149	10	43	96	—	405,450	131,900
2008年	178	20	33	125	—	659,620	124,000
2009年	170	18	30	115	7	622,950	151,550
2010年	196	16	55	116	9	853,000	226,100
2011年	141	11	40	86	4	838,150	161,950
2012年	207	29	35	135	8	1,223,950	237,900
合计	2081	247	454	1352	28	6,491,626	1,687,286

第四章　工程咨询

第一节　造价咨询

一、概算预算结算审核与编制

(一)综合业务　1998年审核项目38个,全年实现业务收入73.83万元。1999年审核项目77个,全年实现业务收入112.87万元。2000年审核项目254个,全年实现业务收入182.77万元。

2001年,宁夏正业通会计师事务所工程部共完成各类建设工程造价结算审核项目298个,送审造价24,488.62万元,审定造价21,662.2万元,审减造价2,826.42万元,审减率11.54%。其中,银川市各类建设工程造价结算审核项目297个,送审造价24,483.33万元,审定造价21,657.74万元,审减造价2825.59万元,审减率11.54%;其他县区市各类建设工程造价结算审核项目1个,送审造价5.29万元,审定造价4.46万元,审减造价0.83万元,审减率15.69%。

全年完成各类建设工程预算(标底)编制47个,造价10,851.63万元。其中,银川市42个,造价9735.82万元;其他县区市5个,造价1,115.81万元。

全年在完成的咨询项目中超过千万元的项目有5个。全年实现全部业务收入199.57万元。

2002年,宁夏正业通会计师事务所工程部主动与多家单位联系,在保持原有客户的基础上,又建立了新的合作关系,有金伯爵集团、兴庆区财政局、长庆燕鸽湖基地、银川市商业银行等。全年审核范围扩大,社会委托完成的审核工作量、标底及业务收入都有大幅度提高。

全年共完成各类建设工程造价结算审核项目298个,送审造价34,601.09万元,审定造价29,147.48万元,审减造价5453.61万元,审减率15.76%。其中,银川市各类建设工程造价结算审核项目286个,送审造价33,057.43万元,审定造价27,834.51万元,审减造价5,222.92万元,审减率15.8%;其他县区市各类建设工程造价结算审核项目12个,送审造价

1,543.66万元，审定造价1312.97万元，审减造价230.69万元，审减率14.94%；

全年完成各类建设工程预算（标底）编制100个，造价49,231.53万元。其中，银川市96个，造价48,840.46万元，其他县区市4个，造价391.07万元。

全年在完成的咨询项目中超过千万元规模的项目有16个。100万元以上规模项目占所有项目的36%。全年实现业务收入404.78万元。

2003年9月22日，宁夏正业通工程咨询有限责任公司在由4家社会中介机构参加的自治区农牧厅项目办望远农业高新技术综合示范园区“一期工程决算”投标活动中一举中标。是年宁夏正业通工程咨询有限责任公司共完成各类建设工程造价结算审核项目308个，送审造价43,401.31万元，审定造价34,544.28万元，审减造价8,857.03万元。其中，银川市各类建设工程造价结算审核项目292个，送审造价37,937.39万元，审定造价30,429.99万元，审减造价7,507.4万元；其他县区市各类建设工程造价结算审核项目16个，送审造价5463.92万元，审定造价4114.29万元，审减造价1349.63万元。

全年完成各类建设工程预算（标底）编制121个，造价75,642.67万元。其中，银川市107个，造价72,667.92万元，其他县区市14个，造价2974.75万元。

全年在完成的咨询项目中超过千万元规模的项目有24个。100万元以上规模项目占所有项目的34%。全年实现业务收入332.06万元。

2004年共完成各类建设工程造价结算审核项目346个，送审造价47,908.54万元，审定造价39,368.2万元，审减造价8540.34万元。其中，银川市各类建设工程造价结算审核项目277个，送审造价37,230.38万元，审定造价30,671.76万元，审减造价6558.62万元；其他县区市各类建设工程造价结算审核项目69个，送审造价10,678.16万元，审定造价8,696.44万元，审减造价1981.72万元。

全年完成各类建设工程预算（标底）编制49个，造价27,844.27万元。其中，银川市37个，造价22,949.91万元；其他县区市12个，造价4894.36万元。

全年在完成的咨询项目中，超过千万元规模的项目有13个，百万元以上规模的项目占所有项目的31%。全年实现业务收入461.89万元。

2005年，宁夏正业通工程咨询有限责任公司努力提高业务水平，建立稳定的合作伙伴关系。全年共完成各类建设工程造价结算审核项目261个，送审造价74,487.55万元，审定造价60,486.39万元，审减造价14,001.16万元。其中，银川市各类建设工程造价结算审核项目215个，送审造价54,461.45万元，审定造价44,508.91万元，审减造价9952.54万元；其他县区市各类建设工程造价结算审核项目46个，送审造价20,026.1万元，审定造价15,977.48万元，审减造价4048.62万元。

全年完成各类建设工程预算（标底）编制46个，造价34,224.3万元。其中，银川市28个，造价31,361.66万元，其他县区市18个，造价2862.64万元。

全年在完成的咨询项目中，超过亿元规模的项目有1个，5000万～1亿元规模的项目有4个，1000万～5000万元规模的项目有11个，100万元以上规模的项目占所有项目的20.5%。全年实现业务收入614.56万元。

2006年，扩展业务领域，大中型业务数量增多，宁夏西部聚氯乙烯工程、银川白云房地产开发公司的项目、银川二中迁建工程、宁夏银水房地产开发公司的项目等，收费基数大，收费金额较多。全年共完成各类建设工程造价结算审核项目355个，送审造价13.22亿元，审定造价9.51亿元，审减造价3.71亿元。其中，银川市各类建设工程造价结算审核项目259个，送审造价5.67亿元，审定造价4.37亿元，审减造价1.3亿元；其他县区市各类建设工程造价结算审核项目96个，送审造价7.55亿元，审定造价5.14亿元，审减造价2.41亿元。

全年完成各类建设工程预算（标底）编制59个，造价1.86亿元。其中，银川市25个，造价1.19亿元；其他县区市34个，造价6640.45万元。

全年在完成的咨询项目中，超过亿元规模的项目有2个：银川唐徕公园整治扩建Ⅰ期、Ⅱ期绿化工程送审造价1.05亿元，审定造价0.81亿元；西部聚氯乙烯公司一期工程送审造价6.09亿元，审定造价3.99亿元。100万元以上规模的项目占所有项目的28.7%。全年实现全部业务收入686.41万元。

2007年，第一次实行了项目组的自由组合，使项目经理与项目助手有了满意的合作伙伴，工作效率及业务质量明显提高。全年共完成各类建设工程造价结算审核项目454个，送审造价15.64亿元，审定造价12.76亿元，审减造价2.88亿元。其中，银川市各类建设工程造价结算审核项目357个，送审造价13.94亿元，审定造价11.44亿元，审减造价2.5亿元；其他县区市各类建设工程造价结算审核项目97个，送审造价1.7亿元，审定造价1.32亿元，审减造价0.38亿元。

全年完成各类建设工程预算（标底）编制31个，造价1.93亿元。其中，银川市12个，造价1.5亿元；其他县区市19个，造价0.43亿元。

全年在完成的咨询项目中，超过亿元规模的项目有3个：银川阅海公园览山土方工程预算编制，造价1.07亿元；宁夏国际会展中心工程结算初审送审造价1.15亿元，审定造价0.88亿元；宁夏发电集团王洼二矿工程概算审核送审造价5.56亿元，审定造价5.07亿元。100万元以上规模的项目占所有项目的30.5%。全年实现业务收入831.74万元。

2008年，与老客户继续保持良好的合作关系。同时加大开发新客户的力度，新增宁夏医学院、银川市规划设计院房地产开发公司、天豹运输公司固原分公司、新华百货等一批新客户。在华电国际项目、长信源房地产长信春天项目和青铜峡铝厂扩建项目竞标中，一举中标，为以后参与市场竞争积累了经验。在吴忠卷烟厂项目中实现了全过程咨询服务，打破了造价服务只有预算编制和结算审核的界线，实现了全过程控制收费30多万元。

全年共完成各类建设工程造价结算审核项目313个，送审造价9.58亿元，审定造价8.55亿元，审减造价1.03亿元。其中，银川市各类建设工程造价结算审核项目240个，送审造价7.13亿元，审定造价6.5亿元，审减造价0.63亿元；其他县区市各类建设工程造价结算审核项目73个，送审造价2.45亿元，审定造价2.05亿元，审减造价0.4亿元。

全年完成各类建设工程预算（标底）编制73个，造价4.03亿元。其中，银川市23个，造价0.83亿元；其他县区市50个，造价3.2亿元。

全年在完成的咨询项目中，超过亿元规模的项目有1个，即银川丽子家园住宅楼、室外配套、环境工程结算审核送审造价1.73亿元，审定造价1.61亿元。7000万元以上的项目有1个，即银川市四季广场和四季园工程。100万元以上规模项目占所有项目的35.85%。全年实现业务收入617.2万元。

2009年新增中国电信宁夏分公司、石嘴山供排水公司、东方钽业、兴庆区审计局、平罗县中医院、吴忠市代建办等一批新客户。先后参与西部热电、宁煤集团、太阳镁业、青铝能源、中国联通、兴庆区审计局、宁夏大剧院等多个项目的投标工作。随着一些大中型业务项目数量增多，项目收费基数及收费金额不断增长。吴忠卷烟厂项目实现全过程控制收费40多万元。

全年共完成各类建设工程造价结算审核项目254个，送审造价8.1亿元，审定造价7.2亿元，审减造价0.9亿元。其中，银川市各类建设工程造价结算审核项目217个，送审造价7.52亿元，审定造价6.71亿元，审减造价0.81亿元；其他县区市各类建设工程造价结算审核项目37个，送审造价0.58亿元，审定造价0.49亿元，审减造价0.09亿元。

全年完成各类建设工程预算（标底）编制85个，造价12.04亿元。其中，银川市55个，造价8.9亿元；其他县区市30个，造价3.14亿元。

在完成的咨询项目中，超过亿元规模的项目有3个：宁夏石油公司委托的宁夏高速公路12个服务区建安工程结算审核送审造价3.48亿元，审定造价3.36亿元；贺兰山体育场土建工程预算编制造价1.97亿元；绿地房地产开发公司大武口“首座商住楼”工程预算编制造价1.27亿元。7000万元以上规模的项目有2个：青铜峡通润铝材压延车间工程预算编制造价8524万元；东方钽业房地产开发公司东方尚都一期工程结算审核送审造价9207万元，审定造价8,238万元。100万元以上规模项目占所有项目的50.44%，首次超过一半。全年实现业务收入940.1万元。

2010年，加强业务联系，提高服务质量，专门由部门主任负责与客户沟通，有些大的项目由部门主任亲自进行复核、经济指标分析、汇总和出具报告。为一些客户提供免费咨询服务，甚至提供工程量清单专业知识的讲座，致使部分项目提前介入，一些客户业务巨增,发展成为20万~50万元的大客户。

全年共完成各类建设工程造价结算审核项目436个,送审造价16.59亿元,审定造价13.1亿元,审减造价3.49亿元。其中,银川市各类建设工程造价结算审核项目311个,送审造价12.37亿元,审定造价9.73亿元,审减造价2.64亿元;其他县区市各类建设工程造价结算审核项目125个,送审造价4.22亿元,审定造价3.37亿元,审减造价0.85亿元。

全年完成各类建设工程预算(标底)编制86个,造价9.84亿元。其中,银川市54个,造价6.55亿元;其他县区市32个,造价3.29亿元。

在完成的咨询项目中,超过亿元规模的项目有2个:银川市第一人民医院改扩建二期门诊综合楼工程结算审核送审造价2.63亿元,审定造价2.01亿元;银川火车站东广场人防地下室工程预算编制造价2.05亿元。3000万~7000万元规模的项目有10个,其中预算编制项目5个,结算审核项目5个。100万元以上规模的项目占所有项目的40.3%。全年实现业务收入1191.49万元。

2011年,全年业务量增加,大型项目增多,业务收入显著增加。内部各项目组之间合作增多,各项目组与审计部、评估部合作尤为明显,体现了企业业务多元化优势。

全年共完成各类建设工程造价结算审核项目476个,送审造价21.8亿元,审定造价17.88亿元,审减造价3.92亿元,审减率17.98%。其中,银川市各类建设工程造价结算审核项目266个,送审造价10.86亿元,审定造价8.68亿元,审减造价2.17亿元,审减率19.98%;其他县区市各类建设工程造价结算审核项目210个,送审造价10.94亿元,审定造价9.2亿元,审减造价1.75亿元,审减率15.9%。

全年完成各类建设工程预算(招标控制价)编制104个,造价16亿元。其中,银川市79个,造价14.28亿元;其他县区市25个,造价1.72亿元。全年实现业务收入2,214万元。

2012年共完成各类建设工程造价结算审核项目431个,送审造价32.73亿元,审定造价28.2亿元,审减造价4.52亿元,审减率13.81%。其中:银川市各类建设工程造价结算审核项目170个,送审造价13.44亿元,审定造价10.4亿元,审减造价3.03亿元,审减率22.54%;其他县区市各类建设工程造价结算审核项目261个,送审造价19.29亿元,审定造价17.8亿元,审减造价1.49亿元,审减率7.72%。

全年完成各类建设工程预算(招标控制价)编制175个,造价29.08亿元;其中银川市129个,造价22.29亿元,其他县区市46个,造价6.79亿元。

2012年实现业务收入2371.09万元。

在完成的咨询项目中,1000万~5000万元的项目共有53项,有银川文化艺术中心内部装饰工程、银川市公路管理处办公用房工程、黄河中路(丽子园路—铁东街)道路给排水变更签证及良田渠桥加宽工程、2008年胜利街(二排沟—迎宾广场)道路排水等工程、金凤区城乡建设用地增减挂钩试点项目复耕复垦工程Ⅰ标段、五里湖畔住宅小区二期工程(17～19#、73#、74#公建及80#地下车库)、银川文化城1#～15#主楼土建工程、宁夏民族职业技术学院总平面一标段工程、卓然.宜居Ⅰ标段1#、14#楼变更签证工程、宁东能源基地环境监测执法用房工程、宁东基地煤化工业园B、C区景观大道(纬三路—纬四路)给水工程Ⅱ标段、灵武市2012年白土岗乡枣岗子高标准农田建设示范项目、宁东能源化工基地煤化工园区B、C区纬四路17标给水工程、宁东基地临河综合项目区A区铝下游产业加工园道路工程2号路二标段、2011年中央财政小型农田水利重点县项目利通区金积镇、马莲渠乡节水改造工程(第一、二标段)、宁东基地煤化工园区道路工程四标段(纬四路Ⅲ标段)、宁东能化工基地2#展厅、2011年吴忠市利通区农村公路改造工程、宁东能源化工基地综合服务区十三号路道路及给排水工程八标段、中国(吴忠)伊斯兰文化中心工程、吴忠市两馆一中心室外总平面工程、宁夏地质博物馆工程等。

5000万～1亿元的项目有银川市城市综合监控报警联网系统建设工程、五里湖畔住宅小区二期41#～52#住宅楼工程、友爱康居二期单体楼及室外工程、宁东综合服务区至工业园区快速通道工程、宁东能源化工基地景观大道改扩建工程Ⅰ、Ⅱ标段。

亿元以上项目有5项,光华门康居二标(林华苑13～30#单体楼)及室外工程、友爱康居一期单体楼及室外工程、兴庆区月牙湖生态移民安置区一期及场地平整工程、西夏区政务服务中心工程、银川市第一人民医院改扩建二期门诊综合楼工程。

预算(控制价)编制及复核1000万～5000万元的项目有44项,代表项目有:自治区第五人民医院石嘴山中心医院职业病防治综合楼工程、银川市高桥二期保障性住房26#、27#楼廉租房工程、学府苑住房改造为公共租赁住房项目、阅海万家跨艾依河(贺兰山路—九号路)桥梁、道路及桥梁两侧景观铺装工程、长信春天综合楼室内外装修及安装工程、银川晚报社文化产业园一期工程、银川市新华西街跨唐徕渠桥梁工程、银川市国防指挥中心工程、银川市高桥保障性住房A区、E区环境工程、银川市北塔社区文化活动中心及菜市场工程、英力特大厦空调系统工程、中宁县城二水厂工程(1-2标段)、宁夏黄河善谷残疾人职业教育培训中心一标段、银川市第五污水处理厂再生水工程等。5,000万—1亿元的项目有12项,分别是银川市标准化菜市场工程(丰盈、颐园、银丰、宁华园)、学府苑住房改造为公共租赁住房项目、银川绿博园挖湖堆山项目、银川市口腔医院1#综合楼迁建工程、银川市丰盈保障性住房一标段、银川市居安家园54#～56#限价商品房和1#、2#、2#北段商网及地下车库工程、友爱保障性住房11#、12#,15#、20#公租房工程、阅海万家B区商业集贸市场及商业用房工程、阅海万家B区小地块18层住宅及商网工程、银川市高桥保障性住房公租房一标段3#、5#楼、银川市唐徕公园整治扩建六期工程(1~13合同段)、银川市高桥保障性住房公租房二标段33#、38#、39#、52#楼。

1998—2012年各类建筑工程综合业务基本情况统计表

表4-1

年份	1000万元以上规模项目(个)	500万元~1000万元规模项目(个)	100万元~500万元规模项目(个)	100万元以上项目占所有项目(%)	全年结算审核项目(个)	全年预算(标底)编制(个)	全年业务收入(万元)
1998年	—	—	—	—	38	—	76.83
1999年	—	—	—	—	77	3	112.87
2000年	—	—	—	—	254	23	182.77
2001年	5	10	61	22.00	298	47	199.57
2002年	16	20	106	36.00	298	100	404.78
2003年	24	25	97	34.00	308	121	332.16
2004年	13	18	89	31.00	346	49	461.89
2005年	16	11	47	20.50	261	46	614.56
2006年	18	27	74	28.70	355	59	686.41
2007年	12	38	98	30.50	454	31	831.74
2008年	28	27	86	35.85	313	73	617.20
2009年	42	26	103	50.44	254	85	940.10
2010年	53	38	135	40.30	436	86	1,191.49
2011年	—	—	—	—	476	104	2,214.00
2012年	63	—	—	—	431	175	2,371.09

2001—2012年各类建筑工程综合业务结算审核代表项目名表

表4-2

年份	规模	项目名称
2001年	1000万元以上	宁夏灵州集团公司磁窑堡煤矿斜井井筒工程标底编制及银川市城区第四排水沟改造工程、银川北塔乳业(集团)股份有限公司生产厂房工程、银川市高台寺10队小康村1#~4#住宅楼工程、银川市兴庆路道路工程、宁夏税校培训楼工程
2002年	1000万元以上	银川南门广场地下人防工程、银川北塔乳业(集团)股份有限公司综合楼工程、银川市财政局办公楼工程、宁夏林威房地产开发公司南花园小区6#~9#楼工程
2003年	1000万元以上	永宁望远农业高科技示范园区、汝箕沟煤矿2001年在建工程、银川丽景街生态景观林绿化工程、银川北京路生态景观林绿化工程、银川丽景湖公园
2004年	1000万元以上	宁夏广播电视传输网光缆线路工程、宁夏银行13#楼工程、吴忠第二水厂工程、银川新城大街(满城街—康富巷)道路给排水工程、吴忠供热公司一、二期工程、石嘴山市中水厂工程、银川市建委民运村、银川北京路交通标志·标牌·信号灯工程
2005年	1000万元以上	银川高新区道路二期工程、吴忠市政府行政中心办公大楼、银川市中级法院审判楼、银川白云房地产开发公司开发建设的良田康居新村、吴忠市自来水公司办公楼及附属工程、西夏区行政中心办公楼及附属土建工程、吴忠自来水公司供水二期工程、石嘴山市三中C标段一期工程、宁夏化工厂复合肥项目、联通吴忠分公司通信综合楼工程

续表4–2

年份	规模	项目名称
2006年	1亿元以上	唐徕公园整治扩建Ⅰ期Ⅱ期绿化工程、西部聚氯乙稀公司一期工程
2006年	1000万～3000万元	银川市三水厂输水管线工程、鸣翠湖生态旅游区一期基础设施工程、河东垃圾填埋厂防渗膜·环场路·锅炉房·业务用房·调节池等工程、芦花中学迁建工程(教学办公实验楼及室外附属)、宁夏银行建设的如意苑综合楼工程、博源房地产开发公司建设的西北农资城13#～19#楼工程、吴忠市供热公司管网改造工程、石嘴山民族饭店综合楼及附属工程、吴忠市第三中学逸夫综合楼及室外附属工程
2007年	1亿元以上	宁夏发电集团王洼二矿工程
2007年	1000万～3000万元 500万～1000万元	贺兰山路迎宾馆南侧绿化工程、吴忠市西一环(开元大道–裕民西街)B标段道路·排水工程、银川海宝公园北塔湖湿地保护工程、吴忠市供热公司2006年工程、贺兰丰登镇中央大道机动车道工程、银川市西夏区检察院技侦楼工程、银川市人民广场景观绿化改造工程、吴忠市利通区法院审判庭综合楼及附属工程、银川市行政中心武警信访楼工程、吴忠市文卫路中段道路·排水工程、银川市残疾人综合服务中心工程、宁夏西北骏马煤矿电机制造有限责任公司装配车间变更试验站·地下通道.浸漆罐及室外附属工程、银川市长城路道路及排水工程、银川市兴庆区北塔小学教学楼·科技综合楼工程、银川市第三污水处理厂生产区Ⅱ标段工程、吴忠市第三中学1#－2#教学楼及室外连廊工程、银西生态防护林采空区输水管线及滴灌工程、银川林益房地产中华奇石交易市场工程
2008年	1亿元以上	银川丽子家园住宅楼·室外配套·环境工程
2008年	1000万～3000万元	银川四季广场及四季园工程、银川正源街(长城路—宝湖路)(长城路—上海路)道路工程、银川大团结广场下沉广场·中心圆旱喷·二排沟及其他工程、银川海泽西路景观大桥及排水工程、银川市芳馨苑住宅楼和环境配套工程、银川凤凰花园B区1#3#4#7#10#楼·1#网点及地下车库工程、华电宁夏分公司办公楼工程、宁夏民族职业技术学院学生宿舍楼工程、宁夏医学院学生食堂工程、太阳山开发区Ⅰ标段—转盘路工程、吴忠金滨路Ⅰ标段Ⅱ标段道路给排水工程、银川新华百货公司总店室内装修工程
2008年	500万元～1000万元	银水房地产静沁苑3#楼变更签证工程、太阳山开发区—太乙路·附属连接及合同外工程、银川白云房地产丽园南区4#及6#楼工程、吴忠市商贸核心区广场建设工程、宁夏医学院解剖教学楼及室外排水工程、太阳山外转盘—D3大道道路·给排水及签证工程、银川正源南街(长城路—宝湖路)道路·排水工程、银川市回民公墓瞻礼厅·辅房·绿化·停车场工程、银川文萃北街(贺兰山路—同昌路)工程及地下通道工程
2009年	1亿元以上	宁夏高速公路12个服务区建安工程、东方尚都一期工程
2009年	1000万～3000万元 500万～1000万元	建发集团开发的宝湖公园住宅小区前期工程、吴忠市韦州矿区韦二·三井田煤炭详查工程、银川迎宾广场(南广场)土方及路面工程、宁夏医科大学景观绿化工程、京能北塔湖住宅小区一期Ⅱ标段工程、宁夏医科大学中医教学楼及变更签证工程、银水房地产开发公司"静沁苑"4#楼工程、银川北京路Ⅰ标段(丽子园—红雷部队)道路·排水工程、银川市文昌北路(贺兰山路—新小线)道路改扩建工程、银川市第二人民医院门诊楼装饰工程、银川市南薰路道路工程、贺兰山路一期绿化工程、银川市长城东路道路工程、吴忠市自来水公司第二水厂输水管线工程、银川新华百货室外墙面装修工程、银川出租汽车行业指挥调度中心及室外签证工程、吴忠西绕城路(金积–滨河大道)路基土方工程、经济技术开发区中小企业创业园2#·4#厂房及室外工程、银川市兴庆区丽景街北塔清真寺、吴忠市金滨路Ⅴ标段道路给排水工程Ⅱ标段路灯等工程

续表4–2

年份	规模	项目名称
2010年	1000万～3000万元	银川海宝公园2007—2008年绿化工程、银川市第四污水处理厂进场排水管工程、银川市2002—2003年度市政道路工程、银川黄河西路(文昌—丽子园)道路·给排水工程、银川览山土方工程、银川市第二人民医院门诊楼土建及安装工程、泾源县廉租房小区Ⅰ标段1#~7#住宅楼、自治区政府办公厅信访综合楼工程、宁夏京能水洞沟电厂临建工程、石嘴山天然气管道工程、吴忠市城市给水管网改造工程第一部分、吴忠市利通区2009年小型农田水利建设项目和现代农业发展资金水利配套工程、宁东开发区临河综合工业园A区经三路Ⅰ标段道路工程、银川市南门二期地面改造工程
	1亿元以上	银川市第一人民医院改扩建二期门诊综合楼工程
	500万元～1000万元	宁东开发区临河综合工业园B区连接线(延伸段)Ⅱ标段工程、银川北京路二期绿化工程、秦腔剧团–西塔剧院变更及室外附属工程、贺兰山岩画馆二期建设工程、银川市消防五中队综合楼及附属工程、银川市进宁街(北京路—解放街)道路·路灯及标线·标牌工程、吴忠市利通区2008年中央财政农水项目工程、宁夏银监局南办公楼室内外装修工程、固原博物馆丝绸之路展示楼结算、宁夏医科大学新校区院内10KV输电线路
	3000万元～7000万元	银川市妇幼保健院综合楼土建安装及三标段内装工程、东方钽业房地产开发公司尚都二期主楼工程、西部聚氯乙烯公司密闭电石炉工程、石嘴山惠农区集中供热工程、银川丰登小区A区人防地下室工程
2011年	1000万元～5000万元	亲水大街(贺兰山路—宝湖路)道路及路灯工程、2006年中心绿地22、23标段绿化工程、大连路(北三环)(亲水大街—正源街)工程、银川市中小河流治理(永二干沟、第二排水沟)工程、银川市中小河流治理(高家闸沟)工程、城市公共交通项目—南郊停车场工程、贺兰山路一期(丽景街—正源街)绿化及景观水道工程、银川市殡仪馆迁建项目、览山土方工程第三部分、黄河中路(丽子园路—铁东街)道路给排水.变更签证及良田渠桥加宽工程、保障性住房“五里湖畔”小区道路工程(变更签证)、银川回民中学风雨操场和电教楼工程、银川回民中学四栋教学楼工程、南环高速公路魏家桥立交至正源南街连接线工程、太阳山开发区暖泉东湖综合治理工程、吴忠烟厂联合工房及配套设施工程、宁夏骏马电机制造公司综合车间及办公楼等工程、吴忠市韦州矿区韦四韦五井田煤炭详查工程、吴忠市交警支队车管业务综合大厅及附属工程、吴忠市黄河标准化堤防改扩建工程、S101线吴忠市区明珠路口至滨河大道段改扩建、宁夏民族职业技术学院教学楼工程、吴忠古城、罗家湖及中华中心村安置区供热站土建、设备及安装配套工程、吴忠市城市道路续扩项目二期—金滨路一标段、二标段工程、宁夏民族职业技术学院1#~4#宿舍楼工程、吴忠烟厂联合工房改造项目各系统管网及机电设备安装工程、太阳山开发区道路(Ⅰ标段)华能大道工程、吴忠回民中学迁建一期4#图书电教楼、宁夏英力特化工股份公司2#职工公寓楼、西气东输二线工程(东段)穿越宁夏固海扬水管理处渠道工程、吴忠市第二污水处理厂、吴忠回民中学迁建一期1#教学楼工程
	5000万～1亿元	银川市行政中心办公楼Ⅱ段、Ⅳ段工程、宝湖花园1#、3#、5#楼及地下车库、宁夏英力特特种树脂有限公司4万吨糊状PVC树脂改造项目、天香苑小区工程

续表4-2

年份	规模	项目名称
2012年	1000万～5000万元	银川文化艺术中心内部装饰工程、银川市公路管理处办公用房工程、黄河中路(丽子园路—铁东街)道路给排水变更签证及良田渠桥加宽工程、2008年胜利街(二排沟—迎宾广场)道路排水等工程、金凤区城乡建设用地增减挂钩试点项目复耕复垦工程Ⅰ标段、五里湖畔住宅小区二期工程(17#～19#、73#、74#公建及80#地下车库)、银川文化城1#～15#主楼土建工程、宁夏民族职业技术学院总平面一标段工程、卓然.宜居Ⅰ标段1#、14#楼变更签证工程、宁东能源基地环境监测执法用房工程、宁东基地煤化工业园B、C区景观大道(纬三路～纬四路)给水工程Ⅱ标段、灵武市2012年白土岗乡枣岗子高标准农田建设示范项目、宁东能源化工基地煤化工园区B、C区纬四路17标给水工程、宁东基地临河综合项目区A区铝下游产业加工园道路工程2号路二标段、2011年中央财政小型农田水利重点县项目利通区金积镇、马莲渠乡节水改造工程(第一、二标段)、宁东基地煤化工园区道路工程四标段(纬四路Ⅲ标段)、宁东能化工基地2#展厅、2011年吴忠市利通区农村公路改造工程、宁东能源化工基地综合服务区十三号路道路及给排水工程八标段、中国(吴忠)伊斯兰文化中心工程、吴忠市两馆一中心室外总平面工程、宁夏地质博物馆工程
	5000万～1亿元	银川市城市综合监控报警联网系统建设工程、五里湖畔住宅小区二期41#～52#住宅楼工程、友爱康居二期单体楼及室外工程、宁东综合服务区至工业园区快速通道工程、宁东能源化工基地景观大道改扩建工程Ⅰ、Ⅱ标段
	亿元以上	光华门康居二标(林华苑13#～30#单体楼)及室外工程、友爱康居一期单体楼及室外工程、兴庆区月牙湖生态移民安置区一期及场地平整工程、西夏区政务服务中心工程、银川市第一人民医院改扩建二期门诊综合楼工程

2002—2012年各类建筑工程综合业务预算(标底)编制代表项目名表

表4-3

年份	规模	项目名称
2002年	1000万元以上	银川金伯爵大厦、银川五十里长街(清和街—正源街)道路扩建工程(上海西路)、银川长城路道路给排水工程、银川市商业银行13#住宅楼工程
2003年	1000万元以上	银川新夏路道路给排水工程、银川荣华园2#·3#楼、银川市行政中心办公楼、银川南部污水处理厂生产区、银川黄河路(文昌路—丽子园)道路给排水工程、银川二中迁建项目工程
2004年	1000万元以上	银川市第四污水处理厂沉淀池·氧化沟·厌氧池工程、银川市第二中学多功能厅·连廊·风雨操场·餐厅工程、银川市兴庆区法院审判大楼工程、自治区公安厅公安小区1#·7#·13#住宅楼工程、银川凤凰南街综合楼工程、银川众一房地产开发公司海宝小区福星苑A座·E座住宅楼工程、宁夏银水房地产开发公司兴水园1#—4#·6#楼工程、宁煤集团石嘴山中心医院综合楼
2005年	1000万元以上	宁夏信通大厦及地下车库工程、银川高新区道路二期工程、银川物润置业公司南门二期人防工程、恒诺房地产开发公司佳乐家居装饰博览中心项目、银川市清河街道路给排水工程、银川市行政中心地下车库、吴忠市消防指挥中心和特勤中队综合楼工程

续表4-3

年份	规模	项目名称
2006年	500万～3000万元	银川物润置业公司开发建设的南门人防工程二期钢筋及其他项目、宁夏银水房地产开发公司静沁苑4#~6#住宅楼工程、青铜峡龙欣源高能氢电池项目住宅楼、石嘴山黄河水厂续建工程、金凤工业园管委会委托的金凤工业园区10#路道路给排水工程、银川市行政中心武警信访楼工程、固原消防支队综合楼工程
2007年	1亿元以上	银川阅海公园览山土方工程
	500万～1000万元	吴忠市太阳山开发区行政中心广场生态绿化工程、石嘴山市强制戒毒所工程、银川市兴庆二小迁建(1#实验楼·2#~3#教学楼)工程、龙海房地产开发公司信通大厦综合楼工程、石嘴山公安局拘留所综合楼工程、吴忠太阳山石料加工区中心路工程、茂盛至掌政镇公路工程、中国惠农口岸职工公寓1号楼装修工程预算(标底)编制。
2008年	1000万～万3000万元	湖南中烟工业公司吴忠卷烟厂联合工房工程、吴忠市恒枫乳业新建车间·综合楼·办公楼·锅炉房及附属工程、灵州工业园A区供水管网工程、固原汽车站主站房、宁富公寓楼工程、吴忠卷烟厂联合工房各系统管网工程、吴忠市回民中学迁建一期1#·3#教学楼工程、宁夏民族职业技术学院餐厅·浴室工程、紫荆花药业第二期污水处理工程、固原汽车站4#~5#营业房及办公楼工程
	500万～1000万元	吴忠市第二污水厂建设项目土建工程、银川九中2#公寓楼未完部分、吴忠太阳山开发区公安局办公楼指挥中心及附属工程、吴忠太阳山开发区育英路(Ⅳ标段)道路·给排水·路灯工程、吴忠太阳山开发区湖滨西路(Ⅰ标段)道路·给排水·路灯工程、太阳山暖泉湖4#坝及附属工程、太阳山开发区交警大队综合办公楼及附属工程、湖南中烟工业公司吴忠卷烟厂联合工房网架工程、石嘴山天然气管线安装一标段
2009年	7000万元以上	贺兰山体育场土建工程、大武口“首座商住楼”工程、青铜峡通润铝材压延车间工程
	3000万～7000万元	银川市大连路道路给排水工程(丽子园北街–同心路)、宁夏军区路道路给排水工程(丽子园北街–同心路)、长信源房地产开发公司长信春天1#·2#·5#·综合楼·1#地下车库材料等、宁东能源化工基地供水一期·滤站扩建工程、银川居安家园小高层及地下车库工程、银川市妇幼保健院二期门诊综合楼工程。
	1000万～3000万元	宁夏民族职业技术学院迁建项目一期总平面给排水·热力管网·道路硬化工程Ⅰ标·Ⅱ标段工程、长信春天5#楼工程、湖畔嘉苑Ⅱ期Ⅰ组团三标段工程、青铜峡青鑫方圆炭素有限公司中萃配料工段工程、宁东能源化工基地一期供水工程、长信春天1#楼工程、居安家园8#·10#·15#住宅楼·五里·宜居居住小区51#商业楼工程、奥林匹克花园一期1#~6#住宅楼工程、湖畔嘉苑Ⅱ期Ⅰ组团四标段工程、长信春天综合楼工程、贺兰县2009年市政基础设施工程Ⅱ标段、大武口隆湖大道(山水大道–沙湖大道)道路改造Ⅰ标段工程、银川九中1#宿舍楼工程、吴忠市中水回用项目、石嘴山惠农区(棚户区一标段)集中供热工程、银川国际会展中心幕墙及屋面变更签证工程、贺兰县体育馆土建·给排水·通风工程、宁夏幼儿师范学校实训楼工程;银川市社会保障性住房“五里湖畔”道路工程、吴忠卷烟厂联合厂房技改室外工程、银川市第二排水沟排污治理工程Ⅰ标段、银川市回中景观工程、宁夏清馨饭店改扩建工程、宝湖中学室外景观

续表4-3

年份	规模	项目名称
2010年	亿元以上	银川火车站东广场人防地下工程
	3000万～7000万元	银川五里湖畔3#7#楼及地下车库工程、平罗县中医院迁建工程、石嘴山市第三水厂及供水管网改扩建工程A区配水管网Ⅰ标段Ⅱ标段、"银水·卓然怡居"住宅区一期Ⅰ标段Ⅱ标Ⅲ标段、银川五里宜居住宅小区室外配套工程
	1000万～3000万元	宁夏地矿厅博物馆工程、石嘴山第三水厂及供水管网改扩建工程Ⅵ标段、银川市兴庆公安分局侦察监控中心工程、银水房地产开发公司"银水·卓然怡居"1#14#楼2–5#楼、贺兰县月亮湖高级中学科技办公·教学楼、贺兰县月亮湖高级中学宿舍楼A·B·餐厅·浴室工程、平伏桥居安家园小区室外配套工程、中卫市公安局沙坡头区分局侦察指挥中心、贺兰县东一环至滨河大道Ⅰ标段工程、贺兰县月亮湖高级中学实验楼.风雨操场、银川市居安家园53#楼工程、宁夏水利博览馆工程、银川市丰盈廉租房工程、银川市房产交易大厦主楼室内装修工程Ⅱ标段、石嘴山第三水厂及供水管网厂区改扩建土建及安装工程、石嘴山第三水厂及供水管网改扩建络管及深井泵房工程、银川市房产交易大厦附楼室内装修工程Ⅰ标段、固原汽车站二期7#·8#楼工程
	500万～1000万元	银水房地产开发公司"银水·卓然怡居"17#·19#楼工程、银川新华百货购物中心店外立面装修工程、银川市应急指挥中心空调工程、兴庆区国家粮食储备库工程、灵武市龙凤佳苑小区配套工程、青铜峡粮食储备库食用油设工程、银川市房产交易大厦智能化及信息化系统、银川市妇幼保健院二期门诊综合楼装修工程、宁夏银行吴忠支行室内装饰装修工程
2011年	1000万～5000万元	银川公安局应急指挥系统平移改造及室内装修工程、宝湖花园1#、3#、5#楼及地下车库、银川市国际空港物流中心道路绿化工程、银川市满春经济适用住房13#、18#住宅楼工程、银川市盈北经济适用住房A–14工程、交警支队车辆管理所德胜分所办公楼装饰及配套工程、"银水·卓然怡居"住宅区一、二标段、银川市物美银川店装修及安装改造工程、平伏桥居安家园小区室外环境工程、灵武新区道路绿化景观工程、银川市2011年度园林绿化工程第1–12标段工程、银川市唐徕公园整治扩建五期工程(A–H标段)、中国民用航空宁夏应急救援中心、高桥廉租房A–4#、E–5#住宅楼工程、上海庙、红墩子能源化工基地供水工程、石嘴山星海镇天然气管道Ⅰ、Ⅱ标段、银川市老旧住宅小区改造工程、吴忠黄河过境段标准堤防二期治理工程、2011年银川市道路及排水维修工程Ⅰ–Ⅲ标段及银川市道路隐患整治工程、金凤区城乡建设用地增减挂钩工程项目、吴忠市黄河文化展示园
2012年	亿元以上	高桥保障性住房、英力特大厦工程、阅海万家项目工程、英力特鹤泉湖生活基地一期项目
	1000万～5000万元	自治区第五人民医院石嘴山中心医院职业病防治综合楼工程、银川市高桥二期保障性住房26#、27#楼廉租房工程、学府苑住房改造为公共租赁住房项目、阅海万家跨艾依河(贺兰山路—九号路)桥梁、道路及桥梁两侧景观铺装工程、长信春天综合楼室内外装修及安装工程、银川晚报社文化产业园一期工程、银川市新华西街跨唐徕渠桥梁工程、银川市国防指挥中心工程、银川市高桥保障性住房A区、E区环境工程、银川市北塔社区文化活动中心及菜市场工程、英力特大厦空调系统工程、中宁县城二水厂工程(1–2标段)、宁夏黄河善谷残疾人职业教育培训中心一标段、银川市第五污水处理厂再生水工程等

续表4-3

年份	规模	项目名称
	5000万～1亿元	银川市标准化菜市场工程(丰盈、颐园、银丰、宁华园)、学府苑住房改造为公共租赁住房项目、银川绿博园挖湖堆山项目、银川市口腔医院1#综合楼迁建工程、银川市丰盈保障性住房一标段、银川市居安家园54#～56#限价商品房和1#、2#、2#北段商网及地下车库工程、友爱保障性住房11#、12#、15#、20#公租房工程、阅海万家B区商业集贸市场及商业用房工程、阅海万家B区小地块18层住宅及商网工程、银川市高桥保障性住房公租房一标段3#、5#楼、银川市唐徕公园整治扩建六期工程(1–13合同段)、银川市高桥保障性住房公租房二标段52#、33#、38#、39#楼

(二)政府投资业务 1998年,银川市财政局所属基本建设预决算审查中心与银川市会计师事务所工程部共完成建设项目工程造价结算审核项目38个,全部是银川市政府投资建设的工程,且送审造价8704万元,审定造价8258万元,审减造价446万元,审减率5.12%。

1999年,宁夏正业通会计师事务所共完成银川市政府投资的各类建设工程造价结算审核项目77个,送审造价7149.96万元,审定造价6185.65万元,审减造价964.31万元,审减率13.49%。完成各类建设工程预算编制项目3个,造价945.24万元。

2000年,全年共完成银川市政府投资各类建设工程造价结算审核项目254个,送审造价31,223.72万元,审定造价29,297.13万元,审减造价1926.59万元,审减率6.17%。完成各类建设工程预算编制23个,造价4983.13万元。

是年,在完成的咨询项目中,超过1000万元规模的项目有5个,500万～1000万元规模的项目有10个,100万～500万元规模的项目有48个,以上项目占所有项目的25%。主要项目有银川市第一污水处理厂标底编制及自治区国税局住宅小区工程、银川北环路改造工程、银川市自来水公司南郊水源地输水管线、东郊水源地输水线工程结算审核。

2001年共完成政府投资建设的各类工程造价结算审核项目255个,送审造价17,713.9万元,审定造15,859.66万元,审减造价1854.24万元,审减率10.47%。其中,银川市政府投资建设工程造价结算审核项目254个,送审造价17,708.61万元,审定造价15,855.2万元,审减造价1853.41万元,审减率10.47%;首次完成其他县区市政府投资建设的工程造价结算审核项目1个,送审造价5.29万元,审定造价4.46万元,审减造价0.83万元,审减率15.69%。完成政府投资各类建设工程预算(标底)编制25个,造价5198.79万元。其中,银川市24个,造价4853.42万元;首次接受其他县区市委托项目1个,造价345.37万元。

2002年共完成政府投资建设的各类工程造价结算审核项目241个,送审造价24,900.84万元,审定造20,940.71万元,审减造价3,960.13万元,审减率15.9%。其中,银川市政府投资建设工程造价结算审核项目234个,送审造价24,433.95万元,审定造价20,536.12万元,审减造价3897.83万元,审减率15.95%;完成其他县区市政府投资建设的工程造价结算审核项目7个，送审造价466.89万元，审定造价404.59万元，审减造价62.3万元，审减率13.34%。完成政府投资各类建设工程预算（标底）编制65个，造价31,198.9万元。其中，银川市63个，造价31,082.71万元；接受其他县区市委托项目2个，造价116.19万元。

2003年，宁夏正业通工程咨询有限责任公司主动与许多单位取得联系。全年共完成政府投资建设的各类工程造价结算审核项目239个，送审造价33,638.76万元，审定造价26,654.24万元，审减造价6984.52万元。其中，银川市政府投资建设工程造价结算审核项目224个，送审造价28,373.28万元，审定造价22,600.89万元，审减造价5772.39万元；完成其他县区市政府投资建设的工程造价结算审核项目15个，送审造价5265.48万元，审定造价4053.35万元，审减造价1212.13万元。完成政府投资各类建设工程预算（标底）编制60个，造价50,429.79万元。其中，银川市56个，造价49,184.71万元；接受其他县区市委托项目4个，造价1245.08万元。

2004年全年共完成政府投资建设的各类工程造价结算审核项目311个，送审造价38,078.56万元，审定造价31,441.64万元，审减造价6636.92万元。其中，银川市政府投资建设工程造价结算审核项目243个，送审造价27,405.67万元，审定造价22,749.24万元，审减造价4656.43万元；完成其他县区市政府投资建设的工程造价结算审核项目68个，送审造价10,672.89万元，审定造价8692.4万元，审减造价1980.49万元。完成政府投资各类建设工程预算（标底）编制32个，造价17,335.31万元。其中，银川市21个，造价12,456.64万元，接受其他县区市委托项目11个，造价4878.67万元。

2005年共完成政府投资建设的各类工程造价结算审核项目201个，送审造价54,120.45万元，审定造价45,876.22万元，审减造价8244.23万元。其中，银川市政府投资建设工程造价结算审核项目162个，送审造价36,188.06万元，审定造价31,344.37万元，审减造价4843.69万元；完成其他县区市政府投资建设的工程造价结算审核项目39个，送审造价17,932.39万元，审定造价14,531.85万元，审减造价3400.54万元。完成政府投资各类建设工程预算（标底）编制29个，造价17,904.97万元。其中，银川市14个，造价15,584.87万元；接受其他县区市委托项目15个，造价2320.10万元。

2006年共完成政府投资建设的各类工程造价结算审核项目306个，送审造价6.14亿元，审定造4.6亿元，审减造价1.53亿元。其中，银川市政府投资建设工程造价结算审核项目224个，送审造价4.89亿元，审定造价3.62亿元，审减造价1.27亿元；完成其他县区市政府投资建设的工程造价结算审核项目82个，送审造价1.25亿元，审定造价0.98亿元，审减造价0.26亿元。完成政府投资各类建设工程预算（标底）编制35个，造价5,878.38万元。其中，银川市12个，造价2,135.83万元；接受其他县区市委托项目23个，造价3742.55万元。

2007年共完成政府投资建设的各类工程造价结算审核项目422个，送审造价8.77亿元,审定造价6.6亿元,审减造价2.17亿元。其中,银川市政府投资建设工程造价结算审核项目331个,送审造价7.12亿元,审定造价5.34亿元,审减造价1.78亿元;完成其他县区市政府投资建设的工程造价结算审核项目91个,送审造价1.65亿元,审定造价1.26亿元,审减造价0.39亿元。完成政府投资各类建设工程预算(标底)编制25个,造价1.52亿元。其中,银川市7个,造价1.11亿元;接受其他县区市委托项目18个,造价0.41亿元。

是年,政府工程量核查小组对审核的部分项目进行抽查,有关领导对审核质量给予了肯定。吴忠市太阳山开发区的项目有了新的突破,政府投资上亿元项目开始进入工程结算阶段,其项目已陆续委托宁夏正业通工程咨询有限责任公司进行结算审核。

2008年共完成政府投资建设的各类工程造价结算审核项目275个,送审造价7.52亿元,审定造6.79亿元。其中,银川市政府投资建设工程造价结算审核项目205个,送审造价5.16亿元,审定造价4.82亿元;完成其他县区市政府投资建设的工程造价结算审核项目70个,送审造价2.36亿元,审定造价1.97亿元。完成政府投资各类建设工程预算(标底)编制51个,造价1.92亿元。其中,银川市14个,造价0.47亿元;接受其他县区市委托项目37个,造价1.45亿元。

2009年共完成政府投资建设的各类工程造价结算审核项目215个,送审造价3.23亿元,审定造2.62亿元。其中,银川市政府投资建设工程造价结算审核项目184个,送审造价2.8亿元,审定造价2.23亿元;完成其他县区市政府投资建设的工程造价结算审核项目31个,送审造价0.43亿元,审定造价0.39亿元。完成政府投资各类建设工程预算(标底)编制59个,造价7.27亿元。其中,银川市40个,造价5.59亿元;接受其他县区市委托项目19个,造价1.68亿元。

2010年共完成政府投资建设的各类工程造价结算审核项目319个,送审造价13亿元,审定造10.14亿元。其中,银川市政府投资建设工程造价结算审核项目226个,送审造价10.52亿元,审定造价8.23亿元;完成其他县区市政府投资建设的工程造价结算审核项目93个,送审造价2.48亿元,审定造价1.91亿元。完成政府投资各类建设工程预算(标底)编制53个,造价6.71亿元。其中,银川市35个,造价4.98亿元;接受其他县区市委托项目18个,造价1.73亿元。

2011年,参加由自治区审计厅委托的建设项目审计任务,在3个月的时间内辗转于盐池、隆德等地,审核隆德县城关一小校安工程结算及盐池县高级中学校安工程结算,共计造价1.76亿元,审减0.26亿元。

是年,又新增宁东管委会、银川市金凤区国有资产控股公司等新客户,并完成金凤区国有资产控股公司委托的金凤区城乡建设用地增减挂钩工程项目的清单控制价编制工作,造价3071万元,实现业务收入12.9万元。

是年,首次争取园林绿化项目招标控制价编制业务,全年共完成2011年度园林绿化工程、唐徕公园整治扩建五期、火车站站前广场绿化及生态公园建设项目工程等13个项目的定额控制价编制项目，造价1.13亿元。是年，完成政府投资建设的各类工程造价结算审核项目374个，送审造价16.62亿元，审定造13.82亿元，审减造价2.8亿元，审减率16.85%。其中，银川市政府投资建设工程造价结算审核项目190个，送审造价7.87亿元，审定造价6.37亿元，审减造价1.5亿元，审减率19.06%；其他县区市政府投资建设的各类工程造价结算审核项目184个，送审造价8.75亿元，审定造价7.45亿元，审减造价1.3亿元，审减率14.86%。完成政府投资各类建设工程预算（招标控制价）编制82个，造价11.06亿元。其中，银川市57个，造价9.34亿元，其他县区市25个，造价1.72亿元。

2012年完成政府投资建设的各类工程造价结算审核项目308个，送审造价27.2亿元，审定造23.89亿元，审减造价3.31亿元，审减率12.16%。其中，银川市政府投资建设工程造价结算审核项目92个，送审造价9.5亿元，审定造价7.5亿元，审减造价2亿元，审减率21.05%；其他县区市政府投资建设的各类工程造价结算审核项目216个，送审造价17.7亿元，审定造价16.39亿元，审减造价1.31亿元，审减率7.4%；完成政府投资各类建设工程预算（招标控制价）编制128个，造价23.79亿元。其中，银川市104个，造价21.65亿元，其他县区市24个，造价2.14亿元。

1998—2012年各类建筑工程政府投资业务统计表

表4-4

年份	结算审核项目（个）	预算（标底）编制项目（个）	年份	结算审核项目（个）	预算（标底）编制项目（个）
1998年	38	—	2006年	306	35
1999年	77	3	2007年	422	25
2000年	254	23	2008年	275	51
2001年	255	25	2009年	215	59
2002年	241	65	2010年	319	53
2003年	239	60	2011年	374	82
2004年	311	32	2012年	308	128
2005年	201	29			

（三）社会投资业务2001年，宁夏正业通会计师事务所工程部开始接受除政府委托的建设项目工程造价咨询业务外，还主动走向社会、走向市场，并完成银川市社会其他单位自筹资金投资建设的各类工程造价结算审核项目43个，送审造价6774.72万元，审定造5802.54万元，审减造价972.18万元，审减率14.35%。完成社会自筹资金建设的各类工程预算（标底）编制21个，造价4907.97万元。其中，银川市17个，造价4137.53万元；首次承揽其他县区市项目4个，造价770.44万元。

2002年，宁夏正业通工程咨询有限责任公司完成银川市社会其他单位自筹资金投资建设的各类工程造价结算审核项目50个，送审造价7212.3万元，审定造价5994.42万元，审减造价1217.88万元。其中,银川市45项;其他市区5项。完成社会自筹资金建设的各类工程预算(标底)编制20个,造价11,266.56万元。其中,银川市18个,造价10,991.68万元;其他县区市项目2个,造价274.88万元。

2003年完成银川市社会其他单位自筹资金投资建设的各类工程造价结算审核项目52个,送审造价6983.81万元,审定造价5761.15万元,审减造价1,222.66万元。其中,银川市51项;其他市区1项。完成社会自筹资金建设的各类工程预算(标底)编制42个,造价7636.12万元。其中,银川市32个,造价5906.45万元;其他县区市项目10个,造价1729.67万元。

2004年11月经过招投标,宁夏正业通工程咨询有限责任公司与宁夏西部聚氯乙烯有限公司签订工程造价咨询合同。该公司是由宁夏英力特化工股份有限公司、上海氯碱化工股份有限公司、宁夏英力特电力(集团)股份公司合资组建的大型氯碱化工企业。公司坐落在宁夏石嘴山河滨工业园区。一期工程于2003年7月破土动工,建设规模为10万吨/年烧碱、12万吨/年聚氯乙烯、16万吨/年电石、22亿千瓦时/年发电量,计划2005年5月1日投产。一期工程包括主要生产车间、辅助车间、公用工程、服务性工程等。主要生产车间有:国外引进部分有10万吨/年烧碱装置中的二次盐水、电解等;国内配套部分有10万吨/年烧碱装置中的盐堆场、电解厂房、盐酸装置等,12万吨/年PVC的电石设备、氯乙烯、聚氯乙烯等,16万吨/年电石的电石炉车间和冷却车间,辅助车间有修理车间、化验室、空压站、冷冻站、仓库等,公用工程有变配电室、锅炉房、控制室、循环水、水泵房、水处理、总图运输等;服务性工程有办公楼、食堂、多功能厅、车库、绿化带等。对该公司的业务服务,凸显了宁夏正业通工程咨询有限责任公司的业绩和服务质量。

2004年完成银川市社会其他单位自筹资金投资建设的各类工程造价结算审核项目32个,送审造价9549.41万元,审定造价7736万元,审减造价1813.41万元,其中银川市31项,其他市区1项。完成社会自筹资金建设的各类工程预算(标底)编制7个,造价4601.99万元。其中,银川市6个,造价4586.3万元;其他县区市项目1个,造价15.69万元。

2005年完成银川市社会其他单位自筹资金投资建设的各类工程造价结算审核项目50个,送审造价5991.61万元,审定造价4497.66万元,审减造价1493.95万元,其中银川市43项,其他市区7项。完成社会自筹资金建设的各类工程预算(标底)编制9个,造价4426.8万元。其中,银川市6个,造价3884.26万元;其他县区市项目3个,造价542.54万元。

2006年完成银川市社会其他单位自筹资金投资建设的各类工程造价结算审核项目44个,送审造价6.72亿元,审定造价4.56亿元,审减造价2.16亿元。其中,银川市30项,送审造价0.42亿元,审定造价0.41亿元,审减造价101万元;其他市区14项,送审造价6.3

亿元，审定造价4.15亿元，审减造价2.15亿元。完成社会自筹资金建设的各类工程预算（标底）编制20个，造价0.89亿元。其中，银川市9个，造价0.61亿元；其他县区市项目11个，造价0.29亿元。主要是宁夏西部聚氯乙烯公司一期工程送审造价6.09亿元，审定造价3.99亿元。

是年，参与马斯特国际酒店、吴忠卷烟厂等项目全过程投资控制的投标。马斯特国际酒店的项目没有中标。吴忠卷烟厂成功中标，为其技改项目进行全过程造价咨询。

2007年完成银川市社会其他单位自筹资金投资建设的各类工程造价结算审核项目24个，送审造价5.67亿元，审定造价5.16亿元，审减造价0.51亿元。其中，银川市18项，送审造价5.61亿元，审定造价5.11亿元，审减造价0.5亿元；其他市区6项，送审造价580.29万元，审定造价500.73万元，审减造价79.56万元。完成社会自筹资金建设的各类工程预算（标底）编制5个，造价3780.81万元。其中，银川市4个，造价3640.53万元，其他县区市项目1个，造价140.28万元。

2008年完成银川市社会其他单位自筹资金投资建设的各类工程造价结算审核项目29个，送审造价1.09亿元，审定造价0.91亿元。其中，银川市26项,送审造价1亿元，审定造价0.83亿元；其他市区3项，送审造价907.5万元，审定造价823万元。完成社会自筹资金建设的各类工程预算（标底）编制21个，造价1.95亿元。其中，银川市8个，造价0.21亿元；其他县区市项目13个，造价1.75亿元。

2009年完成银川市社会其他单位自筹资金投资建设的各类工程造价结算审核项目34个，送审造价4.09亿元，审定造价3.86亿元。其中，银川市28项,送审造价3.94亿元，审定造价3.75亿元；其他市区6项，送审造价0.15亿元，审定造价0.11亿元。完成社会自筹资金建设的各类工程预算（标底）编制15个，造价1.59亿元。其中，银川市4个，造价1251.62万元；其他县区市项目11个，造价1.46亿元。

2010年完成银川市社会其他单位自筹资金投资建设的各类工程造价结算审核项目86个，送审造价2.21亿元，审定造价1.82亿元。其中，银川市54项,送审造价0.47亿元，审定造价0.36亿元；其他市区32项，送审造价1.74亿元，审定造价1.46亿元。完成社会自筹资金建设的各类工程预算（标底）编制26个，造价2.3亿元。其中，银川市12个，造价7,433.06万元；其他县区市项目14个，造价1.56亿元。

2011年完成社会其他单位自筹资金投资建设的各类工程造价结算审核项目97个，送审造价4.86亿元，审定造3.79亿元，审减造价1.07亿元，审减率22.02%。其中，银川市71个，送审造价2.68亿元，审定造价2.04亿元，审减造价6400万元，审减率23.88%；其他县区市26个，送审造价2.18亿元，审定造价1.75亿元，审减造价4300万元，审减率19.72%。完成银川市社会其他单位自筹资金投资建设的各类建设工程预算（招标控制价）编制16个，造价8082万元。

2012年完成社会其他单位自筹资金投资建设的各类工程造价结算审核项目105个，送审造价4.76亿元，审定造3.65亿元，审减造价1.11亿元，审减率23.32%。其中，银川市78个，送审造价3.94亿元，审定造价2.9亿元，审减造价1.04亿元，审减率26.4%；其他县区市27个，送审造价0.82亿元，审定造价0.75亿元，审减造价700万元，审减率8.54%；完成银川市社会其他单位自筹资金投资建设的各类建设工程预算（招标控制价）编制36个，造价1.2亿元。

（四）房地产开发公司业务 2001年，宁夏正业通会计师事务所工程部首次承揽完成宁夏裕隆房地产开发公司投资建设的“领秀一居”5号楼工程标底编制，造价744.87万元。

2002年新增的房地产开发公司合作伙伴有林威房地产开发公司、长庆房地产开发公司、英力特房地产开发公司、亘元房地产开发公司、力鼎置业等6家，完成工程标底编制项目15个，造价6766.07万元；完成工程造价结算审核项目7个，审定造价2212.35万元。

2003年新增天荣房地产开发公司为合作伙伴，完成工程标底编制项目19个，造价17,576.76万元。完成工程造价结算审核项目17个，审定造价2128.89万元。

2004年，宁夏正业通工程咨询有限责任公司与银水房地产开发公司和众一房地产开发公司开展合作，完成工程标底编制项目7个，造价5906.97万元；完成工程造价结算审核项目3个，审定造价190.56万元。

2005年与白云房地产开发公司、龙海房地产开发公司、恒诺房地产开发公司和物润置业开展合作，完成工程标底编制项目8个，造价11,892.53万元；完成工程造价结算审核项目10个，审定造价10,112.51万元。

2006年10月，宁夏正业通工程咨询有限责任公司选派人员进驻龙海房地产开发公司，帮助该公司完成信通大厦工程，这是宁夏正业通工程咨询有限责任公司首次进行的新的合作试点。是年，与银水房地产开发公司、宁夏博源房地产开发公司、长庆房地产开发公司和物润置业公司合作，完成工程标底编制项目4个，造价3695.82万元；完成工程造价结算审核项目5个，审定造价3447.11万元。

2007年与白云房地产公司、西北骏马房地产开发公司、林益房地产开发公司和新宇房地产开发公司合作，完成工程标底编制项目1个，造价341.85万元；完成工程造价结算审核项目8个，送审造价1.2亿元，审定造价9844.27万元。

2008年与汉唐房地产开发公司、白云房地产开发公司、银水房地产开发公司、博源房地产开发公司、宁夏英力特房地产开发公司及银川市规划设计院开发公司合作，完成工程标底编制项目1个，造价1538.37万元；完成工程造价结算审核项目9个，送审造价9761.99万元，审定造价8397.21万元。

2009年与长信源房地产开发公司、宁夏房地产开发集团公司、绿地房地产开发公司石嘴山分公司、盛世华新置业公司、银水房地产开发公司、博源房地产开发公司、建发集团及银川市规划设计院开发公司合作，完成工程标底编制项目11个，造价3.18亿元；完成工程造价结算审核项目5个，送审造价7805.75万元，审定造价7241.86万元。

2010年与长信源房地产开发公司、东方钽业房地产开发公司、银水房地产开发公司及银川市规划设计院开发公司合作，完成工程标底编制项目7个，造价8199.96万元；完成工程造价结算审核项目31个，送审造价1.37亿元，审定造价1.13亿元。

2011年完成房地产开发公司投资建设的各类工程造价结算审核项目5个，送审造价3148万元，审定造价政策2769万元，审减造价379万元，审减率12.04%；完成房地产开发公司投资建设的各类建设工程预算（招标控制价）编制6个，造价4.13亿元。

2012年完成房地产开发公司投资建设的各类工程造价结算审核项目18个，送审造价7715万元，审定造价6610万元，审减造价1105万元，审减率14.32%；完成房地产开发公司投资建设的各类建设工程预算（招标控制价）编制11个，造价4.09亿元。

1998—2012年工程造价咨询业务项目统计表

表4-5

年份	综合业务项目		政府投资建设项目		社会投资建设项目		房地产开发公司投资建设项目		全部收入（万元）
	预算（控制价）编制（个）	结算审核（个）	预算（控制价）编制（个）	结算审核（个）	预算（控制价）编制（个）	结算审核（个）	预算（控制价）编制（个）	结算审核（个）	
1998年	—	—	—	38	—	—	—	—	76.83
1999年	—	—	3	77	—	—	—	—	112.87
2000年	—	—	23	254	—	—	—	—	182.77
2001年	47	297	25	255	21	43	1	—	199.57
2002年	100	298	65	241	20	50	15	7	404.78
2003年	121	308	60	239	42	52	19	17	332.16
2004年	46	346	32	311	7	32	7	3	461.89
2005年	46	261	29	201	9	50	8	10	614.56
2006年	59	355	35	306	20	44	4	5	686.41
2007年	31	454	25	422	5	24	1	8	831.74
2008年	73	313	51	275	21	29	1	9	617.20
2009年	85	254	59	215	15	34	11	5	940.10
2010年	86	436	53	319	26	86	7	31	1,191.49
2011年	104	476	82	374	16	97	6	5	2,214.00
2012年	175	431	128	308	36	105	11	18	2,371.09

1998年工程造价咨询成果一览表

表4-6

序号	造价咨询类型	结算审核				
	项目所属地区	个数（个）	送审造价（万元）	审定造价（万元）	审增（减）造价（万元）	审减率（%）
一	所有项目	38	8,704.09	8,258.48	–445.61	–5.12
1	其中：银川市	38	8,704.09	8,258.48	–445.61	–5.12

续表4-6

序号	造价咨询类型	结算审核				
	项目所属地区	个数(个)	送审造价(万元)	审定造价(万元)	审增(减)造价(万元)	审减率(%)
二	政府投资建设项目	38	8,704.09	8,258.48	-445.61	-5.12
1	其中:银川市	38	8,704.09	8,258.48	-445.61	-5.12

注:1.政府投资项包括财政、审计、各行政事业单位委托的项目;2.银川市不含三区两县建设项目

1999年工程造价咨询成果一览表

表4-7

序号	造价咨询类型		预算(控制价)编制		结算审核				
	项目所属地区		个数(个)	造价(万元)	个数(个)	送审造价(万元)	审定造价(万元)	审增(减)造价(万元)	审减率(%)
一	所有项目		3	945.24	77	7,149.96	6,185.65	-964.31	-13.49
1	其中	银川市	3	945.24	77	7,149.96	6,185.65	-964.31	-13.49
2		其他区市	—	—	—	—	—	—	—
二	政府投资建设项目		3	945.24	77	7,149.96	6,185.65	-964.31	-13.49
1	其中	银川市	3	945.24	77	7,149.96	6,185.65	-964.31	-13.49
2		其他区市	—	—	—	—	—	—	—

注:1.政府投资项包括财政、审计、各行政事业单位委托的项目;2.银川市不含三区两县建设项目

2000年工程造价咨询成果一览表

表4-8

序号	造价咨询类型		预算(控制价)编制		结算审核				
	项目所属地区		个数(个)	造价(万元)	个数(个)	送审造价(万元)	审定造价(万元)	审增(减)造价(万元)	审减率(%)
一、	所有项目		23	4,983.13	254	31,223.72	29,297.13	-1,926.59	-6.17
1.	其中	银川市	23	4,983.13	254	31,223.72	29,297.13	-1,926.59	-6.17
2.		其他区市	—	—	—	—	—	—	—
二、	政府投资建设项目		23	4,983.13	254	31,223.72	29,297.13	-1,926.59	-6.17
1.	其中	银川市	23	4,983.13	254	31,223.72	29,297.13	-1,926.59	-6.17
2.		其他区市	—	—	—	—	—	—	—

注:1.政府投资项包括财政、审计、各行政事业单位委托的项目;2.银川市不含三区两县建设项目

2001年工程造价咨询成果一览表

表4-9

序号	造价咨询类型		预算(控制价)编制		结 算 审 核				
	项目所属地区		个数(个)	造价(万元)	个数(个)	送审造价(万元)	审定造价(万元)	审增(减)造价(万元)	审减率(%)
一	所有项目		47	10,851.63	298	24,488.62	21,662.20	-2,826.42	-11.54
1	其中	银川市	42	9,735.82	297	24,483.33	21,657.74	-2,825.59	-11.54
2		其他区市	5	1,115.81	1	5.29	4.46	-0.83	-15.69

续表4-9

序号	造价咨询类型 / 项目所属地区		预算(控制价)编制		结算审核				
			个数(个)	造价(万元)	个数(个)	送审造价(万元)	审定造价(万元)	审增(减)造价(万元)	审减率(%)
二	政府投资建设项目		25	5,198.79	255	17,713.90	15,859.66	–1,854.24	–10.47
1	其中	银川市	24	4,853.42	254	17,708.61	15,855.20	–1,853.41	–10.47
2		其他区市	1	345.37	1	5.29	4.46	–0.83	–15.69
三	社会投资建设项目		21	4,907.97	43	6,774.72	5,802.54	–972.18	–14.35
1	其中	银川市	17	4,137.53	43	6,774.72	5,802.54	–972.18	–14.35
2		其他区市	4	770.44	—	—	—	—	—
四	房地产开发公司投资建设项目		1	744.87	—	—	—	—	—

注:1.政府投资项包括财政、审计、各行政事业单位委托的项目;2.银川市不含三区两县建设项目

2002年工程造价咨询成果一览表

表4-10

序号	造价咨询类型 / 项目所属地区		预算(控制价)编制		结算审核				
			个数(个)	造价(万元)	个数(个)	送审造价(万元)	审定造价(万元)	审增(减)造价(万元)	审减率(%)
一	所有项目		100	49,231.53	298	34,601.09	29,147.48	–5,453.61	–15.76
1	其中	银川市	96	48,840.46	286	33,057.43	27,834.51	–5,222.92	–15.80
2		其他区市	4	391.07	12	1,543.66	1,312.97	–230.69	–14.94
二	政府投资建设项目		65	31,198.90	241	24,900.84	20,940.71	–3,960.13	–15.90
1	其中	银川市	63	31,082.71	234	24,433.95	20,536.12	–3,897.83	–15.95
2		其他区市	2	116.19	7	466.89	404.59	–62.30	–13.34
三	社会投资建设项目		20	11,266.56	50	7,212.30	5,994.42	–1,217.88	–16.89
1	其中	银川市	18	10,991.68	45	6,135.53	5,086.04	–1,049.49	–17.11
2		其他区市	2	274.88	5	1,076.77	908.38	–168.39	–15.64
四	房地产开发公司投资建设项目		15	6,766.07	7	2,487.95	2212.35	–275.60	–11.08

注:1.政府投资项包括财政、审计、各行政事业单位委托的项目;2.银川市不含三区两县建设项目

2003年工程造价咨询成果一览表

表4-11

序号	造价咨询类型		预算(控制价)编制		结算审核				
	项目所属地区		个数(个)	造价(万元)	个数(个)	送审造价(万元)	审定造价(万元)	审增(减)造价(万元)	审减率(%)
一	所有项目		121	75,642.67	308	43,401.31	34,544.28	-8,857.03	-20.41
1	其中	银川市	107	72,667.92	292	37,937.39	30,429.99	-7,507.40	-19.79
2		其他区市	14	2,974.75	16	5,463.92	4,114.29	-1,349.63	-24.70
二	政府投资建设项目		60	50,429.79	239	33,638.76	26,654.24	-6,984.52	-20.76
1	其中	银川市	56	49,184.71	224	28,373.28	22,600.89	-5,772.39	-20.34
2		其他区市	4	1,245.08	15	5,265.48	4,053.35	-1,212.13	-23.02
三	社会投资建设项目		42	7,636.12	52	6,983.81	5,761.15	-1,222.66	-17.51
1	其中	银川市	32	5,906.45	51	6,785.37	5,700.21	-1,085.16	-15.99
2		其他区市	10	1,729.67	1	198.44	60.94	-137.50	-69.29
四	房地产开发公司投资建设项目		19	17,576.76	17	2,778.74	2,128.89	-649.85	-23.39

注:1.政府投资项包括财政、审计、各行政事业单位委托的项目;2.银川市不含三区两县建设项目

2004年工程造价咨询成果一览表

表4-12

序号	造价咨询类型		预算(控制价)编制		结算审核				
	项目所属地区		个数(个)	造价(万元)	个数(个)	送审造价(万元)	审定造价(万元)	审增(减)造价(万元)	审减率(%)
一	所有项目		46	27,844.27	346	47,908.54	39,368.20	-8,540.34	-17.83
1	其中	银川市	34	22,949.91	277	37,230.38	30,671.76	-6,558.62	-17.62
2		其他区市	12	4,894.36	69	10,678.16	8,696.44	-1,981.72	-18.56
二	政府投资建设项目		32	17,335.31	311	38,078.56	31,441.64	-6,636.92	-17.43
1	其中	银川市	21	12,456.64	243	27,405.67	22,749.24	-4,656.43	-16.99
2		其他区市	11	4,878.67	68	10,672.89	8,692.40	-1,980.49	-18.56
三	社会投资建设项目		7	4,601.99	32	9,549.41	7,736.00	-1,813.41	-18.99
1	其中	银川市	6	4,586.30	31	9,544.14	7,731.96	-1,812.18	-18.99
2		其他区市	1	15.69	1	5.27	4.04	-1.23	-23.34
四	房地产开发公司投资建设项目		7	5,906.97	3	280.57	190.56	-90.01	-32.08

注:1.政府投资项包括财政、审计、各行政事业单位委托的项目;2.银川市不含三区两县建设项目

2005年工程造价咨询成果一览表

表4-13

序号	造价咨询类型 项目所属地区		预算(控制价)编制		结算审核				
			个数(个)	造价(万元)	个数(个)	送审造价(万元)	审定造价(万元)	审增(减)造价(万元)	审减率(%)
一	所有项目		46	34,224.30	261	74,487.55	60,486.39	-14,001.16	-18.80
1	其中	银川市	28	31,361.66	215	54,461.45	44,508.91	-9,952.54	-18.27
2		其他区市	18	2,862.64	46	20,026.10	15,977.48	-4,048.62	-20.22
二	政府投资建设项目		29	17,904.97	201	54,120.45	45,876.22	-8,244.23	-15.23
1	其中	银川市	14	15,584.87	162	36,188.06	31,344.37	-4,843.69	-13.38
2		其他区市	15	2,320.10	39	17,932.39	14,531.85	-3,400.54	-18.96
三	社会投资建设项目		9	4,426.80	50	5,991.61	4,497.66	-1,493.95	-24.93
1	其中	银川市	6	3,884.26	43	3,897.90	3,052.03	-845.87	-21.70
2		其他区市	3	542.54	7	2,093.71	1,445.63	-648.08	-30.95
四	房地产开发公司投资建设项目		8	11,892.53	10	14,375.49	10,112.51	-4,262.98	-29.65

注:1.政府投资项包括财政、审计、各行政事业单位委托的项目;2.银川市不含三区两县建设项目

2006年工程造价咨询成果一览表

表4-14

序号	造价咨询类型 项目所属地区		预算(控制价)编制		结算审核				
			个数(个)	造价(万元)	个数(个)	送审造价(万元)	审定造价(万元)	审增(减)造价(万元)	审减率(%)
一	所有项目		59	18,553.12	355	132,197.69	95,083.12	-37,114.57	-28.08
1	其中	银川市	25	11,912.67	259	56,703.78	43,704.53	-12,999.25	-22.92
2		其他区市	34	6,640.45	96	75,493.91	51,378.59	-24,115.32	-31.94
二	政府投资建设项目		35	5,878.38	306	61,350.23	46,026.66	-15,323.57	-24.98
1	其中	银川市	12	2,135.83	224	48,887.43	36,183.50	-12,703.93	-25.99
2		其他区市	23	3,742.55	82	12,462.80	9,843.16	-2,619.64	-21.02
三	社会投资建设项目		20	8,978.92	44	67,205.91	45,609.35	-21,596.56	-32.13
1	其中	银川市	9	6,081.02	30	4,174.80	4,073.92	-100.88	-2.42
2		其他区市	11	2,897.90	14	63,031.11	41,535.43	-21,495.68	-34.10
四	房地产开发公司投资建设项目		4	3,695.82	5	3,641.55	3,447.11	-194.44	-5.34

注:1.政府投资项包括财政、审计、各行政事业单位委托的项目;2.银川市不含三区两县建设项目

2007年工程造价咨询成果一览表

表4-15

序号	造价咨询类型		预算(控制价)编制		结算审核				
	项目所属地区		个数(个)	造价(万元)	个数(个)	送审造价(万元)	审定造价(万元)	审增(减)造价(万元)	审减率(%)
一	所有项目		31	19,326.05	454	156,423.47	127,514.96	-28,908.51	-18.48
1	其中	银川市	12	15,047.89	357	139,390.08	114,352.28	-25,037.80	-17.96
2		其他区市	19	4,278.16	97	17,033.39	13,162.68	-3,870.71	-22.72
二	政府投资建设项目		25	15,203.39	422	87,668.57	66,030.81	-21,637.76	-24.68
1	其中	银川市	7	11,065.51	331	71,215.47	53,368.86	-17,846.61	-25.06
2		其他区市	18	4,137.88	91	16,453.10	12,661.95	-3,791.15	-23.04
三	社会投资建设项目		5	3,780.81	24	56,734.47	51,639.88	-5,094.59	-8.98
1	其中	银川市	4	3,640.53	18	56,154.18	51,139.15	-5,015.03	-8.93
2		其他区市	1	140.28	6	580.29	500.73	-79.56	-13.71
四	房地产开发公司投资建设项目		1	341.85	8	12,020.43	9,844.27	-2,176.16	-18.10

注:1.政府投资项包括财政、审计、各行政事业单位委托的项目;2.银川市不含三区两县建设项目

2008年工程造价咨询成果一览表

表4-16

序号	造价咨询类型		预算(控制价)编制		结算审核				
	项目所属地区		个数(个)	造价(万元)	个数(个)	送审造价(万元)	审定造价(万元)	审增(减)造价(万元)	审减率(%)
一	所有项目		73	40,338.22	313	95,874.87	85,479.39	-10,395.48	-10.84
1	其中	银川市	23	8,346.13	240	71,332.94	64,955.49	-6,377.45	-8.94
2		其他区市	50	31,992.09	73	24,541.93	20,523.90	-4,018.03	-16.37
二	政府投资建设项目		51	19,254.15	275	75,196.49	67,937.34	-7,259.15	-9.65
1	其中	银川市	14	4,744.39	205	51,562.09	48,236.69	-3,325.40	-6.45
2		其他区市	37	14,509.76	70	23,634.40	19,700.65	-3,933.75	-16.64
三	社会投资建设项目		21	19,545.70	29	10,916.39	9,144.84	-1,771.55	-16.23
1	其中	银川市	8	2,063.37	26	10,008.86	8,321.59	-1,687.27	-16.86
2		其他区市	13	17,482.33	3	907.53	823.25	-84.28	-9.29
四	房地产开发公司投资建设项目		1	1,538.37	9	9761.99	8397.21	-1,364.78	-13.98

注:1.政府投资项包括财政、审计、各行政事业单位委托的项目;2.银川市不含三区两县建设项目

2009年工程造价咨询成果一览表

表4-17

序号	造价咨询类型 / 项目所属地区		预算(控制价)编制		结算审核				
			个数(个)	造价(万元)	个数(个)	送审造价(万元)	审定造价(万元)	审增(减)造价(万元)	审减率(%)
一	所有项目		85	120,433.65	254	81,007.71	72,040.17	-8,967.54	-11.07
1	其中	银川市	55	88,975.85	217	75,185.87	67,101.51	-8,084.36	-10.75
2		其他区市	30	3,1457.80	37	5,821.84	4,938.66	-883.18	-15.17
二	政府投资建设项目		59	72,722.33	215	32,318.61	26,190.69	-6,127.92	-18.96
1	其中	银川市	40	55,913.02	184	27,970.29	22,302.06	-5,668.23	-20.27
2		其他区市	19	16,809.31	31	4,348.32	3,888.63	-459.69	-10.57
三	社会投资建设项目		15	15,900.11	34	40,883.35	38,607.62	-2,275.73	-5.57
1	其中	银川市	4	1,251.62	28	39,409.83	37,557.59	-1,852.24	-4.70
2		其他区市	11	14,648.49	6	1,473.52	1,050.03	-423.49	-28.74
四	房地产开发公司投资建设项目		11	31,811.21	5	7,805.75	7,241.86	-563.89	-7.22

注:1.政府投资项包括财政、审计、各行政事业单位委托的项目;2.银川市不含三区两县建设项目

2010年工程造价咨询成果一览表

表4-18

序号	造价咨询类型 / 项目所属地区		预算(控制价)编制		结算审核				
			个数(个)	造价(万元)	个数(个)	送审造价(万元)	审定造价(万元)	审增(减)造价(万元)	审减率(%)
一	所有项目		86	98,360.43	436	165,864.87	131,004.62	-34,860.25	-21.02
1	其中	银川市	54	65,475.07	311	123,680.27	97,263.85	-26,416.42	-21.36
2		其他区市	32	32,885.36	125	42,184.60	33,740.77	-8,443.83	-20.02
二	政府投资建设项目		53	67,123.04	319	129,966.23	101,413.12	-28,553.11	-21.97
1	其中	银川市	35	49,842.05	226	105,171.75	82,288.57	-22,883.18	-21.76
2		其他区市	18	17,280.99	93	24,794.48	19,124.55	-5,669.93	-22.87
三	社会投资建设项目		26	23,037.43	86	22,167.44	18,230.39	-3,937.05	-17.76
1	其中	银川市	12	7,433.06	54	4,777.32	3,614.17	-1,163.15	-24.35
2		其他区市	14	15,604.37	32	17,390.12	14,616.22	-2,773.90	-15.95
四	房地产开发公司投资建设项目		7	8,199.96	31	13,731.20	11,361.11	-2,370.09	-17.26

注:1.政府投资项包括财政、审计、各行政事业单位委托的项目;2.银川市不含三区两县建设项目

2011年工程造价咨询成果一览表

表4-19

序号	造价咨询类型		预算(控制价)编制		结算审核				
	项目所属地区		个数(个)	造价(万元)	个数(个)	送审造价(万元)	审定造价(万元)	审增(减)造价(万元)	审减率(%)
一	所有项目		104	160,083.01	476	217,967.10	178,841.26	-39,125.84	-17.95
1	其中	银川市	79	142,843.18	266	108,577.34	86,873.14	-21,704.20	-19.99
2		其他区市	25	17,239.83	210	109,389.76	91,968.12	-17,421.64	-15.93
二	政府投资建设项目		82	110,684.75	374	166,205.00	138,165.74	-28,039.26	-16.87
1	其中	银川市	57	93,444.92	190	78,659.38	63,693.04	-14,966.34	-19.03
2		其他区市	25	17,239.83	184	87,545.62	74,472.70	-13,072.92	-14.93
三	社会投资建设项目		16	8,081.72	97	48,614.52	37,906.90	-10,707.62	-22.03
1	其中	银川市	16	8,081.72	71	26,770.38	20,411.48	-6,358.90	-23.75
2		其他区市	—	—	26	21,844.14	17,495.42	-4,348.72	-19.91
四	房地产开发公司投资建设项目		6	41,316.54	5	3,147.58	2,768.62	-378.96	-12.04

注:1.政府投资项包括财政、审计、各行政事业单位委托的项目;2.银川市不含三区两县建设项目

2012年工程造价咨询成果一览表

表4-20

序号	造价咨询类型		预算(控制价)编制		结算审核				
	项目所属地区		个数(个)	造价(万元)	个数(个)	送审造价(万元)	审定造价(万元)	审增(减)造价(万元)	审减率(%)
一	所有项目		175	290,52.85	431	327,328.54	282,052.75	-45,275.79	-13.83
1	其中	银川市	129	222,838.81	170	134,418.69	104,003.74	-30,414.95	-22.60
2		其他区市	46	67,914.04	261	192,909.85	178,049.01	-14,860.84	-7.70
二	政府投资建设项目		128	237,939.89	308	271,991.91	238,904.33	-33,087.58	-12.16
1	其中	银川市	104	216,539.44	92	95,032.46	75,035.97	-19,996.49	-21.04
2		其他区市	24	21,400.45	216	176,959.45	163,868.36	-13,091.09	-7.40
三	社会投资建设项目		36	11,960.32	105	47,621.31	36,538.69	-11,082.62	-23.27
1	其中	银川市	25	6,299.37	78	39,386.23	28,967.77	-10,418.46	-26.45
2		其他区市	11	5,660.95	27	8,235.08	7,570.92	-664.16	-8.07
四	房地产开发公司投资建设项目		11	40,852.64	18	7,715.32	6,609.73	-1,105.59	-14.33

注:1.政府投资项包括财政、审计、各行政事业单位委托的项目;2.银川市不含三区两县建设项目

二、工程量清单及控制价编制

2003年2月17日，建设部批准颁布国家标准《建设工程工程量清单计价规范(GB50500—2003)》。2003年12月30日，自治区建设厅印发《宁夏回族自治区〈建设工程工程量清单计价规范〉实施办法》的通知。2004年5月，宁夏正业通工程咨询有限责任公司安排16人参加自治区建设厅举办的《宁夏回族自治区〈建设工程工程量清单计价规范〉实施办法》应用培训班的学习，逐步掌握了工程清单及控制价有关业务知识。

2008年以前，宁夏未强制实行《建设工程工程量清单计价规范(GB50500—2003)》，宁夏正业通工程咨询有限责任公司也未出具以清单计价模式的咨询报告。

2008年2月14日，受吴忠永盛建筑安装工程公司的委托，对吴忠恒枫乳业新建车间、宿舍综合楼、办公楼、锅炉房及附属工程进行工程量清单及投标报价的编制，为第一个采用工程量清单计价模式编制工程造价的项目。本项目由温鸿江担任技术负责人，共安排了8名技术人员，其中注册造价工程师5名。

是年7月21日，对湖南中烟工业公司吴忠卷烟厂联合工房办公楼装修工程标底以清单计价模式进行编制。该联合厂房办公用房三层，设计单位为中国烟草总公司合肥设计院。本项目综合取费按三类企业、二类工程计取，标底工程造价3,357,551元。

是年10月21日，对湖南中烟工业公司吴忠卷烟厂联合工房各系统管网及机电设备安装工程以清单计价模式进行编制。该工程位于宁夏吴忠市利通区，设计单位为中国烟草总公司合肥设计院。综合取费按二类企业、一类工程计取，标底工程造价21,196,669元。

2008年共出具工程量清单及控制价的编制报告3个，其中标底额1000万元以上的项目2个，编制标底额合计54,527,050元，共收取编制费用164,645元。

2008年7月9日，建设部批准发布新修订的国家标准《建设工程工程量清单计价规范(GB50500—2008)》，自2008年12月1日起实施。2009年1月14日，自治区建设厅印发关于贯彻执行《建设工程工程量清单计价规范(GB50500—2008)》的通知，自2009年3月1日起实施。

2009年4月，受宁夏博正代建公司的委托，对自治区财政厅建设的清馨饭店的景观工程进行工程量清单及招标控制价的编制。本工程共分绿化、客房南广场及栈道、北入口广场及滨水平台、标志墙及景墙、园路、土方及围墙、安装、门房土建、门房安装9个部分。同年4月，受银川市市政开发公司委托，对军区路道路给排水工程(丽子园北街—同心路)、大连路道路给排水工程(丽子园北街—同心路)进行工程量清单及招标控制价的编制。6月，受吴忠市工程项目代理建设办公室委托，对宁夏民族职业技术学院迁建项目一期总平面给排水、热力管网、道路硬化工程Ⅰ标段及Ⅱ标段进行工程量清单及招标控制价的编制。

是年,共出具工程量清单及控制价的编制报告29个,其中标底额1,000万元以上的项目5个,编制标底额合计236,863,201元,共收取编制费用661,565元。

2010年1月,受平罗县中医院委托,对平罗县中医院迁建工程进行工程量清单及招标控制价的编制。同月,受宁夏地质矿产勘察开发局委托,对宁夏地质博物馆工程进行工程量清单及招标控制价的编制。该工程位于银川市金凤区广场东路以东,贺兰山路以南。本工程为框架结构、四层。设计单位为清华大学建筑设计研究院。本工程综合取费按二类企业、二类工程计取,招标控制价32,756,688元。

是年3月,受石嘴山市星瀚市政产业集团委托,对石嘴山第三水厂及供水管网改扩建工程进行工程量清单及招标控制价的编制,招标控制价56,364,338元。4月,受贺兰县审计局委托,对贺兰县月亮湖高级中学项目进行工程量清单及招标控制价的编制,招标控制价67,625,641元。同月,受中卫市公安局沙坡头区分局委托,对中卫市公安局沙坡头区分局侦察指挥中心工程进行工程量清单及招标控制价的编制,招标控制价21,385,503元。

是年6月,受银川市公安局兴庆区分局委托,对银川市公安局兴庆区分局侦察监控中心工程进行工程量清单及招标控制价的编制,招标控制价27,244,536元。该工程位于银川市兴庆区。本工程主楼为八层框架结构,辅楼为四层框架结构,建筑面积9,182平方米。设计单位为宁夏建筑规划设计研究院。本工程按二类企业、二类工程计取,专业工程暂估价按4,372,134元(不含税金及劳保基金)计入。同月,受银川市住房保障局委托,对银川市房产交易大厦附楼室内装修工程进行工程量清单及招标控制价的编制,招标控制价27,853,895元。

是年7月,受宁夏水务投资公司委托,对宁夏水利博览馆工程进行工程量清单及招标控制价的编制,招标控制价17,904,448元。10月,受石嘴山市星瀚市政产业集团委托,对石嘴山市第三水厂及供水管网改扩建工程A区配水管网Ⅰ标段、Ⅱ标段进行工程量清单及招标控制价的编制,招标控制价46,702,225元。

是年,共出具工程量清单及控制价的编制报告45个,其中标底额1000万元以上的项目18个,编制标底额合计477,398,487元,共收取编制费用1,938,344元。

2011年1月,受吴忠市自来水公司委托,对吴忠市城市供水管网改造二期工程进行了工程量清单及招标控制价的编制,招标控制价24,069,268元。3月,受宁夏英力特房地产开发公司委托,对英力特大厦工程进行工程量清单及招标控制价的编制,招标控制价188,366,716元。7月受宁夏英力特房地产开发公司委托,对英力特鹤泉湖基地一期项目进行工程量清单及招标控制价的编制,招标控制价261,642,996元;7—9月受银川市住房保障局委托,对银川市老旧小区改造项目进行工程量清单及招标控制价的编制,招标控制价78,769,101元。

2011年，共出具工程量清单及控制价的编制报告49个，其中标底额1000万元以上的项目16个，编制标底额合计823,454,800元，共收取编制费用2,625,700元。

2012年4—8月受宁东投资公司委托，对宁东生活基地市政道路项目进行工程量清单及招标控制介的编制，招标控制价100,085,301元；4月受宁夏正丰房地产开发公司委托，对其代建的灵武市东塔镇体育中心——综合体育馆进行工程量清单及招标控制价的编制，招标控制价136,480,842元；5—9月受银川市住房保障局委托，对银川市部分老旧小区改造项目进行工程量清单及招标控制价的编制，招标控制价196,551,348元；7月受银川市唐徕公园委托，对银川市唐徕公园整治扩建六期工程（1—13合同段）进行工程量清单及招标控制价的编制，招标控制价90,309,227元；9月受银川市口腔医院委托，对银川市口腔1#综合楼迁建工程进行工程量清单及招标控制价的编制，招标控制价62,993,686元；10月受银川市城市建设投资股有限公司委托，对银川市标准化市场工程（丰盈、颐园、银丰、宁华园）项目进行工程量清单及招标控制价的编制，招标控制价55,160,883元。

2012年，共出具工程量清单及控制价的编制报告91个，其中标底额1000万元以上的项目29个，编制标底额合计1,085,968,453元，共收取编制费用3,659,866元。

2008—2012年工程量清单及控制价编制业务统计表

表4-21

年份	编制报告（份）	标底额1000万元以上项目（个）	标底额合计（元）	收取编制费用（元）
2008年	3	2	54,527,050	164,645
2009年	29	5	236,863,201	661,565
2010年	45	18	477,398,487	1,938,344
2011年	49	16	823,454,800	2,625,700
2012年	91	29	1,085,968,453	3,659,866

三、工程造价全过程咨询

自2008年起，宁夏正业通工程咨询有限责任公司共参与了湖南中烟工业公司吴忠卷烟厂联合工房技术改造项目、银川新华百货建发现代城店装饰装修工程、银川物美新华拉普斯森林公园水上中央商场、银川新华百货蓝梦大厦工程、银川市妇幼保健院二期、银川新华百货连锁超市贺兰太阳城店、银川新华百货老大楼改造装修项目、银川新华百货连锁超市佳保福店、银川晚报社、银川市口腔医院、吴忠市弘德包装有限责任公司11个项目的全过程咨询，其中5个项目已全部结束。

(一)湖南中烟工业公司吴忠卷烟厂联合工房技术改造工程 2008年3月6日～12日,作为投资监理,即工程造价控制咨询驻施工现场代表参加了建设方组织的考察活动,先后考察了徐州华正机电设备有限公司(主要生产烟草机械设备和环保设备)、徐州卷烟厂、山东滕州卷烟厂和南京卷烟厂、江苏宝应县宝应仁恒实业有限公司(主要生产糖香料厨房设备系统和气力式烟丝输送设备系统)、江阴市双良集团(主要考察锅炉设备)、上海渗耐防水系统公司(主要考察主厂房屋面防水材料)的生产情况。通过考察,对吴忠卷烟厂联合工房技术改造工程有了进一步了解。

2008年3月13日,正式进驻吴忠卷烟厂联合工房技术改造工程施工现场,开展建设工程项目施工全过程工程造价控制咨询工作,至2009年7月31日依据咨询合同的约定并与建设单位协商决定结束建设工程项目施工全过程工程造价控制咨询工作。

吴忠卷烟厂联合工房技术改造工程位于宁夏吴忠市利通区秦渠中华桥南侧489号,建筑面积19,507平方米,框架结构,独立基础,主体厂房一层、附属厂房二层、办公楼三层,建筑高度13.2米。主体工程中标价3,046万元,办公楼装饰工程中标价319.32万元,钢网架工程中标价528.54万元,钢格栅工程中标价454.05万元,各系统管网及机电设备安装工程合同价2,000万元,环氧树脂石英石地坪工程结算价290.22万元,屋面防水系统结算价156.41万元,室外及锅炉房工程中标价为901.27万元。建设时间为2008年3月15—2010年12月。

建设工程项目全过程造价控制咨询工作,是从工程项目的开工、施工及竣工全过程跟踪进行工程造价控制咨询服务。其主要工作内容包括:(1)全过程咨询业务的造价工程师常驻施工现场,随时掌握施工过程当中的有关工程造价的第一手资料,在施工现场随时进驻工地了解有关情况并做记录;(2)参加施工监理每周例会及建设方召开的工程会议约60余次;(3)对涉及工程造价的有关问题提出咨询意见;(4)审核建设方分包工程的招标文件和施工合同并提出合理化的咨询意见、其中包括招标文件、合同;(5)编制和审核招标范围以外及零星工程预结算书;(6)依据施工合同约定审核施工方报送的形象进度工程款支付申请表并签署意见近50份;(7)审核现场经济签证并签署意见近百份;(8)向建设方提供关于工程造价控制或工程投资情况的月报或汇报等。

(二)银川新华百货建发现代城店装饰装修工程 2010年5月,受银川新华百货商店股份有限公司委托,宁夏正业通工程咨询有限责任公司造价人员对银川新华百货建发现代城店装饰装修工程项目实施阶段进行全过程造价管理。此项目是委托方作为宁夏区内唯一的商业类上市公司,在首府银川市打造的第一个高档精品百货商店。本工程位于银川解放东街,装修设计单位为全兴广告装饰有限公司设计事务所上海设计事务所。此工程共划分为3个标段,于2010年6月进行公开招标,预算造价约为2,500万元。该工程合同约定开工日期为2010年6月12日,竣工日期为2010年8月31日。因各种原因,本工程于2010年10月16日竣工。2010年12月15日，在接到委托方转交的竣工结算资料后，开始了对该工程的项目结算，最终出具了结算审核报告，同时提出了优化工程造价相关建议：(1)此工程虽然经过招标，但清单中的一些项目特征没有进行准确描述，在施工管理和结算中会造成争议；(2)在招标前图纸应详尽，问题早澄清，作法早明确，在施工过程中尽量减少设计变更，以节省造价；(3)工程签证单中如出现能测能量的实体，应在签证中明确具体工程量，不要按一笔总价计入，便于定额计价与市场计价进行比较，使造价更加准确。

(三)银川物美新华拉普斯森林公园水上中央商场 2010年5月对此工程进行全过程造价控制。首先对此项目工程预付款及进度款拨付进行审核，为建设方拨付施工进度款提供有力的依据。每周给建设方财务部门、工程部门以及建设方北京总公司书面汇报工程施工进度以及工程质量情况。对于现场监理及施工方提出的设计变更及现场签证，及时给予合理性回复意见，为建设方现场代表对设计变更及现场签证的确认提供依据，对施工方提出的设备、主材价格进行确认，为建设方对各设备及主材价格的确认提供最直接的依据。对施工图预算及结算进行审核。本次审核内容包括图纸部分森林公园物美银川店装修改造、空调安装、电照安装、给排水工程。此次装修共两层，装修面积1.7万平方米。图纸内装修送审造价24,766,929元，审定造价14,163,844元，审减造价16,063,085元。图纸外装修送审造价10,584,881元，审定造价88,823,726元，审减造价1,761,155元。

(四)银川新华百货蓝梦大厦工程 2011年3月，对该工程进行全过程造价控制。该项目建筑面积共6,700平方米，包括土建及装修部分。图纸内预算审核主要包括土建部分。结算审核主要包括土建变更及签证部分、基坑支护工程、安全技术防范-视频监控系统蓝梦商厦、蓝梦商厦室内外装饰工程、空调热风幕系统、动力电、防火门工程、室外采暖工程、蓝梦店非实质性制作项目工程、蓝梦商厦消防工程、蓝梦商厦配电室配电安装工程。图纸内土建送审造价18,641,442元，审定造价13,676,386元，审减造价4,965,056元。结算送审造价25,024,221元，审定造价16,840,786元，审减造价8,183,435元。

(五)新华百货连锁超市贺兰太阳城店 2011年8月，对贺兰太阳城店装修项目进行全过程造价控制。该项目建筑面积共1.1万平方米，包括室内外装饰工程、非实质性制作项目工程、消防工程、贺兰店钢结构防火涂料工程。结算送审造价20,158,656元，审定造价14,153,477元，审减造价6,005,179元。

第二节 招标代理业务

招标代理的业务包括帮助招标人或受其委托拟定招标文件，依据招标文件的规定，审查投标人的资质，组织评标、定标等等；提供与招标代理业务相关的服务即指提供与招标活动有关的咨询、代书及其他服务性工作。

一、资质情况

2003年12月宁夏正业通工程咨询有限责任公司取得工程招标代理暂定级资质，开展招标代理业务。

2004年3月取得工程招标代理乙级资质，可以承接1亿元以下的投资的各类项目工程招标代理业务。2004年7月宁夏正业通工程咨询有限责任公司取得工程造价咨询企业甲级资质。

2007年宁夏正业通工程咨询有限责任公司获“全区建设工程招标代理机构先进单位”荣誉称号。

2011年7月宁夏正业通工程咨询有限责任公司获得财政部颁发的政府采购甲级资质。2011年12月升级为工程招标代理甲级资质。

二、业务情况

公司主要从事工程招标代理及政府采购代理业务，业务面覆盖宁夏回族自治区多个市县，工程招标代理项目以房屋建筑工程、市政工程施工及监理为主，政府采购代理项目以工程和服务采购为主。公司自开展招标代理业务以来，累计代理招标项目575项，累计中标金额62.21亿元。

2003年，招标部共完成一般工程建设项目招标代理业务11项，完成业务收入20余万元。其中，政府投资项目5项，自有资金投资6项。总中标金额11,734万余元，其中：政府投资2,454万余元，自筹资金9280余万元。代表性项目有：青青花园4#、5#、12#、13#住宅楼工程、银川市地税局综合办公楼工程、圣雪绒蓝山名邸项目、银川市二十二中教学楼工程等。主要服务委托方有：宁夏天骏房地产开发有限责任公司、银川市教育局、宁夏圣伦房地产开发有限公司等。

2004年，招标部完成一般工程建设项目招标代理业务7项，实现业务收入10万余元，全部为政府投资项目。总中标金额3419万余元。代表性项目有：银川市第十二中学项目、银川市北塔小学项目、银川市兴庆区名人文化广场景观工程、银川市客运管理处项目等。主要服务委托方有：银川市兴庆区教育局、银川市兴庆区国有资产投资控股有限公司、银川高级中学、银川市兴庆区市容环境卫生处、银川市客运管理处等。完成政府采购招标代理业务7项，业务收入2万余元。总中标金额275万余元。代表性项目有：银川唐徕回民中学校园维修工程、银川市二十二中玻璃幕墙工程、银川市二十二中多功能厅网架工程、银川市住房公积金管理中心办公楼维修工程等。主要服务委托方有：银川市兴庆区教育局、银川唐徕回民中学、银川市住房公积金管理中心等。

2005年，招标部共完成一般工程建设项目招标代理业务2项，实现业务收入5万余元，其中，政府投资项目1项，自有资金投资1项。总中标金额709万余元，其中：政府投资216万余元，自筹资金493万余元。代表性项目有：灵武市崇兴镇政府办公楼工程、汇川服装公司工业园一分厂厂房工程、汇川服装公司工业园综合楼工程。服务委托方有：灵武市崇兴镇人民政府、宁夏汇川服装有限公司。完成政府采购招标代理业务4项，业务收入1万余元，总中标金额88万余元。代表性项目有：银川唐徕回民中学学生食堂改造工程、银川唐徕回民中学阶梯教室配置媒体设备及播放设施工程、银川唐徕回民中学阶梯教室及会议室内部装饰工程、银川光华职业中专学校琴房改造工程。服务委托方有：银川光华职业中专学校、银川唐徕回民中学。

2006年，招标部共完成一般工程建设项目招标代理业务8项，全部为政府投资项目。实现业务收入25余万元，总中标金额2425万余元。代表性项目有：兴庆区大塘中心小学实验楼工程、兴庆区人民检察院综合楼建设工程、兴庆区月牙湖回民中学扩建工程、宁夏永宁国家粮食储备库建设工程、银川市垃圾转运站及公厕建设工程、银川二中旧址改造维修工程、中国农业银行发展分行招待所改造工程等。主要服务委托方有：银川市兴庆区教育局、银川市兴庆区人民检察院、宁夏永宁国家粮食储备库、银川市城管局、中国农业银行宁夏回族自治区分行等。

完成政府采购招标代理业务7项，实现业务收入33万余元。总中标金额455万余元。代表性项目有：银川市公安局办公楼维修改造工程、银川一职维修改造工程、银川唐徕回民中学维修改造工程、银川市实验中学通用技术教室建设工程、宁夏幼儿师范学校维修改造工程、银川市海宝塔寺管理所公厕建设及旧厕改造工程等。主要服务委托方有：银川市公安局、银川唐徕回民中学、宁夏幼儿师范学校、银川市海宝塔寺等。

2007年，招标部共完成一般工程建设项目招标代理业务2项，全部为政府投资项目，实现业务收入3万余元。总中标金额1434万余元。代表性项目有：银川市兴庆区第二小学迁建工程、银川市兴庆区建设交通局茂盛至掌镇公路工程。服务委托方有：银川市兴庆区教育局、银川市兴庆区建设交通局。

完成政府采购招标代理业务13项，业务收入12万余元。总中标金额812万余元。代表性项目有：银川市兴庆区农业综合开发月牙湖渠道改造工程、银川市公安局出入境接待大厅装修工程、银川市唐徕回民中学塑胶运动场建设工程、银川市第一幼儿园教学楼及办公楼暖气改造工程、原市政府及经贸委综合办公楼维修改造工程、银川市劳动就业服务中心维修改造工程等。主要服务委托方有：银川市兴庆区农业综合开发项目办公室、银川市实验中学、银川市公安局、银川市唐徕回民中学、银川市第一幼儿园、银川市机关事务管理局、银川市劳动就业服务局、宁夏幼儿师范学校等。

2008年，招标部共完成一般工程建设项目招标代理业务15项，业务收入13万余元。其中，政府投资项目7项，自有资金投资8项。总中标金额24,843万余元，其中：政府投资1,643万余元，自筹资金23,200万余元。代表性项目有：宁夏地质矿产勘查开发局职工学校仓库建设工程、纳家户民俗街工程、长兴花园A区工程、宁夏沃特供水有限责任公司办公楼建设工程、海泽西路排水泵综合办公服务楼建设工程、大武口汉唐庭院工程、宁夏利达国际机电城建设工程、美居华庭住宅小区一期工程、银川市城市客运交通管理处出租汽车培训服务中心建设工程等。主要服务委托方有：宁夏回族自治区地质矿产勘查开发局、宁夏汉唐房地产开发有限公司、银川市白云房地产开发有限公司、银川市市政工程管理处、宁夏华尊立达房地产有限公司、银川市金凤长城中路街道办事处保伏桥村村民委员会、宁夏光耀房地产开发有限公司、石嘴山市大武口区农牧水务科技局、银川市城市客运交通管理处等。

完成政府采购招标代理业务17项，业务收入30万余元。总中标金额1555万余元。代表性项目有：银川市公安局行动支队四楼装饰工程、银川市师资培训中心维修工程、银川市疾病预防控制中心绿化工程、银川第二十四中学塑胶运动场建设工程、银川市城市十五所小学非标准操场维修改造工程、银川市房管局旧区综合整治工程、宁夏幼儿师范学校操场看台建设工程、环境监测中心站旧房改造工程、银川市兴庆区农业综合开发月牙湖渠道改造工程等。主要服务委托方有：银川市公安局、银川市第二十四中学、银川市机关事务管理局、银川市师资培训中心、银川市口腔医院、银川市教育局、银川市房产管理局、银川市环境监测中心站、宁夏幼儿师范学校、银川市兴庆区农业综合开发项目办公室等。

2009年，招标部共完成一般工程建设项目招标代理业务31项，业务收入35万余元。其中，政府投资项目7项，自有资金投资24项。总中标金额111,888万余元，其中：政府投资12,581万余元，自筹资金99,306万余元。代表性项目有：银川市住房保障局“五里湖畔”道路-银川市纬度十四路、经九路、纬度十八路建设工程、大武口隆湖大道(山水大道—沙湖大道)道路改造工程施工及监理、建发现代城、海原县新区苋麻河景观生态长廊环境景观工程、中宁县撒不拉滩移民房工程土建、钢屋架施工、美居华庭项目、鲁银·城市公元二期工程、凤凰花园南区项目、锦祥家园项目、易大·紫荆花商务中心C座商务写字楼、建发宝湖湾一期工程、平罗县中医院新建(迁建)项目、银川·奥林匹克花园一期、长城花园西区项目等。主要服务委托方有：银川市住房保障局、石嘴山市大武口区建设交通局、宁夏易大房地产开发有限公司、银川建发集团股份有限公司、银川神州房地产开发有限公司、中宁县发展和改革局、中宁县民政局、宁夏光耀房地产开发有限公司、宁夏建工集团房地产开发有限公司、银川鲁银投资有限公司、银川市白云房地产开发有限公司、宁夏长城集团房地产开发有限公司等。

政府采购招标代理业务26项。总中标金额4617万余元，业务收入45万余元。代表性项目有：银川市水务局黄河标准化堤防兴庆段穿堤配套建筑工程、银川市水务局水资源实时监控与管理项目二期工程、银川市水务局红墩子供水泵站沉砂池护岸工程、银川市住房保障局旧区整治及直管公房维修工程、银川市览山公园场地及设施工程、银川市水务局西南防洪排水土方工程等。主要服务委托方有：银川市水务局、银川市环境监察支队、银川市市政工程管理处、银川市城市管理局、银川市公安局兴庆区分局、银川市规划管理局、银川市住房保障局、银川市地震局、银川市公安局交通警察支队、银川市览山公园等。

2010年，招标部共完成一般工程建设项目招标代理业务47项，其中，政府投资项目13项，自有资金投资34项。实现业务收入56万余元，总中标金额75,112万余元，其中：政府投资9593万余元，自筹资金61,491万余元。代表性项目有：平罗县中医院迁建工程施工、中国石油天然气运输公司宁夏分公司银川标准化配送中心及修理厂、海宝福星苑小区、鲁银·名邦豪庭一期、汉唐庭院北区、中华回族第一街项目、贺兰富龙·月湖名邸住宅小区（西区）项目、银水·卓然怡居项目、中卫市公安局沙坡头区分局侦查指挥中心工程施工、宁夏兴庆国家粮食储备库2.5万吨仓房扩建工程、宁夏青铜峡国家粮食储备库建设项目基础工程、华府万和城项目、友爱康居项目、灵武市大泉林场生态示范项目、白芨滩防沙林场2010年农业综合开发项目、鲁银·城市公元小区三期商品房项目、建发·宝湖湾（二期）项目、天地德科·未来城项目一期项目、银川市粮食局办公室装修工程等。主要服务委托方有：平罗县中医院、中国石油天然气运输公司宁夏分公司、银川众一集团房地产开发有限公司、银川鲁银投资有限公司、宁夏汉唐房地产开发有限公司、宁夏银水房地产开发有限责任公司、宁夏新思维房地产开发有限公司、宁夏富龙房地产开发有限公司、中卫市公安局沙坡头区分局、宁夏兴庆国家粮食储备库、宁夏青铜峡国家粮食储备库、银川市通城置业有限公司、灵武市大泉林场、灵武市白芨滩防沙林场、银川建发集团股份有限公司、宁夏天地德科房地产开发有限公司、银川市粮食局等。

完成政府采购招标代理业务28项，实现业务收入63万余元。总中标金额5245万余元。代表性项目有：银川市北部水系工程、银川书画院装修改造工程、银川市东南部水系整治配套建筑物工程、银川市兴庆区标准化堤防涵洞进出口砌护延伸工程、银川市2010年度城市道路排水管道维修工程、银川市政工程管理处城市盖板沟及防洪沟清淤工程、银川市文萃路高家闸排水沟桥工程、银川市住房保障局2010年专项维修与旧区整治工程、宁夏银川市阅海公园览山段护岸整治工程、银川市八里桥革命公墓园区维修工程、唐徕渠上海路至贺兰山路亮化工程、银川市良田渠改线工程、银川市水务局兴庆区标准化堤防穿堤沟道及水利配套建筑物综合整治工程施工、银川市体育局湖滨体育馆维修工程、银川市图书馆装修改造工程等。主要服务委托方有：银川市水务局、银川书画院、银川市市政工程管理处、银川市食品药品监督管理局、银川市住房保障局、宁夏阅海实业集团有限公司、银川市八里桥革命公墓、贺兰山岩画管理处、银川市实验中学、银川市路灯管理处、银川市园林管理局、银川市体育局、银川市图书馆等。

2011年，招标部共完成一般工程建设项目招标代理业务33项，其中，政府投资项目9项，自有资金投资24项。实现业务收入50万余元。总中标金额78,358万余元，其中：政府投资5157万余元，自筹资金65,493万余元。代表性项目有："银水卓然怡居"项目、华府万和城项目、天地德科未来城项目一期项目、贺兰富龙·月湖名邸住宅小区（西区）项目、黄河小镇项目、中国（灵武）再生资源产业示范基地项目、灵武市滨河大道亮化项目10千伏供电工程施工、白云·宝湖花园项目、灵武市崇兴镇农村环境连片整治示范项目、灵武市临河镇农村环境连片整治示范项目、灵武市梧桐树乡农村环境连片整治示范项目、贺兰国际饭店商业楼工程、吴忠市星河嘉城住宅小区二期工程、银川市侦查监控中心室内装修及会议系统工程、银川市侦察监控中心办案区建设及审讯综合指挥系统工程、灵武市滨河大道景观工程、灵武市郝家桥镇狼皮子梁生态移民养殖区南片区工程等。主要服务委托方有：宁夏银水房地产开发有限责任公司、银川市通城置业集团房地产有限公司、宁夏天地德科房地产开发有限公司、宁夏富龙房地产开发有限公司、银川众一集团房地产开发有限公司、宁夏达源再生资源开发有限公司、灵武市住房和城乡建设局、银川市白云房地产开发有限公司、灵武市崇兴镇人民政府、灵武市临河镇人民政府、灵武市梧桐树乡人民政府、贺兰圣凯龙国际饭店（有限公司）、宁夏新家源集团房地产开发有限公司、银川市公安局兴庆区分局、灵武市郝家桥镇人民政府等。

完成政府采购招标代理业务71项，实现业务收入83万余元。总中标金额7475万余元。代表性项目有：银川市良田渠改线工程（通达北街延伸段）施工、银川国际会展中心卫生间改造工程、2011年银川市道路桥梁维修工程、中国（银川）国际园林博览园规划设计创意及总体规划方案征集项目、唐徕回民中学维修改造工程、2011年"创城"市政基础设施维护工程、银川市住房保障局2011年专项与综合维修工程、银川市特殊教育中心场地改造工程、银川市工程项目代理建设办公室原市委大院综合办公楼维修改造工程、银川市北门社区等九个社区老年人活动中心装饰工程、银川市环保局黄河水质自动监测站站房建设及附属工程、2011年中阿经贸论坛安全警卫设备器材采购项目、银川市城管局公厕太阳能供暖及热辅助设备采购及安装工程、银川市道路及排水维修工程、银川市道路隐患整治工程、银川市交通运输局2011年危旧险桥改造工程施工及西夏区园林村公路施工中间及（竣）交工验收试验检测项目、银川市银西生态防护林管理处贺兰山东麓葡萄酒小镇（昊苑村片区）基础设施配套工程、银川市体育局运动休闲健身设施建设工程、银川市北寺、山河湾、永安、富华、荣锦苑共五个社区老年人活动中心改扩建工程、武警宁夏警卫局警卫装备采购项目等。主要服务委托方有：银川市水务局、银川市公安局、银川市第一人民医院、银川国际会议展览中心、银川市市政工程管理处、银川市粮食局、银川市兴庆区农业综合开发项目办公室、银川市广播电视台、银川市园林管理局、银川市规划管理局、银川市贺兰山岩画管理处、银川唐徕回民中学、银川市银西生态防护林管理处、银川市住房保障局、银川市节约用水办公室、银川市交通运输局、银川市人民检察院、银川市工程项目代理建设办公室、银川市实验中学、银川市民政局、银川市环境保护局、宁夏幼儿师范学校、中国人民武装警察警卫部队宁夏回族自治区警卫局后勤部、银川市社会保险事业管理局、银川市城市管理局等。

2012年，招标部共完成一般工程建设项目招标代理业务53项，其中，政府投资项目17项，自有资金投资36项。实现业务收入184万余元，总中标金额171,783万余元，其中：政府投资40,707万余元，自筹资金131,076万余元。代表性项目有：宁夏回族自治区第五人民医院石嘴山中山医院职业病防治综合楼项目、灵武市东干沟河道治理工程、贺兰县常信乡常兴居安居及中心村工程、龙马鼓楼财富广场一期工程、华雁湖畔A组团项目、银川晚报社文化产业园一期建设工程、灵武市狼皮梁生态移民安置区便民服务用房安置区、银川市公安局兴庆区分局通贵乡派出所办公楼、灵武市职业教育中心宿舍楼工程、悦海新天地购物广场项目、白云·宝湖花园项目、银川新华百货一至六层二次装修工程、百瑞源（中国）枸杞研发中心综合楼工程、贺兰·惠兰园D区项目、银川市西夏区芦花洲安置区建设项目、灵武市G211联络线古窑子至青铜峡段配套农村公路建设工程、月湖荣庭住宅小区、年产1150万平方米输送带项目、长河湾国际生态度假中心等。主要服务委托方有：宁夏回族自治区第五人民医院石嘴山中山医院、灵武市水利工程建设管理中心、宁夏新月房地产开发有限公司、银川龙马房地产开发有限公司、银川市白云房地产开发有限公司、银川晚报社、灵武市住房和城乡建设局、银川市公安局兴庆区分局、灵武市教育体育局、银川市金凤区人民政府、银川市金凤区上海西路街道办事处、宁夏长城集团房地产开发有限公司、银川新华百货老大楼有限公司、银川泰丰生物科技有限公司、宁夏悦海新天地房地产开发有限公司、银川力鼎房地产开发有限公司、宁夏富兴达房地产开发集团有限公司、宁夏荣世房地产开发有限公司、宁夏正基房地产开发有限公司、宁夏沙湖旅游股份有限公司、宁夏长河湾投资置业有限公司等。

完成政府采购招标代理业务141项，实现业务收入300万余元。总中标金额32,600万余元。代表性项目有：银川市银西生态防护林管理处银川市园林场酒庄建设基础设施配套工程、银川市东南部水系改造关湖至东湖水系连通工程施工、银川市拦洪库上车道路及排洪沟道道路及林带工程施工、银川市银西生态防护林管理处贺兰山东麓葡萄酒小镇水源一期、银川市市政工程管理处2012年道路及桥梁维修工程、银川市爱伊河水系景观工程设计、银川市日处理200吨垃圾填埋场渗滤液处理工程设备采购项目、银西防护林扬水工程施工、银川市城市综合交通体系规划采购项目、银川市西夏公园院内改造项目施工、银川市银西生态防护林管理处葡萄酒庄外围基础设施配套道路工程、宁夏高标准基本农田建设项目2012年兴庆区通贵乡项目及西夏区宁夏枸杞研究所项目测量及初设项目、银川市绿化养护管理站第九届园博会北京园博园建设项目、银川市交警支队新建办公楼中心机房建设工程、银川市园林局爱伊河两岸2012年改造项目、银川市公安局指挥系统平移改造增补系统建设工程、宁夏沙湖旅游区海狮表演馆及景区鸟岛木栈道工程、银川市医保中心医保服务大厅建设及配套工程、银川市公安局西夏区分局西花园派出所功能区改造工程、银川市公安局刑侦局执法规范化系统项目、银川市城管局办公楼装修工程、银川市环保局黄河银川入境水质自动监测站项目、银川市土地整理中心土地整理项目、银川市公安局兴庆区分局派出所改造工程、宁夏金沙林场酿酒葡萄深加工项目发酵储酒设备采购及安装工程、银川市民政局社区老年人活动中心建设及装修工程施工、银川市住房保障局网络建设工程(二期)项目、银川市公安局交通警察支队指挥中心建设项目、银川市公安局互联网综合应用平台建设项目、兴庆区2012年掌政镇碱富桥强家庙中低产田改造林网项目建设工程、银川市水务局迎宾馆水系建设工程施工、银川市水务局银川舰安置配套工程、银川市水务局七子连湖湿地公园水系工程施工、银川市卫生局社区卫生服务机构用房装修改造工程、银川市水务局红墩子泵站绿化临时扬水工程施工等。主要服务委托方有:银川市银西生态防护林管理处、银川市交通运输局、银川市公安局西夏区分局、宁夏回族自治区银川市中级人民法院、银川市湿地管理办公室、银川市环境保护局、银川市水务局、银川市市政工程管理处、银川市园林管理局、银川市城市管理局、银川市唐徕回民中学、银川市民政局、宁夏沙湖旅游股份有限公司、银川市国土资源局、银川市公安局交通警察支队、银川市绿化养护管理站、银川市土地整理中心、银川市医疗保险事务管理中心、银川市机关事务管理局、银川市道路运输管理局、银川市高级中学、银川市上前城地区人民检察院等。

2003—2012年招标代理业务数量统计表

表4-22　　单位:项

年份	一般工程建设项目数量	政府采购项目	年份	一般工程建设项目数量	政府采购项目
2003	11	0	2008	15	17
2004	7	7	2009	31	26
2005	2	4	2010	47	28
2006	8	7	2011	33	71
2007	2	13	2012	53	141

2003—2012年招标代理业务收入情况统计表

表4-23　　单位:项、万元

年份	一般工程建设项目数量(项)	政府采购项目(万元)	年份	一般工程建设项目数量(项)	政府采购项目(万元)
2003	20	0	2008	13	30
2004	10	2	2009	35	45
2005	5	1	2010	56	63
2006	25	33	2011	50	83
2007	3	12	2012	184	300

2003—2012年招标代理主要客户情况表

表4-24

年份	单位名称
2003	宁夏天骏房地产开发有限责任公司、银川市教育局、宁夏圣伦房地产开发有限公司
2004	银川市兴庆区教育局、银川市兴庆区国有资产投资控股有限公司、银川高级中学、银川市兴庆区市容环境卫生处、银川市客运管理处、银川唐徕回民中学、银川市住房公积金管理中心
2005	灵武市崇兴镇人民政府、宁夏汇川服装有限公司、银川光华职业中专学校、银川唐徕回民中学
2006	银川市兴庆区教育局、银川市兴庆区人民检察院、宁夏永宁国家粮食储备库、银川市城管局、中国农业银行宁夏回族自治区分行、银川市公安局、银川唐徕回民中学、宁夏幼儿师范学校、银川市海宝塔寺
2007	银川市兴庆区教育局、银川市兴庆区建设交通局、银川市兴庆区农业综合开发项目办公室、银川市实验中学、银川市公安局、银川市唐徕回民中学、银川市第一幼儿园、银川市机关事务管理局、银川市劳动就业服务局、宁夏幼儿师范学校
2008	宁夏回族自治区地质矿产勘查开发局、宁夏汉唐房地产开发有限公司、银川市白云房地产开发有限公司、银川市市政工程管理处、宁夏华尊立达房地产有限公司、银川市金凤长城中路街道办事处保伏桥村村民委员会、宁夏光耀房地产开发有限公司、石嘴山市大武口区农牧水务科技局、银川市城市客运交通管理处、银川市公安局、银川市第二十四中学、银川市机关事务管理局、银川市师资培训中心、银川市口腔医院、银川市教育局、银川市房产管理局、银川市环境监测中心站、宁夏幼儿师范学校、银川市兴庆区农业综合开发项目办公室
2009	银川市住房保障局、石嘴山市大武口区建设交通局、宁夏易大房地产开发有限公司、银川建发集团股份有限公司、银川神州房地产开发有限公司、中宁县发展和改革局、中宁县民政局、宁夏光耀房地产开发有限公司、宁夏建工集团房地产开发有限公司、银川鲁银投资有限公司、银川市白云房地产开发有限公司、宁夏长城集团房地产开发有限公司、银川市水务局、银川市环境监察支队、银川市市政工程管理处、银川市城市管理局、银川市公安局兴庆区分局、银川市规划管理局、银川市住房保障局、银川市地震局、银川市公安局交通警察支队、银川市览山公园
2010	平罗县中医院、中国石油天然气运输公司宁夏分公司、银川众一集团房地产开发有限公司、银川鲁银投资有限公司、宁夏汉唐房地产开发有限公司、宁夏银水房地产开发有限责任公司、宁夏新思维房地产开发有限公司、宁夏富龙房地产开发有限公司、中卫市公安局沙坡头区分局、宁夏兴庆国家粮食储备库、宁夏青铜峡国家粮食储备库、银川市通城置业有限公司、灵武市大泉林场、灵武市白芨滩防沙林场、银川建发集团股份有限公司、宁夏天地德科房地产开发有限公司、银川市粮食局、银川市水务局、银川书画院、银川市市政工程管理处、银川市食品药品监督管理局、银川市住房保障局、宁夏阅海实业集团有限公司、银川市八里桥革命公墓、贺兰山岩画管理处、银川市实验中学、银川市路灯管理处、银川市园林管理局、银川市体育局、银川市图书馆
2011	宁夏银水房地产开发有限责任公司、银川市通城置业集团房地产有限公司、宁夏天地德科房地产开发有限公司、宁夏富龙房地产开发有限公司、银川众一集团房地产开发有限公司、宁夏达源再生资源开发有限公司、灵武市住房和城乡建设局、银川市白云房地产开发有限公司、灵武市崇兴镇人民政府、灵武市临河镇人民政府、灵武市梧桐树乡人民政府、贺兰圣凯龙国际饭店(有限公司)、宁夏新家源集团房地产开发有限公司、银川市公安局兴庆区分局、灵武市郝家桥镇人民政府;银川市水务局、银川市公安局、银川市第一人民医院、银川国际会议展览中心、银川市市政工程管理处、银川市粮食局、银川市兴庆区农业综合开发项目办公室、银川市广播电视台、银川市园林管理局、银川市规划管理局、银川市贺兰山岩画管理处、银川唐徕回民中学、银川市银西生态防护林管理处、银川市住房保障局、银川市节约用水办公室、银川市交通运输局、银川市人民检察院、银川市工程项目代理建设办公室、银川市实验中学、银川市民政局、银川市环境保护局、宁夏幼儿师范学校、武警部队宁夏回族自治区警卫局后勤部、银川市社会保险事业管理局、银川市城市管理局

续表4–24

年份	单位名称
2012	宁夏回族自治区第五人民医院石嘴山中山医院、灵武市水利工程建设管理中心、宁夏新月房地产开发有限公司、银川龙马房地产开发有限公司、银川市白云房地产开发有限公司、银川晚报社、灵武市住房和城乡建设局、银川市公安局兴庆区分局、灵武市教育体育局、银川市金凤区人民政府、银川市金凤区上海西路街道办事处、宁夏长城集团房地产开发有限公司、银川新华百货老大楼有限公司、银川泰丰生物科技有限公司、宁夏悦海新天地房地产开发有限公司、银川力鼎房地产开发有限公司、宁夏富兴达房地产开发集团有限公司、宁夏荣世房地产开发有限公司、宁夏正基房地产开发有限公司、宁夏沙湖旅游股份有限公司、宁夏长河湾投资置业有限公司;银川市银西生态防护林管理处、银川市交通运输局、银川市公安局西夏区分局、宁夏回族自治区银川市中级人民法院、银川市湿地管理办公室、银川市环境保护局、银川市水务局、银川市市政工程管理处、银川市园林管理局、银川市城市管理局、银川市唐徕回民中学、银川市民政局、宁夏沙湖旅游股份有限公司、银川市国土资源局、银川市公安局交通警察支队、银川市绿化养护管理站、银川市土地整理中心、银川市医疗保险事务管理中心、银川市机关事务管理局、银川市道路运输管理局、银川市高级中学、银川市上前城地区人民检察院

第三节　工程造价司法鉴定

公司自2001年开始提供工程造价鉴定服务,包括各级法院、检察院、公安局等司法部门委托的工程造价司法鉴定和仲裁机构委托的工程造价鉴定,但主要以司法部门委托的司法鉴定为主,仲裁机构委托的鉴定很少,仲裁造价鉴定都是参照司法鉴定模式开展工作。

2001年5月受银川市新城区法院委托,对银川金属镁厂张福寿施工工程量进行造价鉴定,最终鉴定造价为55,951元;2001年8月受银川市仲裁委委托,对银华二区3#、8#住宅楼变更签证造价进行鉴定,最终鉴定造价为439,202元。2001年共出具造价鉴定报告2项,收取鉴定费用7000元。

2002年3月受银川市仲裁委委托,因宁夏第五建筑工程公司与宁夏化工厂安装检修厂结算金额纠纷,对宁夏化工厂冲灰冲渣电气改造工程进行造价鉴定,最终鉴定造价为161,759元;2002年6月受固原市人民法院委托,对固原广夏商贸公司综合楼工程部分项目进行造价鉴定,最终鉴定造价为129,509元;2002年10月受银川市城区法院委托,因原告张全友诉宁夏隆成建筑有限公司建筑工程承包纠纷,对银川市公安局附属工程进行造价鉴定,最终鉴定造价为284,034元。2002年出具造价司法鉴定报告3项,收取鉴定费用7000元。

2003年4月受银川市中级人民法院委托,对宁夏姚叶高速公路第K合同段部分路段土方工程量进行鉴定,最终鉴定回填土方工程量为13.6万立方米;2003年4月受贺兰县人民法院委托,对贺兰县团结巷开发改造1#、2#楼工程中董建国所干工程量及造价进行鉴定,最终鉴定双方有争议的部分造价为71,570元;2003年10月受平罗县人民法院委托，对平罗琪乐冷饮厂造价鉴定，最终鉴定造价为113,422元；2003年12月受银川市中级人民法院委托，对宁夏体育馆场地装修工程进行造价鉴定，最终鉴定造价为48,725元；2003年共出具司法鉴定报告4项，收取鉴定费用7000元。

2004年3月受石嘴山市人民法院委托，对青青园小区5#楼进行造价鉴定，最终鉴定造价为397,737元；2004年出具司法鉴定报告1项，收取鉴定费用4000元。

2004年12月25日，公司组织十位同志参加了由自治区司法厅组织的“全区司法鉴定法律业务综合知识培训班”，提高了司法鉴定人的专业知识，为以后鉴定工作的更加规范奠定了基础。

2005年，公司没有接到司法鉴定委托项目。

2005年2月28日全国人民代表大会常务委员会通过了《关于司法鉴定管理问题的决定》，规定由省级人民政府司法行政部门对开展司法鉴定业务的鉴定人和鉴定机构实行登记管理制度，对具备条件的鉴定人和鉴定机构进行申请登记。2005年9月12日宁夏司法厅发布《关于统一开展编制和公告〈国家司法鉴定人和司法鉴定机构名册〉工作的通知》，宁夏正业通工程咨询有限责任公司积极组织上报资料，经过初审和终审，2006年1月10日依据《宁夏回族自治区司法厅准予行政许可决定书(宁司许决字〔2006〕第7号)》，公司取得“工程造价司法鉴定”资格，司法鉴定许可证号:641061201，有效期:2006年1月10日至2011年1月9日。共有十人取得“工程造价司法鉴定类”司法鉴定人资格。

2006年8月受平罗县检察院委托，对陶乐县水务局住宅楼工程进行造价鉴定，此工程建设单位为陶乐县水务局，施工单位为宁夏冶金建设有限公司，最终鉴定造价为1,606,232元；2006年10月受吴忠市人民法院委托，对吴忠市裕西小区3#、4#、14#楼进行造价鉴定，此工程建设单位为吴忠市大地房地产开发公司，施工单位为吴忠市第二建筑公司，最终鉴定造价为4,577,416元；2006年共出具司法鉴定报告2项，收取鉴定4.66万元。

2007年8月，受吴忠市中级人民法院委托，对吴忠市秦渠建筑公司诉吴忠市金鹰粮贸有限公司施工合同纠纷一案中的变更签证造价进行鉴定，此项目合同金额294.78万元，完工后原告提出施工过程中增加了许多变更签证应增加费用，被告认为施工中并未按照设计图纸施工，施工方降低楼房高度、降低混凝土标号、防水不合格存在漏水现象等，不同意增加费用，认为还应减少费用，双方发生激烈争吵，矛盾很大。公司通过现场勘察、查阅资料和认真计算，最终增减相抵以后应追加工程款47,432元。鉴定结果出具后双方都表示接受，在法院的协调下双方达成了一致。此项目司法鉴定收费虽然只有8000元，但却让当事人双方尽释前嫌、化解了矛盾。

2007年8月7日，司法部发布《司法鉴定程序通则》，是年，公司完善了司法鉴定程序，修订了工程造价司法鉴定报告格式，制定了统一的模板，从报告编号、字体、文字大小到报告内容、子目设置、说明事项都进行了严格详细的规定，使得出具的司法鉴定报告更加规范。

2008年8月,接受银川市兴庆区人民法院委托,对石中高速公路石嘴山连接线三合同段马银成施工部分造价进行鉴定,鉴定造价2,250,529元;2008年10月受中卫市中级人民法院委托,对海原文联路商业街1B号商住楼造价进行鉴定,最终鉴定造价为2,810,565元;2008年出具司法鉴定报告2项,收取鉴定费用45,000元。

2009年是公司司法鉴定业务突飞猛进的一年,出具鉴定报告11项,鉴定总金额达到1275万元,收取鉴定费用达到162,285元,其中接受兴庆区人民法院委托4项,鉴定金额170.45万元;金凤区人民法院委托1项,鉴定金额4.5万元;灵武市人民法院委托1项,鉴定金额60万元;永宁县人民法院委托1项,鉴定金额42.2万元;银川市人民中院委托3项,鉴定金额349.6万元;宁夏高级人民法院委托1项,鉴定金额648.2万元。

2010年,共出具鉴定报告10项,鉴定总金额达到3363万元,收取鉴定费用256,900元,比2009年增长58.3%,而且单项司法鉴定额明显增大,出现了单项超过1000万元的项目,如受银川市公安局委托,对银川市光华门市场工程造价进行鉴定,鉴定金额达到1125万元。

2011年,公司司法鉴定业务出现了三个单项收费超过10万元的项目,虽然鉴定报告出具了6项,但鉴定总金额达到5262万元,收取鉴定费用521,000元,比2010年增长102%,最大的项目是接受西夏区人民法院委托对燕葆花园西区二期22#~30#住宅楼工程进行造价鉴定,总鉴定金额达到2638万元。

2012年,公司出具司法鉴定报告5个,鉴定金额合计6642万元,收取鉴定费用423,184元。值得一提的是,五个诉讼案件中两个金额较大的案件均为施工单位起诉房地产开发公司不按合同约定支付工程款。其中一个是宁夏机械化工程总公司诉宁夏泰德房地产开发公司,对其施工的西夏区泰德宽庭花园1#~11#、13#楼、自行车棚、道路硬化等已完工程进行造价鉴定。现场勘查时项目已经完工,住户均已入住,但开发商拒不支付工程款,经鉴定工程造价为3955万元。另外一个是宁夏新月建筑公司诉宁夏鸿雪隆房地产开发公司,对其施工的贺兰县文化商业广场2-2、2-3、2-4、2-5、2-6号楼已完工程进行造价鉴定。现场勘察发现,项目未完工已成烂尾楼,开发商无法将项目完工,已经将项目转让,但却未与施工方结算。经鉴定工程造价为2086万元。

第五章 资产评估

第一节 综合业务

1992年，银川市会计师事务所评估部共完成评估业务3笔，分别为银川清真罐头厂投入夏华清真食品有限公司番茄酱生产线的评估、银川市燃料公司投入银川石油运销有限公司设备的评估以及银川市公共交通公司投入银川出租汽车股份公司固定资产的评估，其中银川清真罐头厂的评估是银川市会计师事务所成立以来的第一笔评估业务。

1993年银川市开始国有企业改制，银川市会计师事务所评估部全年共完成评估业务11笔，有10家国有企业股份制改制的评估和1家国有企业对外投资的评估。国有企业改制的有银川凤城五金交电大楼、新味斋清真餐厅、银川利民小百货商店、小笼包子馆、老火车站旅馆、唐徕小区清真肉食门市部、唐徕小区猪肉肉食门市部、银川市印章厂、纬四路商场和银川摩托车修理厂；国有企业对外投资的是银川新材厂投入银川市富银活性炭有限公司的固定资产评估。

1994年共完成评估业务11笔，有10家国有企业股份制改制的评估和1家国有企业对外投资的评估。国有企业改制的有银川市汽车配件公司、银川市酒厂、中房集团银川房地产开发总公司、银川市时新服装厂、银川服装鞋帽皮革工业供销公司、宁夏华丰房地产开发公司、宁夏发酵厂、中房银川公司建材装饰分公司和新华百货商店；国有企业对外投资的是银川市新城西夏曙光金属制品厂投入宁夏特种水产养殖有限责任公司固定资产的评估。新华百货商店的改制评估是银川市会计师事务所出具的第一份收益法评估报告。

1995年共完成评估业务12笔，有7家国有企业股份制改制的评估、4家房产交易的评估和1家对外投资的评估。国有企业改制的主要有银川皮鞋总厂、银川瓦楞纸厂、银川制革厂和银川新材厂等。

1996年共完成评估业务14笔，有10家国有企业股份制改制的评估、3家房地产交易的评估和1家车辆的评估。国有企业改制的主要有银川服装鞋帽皮革产品批发部、银川皮鞋总厂、银川市汽车配件厂、银川化工厂、银川造纸厂、宁夏金羚摩托车有限公司、银川火柴厂和银川五宝床具总厂等。

1997年共完成评估业务41笔，有35家国有企业股份制改制的评估、3家房地产交易的评估、2家车辆的评估和1家机器设备的评估。国有企业改制的主要有银川建设发展集团、银川轻化工业供销总公司、银川地区汽车配件公司、银川市农业机械公司、银川服装鞋帽皮革工业公司综合贸易公司、银川市劳动保护用品公司、银川市文化用品公司、银川市迎宾楼清真饭庄等。

1998年共完成评估业务63笔。其中，资产出售涉及到的评估有7笔，抵押贷款评估7笔，企业改制评估36笔，核实资产价值评估11笔，企业破产清算评估2笔。

1999年共完成评估业务53笔。其中，对外投资的评估13笔，抵押贷款评估6笔，企业改制评估29笔，核实资产价值评估4笔，司法鉴定评估1笔。

2000年，宁夏正业通会计师事务所评估部共完成评估业务134笔。其中，资产出售涉及到的评估有6笔，对外投资的评估14笔，抵押贷款评估20笔，企业改制评估68笔，资产剥离评估1笔，会计入账评估2笔，核实资产价值评估6笔，资产拍卖评估2笔，企业破产清算评估8笔，拆迁补偿评估2笔，资产重组评估5笔。

2001年共完成评估业务94笔。其中，资产出售涉及到的评估有2笔，对外投资的评估37笔，经济案件鉴定2笔，抵押贷款评估9笔，企业改制评估28笔，资产交易评估1笔，会计入账评估2笔，核实资产价值评估4笔、资产拍卖评估2笔，企业破产清算评估7笔。

2002年共完成评估业务61笔。其中，资产出售涉及到的评估有8笔，对外投资的评估16笔，抵押贷款评估6笔，企业改制评估13笔，资产交易评估1笔，会计入账评估3笔；核实资产价值评估1笔，资产拍卖评估2笔，企业破产清算评估8笔，课税评估1笔，资产补偿评估1笔，中外合资评估1笔，企业兼并评估3笔。

2003年共完成评估业务74笔。其中，资产出售涉及到的评估有3笔，对外投资的评估17笔，抵押贷款评估4笔，资产抵账（顶账）评估2笔，企业改制评估24笔，企业资产合并评估1笔，核实资产价值评估2笔，资产拍卖评估13笔，企业破产清算评估4笔，资产收购评估1笔，清产核资评估2笔，企业咨询评估1笔。

2004年共完成评估业务105笔。其中，资产出售涉及到的评估有9笔，对外投资的评估30笔，抵押贷款评估2笔，股权评估（转让）3笔，企业改制评估14笔，债务重组评估15笔，核实资产价值评估13笔，资产拍卖评估11笔，企业破产清算评估5笔，置换资产评估1笔，清偿债务评估1笔，企业搬迁补偿评估1笔。

2005年共完成评估业务72笔。其中，资产出售涉及到的评估有9笔，对外投资的评估10笔，抵押贷款评估4笔，股权评估1笔，企业改制评估2笔，核实资产价值评估21笔，资产拍卖评估8笔，企业破产清算评估3笔，资产转让评估8笔，清偿债务评估6笔。

2006年，以公司制为核心的国有企业改革带动了资产评估行业的快速发展，宁夏天华会计师事务所评估部共完成评估业务109笔。其中，资产出售涉及到的评估有10笔，对外投资的评估17笔，抵押贷款评估16笔，股权转让评估4笔，企业改制评估17笔，拆迁补偿评估4笔，核实资产价值评估18笔，资产拍卖评估8笔，企业破产清算评估3笔，资产收购评估1笔，诉讼保全评估1笔，司法鉴定评估5笔，债权测评5笔。

2007年3月经自治区财政厅批准，宁夏天华会计师事务所评估部成立专业化的资产评估机构——宁夏正业通资产评估有限责任公司。是年，公司共完成评估业务86笔。其中，资产出售涉及到的评估有10笔，对外投资的评估21笔，抵押贷款评估7笔，企业改制评估7笔，资产置换评估3笔，核实资产价值评估22笔，资产拍卖评估2笔，企业破产清算评估4笔，拆迁补偿评估5笔，司法鉴定评估2笔，债权测评3笔。

2008年共完成评估业务86笔。其中，资产出售涉及到的评估有7笔，对外投资的评估14笔，抵押贷款评估16笔，企业改制评估4笔，核实资产价值评估20笔，资产拍卖评估3笔，企业破产清算评估1笔，资产转让评估4笔，拆迁补偿评估2笔，资产重组评估1笔，资产入账评估1笔，司法鉴定评估13笔。

2009年共完成评估业务56笔。其中，资产出售涉及到的评估有8笔，对外投资的评估7笔，抵押贷款评估10笔，企业改制评估1笔，核实资产价值评估18笔，资产拍卖评估2笔，资产重组评估7笔，司法鉴定评估3笔。

2010年共完成评估业务91笔。其中，资产出售涉及到的评估有13笔，对外投资的评估10笔，抵押贷款评估25笔，企业改制评估5笔，核实资产价值评估17笔，增资扩股评估1笔，企业破产清算评估1笔，拆迁补偿评估2笔，企业合并评估1笔，清产核资评估6笔，企业重组评估1笔，司法鉴定9笔。

2011年共完成评估业务86笔。其中，资产出售涉及到的评估有15笔，对外投资的评估6笔，抵押贷款评估18笔，企业改制评估3笔，核实资产价值评估8笔，会计入账评估6笔，资产拍卖评估1笔，企业破产清算评估1笔，拆迁补偿评估11笔，企业合资评估2笔，划转资产评估1笔，涉案资产评估1笔，企业重组评估1笔，资产转让评估7笔，司法鉴定5笔。

2012年共完成评估业务141笔。其中，资产出售涉及到的评估有23笔，资产出资评估12笔，抵押贷款评估32笔，企业改制评估2笔，核实资产价值评估11笔，会计入账评估6笔，资产拍卖评估2笔，企业破产清算1笔，拆迁补偿评估13笔，企业合资评估2笔，涉案资产评估1笔，企业重组评估1笔，资产转让评估8笔，司法鉴定4笔，资产担保评估1笔，股权转让评估2笔，调整股权结构评估1笔，资产收购评估18笔，核销资产评估1笔。

1992—2012年资产评估综合业务统计表

表5-1

年　份	评估业务(笔)	业务收入(元)	年　份	评估业务(笔)	业务收入(元)
1992年	3	—	2003年	74	138.40
1993年	11	—	2004年	105	130.00
1994年	11	—	2005年	72	151.00
1995年	12	—	2006年	109	180.00
1996年	14	—	2007年	86	144.36
1997年	41	—	2008年	86	165.00
1998年	63	—	2009年	56	126.00
1999年	53	—	2010年	91	259.87
2000年	134	—	2011年	86	237.44
2001年	94	—	2012年	141	474.33
2002年	61	88.58	—	—	—

1992—2012年资产评估综合业务评估企业名表

表5-2

年份	单位名称
1992年	夏华清真食品有限公司番茄酱生产线、银川石油运销有限公司设备、银川出租汽车股份公司、宁夏银川清真罐头厂
1993年	银川凤城五金交电大楼、新味斋清真餐厅、银川利民小百货商店、小笼包子馆、老火车站旅馆、唐徕小区清真肉食门市部、唐徕小区猪肉肉食门市部、银川市印章厂、银川纬四路商场、银川摩托车修理厂、银川新材厂投入银川市富银活性炭有限公司
1994年	银川市汽车配件公司、银川市酒厂、中房集团银川房地产开发总公司、银川市时新服装厂、银川服装鞋帽皮革工业供销公司、宁夏华丰房地产开发公司、宁夏发酵厂、中房银川公司建材装饰分公司和新华百货商店、宁夏特种水产养殖有限责任公司
1995年	银川皮鞋总厂、银川瓦楞纸厂、银川制革厂和银川新材厂
1996年	银川服装鞋帽皮革产品批发部、银川皮鞋总厂、银川市汽车配件厂、银川化工厂、银川造纸厂、宁夏金羚摩托车有限公司、银川火柴厂和银川五宝床具总厂
1997年	银川建设发展集团、银川轻化工业供销总公司、银川地区汽车配件公司、银川市农业机械公司、银川服装鞋帽皮革工业公司综合贸易公司、银川市劳动保护用品公司、银川市文化用品公司、银川市迎宾楼清真饭庄
1998年	银川清真食品厂、银川公园街百货大楼、银川市鼓楼百货商场、银川新华照相馆、银川市城区商业发展总公司、银川市清真酱制品厂、银川市新城百货大楼、银川五金交电大楼、银川宾馆、银川面粉厂
1999年	银川百货大楼、银川市气象科技公司、银川公园街百货大楼、银川市建筑设计院、银川肉类联合加工厂、银川电器开关厂、银川乳品饮料总厂、银川敬义泰清真糕点厂、银川市糖酒批发公司、银川服装有限责任公司、银川东街五金大楼、银川市百货批发站、银川市呢绒服装厂、宁夏金羚摩托车有限公司、银川公园街百货大楼

续表5-2

年份	单位名称
2000年	京津春餐业有限公司、银川五金交电大楼、同福居大酒家、西夏贸易总公司、银川市国有资产管理局、银川市国有控股有限公司、银川农机公司、银川市供销联社贸易大楼、银川市面粉厂、银川复兴百货商场、银川市再生资源总公司、银川建设发展(集团)公司、广夏(银川)天然物产有限公司、银川市东方贸易大厦、银川市新华书店、银川市房地产综合开发公司、区高级人民法院、银川市城乡建设实业公司、宁夏城乡绿地房地产综合开发公司
2001年	银川百货大楼、宁盐大厦、宁夏通信规划设计院、青铜峡市黄河化工有限责任公司、长城房地产开发有限责任公司、宁夏华丰房地产有限公司、宁夏华联商厦有限责任公司、银川市盐业公司、银川区百货公司、宁夏糖酒经营公司、银川众一房地产开发有限公司、银川市自来水总公司、银川广夏昊都酒业有限公司、银川北塔乳业公司
2002年	宁夏鑫汇集团美洁银川造纸厂、银川咪咪洗涤用品公司、宁夏新材房地产开发有限公司、银川市食品公司、银川市肉类联合加工厂、蓝梦商厦、银川市金属制品厂、银川昊都酒业有限公司、银川变压器有限公司、宁夏教育信息技术股份有限公司
2003年	银川市供销联社供销公司、银川昊都酒业有限公司、宁夏中卫县煤矿、中国石油天然气管道局长庆输油公司、宁夏宁丰集团有限公司、宁夏黄河商厦有限公司、银川市自来水公司、宁夏兴庆机器厂、宁夏清河机械厂、银川西夏宾馆、宁夏银川拖拉机厂、银川肉类联合加工厂、吴忠市益木人造板企业有限公司、宁夏吴忠市瑞特纸业有限公司
2004年	固原市医药药材有限公司、宁夏通信建设公司、银川市煤气公司、宁夏长庆机器厂、吴忠市红果青真食品工业集团总公司、宁夏银川大河数控机床有限公司、宁夏银控科技投资有限公司、西部电子商务有限公司、银川胶带厂有限公司、银川市市政工程管理处、银川市污水处理有限公司、银川市自来水总公司、宁夏西部林草生态工程有限公司
2005	银川市自来水总公司、吴忠市金塔机电工业公司、银川民办长城英豪学校、银川市光华职业中专学校、灵武市中银绒业有限公司、中卫市市政建设工程公司、银川市疾病控制中心、宁夏现代通信有限公司、宁夏变压器有限公司、宁夏昊丰伟业钢铁有限公司、银川市商业银行、银川市咪咪洗涤用品有限公司、银川恒业投资发展有限公司
2006年	宁夏电机有限责任公司、银川市新华百货购物中心、银川市新华百货丽华连锁有限公司、宁夏鑫瑞特电机机械制造公司、宁夏方泽医药有限公司、宁夏科豪陶瓷有限公司、宁夏清河机器厂、银川舜崎房地产开发有限公司、宁夏电子大厦、银川大红门百货商店、吴忠市银南宾馆、青铜峡市新井煤业有限公司、宁夏宁馨儿生物工程股份公司
2007年	青铜峡市公共交通事业公司、中卫市房地产开发公司、宁夏宁丰宾馆有限公司、银川银重(集团)起重机有限公司、宁夏国飞电气有限公司、宁夏尊园餐饮有限公司、石炭井矿务局白芨沟洗煤厂、石嘴山市新太华煤业有限公司、石炭井矿务局多经公司、宁夏多维泰瑞制药有限公司、吴忠市国有资产监督管理委员会、灵武市中银绒业股份有限公司、吴忠市供热公司、宁夏益木集团公司、吴忠市财政局、石嘴山市人民检察院、银川市经贸委、上海中曼石油天然气集团公司

续表5-2

年份	单位名称
2008年	吴忠市财政局、宁夏科豪陶瓷有限公司、宁夏中卫新型建筑材料厂、宁夏六盘山旅游景区开发有限公司、银川经济技术开发区管委会、石嘴山市新太华煤业有限责任公司、神华宁煤集团、宁夏多维药业有限公司、宁夏金牛集团化肥有限责任公司、吴忠市太阳山移民开发区管委会、宁夏西部聚氯乙烯有限公司、银川昊王酒业有限公司、石嘴山市城市信用社、中盐宁夏商业集团有限公司、宁夏隆湖房地产开发集团有限公司、固原市供排水总公司、宁夏中卫大河机床厂
2009年	青铜峡市燕赵有色金属冶炼公司、吴忠市国有资产监督管理委员会、宁夏兴平精细化工有限公司、中卫市审计局、银川咪咪洗涤用品有限公司、中卫沙坡头旅游公司、银川污水处理有限公司、吴忠市中级人民法院、中卫宝路通市政工程公司、宁夏捷美丰友化工有限公司、吴忠市太阳山正阳投资有限公司、石嘴山市中级人民法院
2010年	中卫市农村信用合作社、吴忠市农村信用合作社、平罗县农村信用合作联社、宁夏金牛集团化肥有限责任、自治区人民政府机关事务管理局、宁夏夏进乳业集团有限公司、宁夏天信建设发展股份公司、银川市中级人民法院、银川大红门百货商店、宁夏黄河农村商业银行、吴忠市审计局、宁夏燕葆房地产开发有限公司、中冶美利纸业股份公司、宁夏青春贸易集团有限公司、银川艺术剧院、银川市杂技团、彭阳县国有资产经营有限公司、宁夏钢铁(集团)有限责任公司、银川市金河乳业有限公司
2011年	中卫市中级人民法院、宁夏金牛集团化肥有限公司、宁夏兴平精细化工股份公司、吴忠市国有资产监督管理办公室、宁夏发电集团有限责任公司、隆德县财政局、银川市中级人民法院、宁夏西部金石有限责任公司、内蒙哈沦能源有限公司、中石油天然气公司宁夏石化分公司、宁夏昊丰伟业钢铁有限公司、银川卧龙房地产开发公司、宁夏华御化工有限公司
2012年	宁夏太阳山水务有限责任公司、宁夏天信人和房地产开发有限责任公司、宁夏银光钢构件制造有限公司、宁夏天信建设发展股份有限公司、宁夏重信建设工程监理有限公司、宁夏天信信通网络智能化科技公司、宁夏汇才职业介绍服务公司、中卫市供销合作社联合社、中卫市国有资本运营有限公司、银川经济技术开发区管委会财政局、宁夏金海峰晟煤化工有限公司、银川市公共交通有限公司、中国银行宁夏区分行、宁夏农牧厅河东生态园艺试验中心、银川高新技术产业开发区西苑公司、中华人民共和国银川海关、中国石油工程建设公司宁夏分公司、华电宁夏宁东风电有限公司、华电宁夏月亮山风电有限公司、华电宁夏六盘山风电有限公司、银川市金凤区良田镇盈南村、宁夏电力集体资产投资集团有限公司、银川市久泰建材有限公司、银川市公安局交通警察支队、宁夏丰德利化工有限责任公司、石嘴山市广播电视台、长和翡翠酒庄、宁夏伊斯兰公路工程有限公司、宁夏农垦沙湖实业有限公司等

第二节　业务类型

一、非货币财产出资评估

1992年，银川市会计师事务所评估部共完成非货币财产出资评估业务3笔，分别为银川清真罐头厂投入夏华清真食品有限公司蕃茄酱生产线的评估、银川市燃料公司投入银川石油运销有限公司设备的评估以及银川市公共交通公司投入银川出租汽车股份公司固定资产的评估。

1993年完成非货币财产出资评估业务1笔，是银川新材厂投入银川市富银活性炭有限公司的设备评估。

1994年完成非货币财产出资评估业务1笔，是银川市新城西夏曙光金属制品厂拟对外投资涉及的资产评估。

1995年完成非货币财产出资评估业务1笔，是银川拉巴斯酒店有限公司拟对外投资涉及的资产评估。

1999年共完成非货币财产出资评估业务13笔，单位对外投资的是宁夏天地通实业公司、宁夏华云科技公司和银川市气象科技公司，其余均为个人出资设立公司涉及的评估业务。

2000年，宁夏正业通会计师事务所评估部共完成非货币财产出资评估业务14笔，主要评估单位及评估情况：宁夏绿苑工贸公司委估资产账面值452.37万元，评估值1,121.63万元；平罗造纸厂委估资产账面值13,764.68万元，评估值12,257.64万元。

2001年共完成非货币财产出资评估业务37笔，主要评估单位及评估情况：银川市郊区二建白云房地产开发有限公司委估资产账面值1,001.39万元，评估值2,433.82万元；宁夏建成建材公司委估资产账面值2,489.27万元，评估值4,606.69万元。

2002年，宁夏天华会计师事务所评估部共完成非货币财产出资评估业务16笔，主要评估单位及评估情况：银川福生实业有限公司委估资产账面值77.38万元，评估值113.45万元；宁夏天能（集团）灵武电力安装公司委估资产账面值900.62万元，评估值1,035.66万元。

2003年共完成非货币财产出资评估业务17笔，主要评估单位及评估情况：中卫县第二造纸厂委估资产账面值1,048.10万元，评估值702.04万元。

2004年共完成非货币财产出资评估业务29笔，主要评估单位及评估情况：银川胶带厂有限公司委估资产账面值1,227.19万元，评估值1,366.33万元；银川市市政工程管理处委估资产账面值326.43万元，评估值19,581.12万元；银川市污水处理有限公司委估资产账面值41,325.28万元，评估值44,096.53万元；银川市自来水总公司贺兰供水公司委估资产账面值1,630.53万元，评估值2,726.16万元。

2005年共完成非货币财产出资评估业务10笔，主要评估单位及评估情况：宁夏威宁活性炭有限公司委估资产账面值3,065.68万元，评估值2,724.52万元；银川蓝旗亚活性炭有限公司委估资产账面值885.18万元，评估值1,250.95万元；宁夏太西活性炭厂委估资产账面值1,954.86万元，评估值2,066.72万元；银川华辉活性炭有限公司委估资产账面值9,814.75万元，评估值11,119.73万元；宁夏纯源环保材料有限公司委估资产账面值1,032.38

万元，评估值2080.60万元。

2006年共完成非货币财产出资评估业务17笔，主要评估单位及评估情况：灵武市人民政府委估资产评估值3635.72万元；吴忠兴荣实业开发有限公司委托评估资产评估值1749.86万元。

2007年，公司共完成非货币财产出资评估业务21笔，主要评估单位及评估情况：灵武市建设局委估资产评估值4688.28万元；上海中曼石油天然气集团委估资产评估值1477.54万元；宁夏紫荆花实业集团有限公司委估资产评估值2812.51万元；宁夏金科达印务有限公司委估资产账面值2398.57万元，评估值2685.70万元。

2008年共完成非货币财产出资评估业务14笔，主要评估单位及评估情况：石嘴山市新太华煤业有限责任公司委估资产评估值9782.63万元；神华宁煤集团委估资产评估值2312.24万元；白芨沟矿多种经营公司委估资产账面值2336.63万元，评估值3096.88万元；石炭井矿务局白芨沟矿洗煤厂委估资产账面值1016.12万元，评估值928.47万元；石嘴山市新太华煤业有限责任公司委估资产账面值1234.96万元，评估值982.85万元；吴忠市太阳山移民开发区管委会委估资产账面值5045.65万元，评估值5231.10万元；鄂尔多斯蒙西炭黑化工有限责任公司委估资产评估值1004.97万元。

2009年共完成非货币财产出资评估业务7笔，主要评估单位及评估情况：宁夏世和房地产开发有限公司委估资产评估值3869.30万元；中卫宝路通市政工程公司委估资产评估值2665.89万元；吴忠市太阳山正阳投资有限公司委估资产评估值1038.17万元。

2010年共完成非货币财产出资评估业务10笔，主要评估单位及评估情况：彭阳烟叶公司委估资产评估值1077万元；彭阳县自来水公司委估资产评估值1898.10万元；彭阳县供热公司委估资产评估值1581.70万元；彭阳县国有资产经营有限公司委估资产评估值2448.20万元；石嘴山市人民政府委估资产评估值40,151.90万元。

2011年共完成非货币财产出资评估业务6笔，主要评估单位及评估情况：宁夏国储物流有限公司委估资产账面值761.83万元，评估值867.40万元；宁夏发电集团有限责任公司委估资产账面值343.73万元，评估值1006.12万元；石嘴山市广播电视台委估资产评估值950.25万元。

2012年共完成非货币财产出资评估业务12笔，主要评估单位及评估情况：汇丰祥商业控股有限公司委估资产评估值41,060.79万元；西安久远置业有限公司委估资产评估值4325.26万元；宁夏农牧厅河东生态园艺试验中心委估资产评估值70,195.86万元；华电宁夏宁东风电有限公司委估资产账面值156,595.57万元，评估值156,624.22万元；华电宁夏月亮山风电有限公司委估资产账面值56,142万元，评估值56,136.55万元；华电宁夏六盘山风电有限公司委估资产账面值7129.96万元，评估值7132.45万元。

1992—2012年非货币财产出资评估业务统计表

表5-3

年份	业务量(笔)	评估值(万元)	收入(元)	年份	业务量(笔)	评估值(万元)	收入(元)
1992年	3	—	—	2003年	17	4,090.55	141,500
1993年	1	—	—	2004年	29	75,616.03	73,200
1994年	1	—	—	2005年	10	20,072.55	107,500
1995年	1	—	—	2006年	17	8,788.49	127,500
1996年	—	—	—	2007年	21	18,193.26	266,800
1997年	—	—	—	2008年	14	23,862.94	258,000
1998年	—	—	—	2009年	7	8,634.36	76,000
1999年	13	—	—	2010年	10	48,672.57	274,000
2000年	14	15,429.00	86,500	2011年	6	3,454.43	147,000
2001年	37	—	—	2012年	12	338,090.11	624,000
2002年	16	—	—				

二、企业重组评估

(一)企业改制评估

1993年,共完成企业改制评估10笔,主要评估单位是新味斋清真餐厅、小笼包子馆、银川利民小百货商店、纬四路商场、老火车站旅馆、银川凤城五金交电大楼、银川市印章厂、银川摩托车修理厂、唐徕小区清真肉食门市部和唐徕小区猪肉肉食门市部。

1994年,银川市会计师事务所评估部共完成企业改制评估10笔。1995年共完成企业改制评估7笔。1996年共完成企业改制评估10笔。1997年共完成企业改制评估35笔。1998年共完成企业改制评估36笔。1999年共完成企业改制评估29笔。

2000年,宁夏正业通会计师事务所评估部共完成企业改制评估68笔。2001年共完成企业改制评估28笔。

2002年,共完成企业改制评估13笔。2003年共完成企业改制评估24笔。2004年共完成企业改制评估14笔。2005年共完成企业改制评估2笔。2006年共完成企业改制评估17笔。

2007年,宁夏正业通资产评估有限责任公司共完成企业改制评估7笔。2008年共完成企业改制评估4笔。2009年共完成企业改制评估1笔。2010年共完成企业改制评估5笔。2011年共完成企业改制评估3笔。2012年共完成企业改制评估2笔。

1993—2012年企业改制评估业务统计表

表5-4

年份	业务量（笔）	评估值（万元）	收入（元）	年份	业务量（笔）	评估值（万元）	收入（元）
1993年	10	—	—	2003年	24	42,256.80	581,050.00
1994年	10	—	—	2004年	14	1,858.43	226,660.00
1995年	7	—	—	2005年	2	2,710.42	28,000.00
1996年	10	—	—	2006年	17	44,709.63	362,500.00
1997年	35	—	—	2007年	7	15,614.43	125,000.00
1998年	36	—	—	2008年	4	2,322.53	55,000.00
1999年	29	—	—	2009年	1	47,692.83	9,000.00
2000年	68	96,036.41	413,677.00	2010年	5	3,386.65	125,700.00
2001年	28	28,701.50	109,900.00	2011年	3	2,271.82	75,000.00
2002年	13	5,401.06	110,500.00	2012年	2	29.19	4,000.00

1993—2012年企业改制评估代表单位名表

表5-5

年份	单位名称
1993年	新味斋清真餐厅、小笼包子馆、银川利民小百货商店、纬四路商场、老火车站旅馆、银川凤城五金交电大楼、银川市印章厂、银川摩托车修理厂、唐徕小区清真肉食门市部和唐徕小区猪肉肉食门市部
1994年	银川市汽车配件公司、银川市酒厂、中房集团银川房地产开发总公司、银川市时新服装厂、银川服装鞋帽皮革工业供销公司、宁夏华丰房地产开发公司、宁夏发酵厂、银川凤城五金交电大楼、中房银川公司建材装饰分公司和新华百货商店
1995年	宁夏聚丰工贸有限责任公司、宁夏文博综合开发公司、银川皮鞋总厂、银川制革厂、银川瓦楞纸厂、银川新材厂和宁夏富银活性炭有限公司
1996年	宁夏聚丰工贸有限责任公司、宁夏文博综合开发公司、银川皮鞋总厂、银川制革厂、银川瓦楞纸厂、银川新材厂和宁夏富银活性炭有限公司
1997年	银川精细化工厂、银川乳酸钙总厂、银川胶带厂、银川康乐民族家具有限责任公司、银川市迎宾楼清真饭庄、银川鼓楼饭店、银川建设发展集团公司及其七家分公司、银川绿洲饭店、银川服装工业（集团）公司
1998年	银川毛巾厂、银川清真食品厂、银川康乐民族家具有限公司、银川市三利清真酱醋厂、银川公园街百货大楼、银川市鼓楼百货商场、银川新华照相馆、银川市同福居大酒家、银川饭店、银川市制毡厂、银川市长城商场、银川市新城百货大楼、银川宾馆
1999年	宁夏金羚摩托车有限公司、银川敬义泰清真糕点厂、银川市建筑设计院、银川肉类联合加工厂、银川市电器开关厂、银川百货大楼、银川市糖酒批发公司、银川乳品饮料总厂、银川公园街百货大楼、银川市百货批发站
2000年	宁夏金羚摩托车有限公司、银川敬义泰清真糕点厂、银川市建筑设计院、银川肉类联合加工厂、银川市电器开关厂、银川百货大楼、银川市糖酒批发公司、银川乳品饮料总厂、银川公园街百货大楼、银川市百货批发站
2001年	银川百货大楼、宁夏粮食科技研究所、银川市劳保用品商店、银川市房屋材料公司、宁夏华丰房地产有限公司、宁夏通信规划设计院、银川市物业管理公司、银川市自来水总公司
2002年	宁夏电信天波建设监理公司、银川市肉类联合加工厂、银川市金属制品厂、银川昊都酒业有限公司、银川变压器有限公司、银川市科学技术信息研究所、银川市郊区粮食局粮油经营部
2003年	青铜峡市清真食品有限责任公司、青铜峡市丰硕化工有限责任公司、宁夏宁丰集团有限公司、宁夏兴庆机器厂、宁夏清河机械厂、银川西夏宾馆、银川市公共交通公司、宁夏银川拖拉机厂、中卫市建筑设计院

续表5-5

年份	单位名称
2004年	盐池县医药药材贸易公司、同心县医药药材公司、西吉县医药药材公司、固原市医药药材有限公司、隆德县医药药材公司、贺兰县医药药材公司、银川市蔬菜科学研究所
2005年	吴忠镇医院和中卫市市政建设工程公司
2006年	吴忠镇医院和中卫市市政建设工程公司
2007年	青铜峡市公共交通事业公司、银川市供销联社农副公司、宁夏中卫市建筑安装总公司、银川市人力资源开发劳务派遣有限公司
2008年	青铜峡市公共交通事业公司、银川市供销联社农副公司、宁夏中卫市建筑安装总公司、银川市人力资源开发劳务派遣有限公司
2009年	银川污水处理有限公司
2010年	石嘴山市山水大道建设管理处、石嘴山市渡口管理所、石嘴山市华兴水表维修中心、银川市杂技团、银川艺术剧院
2011年	吴忠市市政工程公司、吴忠市吴忠影剧院
2012年	《博客天下》杂志社、《宁夏化工应用》杂志社

(二)资产重组评估

2000年,宁夏正业通会计师事务所评估部共完成资产重组评估2笔,主要评估单位是银川农机公司和中卫银河冶炼厂。

2002年,宁夏天华会计师事务所评估部共完成资产重组评估4笔。2003年共完成资产重组评估4笔。2004年共完成资产重组评估16笔。2005年共完成资产重组评估1笔。2006年共完成资产重组评估2笔。

2007年,宁夏正业通资产评估有限责任公司共完成资产重组评估3笔。2008年共完成资产重组评估1笔。2009年共完成资产重组评估7笔。2010年共完成资产重组评估2笔。2011年共完成资产重组评估4笔。2012年共完成资产重组评估1笔。

2000—2012年资产重组评估业务统计表

表5-6

年份	业务量(笔)	评估值(万元)	收入(元)	年份	业务量(笔)	评估值(万元)	收入(元)
2000年	2	1,072.82	10,000	2007年	3	56,677.67	140,000
2001年	—	—	—	2008年	1	14,044.90	78,000
2002年	4	481.62	48,000	2009年	7	13,468.60	103,000
2003年	4	0.67	10,000	2010年	2	110,436.90	80,000
2004年	16	34,865.76	25,000	2011年	4	2,957.12	82,000
2005年	1	3,033.61	27,500	2012年	1	561.80	10,000
2006年	2	1,544.54	25,000	—	—	—	—

2000—2012年资产重组评估代表单位名表

表5-7

年份	单位名称
2000年	银川农机公司和中卫银河冶炼厂
2001年	—
2002年	银川市新城地区副食品批发部、蓝梦商厦、东方饭店和宁夏教育信息技术股份有限公司
2003年	宁夏长庆威龙工贸有限公司、永宁县牛奶站和汝箕沟煤矿
2004年	宁夏长庆威龙工贸有限公司、永宁县牛奶站和汝箕沟煤矿
2005年	银川市咪咪洗涤用品有限公司
2006年	宁夏恒产建设发展有限公司、宁夏贺兰山东麓庄园酒业公司
2007年	石炭井矿务局白芨沟洗煤厂、石炭井矿务局多种经营公司、嘴山市新太华煤业有限公司
2008年	宁夏金牛集团化肥有限责任公司
2009年	中卫沙坡头旅游公司、中卫市沙坡头腾格里大漠景区有限公司、沙坡头东方旅游发展有限公司、中卫兴远煤矿、中卫单梁山煤矿、中卫甘塘煤矿、中卫天卫煤矿
2010年	宁夏黄河农村商业银行和银川市燃料总公司
2011年	宁夏园艺产业园有限公司、宁夏家道商贸有限公司和银川福寿园生态陵园公司
2012年	宁夏电力科技开发公司

(三)抵押担保及金融不良资产处置评估

1998年,银川市会计师事务所评估部共完成抵押贷款评估7笔,主要评估单位是宁夏固原制革制品厂、贺兰县永胜金属锻铸厂及张德林等5名个人委托的评估。1999年共完成抵押贷款评估6笔。

2000年,宁夏正业通会计师事务所评估部共完成抵押贷款评估20笔。2001年共完成抵押贷款评估9笔。

2002年,宁夏天华会计师事务所评估部共完成抵押贷款评估6笔。2003年共完成抵押贷款评估4笔。2004年共完成抵押贷款评估2笔。2005年共完成抵押贷款评估4笔。2006年共完成抵押贷款评估16笔。

2007年,宁夏正业通资产评估有限责任公司共完成抵押贷款评估7笔。2008年共完成抵押贷款评估16笔。2009年共完成抵押贷款评估10笔。2010年共完成抵押贷款评估25笔。其中,平罗周家八公司的商标专用权质押贷款评估为宁夏首例。2011年共完成抵押贷款评估18笔。2012年共完成抵押贷款评估32笔。

1998—2012年抵押担保及金融不良资产处置评估业务统计表

表5-8

年份	业务量(笔)	评估值(万元)	收入(元)	年份	业务量(笔)	评估值(万元)	收入(元)
1998年	7	—	—	2006年	16	11,487.78	188,000
1999年	6	—	—	2007年	7	33,207.05	151,000
2000年	20	5,524.17	94,200	2008年	16	84,060.83	212,500
2001年	9	15,184.64	58,000	2009年	10	24,726.41	140,000
2002年	6	5,635.01	27,000	2010年	25	128,489.34	502,100
2003年	4	2,372.02	14,500	2011年	18	74,875.91	555,000
2004年	2	1,192.09	15,000	2012年	32	118,200.46	835,000
2005年	4	16,757.80	51,000	—	—	—	—

1998—2012年抵押评估主要单位名表

表5-9

年份	单位名称
1998年	宁夏固原制革制品厂、贺兰县永胜金属锻铸厂
1999年	银川星光实业公司、宁夏百力德建筑工程公司、贺兰县常信面粉厂
2000年	银川星光实业公司、宁夏百力德建筑工程公司、贺兰县常信面粉厂
2001年	贺兰保信机械厂、宁夏永通养殖有限公司、银川广夏昊都酒业有限公司、永宁县硫酸厂、银川市民乐建筑安装工程公司、贺兰县常信面粉厂
2002年	银川咪咪洗涤用品公司、宁夏亚湾铝业股份公司、宁夏鹤泉葡萄酒有限责任公司、灵武中银绒业有限公司、宁夏阿尔法绒业有限公司、宁夏农垦集团公司
2003年	惠农县诚鑫冶金工贸有限责任公司、平罗方达冶金有限公司、惠农县惠文工贸有限责任公司和惠农县宝马炉料冶金有限公司
2004年	宁夏鹤泉葡萄酒有限公司、灵武市中银绒业有限公司
2005年	宁夏鹤泉葡萄酒有限公司、灵武市中银绒业有限公司
2006年	宁夏鑫瑞特电机机械公司、宁夏寅源兴绒业有限公司、宁夏科豪陶瓷有限公司、宁夏三新真空锅炉制造有限公司、宁夏鹤泉葡萄酒有限公司、宁夏宏达绒毛有限公司、宁夏盛源绒业有限公司、灵武市中银绒业有限公司、宁夏阿尔法绒业有限公司
2007年	宁夏多维泰瑞制药有限公司、灵武市中银绒业股份有限公司、宁夏创业工贸有限责任公司和中卫供排水公司
2008年	宁夏科豪陶瓷有限公司、宁夏多维药业有限公司、宁夏创业工贸有限责任公司、宁夏西部聚氯乙烯有限公司、宁夏三新真空锅炉制造有限公司、宁夏鹤泉葡萄酒有限公司、宁夏中卫大河机床厂、宁夏金牛集团化肥有限责任公司
2009年	青铜峡市燕赵有色金属冶炼公司、宁夏兴平精细化工有限公司、宁夏夏进乳业集团公司、石嘴山市科通冶金工贸有限公司、吴忠市农业综合开发办公室、吴忠凯利达化工有限公司
2010年	宁夏金牛集团化肥有限责任、宁夏兴平精细化工有限公司、宁夏夏进乳业集团有限公司、宁夏科豪陶瓷有限公司、宁夏燕葆房地产开发有限公司、宁夏泰瑞制药股份公司、中冶美利纸业股份公司、宁夏华御化工有限公司
2011年	宁夏金牛集团化肥有限公司、宁夏兴平精细化工股份公司、宁夏科豪陶瓷有限公司、宁夏夏进乳业集团股份有限公司、宁夏华御化工有限公司、宁夏小任果业专业合作社
2012年	宁夏易捷庄园枸杞科技公司、宁夏明盛染化有限公司、中卫市国有资本运营有限公司、石嘴山金力实业集团、中宁县恒通投资有限公司、宁夏惠冶镁业集团有限公司、中卫市公共交通有限公司、中卫市交通运输集团有限公司、中卫市公共交通校车服务有限公司、宁夏丰德利化工有限责任公司

四、资产出售、拍卖评估

1995年,银川市会计师事务所评估部共完成资产出售评估4笔,主要评估单位是银川长城科工贸发展有限公司银川长城贸易中心、银川机械电器工业公司等单位。1996年共完成资产出售评估4笔。1997年共完成资产出售评估6笔。1998年共完成资产出售评估7笔。

2000年,宁夏正业通会计师事务所评估部共完成资产出售评估6笔。2001年共完成资产出售评估2笔、拍卖评估2笔。

2002年,宁夏天华会计师事务所评估部共完成资产出售评估5笔、拍卖评估2笔。2003年共完成资产出售评估4笔、拍卖评估13笔。2004年共完成资产出售评估9笔、拍卖评估11笔。2005年共完成资产出售评估9笔、拍卖评估8笔。2006年共完成资产出售评估10笔、拍卖评估8笔。

2007年,宁夏正业通资产评估有限责任公司共完成资产出售评估10笔、拍卖评估2笔。2008年共完成资产出售评估7笔、拍卖评估3笔。2009年共完成资产出售评估8笔、拍卖评估2笔。2010年共完成资产出售评估13笔。2011年共完成资产出售评估15笔、拍卖评估1笔。2012年共完成评估23笔。拍卖评估2笔。

1995年~2012年资产出售(处置)拍卖评估业务统计表

表5-10

年份	业务量(笔)	评估值(万元)	收入(元)	年份	业务量(笔)	评估值(万元)	收入(元)
1995年	4	—	—	2004年	20	876.68	46,480
1996年	4	—	—	2005年	17	16,531.95	162,500
1997年	6	—	—	2006年	18	6,012.35	159,000
1998年	7	—	—	2007年	12	1,715.29	100,700
1999年	—	—	—	2008年	10	879.54	24,500
2000年	6	291.28	13,000	2009年	10	2,964.78	104,000
2001年	4	1,768.27	46,300	2010年	13	16,950.724	247,170
2002年	7	1,053.67	31,600	2011年	16	574.07	193,700
2003年	17	16261.35	69,775	2012年	25	14,112.40	355,000

1995—2012年资产出售、拍卖评估涉及的主要单位名表

表5-11

年份	资产出售评估涉及的单位名称	拍卖评估涉及的单位名称
1995年	银川长城科工贸发展有限公司银川长城贸易中心、银川机械电器工业公司、许洪庆、李刚	—
1996年	银川乳品饮料总公司等17家单位车辆评估、银川市信托投资公司办公楼和土地评估、商城中街43号商业房评估、银川商城小吃街12号营业房	—

续表5-11

年份	资产出售评估涉及的单位名称	拍卖评估涉及的单位名称
1997年	银川市粮食局的房屋、银川市人大等22家车辆、宁夏元亨实业有限公司的房屋、银川市信托投资公司车辆、银川建筑材料制品厂炭化料分厂设备、袁国芳的房屋	—
1998年	宁夏白马影视广告有限公司、永宁县城乡建设局、宁夏华联商厦、银力水泥有限公司、宁夏万利来制革有限公司、银川市委办公室、宁夏西轴综合厂建装队	—
1999年	—	—
2000年	中国工商银行银川市新城支行、宁夏健力行工贸公司、银川市国有控股有限公司、银川恒明钻进工程公司、中国工商银行中卫县支行	银川市拍卖行、关建华
2001年	宁盐大厦、万里通汽车修理公司、银川拍卖行	银川拍卖行
2002年	银川市西夏公园、银川市食品公司、银川永恒金属家具厂、自治区粮食局、青铜峡市人民法院、银川市工业用布厂、银川拍卖行	银川拍卖行
2003年	中国石油天然气管道局长庆输油公司、银川市商业银行兴庆支行、宁夏电器石材公司、定边县业兴实业有限责任公司	银川拍卖行、吴忠法院、东方资产管理公司兰州办事处、银川市财政局、宁夏回族自治区高级人民法院
2004年	宁夏电子器材有限公司、中国东方资产管理公司兰州办事处银川工作组、银川市妇幼保健院、宁夏银控科技投资有限公司、银川市商业银行股份有限公司、宁夏银光钢构件制造有限公司	中国华融资产管理公司西安办事处、中国东方资产管理公司兰州办事处银川工作组和吴忠市利通区人民法院
2005年	银川市财政局、银川市商业银行、银川民办长城英豪学校、银川市光华职业中专学校、青海西宁南洋商贸有限公司	银川市经贸委、中卫市良种繁殖厂、吴忠市利通区人民法院、灵武市宏财资源开发公司、东方资产管理公司银川工作组、宁夏粮油医保进出口公司
2006年	银川市物业管理办公室、宁夏铁发集团中卫迎龙实业有限公司、中国东方资产管理公司兰州办事处、银川市第二人民医院、长城资产管理公司兰州办事处、宁夏宁馨儿生物工程股份公司	吴忠市粮食油、宁夏清河机器厂、中卫市动物检疫站、中卫市房地产开发公司、青铜峡市盐业公司
2007年	西吉县小汽车定编管理领导小组、吴忠市国有资产监督管理委员会、吴忠市供热公司、吴忠市高级中学、中国银行中卫市中心支行	西吉县财政局、吴忠市国有资产监督管理委员会
2008年	银川经济技术开发区管委会、固原市供排水总公司、吴忠市国有资产监督管理委员会、中卫市建筑工程质量监督站、中卫市第三中学、宁夏富兰新型建材有限公司	中卫市东园卫生院
2009年	吴忠市国有资产监督管理委员会、宁夏人民会堂管理中心、银川市妇幼保健院、银川市燃料总公司	中卫市财政局和吴忠市中级人民法院

续表5-11

年份	资产出售评估涉及的单位名称	拍卖评估涉及的单位名称
2010年	吴忠市国有资产监督管理委员会、宁夏建材集团有限公司、宁夏天净海珑药业有限公司、吴忠市供销社基层总社、吴忠市嘉通工贸有限公司、宁夏伊斯兰地质工程公司、宁夏夏进乳业集团银川有限公司	—
2011年	宁夏银川新城国家粮食储备库、吴忠市国有资产监督管理办公室、吴忠市土地储备中心、中国人民银行中卫市中心支行、中国工商银行固原支行、隆德县财政局	中卫市南山台电灌站
2012年	中卫市国有资产监督管理委员会办公室、宁夏太阳山水务有限责任公司、中卫市供销合作社联合社、宁夏房地产开发集团有限公司、石嘴山市道路运输管理局、中国银行宁夏区分行、宁夏区地质工程院、中华人民共和国银川海关、宁夏担保集团有限公司、宁夏电力集体资产投资集团有限公司	银川市公安局交通警察支队(拍卖)、石嘴山市财政局(拍卖)

五、以财务报告为目的的评估

2000年,宁夏正业通会计师事务所评估部共完成以财务报告为目的评估1笔,评估单位是甘肃华瑞畜产公司银川分公司。2001年共完成以财务报告为目的评估2笔。

2002年,宁夏天华会计师事务所评估部共完成以财务报告为目的评估3笔。2003年共完成以财务报告为目的评估2笔。

2008年,宁夏正业通资产评估有限责任公司共完成以财务报告为目的评估1笔。2011年共完成以财务报告为目的评估6笔。2012年共完成以财务报告为目的评估6笔。

2000—2012年以财务报告为目的的评估业务统计表

表5-12

年份	业务量(笔)	评估值(万元)	收入(元)	年份	业务量(笔)	评估值(万元)	收入(元)
2000年	1	17.96	1,000	2007年	—	—	
2001年	2	49.87	4,500	2008年	1	36.80	1,500
2002年	3	964.92	10,000	2009年	—	—	—
2003年	2	11,630.41	125,000	2010年	—	—	—
2004年	—	—	—	2011年	6	11,403.22	136,000
2005年	—	—	—	2012年	6	17,115.73	75,000
2006年	—	—	—	—	—	—	—

2000—2012年以财务报告为目的的主要评估单位名表

表5-13

年　份	评估单位名称
2000年	甘肃华瑞畜产公司银川分公司
2001年	银川北塔乳业公司、宁夏三新真空锅炉制造有限公司

续表5-13

年 份	评估单位名称
2002年	银川市公安局、银川市公安局郊区分局
2003年	银川北塔乳业公司、宁夏三新真空锅炉制造有限公司
2004年	—
2005年	—
2006年	—
2007年	—
2008年	朱振朝个人
2009年	—
2010年	—
2011年	宁夏才运达机电泵业有限公司、中卫晨鑫冶炼有限公司、银川卧龙房地产开发公司、中卫晨鑫冶炼有限公司、石嘴山市广播电视台
2012年	中卫市昌达耐磨材料公司、宁夏金海峰晟煤化工有限公司、宁夏金海峰晟超阳化工有限公司、梁东先生

六、企业清算评估

1998年,银川市会计师事务所评估部共完成企业破产清算评估2笔,评估单位是银川制革厂和银川西夏商场。

2000年,宁夏正业通会计师事务所评估部共完成企业破产清算评估8笔。2001年共完成企业破产清算评估7笔。

2002年,宁夏天华会计师事务所评估部共完成企业破产清算评估8笔。2003年共完成企业破产清算评估4笔。2004年共完成企业破产清算评估5笔。2005年共完成企业破产清算评估3笔。2006年共完成企业破产清算评估3笔。

2007年,宁夏正业通资产评估有限责任公司共完成企业破产清算评估4笔。2008年共完成企业破产清算评估1笔。2010年共完成企业破产清算评估1笔。2011年共完成企业破产清算评估1笔。2012年共完成企业破产清算评估1笔。

1998—2012年清算评估业务统计表

表5-14

年份	业务量(笔)	评估值(万元)	收入(元)	年份	业务量(笔)	评估值(万元)	收入(元)
1998年	2			2006年	3	11,176.24	182,000
1999年	—			2007年	4	47,16.14	18,500
2000年	8	2,404.50	122,800	2008年	1	1,361.48	68,000
2001年	7	-8,000.72	8,500	2009年	—		
2002年	8	-18,184.47	95,000	2010年	1	24.90	5,000
2003年	4	-11,144.72	86,000	2011年	1	156.11	30,000
2004年	5	7,647.49	101,000	2012年	1	50,231.03	7,500
2005年	3	7,528.37	176,000				

1998—2012年企业清算评估主要单位名表

表5-15

年份	单位名称
1998年	银川制革厂、银川西夏广场
1999年	—
2000年	宁夏才运达机电泵业有限公司、银川卧龙房地产开发公司、中卫晨鑫冶炼有限公司、石嘴山市广播电视台
2001年	青铜峡氟化盐厂、青铜峡市黄河化工有限责任公司、宁夏中卫县东宇实业有限公司、中卫金矿、中卫县铁合金厂、中卫县蔬菜脱水厂和中卫县化工总厂
2002年	宁夏鑫汇集团美洁银川造纸厂、中卫县淀粉厂、中卫县金星活性炭厂、青铜峡市飞达农工贸有限公司、青铜峡市交通服务总公司、宁夏天元化学有限公司
2003年	宁夏中卫县煤矿、青铜峡市丰硕化工有限责任公司、中卫市色素厂、吴忠塑料工业股份有限公司
2004年	宁夏长庆机器厂、中卫第二造纸厂、吴忠市金属镁厂、吴忠市红果清真食品工业集团总公司、吴忠宁燕塑料厂
2005年	吴忠市金塔机电工业公司、宁夏兴庆机器厂、宁夏变压器有限公司
2006年	宁夏电机有限责任公司、宁夏电子大厦、银川胶带工贸有限公司
2007年	银川宁湘和利化工有限公司、海原县粮食局购销公司、宁夏益木集团公司、吴忠市瑞特纸业有限公司
2008年	宁夏中卫新型建筑材料厂
2009年	—
2010年	宁夏江海汽车服务有限公司
2011年	中卫县正泰冶炼有限责任公司
2012年	宁夏融安投资有限公司

七、征收补偿评估

2000年，宁夏正业通会计师事务所评估部共完成征收补偿评估2笔，评估单位是石嘴山市怡心铝厂和银川市广场饭店（海宝实业）。

2002年，宁夏天华会计师事务所评估部共完成征收补偿评估1笔。2003年共完成征收补偿评估1笔。2004年共完成征收补偿评估1笔。2006年共完成征收补偿评估4笔。

2007年，宁夏正业通资产评估有限责任公司共完成征收补偿评估5笔。2008年共完成征收补偿评估2笔。2010年共完成征收补偿评估2笔。

2011年1月21日，国务院发布《国有土地上房屋征收与补偿条例》。同年6月3日，住房和城乡建设部发布《国有土地上房屋征收评估办法》。该条例及办法规定，征收补偿包括：被征收房屋价值的补偿；因征收房屋造成的搬迁、临时安置的补偿；因征收房屋造成的停产停业损失的补偿。是年，宁夏正业通资产评估有限责任公司共完成征收补偿评估11笔。

2012年，宁夏正业通资产评估有限责任公司共完成征收补偿评估13笔。

2000年~2012年征收补偿评估业务统计表

表5-16

年份	业务量(笔)	评估值(万元)	收入(元)	年份	业务量(笔)	评估值(万元)	收入(元)
2000年	2	1,370.20	11,000	2007年	5	7,063.21	165,000
2001年	—	—	—	2008年	2	5,318.10	140,000
2002年	1	2,657.67	24,000	2009年	—	—	—
2003年	1	1,865.04	38,000	2010年	2	2,124.66	65,000
2004年	1	3,734.86	32,000	2011年	11	28,877.67	319,000
2005年	—	—	—	2012年	13	4,701.76	457,400
2006年	4	251.14	12,000				

2000—2012年征收补贴评估主要单位名表

表5-17

年份	单位名称
2000年	石嘴山市怡心铝厂、银川市广场饭店(海宝实业)
2001年	—
2002年	银川市工业用布厂
2003年	定边县业兴实业有限责任公司
2004年	宁夏银川大河数控机床有限公司
2005年	—
2006年	宁夏羊成绒业有限公司、惠农区柳条沟宏达石料厂、廖军石料白灰厂
2007年	灵武市东城砖厂、银川市银春面粉厂、银川市银湖化工有限责任公司、银川市银湖酒业有限责任公司、银川昊王酒业有限责任公司
2008年	银川昊王酒业有限公司、宁夏银湖酒业有限公司
2009年	—
2010年	银川市金河乳业有限公司和吴忠市新丰塑料包装公司
2011年	中卫市建安工程有限公司、中冶宁夏实业有限责任公司、中卫市华达化工有限公司、内蒙哈沦能源有限公司、宁夏中大化工有限责任公司、宁夏昊丰伟业钢铁有限公司
2012年	银川市金凤区良田镇盈南村、银川市久泰建材有限公司、银川市大和水疗会所、宁夏回族自治区交通学校、宁夏普迈特商品混凝土有限公司、银川市国土资源局、宁东能源化工基地管委会、中宁县住房和城乡建设局

八、资产评估司法鉴定

资产评估司法鉴定指依法取得有关资产评估司法鉴定资格的鉴定机构和鉴定人受司法机关或当事人委托,依据国家的规定和有关资料,根据特定的目的,遵循适用的原则,选择适当的价值类型,按照法定的程序,运用科学的方法,对资产价值进行评定和估算并提供鉴定结论的活动。

1999年，银川市会计师事务所完成司法鉴定评估1笔，评估单位是银川市民政局委托的风冀经济案件司法鉴定。

2001年，宁夏正业通会计师事务所评估部完成司法鉴定评估2笔。2006年完成司法鉴定评估5笔。

2007年，宁夏正业通资产评估有限责任公司完成司法鉴定评估2笔。2008年完成司法鉴定评估13笔。2009年完成司法鉴定评估3笔。2010年完成司法鉴定评估9笔。2011年完成司法鉴定评估5笔。2012年完成司法鉴定评估4笔。

1999年～2012年资产评估司法鉴定业务统计表

表5-18

年份	业务量(笔)	评估值(万元)	收入(元)	年份	业务量(笔)	评估值(万元)	收入(元)
1999年	1	—	—	2006年	5	292.73	15,000
2000年	—	—	—	2007年	2	61.72	10,000
2001年	2	65.72	9,000	2008年	13	3,048.68	133,500
2002年	—	—	—	2009年	3	286.23	19,100
2003年	—	—	—	2010年	9	2,171.93	154,800
2004年	—	—	—	2011年	5	4,033.45	241,800
2005年	—	—	—	2012年	4	790.36	99,500

1999年～2012年主要委托单位及鉴定单位名表

表5-19

年　份	委托单位	鉴定单位
1999年	银川市民政局	风冀经济案件
2001年	—	银川市城市测量队、陕西省榆林市中级法院
2006年	中卫市中级人民法院、青铜峡市人民法院	—
2007年	中卫市中级人民法院	—
2008年	中卫市中级人民法院、中宁县人民法院、中卫市沙波头区人民法院、石嘴山市中级人民法院	—
2009年	银川市金凤区人民法院、石嘴山市中级人民法院	—
2010年	银川市中级人民法院、中卫市中级人民法院、银川市金凤区人民法院、中宁县人民法院	—
2011年	银川市中级人民法院、中卫市中级人民法院、青铜峡市人民法院	—
2012	宁夏回族自治区高级人民法院、宁夏回族自治区银川市中级人民法院	宁夏道森纺织纤维有限公司、银川宁峰彩色印务有限公司、史文强、孙茂连

第六章 房地产估价

第一节 综合业务

2002年4月，宁夏正业通房地产估价事务所成立后，开始为客户提供房地产评估业务服务。

2003年，宁夏正业通房地产估价事务所与宁夏博源土地估价所合作开展房地产专项评估业务及土地专项评估业务。是年，宁夏正业通房地产估价事务所资产总额121.62万元，负债总额5.04万元，所有者权益总额116.58万元。全年共完成估价项目58项，评估建筑面积17.9万平方米，估价值5.69亿元，实现业务收入45.87万元。其中，房地产估价收入24万元，咨询及其他收入21.87万元。

2004年4月，宁夏注册土地估价师协会批准宁夏正业通房地产估价事务所为土地估价B级资质企业。是年，宁夏正业通房地产估价事务所资产总额129.15万元，负债总额8.21万元，所有者权益总额120.94万元。全年完成估价项目40项，评估建筑面积7.2万平方米，估价值7,000万元，实现业务收入24.08万元。

2005年，宁夏正业通房地产估价事务所资产总额126.28万元，负债总额13.68万元，所有者权益总额112.6万元。共完成估价项目90项，评估建筑面积7.72万平方米，估价值16,770万元，实现业务收入38.83万元。

2006年，宁夏正业通房地产估价事务所资产总额195.3万元，负债总额28.09万元，所有者权益总额167.21万元。共完成估价项目90项，评估建筑面积17.85万平方米，估价值56,627万元，实现业务收入161.87万元。

2007年，宁夏正业通房地产估价事务所拉长服务链，延伸服务领域。按照高效原则，建立激励机制，对项目组的业绩考核进行完善和调整。一是在工作中实行一级管一级的同时接受主管领导的指导，层层分解计划任务指标，划分责任，落实到人，使考核工作更加规范。二是制订和完善办公场所管理规定。三是实行事务公开。四是实行评分办法，印发房地产评审表，完成房产评估资质年检和土地评估资质年检。

是年，宁夏正业通房地产估价事务所资产总额188.78万元，负债总额16.01万元，所有者权益总额172.77万元。共完成估价项目141项。其中完成房地产估价报告96项，评估建筑面积20.36万平方米；土地估价44项；司法鉴定估价1项，评估建筑面积0.03万平方米；总估价值41,055万元，实现业务收入85.14万元。

2008年，宁夏正业通房地产估价事务所资产总额826.59万元，负债总额651.43万元，所有者权益总额175.16万元。共完成估价项目121项。其中房产估价报告89项，评估建筑面积25.21万平方米；土地估价报告20项，评估宗地面积70.57万平方米；司法鉴定估价12项，评估建筑面积0.45万平方米；总估价值104,892万元，取得业务收入123.64万元。

2009年，宁夏正业通房地产估价事务所资产总额1012.52万元，负债总额813.45万元，所有者权益总额199.07万元。共完成估价项目105项。其中房地产报告72项，评估建筑面积25.40万平方米，估价值57,651.33万元；土地估价报告8项，宗地面积9.5万平方米，估价值3613万元；司法鉴定估价25项，评估建筑面积0.46万平方米，估价值1828.67万元；总估价值63,093万元，取得业务收入98.66万元。

2010年，宁夏正业通房地产估价事务所资产总额973.89万元，负债总额734.04万元，所有者权益总额239.85万元。共完成估价项目113项。其中，房地产报告62项，评估建筑面积17.93万平方米，估价值36,901万元；土地估价报告9项，宗地面积7.01万平方米，估价值3849万元；司法鉴定类房地产估价报告42项，评估建筑面积1.02万平方米，估价值4531.35万元；总估价值45，281万元，实现业务收入172.87万元。

2011年，估价所设立2个估价项目组，集中负责对房地产的估价业务。按照董事会要求及时完成估价所内部管理制度的修订工作。按照制度规定修改了估价时间表，分别按业务类、行政类、人事类理顺基础工作框架，使管理制度基本上涵盖了估价所的各项工作。按时完成银川市金凤区、西夏区税基估价工作，并将银川市市辖区范围内住宅存量房的电子数据全部录入到税基估价软件中，软件运行较稳定。

是年，宁夏正业通房地产估价事务所资产总额893.11万元，负债总额627.22万元，所有者权益总额265.89万元。共完成估价项目77项。其中，房地产报告58项，评估建筑面积18.58万平方米，估价值57,247.92万元；土地估价报告4份，宗地面积8.18万平方米，估价值2,733万元；司法鉴定估价报告15份，评估建筑面积0.57万平方米，估价值1588.59万元；总估价值61,570万元，全年实现业务收入198.38万元。

2012年，宁夏正业通房地产估价事务所资产总额1144.58万元，负债总额874.74万元，所有者权益269.84万元。估价所本年度共完成房地产估价项目92项。其中房地产估价62项，评估建筑面积48.28万平方米，评估值67,650万元；土地估价4项，宗地面积12.04万平方米，评估值1815万元；司法鉴定估价26项，评估建筑面积0.78万平方米，估价值4135.20万元；总估价值73,600万元，实现业务收入452.53万元。

2002—2012年宁夏正业通房地产估价事务所房地产估计业务统计表

表6-1

年份	资产总额(万元)	负债总额(万元)	所有者权益总额(万元)	利润总额(万元)	收入(万元)
2002年	—	—	—	—	15.00
2003年	121.62	5.04	116.58	16.06	45.87
2004年	129.15	8.21	120.94	10.20	24.08
2005年	126.28	13.68	112.60	7.27	38.83
2006年	195.30	28.09	167.21	93.01	161.87
2007年	188.78	16.01	172.77	7.56	85.14
2008年	826.59	651.43	175.16	30.49	123.64
2009年	1,012.52	813.45	199.07	23.39	98.66
2010年	973.89	734.04	239.85	58.89	172.87
2011年	893.11	627.22	265.89	38.33	198.38
2012年	1,144.58	874.74	269.84	232.24	452.53

2003—2012年宁夏正业通房地产估价事务所房地产估价业务统计表

表6-2

年份	估价项目(份)				评估建筑面积(万平方米)	评估宗地面积(万平方米)	鉴定建筑面积(万平方米)	总估价值(万元)	业务收入(万元)
	合计	其中							
		房地产	土地	司法鉴定					
2003年	58	58	—	—	17.90	—	—	56,900	45.87
2004年	40	40	—	—	7.20	—	—	7,000	24.08
2005年	90	90	—	—	7.72	—	—	16,770	38.83
2006年	90	90	—	—	17.85	—	—	56,627	161.87
2007年	141	96	44	1	20.36	—	0.03	41,055	85.14
2008年	121	89	20	12	25.21	70.57	0.45	104,892	123.64
2009年	105	72	8	25	25.40	9.50	0.46	63,093	98.66
2010年	113	62	9	42	17.93	7.01	1.02	45,281	172.87
2011年	77	58	4	15	18.58	8.18	0.57	61,570	198.38
2012年	92	62	4	26	48.28	12.04	0.78	73,600	452.53

第二节 市场价值估价

市场价值估价包括对土地估价及房地产建筑现行市场价值的估价。

2005年3—4月对宁夏兴庆机器厂土地使用权进行估价。5月对宁夏长城英豪学校、银川光华职业学校的土地进行估价。11月对银川市变压器厂土地使用权进行估价。12月对宁夏电表厂土地使用权进行估价。

2006年3月受自治区人民政府机关事务管理局委托，对坐落于银川市兴庆区解放西街129号、建筑面积14,036.72平方米的自治区人大常务委员会办公用房的现行市场价值进行估价，为委托方进行房地产处置提供价格参考依据。根据委托方提供的有关资料，估价人员实地查勘，按照估价工作程序，采用科学合理的估价方法，经过周密测算，并对影响房地产价格的因素进行综合分析后，确定估价时点为2006年3月25日，确定该房地产市场价值为4352万元。

是年3月受银川市财政局委托，对坐落于银川市区内的原市政府办公用房，建筑面积共计87,270平方米的房地产及附属设施的现行市场价值进行估价，为银川市人民政府拟进行房地产抵押贷款提供价值参考依据。本次估价中，确定估价时点为2006年3月25日，估价对象的市场价值为31,574.50万元。

是年8月，宁夏正业通房地产估价事务所采取“一站式”服务方式，缩短办事时间，提高工作效率。主抓零星客户的房地产估价业务。同时，主动出击，利用社会资源优势以及品牌优势、资格优势、人员优势、专业优势，取得灵武地区的土地估价业务和城市道路估价业务。鉴于灵武市城市投资建设公司核实资产的需要，估价所派人积极为灵武市城市投资建设公司整合企业资产，对灵武市城市建设投资有限公司所委托的灵武市镇道路（包括土地使用权）的现行价值进行估算，估价目的为该公司拟核实城市道路及附属设施的价值提供价格参考依据。经过周密准确的测算和综合分析后，确定估价时点为2006年8月31日，确定该城市道路价值为1.9亿元。

是年，在灵武地区开发建设中，宁夏正业通房地产估价事务所先后参与了3宗土地拍卖估价，共取得业务收入8万元。在3宗土地估价中，估价值与实际拍卖价基本相近，受到灵武市土地管理部门的好评。

2008年，宁夏正业通房地产估价事务所与宁夏商业银行签订长期合作合同，年初完成了如意苑营业房的估价工作，为企业会计入账提供了记账依据。3月完成伊信大厦的估价工作，为企业拟进行交易提供了参考依据。国庆节后，受银川市政府委托，对银川景观水道、银川览山剧场、银川国际会展中心、银川文化艺术中心进行估价。

2008—2012年房地产市场价值估价业务统计表

表6-3

年份	建筑面积（万平方米）	宗地面积（万平方米）	估价值（万元）
2008年	25.66	70.57	104892
2009年	25.86	9.5	63093
2010年	18.95	7.01	45281
2011年	19.15	8.18	61570
2012年	49.06	12.04	73600

第三节　业务类型

一、抵押贷款估价

2004年12月受银川市国有资产控股有限公司委托，对坐落于银川市兴庆区解放东街属银川市人民政府所拥有的建筑物及构筑物（建筑面积总计1.34万平方米）的价值进行估价，为银川市人民政府拟进行房地产抵押贷款提供价值参考依据。根据国家有关法律、法规、政策和该公司提供的有关资料，确定估价时点为2004年12月1日，确定该房地产市场价格（包括土地使用权价值）为6538万元。

2006年5月，参与银川市机关办公场所包括原银川市政府办公楼、银川市委、银川市财政局、银川市环保局、银川市卫生局、银川市规土局、银川市建设局、银川市园林局、银川市经贸局、银川市房管局、银川市房改办等共计15处房地产抵押贷款项目的估价，估价面积5.83万平方米，估价值3.2亿元。

2007年1月，在灵武市国有资产经营公司土地抵押贷款项目估价中，项目组估价人员加班加点，按时完成估价报告，受到客户的好评。自此，项目组与灵武市国有资产经营公司建立了长期合作关系。5月，灵武市国有资产经营公司实行增资扩股和抵押贷款项目，公司各部门通力合作，审计部门进行验资，资产评估部门进行设备估价，房地产估价部门进行房地产估价，共取得各项收入19万元。其中，审计收入5.4万元，估价收入9.2万元，房地产估价收入3.8万元。

是年9月，在中卫市供排水总公司抵押贷款估价中，宁夏正业通资产评估公司与房地产估价所分工协作，由资产评估部门出具机器设备估价报告，由估价所出具房地产估价报告，缩短了办事时间，提高了工作效率。

2008年10月受银川市城市建设投资控股有限公司委托，对坐落于银川市金凤区丰登镇，建筑面积共计0.65万平方米，土地面积1,214,006.07平方米（1821亩）的房地产及附属设施的现行市场价值进行了估价，为银川市城市建设投资控股有限公司核实览山工程项目价值提供参考依据。最终确定估价时点为2008年10月31日，估价对象的市场价值为5.27亿元。

2008年12月受银川众一集团房地产开发有限公司委托，对坐落于银川市兴庆区解放东街清和园的营业房和新华东街凤凰商业大厦的综合用房及营业房的现行市场价值进行估价，为确定房地产抵押贷款额度提供价格参考依据。最终确定估价时点为2008年12月12日，估价对象的房地产抵押价值为4620万元。

2009年4月受青铜峡市燕赵有色金属冶炼有限公司委托，对坐落于青铜峡市新材料基地青铜峡市燕赵有色金属冶炼有限公司厂区院内的部分房屋建筑物的抵押价值进行估价。估价对象包括职工食堂、职工宿舍、原料车间、烧结厂房、布袋收尘室，建筑面积总计3,616.31平方米。估价目的是为确定房地产抵押贷款额度提供参考依据。最终确定估价时点为2009年4月25日。估价对象市场价值(不含土地使用权)为252万元。

2011年10月受宁夏远高新能源装备制造有限公司委托，对坐落于银川德胜工业园区丰庆路以北、烈马渠以东房地产抵押价值进行估价。估价对象建筑面积2.6万平方米，规划用途为工业用房，估价目的是为委托方确定房地产抵押贷款额度提供参考依据。最终确定估价时点为2011年10月13日。估价对象的房地产抵押价值为8232万元。

2011年，主要完成的项目：银川市城市建设投资控股有限公司位于兴庆区解放东街143号办公及辅助用房房地产抵押价值估价，收入6.4万元；银川市西夏区同心北街浙江商厦房地产抵押价值估价，收入3万元。

2012年7月受宁夏惠冶镁业集团有限公司委托，对位于惠农区红果子镇工业用房的抵押价值进行估价，估价对象建筑面积3.85万平方米，估价目的是为委托方确定房产抵押贷款额度提供参考依据。最终确定估价时点为2012年7月25日。估价对象(不包括土地使用权)的抵押价值为3725万元。

2004—2012年房地产抵押估价业务统计表

表6-4

年份	建筑面积(万平方米)	土地面积(万平方米)	市场价格(万元)
2004年	1.35	—	6,538.16
2006年	5.83	—	32,000.00
2008年	11.10	22.74	74,442.14
2009年	9.56	3.01	24,360.25
2010年	10.06	3.95	12,358.72
2011年	14.33	3.12	43,846.74
2012年	36.99	12.04	43,461.48

注：市场价格含土地使用权价值

二、拍卖估价

2006年，宁夏正业通房地产估价事务所抓住灵武地区开发建设机遇，初次参与土地拍卖估价，3宗土地估价共取得业务收入8万元。此次估价对象为灵武市土地储备中心位于灵武市新建市医院东、北侧片区住宅用地。该宗地面积67，325.7平方米，该宗地为待开发建设用地。根据灵武市人民政府《关于拍卖出让市医院片区国有土地使用权的批复》，规划为住宅用地，使用年限为50年。本次估价设定用途为住宅用地，土地使用年限为50年。此外，本次估价设定委托估价宗地上无他项权利设定。经实地调查，委托估价对象宗地现状用途为待开发建设用地。宁夏正业通房地产估价事务所根据估价目的，遵循估价原则，按照估价程序，采用科学合理的估价方法，在分析现有资料的基础上进行认真调查，经过科学计算，并结合估价经验和对影响住宅用地价值的因素分析，确定该宗地面积为6.7万平方米，估价基准日为2006年8月9日。基准地价系数修正法估价单价为222.35元/平方米，成本逼近修正法估价单价为207.05元/平方米。最后采用两种估价方法，根据估价目的，考虑快速变现时市场可接受价格对评估价值的影响，该宗地总地价319万元。

2011年2月，宁夏正业通房地产估价事务所先后完成6项房地产拍卖估价业务。

1.受银川市财政局委托，对坐落于银川市兴庆区东湖苑9#楼营业房（共10套，建筑面积共计861.12平方米）、44#楼营业房（共6套，建筑面积共计539.02平方米）、45#楼营业房（共10套，建筑面积共计778.58平方米）的市场价值进行估价。估价对象建筑面积总计2,178.72平方米，设计用途均为营业用途，估价时点为2011年2月18日，估价目的是为银川市财政局拟转让房地产提供价值参考依据。该房地产的市场价值为945万元。

2.受银川市财政局委托，对坐落于银川市金凤区康居A1区1#楼营业房（共5套，建筑面积共计311.96平方米）、A3区4#楼营业房（共19套，建筑面积共计1143.16平方米）、A3区A#楼营业房（共3套，建筑面积共计563.25平方米）、A4区1#楼营业房（共19套，建筑面积共计1064.78平方米）、A4区A#楼营业房（共6套，建筑面积共计1,006.12平方米）、A4区B#楼营业房（共3套，建筑面积共计585.42平方米）的市场价值进行估价。估价对象建筑面积总计4674.69平方米，设计用途均为营业用途，估价时点为2011年2月18日，估价目的是为银川市财政局拟转让房地产提供价值参考依据。该房地产的市场价值为2593万元。

3.受银川市财政局委托，对坐落于银川市金凤区康居C区3号楼营业房（共6套，建筑面积共计427.98平方米）、13号楼营业房（共8套，建筑面积共计681.06平方米）、14号楼营业房（共10套，建筑面积共计741.48平方米）、15号楼（共6套，建筑面积共计844.29平方米）、16号楼（共8套，建筑面积共计885.36平方米）、17号楼营业房（共5套，建筑面积共计402.65平方米）、18号楼营业房（共5套，建筑面积共计499.29平方米）、29号楼营业房（共10套，建筑面积共计1200.80平方米）、30号楼营业房（共8套，建筑面积共计1093.10平方米）的市场价值进行估价。估价对象建筑面积总计6,776.01平方米，设计用途均为营业用途，估价时点为2011年2月18日，估价目的是为银川市财政局拟转让房地产提供价值参考依据。该房地产的市场价值为3717万元。

4.受银川市财政局委托，对坐落于银川市金凤区康居C区东大厅营业房（建筑面积3460.14平方米）、西大厅营业房（建筑面积2884.77平方米）、东大厅一楼内南侧营业房（共10套，建筑面积802.62平方米）、东大厅二楼内南侧营业房（共10套，建筑面积802.62

平方米)的市场价值进行估价。估价对象建筑面积总计7950.15平方米,设计用途均为营业用途,估价时点为2011年2月18日,估价目的是为银川市财政局拟转让房地产提供价值参考依据。该房地产的市场价值(含占用范围内的土地使用权)为2007万元。

5.受银川市财政局委托,对坐落于银川市兴庆区清湖苑13号楼营业房(共12套,建筑面积共计633.62平方米)、14号楼营业房(共24套,建筑面积共计1,287.56平方米)、35号楼营业房(共20套,建筑面积共计1062.80平方米)、38号楼营业房(共17套,建筑面积共计852.08平方米)的市场价值进行估价。估价对象建筑面积总计3,836.06平方米,设计用途均为营业用途,估价时点为2011年2月18日,估价目的是为银川市财政局拟转让房地产提供价值参考依据。该房地产的市场价值为1668万元。

6.受银川市财政局委托,对坐落于银川市金凤区盈南家园14#楼营业房(共10套,建筑面积共计434.52平方米)、15#楼营业房(共16套,建筑面积共计721.68平方米)、18#楼营业房(共20套,建筑面积共计1073.92平方米)的市场价值进行估价。估价对象建筑面积总计2230.12平方米,设计用途均为营业用途,估价时点为2011年2月18日,估价目的是为银川市财政局拟转让房地产提供价值参考依据。该房地产的市场价值为892万元。

2006—2012年房地产拍卖估价业务统计表

表6-5

年份	委托方	估价对象建筑面积(万平方米)	估价对象宗地面积(万平方米)	估价对象市场价值(万元)
2006年	灵武市土地储备中心	—	6.73	319.45
2008年	中卫国有资产经营有限公司	0.02	—	24.26
2011年	银川市财政局	2.76	—	11,823.14

三、涉税估价

2005年7月1日,银川市整合税收征管方式,将原来由银川市房管局代征的房地产交易环节的税收工作划归银川市地方税务局自行征管,税务部门没有专业的评估人员进行评估。为杜绝少数个人在二手房交易中偷逃税费的现象,经银川市地方税务局与银川市财政局商议,由房地产交易大厅聘请宁夏正业通房地产估价事务所专业评估师为纳税人进行交易金额的审核,对房地产交易申报价格进行估价,为税收征管进行把关。宁夏正业通房地产估价事务所先后抽调多名工作人员进驻税务大厅,配备电脑、汽车、复印机等设备,专门对涉税房地产进行估价。

2008年2月,宁夏正业通房地产估价事务所对银川市地方税务局《关于赴杭州、长春市地税局考察契税等征收管理情况的报告》进行研究商讨,借鉴相关省市契税、耕地占用税征收工作经验,对银川市实施二手房交易计税基准价估价提出实施方案,包括实施范围、实施时间、实施步骤、人员配备及工作要求。

是年10月7日，银川市地方税务局决定将金凤区、西夏区纳入到税基估价范围内，宁夏正业通房地产估价事务所再次制定实施方案，划分片区，分配项目，责任落实到人。估价所抽调多名资深房地产估价师和精干技术人员组成项目部，按照委托要求，根据房地产估价规范及相关理论细化估价方案，制定技术操作规程。历时近3个月，估价所投入房地产估价师及相关专业助理人员30人、专用车辆5辆，全力支持基准房价的估价。组织估价人员到金凤区、西夏区进行实地查勘，通过现场勘察、调查和科学的价格分类、估价测算及平衡验证，按照约定的时间提交了初稿。

截至2010年10月，宁夏正业通房地产估价事务所摸清了银川市3区存量房情况，银川市3区共计713个小区，幢楼数7171个。其中，兴庆区382个小区、幢楼数4050个；金凤区194个小区、幢楼数1611个；西夏区137个小区，幢楼数1510个。

2011年，根据银川市地方税务局扩大评税区域，按时完成银川市金凤区、西夏区税基估价工作，并将银川市辖区范围内住宅房的电子数据全部录入到税基估价软件中。是年7月，该评税软件系统正式上线运行。

2012年10月，由于银川市辖区范围的新建楼盘增加，对新增住宅小区进行税基估价。

2005年7月1日至2012年12月31日，不包括所得税和土地增值税，宁夏正业通房地产估价事务所通过房地产课税估价，累计为国家增加税收2.25亿元。

2005—2012年宁夏正业通房地产估价事务所通过房地产课税估价为国家增加税收统计表

表6-6 单位：元

年份	交易申报金额	审核金额	评估增加金额	契税	印花税	营业税
2005年	346,278,164	428,358,325	82,080,161	2,462,404	41,040	1,110,000
2006年	1,139,677,305	1,393,234,832	253,557,527	7,606,700	126,778	3,430,350
2007年	1,426,201,910	1,788,173,568	361,971,658	7,241,879	61,972	4,897,079
2008年	1,458,717,778	1,830,495,713	371,777,935	7,846,917	71,778	6,495,602
2009年	4,104,817,633	5,227,712,611	1,122,894,978	19,877,041	122,895	14,118,390
2010年	5,320,838,557	6,737,584,813	1,416,746,256	22,078,196	416,219	26,247,511
2011年	3,407,222,881	4,572,986,897	1,165,764,016	23,064,115	1,165,764	29,078,161
2012年	2,065,383,715	3,176,455,077	1,111,071,362	25,548,148	1,039,069	19,139,135
合计	19,269,137,943	25,155,001,836	5,885,863,893	115,725,400	5,645,515	104,516,228

四、房地产转让价格估价

2005年2月，为配合银川市财政局对银川市政府设在南方的办事处进行房产整合，宁夏正业通房地产估价事务所派出专人到福州市、深圳市进行房地产估价。本次估价目的在于为该行为所涉及的房产提出有关价值参考依据。纳入此次估价范围的是银川市财政局申报的相关房产,包括银川市财政局拟出售银川市人民政府所拥有的位于福州市的8处房地产和银川市驻深圳办事处两套住宅房,其中银川市驻福州办事处的8处房地产主要包括住宅房6处、写字楼2处。本次估价主要通过现场勘察、核实产权证明资料以确认资产真实性,在此基础上对房屋建(构)筑物采用市场比较法和收益法进行估价。本次估价工作主要分3个阶段进行,工作起止日期为2005年2月22—27日。事务所接受委托后,根据对估价目的及相关情况的初步了解,首先制定房产估价工作方案,明确估价基准日、估价范围,确定估价方法,安排估价人员制定进度计划;协助房产占有方进行资产申报工作,并了解被估价房产的有关情况,同时提出房产估价所需的资料清单;听取委托方对涉及估价目的经济行为的有关介绍,听取房产占有方管理人员对待估价房产历史和现状的介绍;对房产占有方填报的房产估价申报表进行复核和鉴别,根据估价申报表的内容到现场进行实物核实,对房产状况进行现场查勘和记录;查阅产权证明文件等资料,对委估资产价值进行测算。根据各个估价小组对各类房产的初步估价结果,编制房产估价结果明细表和分类汇总表,在核实确认各具体房产项目估价结果准确合理,估价对象没有重复和遗漏的基础上,进行房产估价数据的汇总,根据汇总分析情况对单项房产估价结果进行调整、修改和完善,确定估价结论,撰写房地产估价报告书及估价说明。本事务所内部履行复核程序后向委托方提交估价报告征求意见稿,在取得委托方一致意见后,提交了正式估价报告书。

2007年6月受灵武市国有资产经营有限公司委托,对坐落于灵州大道西段北侧,建筑面积共计2049.17平方米,占用国有土地使用权面积3641.62平方米的市广电局办公用房房地产积算价值进行估价,估价目的是为灵武市人民政府拟转让确定房地产价值提供价格参考依据。最终确定于估价时点为2007年6月1日。该房地产积算价值共计423万元。

2007年11月受宁夏银行股份有限公司委托,对坐落于银川市兴庆区文化东街123号建筑面积为6735.52平方米的宁夏融安投资有限公司办公用房地产的现行市场价值进行估价,估价目的是委托方拟转让房地产提供价格参考依据。最终确定估价时点为2007年11月20日,该房地产市场价值为4639万元。

2008年5月接受吴忠市国有资产监督管理委员会委托,对坐落于吴忠市裕民东街与金星路交叉处,建筑面积共计1633.81平方米(其中办公用房的建筑面积1222.50平方米,营业用房的建筑面积295.11平方米,车库的建筑面积116.2平方米)的房地产进行估价,估价目的是为吴忠市国有资产经营有限公司拟进行转让的房地产提供价格参考依据。最终确定估价时点为2008年5月26日。该房地产价值为348万元。

2009年7月受宁夏马兰花生态农业开发有限公司委托,对银川市金凤区黄河东路紫园小区(三区)1号楼办公楼的公开市场价值进行估价。估价对象办公楼、综合楼建筑面积为6,824.87平方米、土地面积为10,816平方米,估价目的是为宁夏星火科技集团有限公司拟转让房地产提供价值参考依据,最终确定估价时点为2009年7月20日。估价对象市场价值为891万元。

2010年9月受银川市财政局委托,对银川市劳动就业服务局坐落于兴庆区胜利街47号的营业房、兴庆区宁夏商都8号楼办公房于估价时点的市场价值进行估价。估价对象建筑面积共计2331.55平方米,估价目的是为银川市劳动就业服务局拟转让的房地产提供价值参考依据。最终确定估价时点为2010年9月19日。估价对象的市场价值为1281万元。

2011年12月受宁夏电力公司电力科学研究院委托,对银川市金凤区黄河东路761号部分房屋(宿舍楼)的公开市场价值进行估价。估价对象建筑面积为1,161平方米,估价目的是为宁夏电力公司电力科学研究院拟转让房地产提供价值参考依据,最终确定估价时点为2011年12月16日。估价对象市场价值为469万元。

2012年5月受毕晓磊委托,对银川市兴庆区新华西街303号三层1号房、2号房、3号房的公开市场价值进行估价。估价对象建筑面积为893.46平方米,估价目的是为顾锦涛拟转让房地产提供价值参考依据,最终确定估价时点为2012年5月2日。估价对象市场价值为418万元。

2007—2012年房地产转让价格主要估价业务统计表

表6-7

年份	委托方	建筑面积（万平方米）	占有国有土地使用权面积（万平方米）	估价值（万元）
2007年	灵武市国有资产经营有限公司	0.20	0.36	422.58
	宁夏银行股份有限公司	0.67	—	4,638.95
2008年	吴忠市国有资产监督管理委员会办公室	0.16	—	347.53
2009年	宁夏星火科技集团有限公司	0.68	1.08	891.00
2010年	银川市财政局	0.23	—	1,280.59
2011年	宁夏电力公司电力科学研究院	0.12	—	469.15
2012年	顾锦涛	0.09	—	418

第四节　房地产估价司法鉴定

2007年10月受银川市中级人民法院委托,对银川人防建设开发有限公司拥有的坐落于银川市兴庆区北京东路226-1号,建筑面积为286.91平方米的办公用房地产的现行市场价值进行估价,估价目的是为银川人防建设开发有限公司涉案房地产在委托方主持下进行处置提供价格参考依据。根据国家有关法律、法规、政策和银川市中级人民法院提供的有关资料，经本估价机构人员实地查勘，依据估价目的，遵循估价原则，按照估价工作程序，采用科学合理的估价方法，在分析现有资料的基础上，经过周密审慎的测算，并结合估价经验及对影响房地产价格的因素综合分析后，确定估价时点为2007年10月10日。该房地产市场价值为74.11万元。

2009年5月受银川市中级人民法院委托，其中对宁夏物润置业有限公司坐落于银川市兴庆区南门中煌商业广场负二层B区70间商铺建筑面积共计889.21平方米的地上建筑物（不含占用范围内的国有建设用地使用权）的积算价值进行估价，估价目的为委托方核实上述房地产价值提供价格参考依据。最终确定估价时点为2009年5月4日，该房地产积算价格为386万元。

2010年6月受银川市兴庆区人民法院委托，其中对银川市兴庆区永安巷永安花园5号楼3层1–2号营业房的公开市场价值进行了估价。估价对象建筑面积157.87平方米，所在建筑物共3层，估价对象为第二层，估价目的是为张文华涉案房地产提供价值参考依据。最终确定估价时点为2010年6月9日。该估价对象市场价值为133万元。

2010年8月受银川市中级人民法院委托，其中对永宁县杨和镇青春苑小区商业房的公开市场价值进行估价。估价对象建筑面积共计2590.3平方米，估价目的是为宁夏青春房地产开发有限责任公司涉案房地产提供价值参考依据。最终确定估价时点为2010年8月4日。该估价对象市场价值为604万元。

2011年11月受银川市兴庆区人民法院委托，其中对银川市兴庆区青春财富大厦1201、1202号办公房的公开市场价值进行估价。估价对象建筑面积为204.78平方米，估价目的是为宁夏青春房地产开发有限公司涉案房地产提供价值参考依据，最终确定估价时点为2011年11月21日。该估价对象市场价值为257万元。

2012年7月受银川市中级人民法院委托，其中对银川市兴庆区文化东街宁夏电子仪器厂1号楼2号营业房的公开市场价值进行估价。估价对象建筑面积为390.20平方米，估价目的是为孙庭恒涉案房地产提供价值参考依据，最终确定估价时点为2012年9月6日。该估价对象市场价值为647.73万元。

2007—2012年房地产司法鉴定业务统计表

表6–8

年份	委托方	估价项目（份）	建筑面积（万平方米）	估价值（万元）
2007年	银川市中级人民法院	1	0.03	74.11
2008年	银川市中级人民法院	12	0.45	2544.05
2009年	银川市中级人民法院	25	0.46	1828.67
2010年	银川市中级人民法院	42	1.02	4531.35
2011年	银川市中级人民法院	15	0.57	1588.59
2012年	银川市中级人民法院	26	0.78	4135.20

第七章　企业文化

第一节　企业价值观

经过几年的经营发展,公司于2005年对企业价值观进行确立并实施企业文化建设。

一、企业宗旨

明确以立足于服务地方经济建设,坚持规范化综合经营和“以人为本”的人才发展观,以“为社会展现真实、助客户挖掘价值、携员工实现自我”为企业宗旨。

二、企业精神

倡导“树正气守规则、讲情理多沟通、重诚信善合作、勤敬业勇开拓”的企业精神。

三、企业理念

诚信服务、优质服务、满意服务。

四、经营理念

以独立、客观、公正的行为准则去传播现代经济文明与客户共同发展提高,并致力成为区域内合作典范和行业先锋。

五、员工品格

专注事业,忠诚客户,尊重同行。

六、工作作风

雷厉风行,负责到底。

第二节　党群组织

一、中国共产党组织

(一)组织沿革　1999年9月,银川市会计师事务所脱钩改制后,成立宁夏正业通会计师事务所。2000年10月20日,经银川市财政局党组会议研究,将原隶属市国资局支部的宁夏正业通会计师事务所党员划出,成立宁夏正业通会计师事务所党支部,隶属于银川市财政局党组。王海智任宁夏正业通会计师事务所党支部书记。

2000年,对宁夏正业通会计师事务所党支部进行改选,支部委员会由3人组成,王海智任支部书记。

2002年10月,宁夏正业通会计师事务所党支部更名为宁夏天华会计师事务所党支部。

2003年4月,举行换届工作,采用无记名投票方式,实行差额选举,选举王海智任宁夏天华会计师事务所党支部书记。

2006年4月,举行换届工作,采用无记名投票方式,实行差额选举,选举王海智继任宁夏天华会计师事务党支部书记。

2009年4月,举行换届工作,采用无记名投票方式,实行差额选举,选举王海智连任宁夏天华会计师事务所党支部书记。

2011年4月,为加强党建工作,经银川市财政局机关党委批复同意,选举何玉玲为宁夏天华会计师事务所党支部专职副书记。

宁夏天华会计师事务所党支部支委成员名表

表7-1

成立与改选换届时间	职务	姓名	性别	民族	籍贯	所在部门及职务
2000年10月成立	支部书记	王海智	男	汉族	山东昌乐	宁夏正业通会计师事务所主任会计师
	组织委员	吴仲良	男	汉族	宁夏	宁夏正业通会计师事务所副所长
	宣传委员	马向中	男	回族	宁夏	宁夏正业通会计师事务所
	女工委员	李辉	女	汉族	宁夏	宁夏正业通会计师事务所

续表7-1

成立与改选换届时间	职务	姓名	性别	民族	籍贯	所在部门及职务
2003年4月换届	支部书记	王海智	男	汉族	山东昌乐	宁夏天华会计师事务所主任会计师
	组织委员	马向中	男	回族	宁夏	宁夏天华会计师事务所办公室主任
	宣传委员	古妍娜	女	汉族	广东	宁夏正业通工程咨询有限责任公司项目经理
2006年4月换届	支部书记	王海智	男	汉族	山东昌乐	宁夏天华会计师事务所主任会计师
	组织委员	姜　伟	男	汉族	宁夏	宁夏天华会计师事务所办公室副主任
	宣传委员	古妍娜	女	汉族	广东	宁夏正业通工程咨询有限责任公司招标部副主任
2009年4月换届	支部书记	王海智	男	汉族	山东昌乐	宁夏天华会计师事务所主任会计师
	组织委员	姜　伟	男	汉族	宁夏	宁夏天华会计师事务所办公室主任
	宣传委员	古妍娜	女	汉族	广东	宁夏正业通工程咨询有限责任公司招标部主任
2011年4月增补	专职副书记	何玉玲	女	汉族	宁夏银川	宁夏天华会计师事务所副主任会计师
2012年12月改选	支部书记	王海智	男	汉族	山东昌乐	宁夏天华会计师事务所主任会计师
	专职副书记	何玉玲	女	汉族	宁夏银川	宁夏天华会计师事务所总审计师
	组织委员	古妍娜	女	汉族	广东	宁夏正业通工程咨询有限责任公司招标部主任
	宣传委员	姜　伟	男	汉族	宁夏	宁夏天华会计师事务所综合办公室主任

（二）制度建设　中共宁夏天华会计师事务所支部委员会成立后，按照中国共产党章程，经过不断修订、完善、补充，已形成中共宁夏天华会计师事务所支部委员会党建制度共16项。

1.党支部工作制度。1999年制定党支部工作制度3章：第一章设立；第二章工作任务，包括党支部基本任务、党小组基本任务；第三章岗位职责，包括党支部书记职责、党支部副书记职责、组织委员职责、宣传委员职责等。

2."三会一课"制度。"三会"是指支部党员大会、党支部委员会、党小组会，"一课"是指党课。党支部定期召开"三会"，上好党课。

其他14项制度分别为：党支部议事制度；党员教育制度；党内监督制度；党员汇报思想和党内谈话制度；民主评议党员制度；党员党性定期分析制度；党支部换届改选制度；发展党员制度；党费收缴、使用和管理制度；流动党员管理办法；党费廉政建设制度；民主生活会制度;党员激励、关怀、帮扶制度;工会管理制度。

(三)党员队伍 1999年,宁夏正业通会计师事务所党支部成立时,有在职党员6人,其中女性2人,回族1人。

2003年,本着"坚持标准、保证质量、改善结构、慎重发展"的方针,首次内部培养姜伟加入党组织。自此,党支部通过内部培养、外部调入两种方式扩大党员队伍。是年底,有在职党员12人,其中女性4人,回族2人。

2005年,在职党员队伍扩大到12人,其中女性4人,回族2人。

2006年,内部培养何玉玲、温鸿江加入党组织,党员队伍扩大到16人。

2010年,党员队伍扩大到21人,其中预备党员2人,女性11人,少数民族5人。

2011年6月,为加强党建工作,外聘邓炎辉同志为党建指导员,指导开展"创先争优"活动。

是年,共有在职党员25人,入党积极分子1人,其中女性12人,少数民族6人,本科以上学历18人。

截至2012年底,共有在职党员24人,入党积极分子4人,其中女性11人,少数民族6人,本科以上学历18人。

二、共青团组织

1999年11月,宁夏正业通会计师事务所团支部成立,接受宁夏正业通会计师事务所党支部和银川市财政局团总支领导。毛淑宁任团支部书记。2001年4月经选举,姜伟任团支部书记,并经选举担任银川市财政局团委委员。时有团员17人。2002年,宁夏正业通会计师事务所团支部更名为宁夏天华会计师事务所团支部。

2011年12月,经天华党支部提议,报银川市财政局团委批准同意,天华团支部进行换届,经选举,马乐任团支部书记。

2012年有团员35人。

宁夏天华会计师事务所团支部组成人员名表

表7-2

任期	职务	姓名	性别	民族	籍贯	所在部门及职务
1999.11—2001.4	支部书记	毛淑宁	女	汉族	宁夏	宁夏正业通会计师事务所项目助理
2001.4—2011.12	支部书记	姜　伟	男	汉族	宁夏	公司综合办公室副主任、主任
2011.12—2014.8	支部书记	马　乐	男	回族	宁夏	宁夏正业通工程咨询有限责任公司项目助理
	组织委员	周　翔	女	汉族	宁夏	宁夏天华会计师事务所项目助理
	宣传委员	于晓云	女	汉族	河南	宁夏正业通房地产估价事务所项目助理

三、工会

2010年10月，公司董事会按照宁夏注册会计师行业工会筹建领导小组的要求研究决定，宁夏天华会计师事务所（有限公司）、宁夏正业通工程咨询有限责任公司、宁夏正业通资产评估有限责任公司、宁夏正业通房地产估价事务所（有限公司）4个企业成立联合工会。11月3日、11月4日，宁夏天华会计师事务所党支部、公司董事会分别通过了《组建工会组织的实施方案》，明确以宁夏天华会计师事务所为主体，按业务类别下设审计、评估、工程3个工会小组。同时成立由10人组成的联合工会筹备工作组，王海智任组长，邓炎辉、温鸿江任副组长。

2010年11月11日，宁夏注册会计师行业和资产评估行业党委作出《关于成立宁夏天华会计师事务所工会的批复》，同意成立宁夏天华会计师事务所工会。工会成立后，接受宁夏注册会计师行业和资产评估行业工会的领导，同时按规定建立工会女职工委员会。

2010年11月21日，公司就申请召开首届工会会员大会，以及首届工会委员会、工会经费审查委员会、女职工委员会候选人名单向宁夏注册会计师行业工会筹建领导小组提交具体报告。11月22日，宁夏注册会计师行业和资产评估行业党委作出批复，同意宁夏天华会计师事务所工会筹备工作组对推荐的候选人名单张贴公示，体现公开、公平、公正的原则。

2010年12月4日，宁夏天华会计师事务所（有限公司）、宁夏正业通工程咨询有限责任公司、宁夏正业通资产评估有限责任公司和宁夏正业通房地产估价事务所（有限公司）联合工会成立大会召开，应出席大会的正式会员104名，实际出席大会的会员89名。大会通过了宁夏天华会计师事务所工会委员会选举办法，以及宁夏天华会计师事务所工会第一届会员大会监票员、计票员建议名单。大会以不记名投票方式，采用差额选举办法，选举产生了由5人组成的联合工会委员会，温鸿江任工会主席；选举由3人组成的经费审查委员会，马乐任经费审查委员会主任；选举由3人组成的女职工委员会，古妍娜任女职工委员会主任。

宁夏天华会计师事务所首届工会委员会组成人员名表

表7-3 （2010年12月）

<table>
<tr><th>机构名称</th><th>职务</th><th>姓名</th><th>性别</th><th>民族</th><th>籍贯</th><th>所在部门及职务</th></tr>
<tr><td rowspan="5">工会委员会</td><td>主　席</td><td>温鸿江</td><td>男</td><td>汉族</td><td>河北</td><td>宁夏正业通工程咨询公司总经理</td></tr>
<tr><td rowspan="4">委　员</td><td>姜　伟</td><td>男</td><td>汉族</td><td>宁夏</td><td>公司综合办公室主任</td></tr>
<tr><td>古妍娜</td><td>女</td><td>汉族</td><td>广东</td><td>招标部主任</td></tr>
<tr><td>吴　彦</td><td>女</td><td>汉族</td><td>天津</td><td>宁夏正业通房地产估价事务所副总经理</td></tr>
<tr><td>周　娟</td><td>女</td><td>回族</td><td>宁夏</td><td>宁夏天华会计师事务所灵武分所副所长</td></tr>
</table>

续表7-3

机构名称	职务	姓名	性别	民族	籍贯	所在部门及职务
经费审查委员会	主　任	马　乐	男	回族	宁夏	宁夏正业通工程咨询公司项目助理
	委　员	吴　彦	女	汉族	天津	宁夏正业通房地产估价事务所副总经理
		周　娟	女	回族	宁夏	宁夏天华会计师事务所灵武分所副所长
女职工委员会	主　任	古妍娜	女	汉族	广东	招标部主任
	委　员	侯旭辉	女	汉族	山东	宁夏天华会计师事务所审计二部副主任
		周　娟	女	回族	宁夏	宁夏天华会计师事务所灵武分所副所长

四、妇女联合委员会

2011年12月16日，宁夏天华会计师事务所党支部研究决定由宁夏天华会计师事务所(有限公司)、宁夏正业通工程咨询有限责任公司、宁夏正业通资产评估有限责任公司、宁夏正业通房地产估价事务所(有限公司)联合筹建妇女委员会。同时决定成立以宁夏天华会计师事务所为主的4家单位联合妇女委员会筹备小组，并报请银川市财政局机关党委批准。2011年12月30日，妇女委员会成立大会召开，应出席大会的正式会员67名，实际出席大会的会员56名。大会按照宁夏天华正业通妇女委员会第一次代表大会选举办法(草案)，选举产生了由3人组成的宁夏天华正业通妇女委员会。2012年1月9日，银川市财政局机关党委作出批复，同意成立宁夏天华正业通妇女委员会，何玉玲任首届妇委会主任。

首届宁夏天华正业通妇女委员会组织人员名表

表7-4

职务	姓名	性别	民族	籍贯	所在部门及职务
主　任	何玉玲	女	汉族	宁夏	宁夏天华会计师事务所党支部专职副书记、副主任会计师
委　员	古妍娜	女	汉族	广东	宁夏正业通工程咨询有限责任公司招标部主任
	侯旭辉	女	汉族	山东	宁夏天华会计师事务所审计二部副主任

五、表彰奖励

自2001年以来，宁夏正业通会计师事务所（宁夏天华正业通公司）在创先争优活动中，先进集体与优秀个人不断涌现。特别是2011年，宁夏天华正业通公司获得多项殊荣。3月，中共宁夏社会组织工作委员会授予宁夏天华会计师事务所党支部自治区级“社会组织党建示范点”称号，并颁发党建示范点证书；6月，宁夏注册会计师行业和资产评估行业党委授予宁夏天华会计师事务所党支部“全区创先争优活动先进党支部”称号，中国注册会计师行业党委授予宁夏天华会计师事务所党支部“全国先进会计师事务所党组织”称号，宁夏注册会计师行业和资产评估行业党委授予何玉玲、李海清、姜伟“优秀共产党员”称号，自治区社会组织工委授予王海智“优秀共产党员”称号。7月12日，宁夏天华会计师事务所党支部作出决定，授予贾宪宁、罗立邦、张泽坤“优秀共产党员”称号，授予古妍娜“优秀党务工作者”称号。

2012年6月18日，宁夏天华会计师事务所党支部下发关于开展优秀共产党员、优秀党务工作者评选活动的通知。6月25日，宁夏天华会计师事务所党支部决定，授予李海清、马明、李永爱、王甜、马向中5人“优秀共产党员”称号。

公司党群组织表彰的优秀党务工作者及共产党员、共青团员、先进女员工名表

表7–5

<table>
<tr><th>姓 名</th><th>荣誉称号</th><th>表彰单位</th><th>表彰时间</th></tr>
<tr><td>姜 伟</td><td>优秀共产党员</td><td>宁夏天华会计师事务所党支部</td><td>2009.7</td></tr>
<tr><td>姜 伟</td><td>优秀党务工作者</td><td rowspan="3">宁夏天华会计师事务所党支部</td><td rowspan="3">2010.7</td></tr>
<tr><td>马 明</td><td rowspan="2">优秀共产党员</td></tr>
<tr><td>张 璐</td></tr>
<tr><td>贾宪宁</td><td rowspan="3">优秀共产党员</td><td rowspan="4">宁夏天华会计师事务所党支部</td><td rowspan="4">2011.7</td></tr>
<tr><td>罗立邦</td></tr>
<tr><td>张泽坤</td></tr>
<tr><td>古妍娜</td><td>优秀党务工作者</td></tr>
<tr><td>马 明</td><td rowspan="5">优秀共产党员</td><td rowspan="5">宁夏天华会计师事务所党支部</td><td rowspan="5">2012.6</td></tr>
<tr><td>李海清</td></tr>
<tr><td>李永爱</td></tr>
<tr><td>王 甜</td></tr>
<tr><td>马向中</td></tr>
<tr><td>闫树静</td><td rowspan="6">“三八”红旗手</td><td rowspan="6">宁夏天华正业通公司妇女委员会</td><td rowspan="6">2012.3</td></tr>
<tr><td>陈晓艳</td></tr>
<tr><td>李丽红</td></tr>
<tr><td>侯旭辉</td></tr>
<tr><td>马丽霞</td></tr>
<tr><td>徐 琳</td></tr>
</table>

上级党群组织表彰的优秀共产党员等个人名表

表7-6

姓名	荣誉称号	表彰单位	表彰时间
王海智	宁夏优秀大中专毕业生	自治区人事厅、教育厅、团委等八家单位	1988
	宁夏青年岗位能手	自治区人事厅、教育厅、团委等八家单位	1988
	优秀共产党员	宁夏社会组织工作委员会	2011.7
邓炎辉	优秀党务工作者	中国注册会计师行业党委	2011.3
	优秀党建工作指导员	宁夏注册会计师行业和资产评估行业党委	2011.6
	优秀党务工作者	宁夏注册会计师行业和资产评估行业党委	2012.7
丁华兵	2000年度银川市青年岗位能手	共青团银川市直属机关工作委员会	2001
马向中	优秀共产党员	银川市财政局机关党委	2008.7
李海清	2002年度银川市青年岗位能手	共青团银川市直属机关工作委员会	2003.1
	优秀共产党员	宁夏注册会计师行业和资产评估行业党委	2011.6
罗立邦	2003年度银川市青年岗位能手	共青团银川市直属机关工作委员会	2004.2
何玉玲	优秀共产党员	中国注册会计师行业党委	2011.3
	优秀共产党员	宁夏注册会计师行业和资产评估行业党委	2011.6
	中央党校中央国家机关分校财政部注册会计师行业第二期党校班学习积极分子	中国注册会计师行业党委	2011.7
贾宪宁	优秀共产党员	银川市财政局机关党委	2003.6
姜伟	2001年度银川市青年岗位能手	共青团银川市直属机关工作委员会	2002
	优秀团干部	银川市财政局机关党委	2002
	优秀党务工作者	银川市财政局机关党委	2008.7
	优秀共产党员	宁夏注册会计师行业和资产评估行业党委	2011.6
古妍娜	优秀党务工作者	银川市委直属机关工作委员会	2006.6
	优秀党务工作者	银川市财政局机关党委	2006.6
	妇女工作先进个人	银川市财政局机关党委	2007.3
徐琳	区直机关第二十七期入党积极分子培训班“优秀学员”	宁夏区直机关工作委员会党校	2010.10

第三节　学术研究与交流

一、公司发展研讨会

2005年6月4—5日，公司发展研讨会在中卫市举行。会议由宁夏天华会计师事务所综合办公室具体负责承办，主要有两个中心议题，一是介绍2005年上半年公司工作情况，二是针对公司的发展进行研讨。参加会议代表为宁夏天华会计师事务所(有限公司)、宁夏正业通工程咨询有限责任公司、宁夏正业通资产评估有限责任公司、宁夏正业通房地产估价事务所(有限公司)4个单位副主任以上人员。与会人员自备发言材料，并作专题发言。

二、“大部门管理制”工作研讨会

2010年8月9日，公司董事长王海智主持召开由审计部和工程造价咨询部中层以上管理人员、专业技术人员及标准部人员参加“大部门管理制”工作研讨会。对近4个月审计和工程造价咨询业务实行“大部门管理制”及各业务部门报告集中复核以来发现的问题展开积极的讨论，提出许多富有实际意义的建议和解决的方法。研讨会结束后，董事会对会议内容进行总结，制定了《大部门管理制运行指导意见》，明确了大部门的组织结构和人员组成，设立了部门负责人，各职级专业技术人员以及复核人员岗位职责，界定了各部门的业务范围，提出了建立内部专业技术培训和交流平台的具体步骤和方法以及维护和开发客户的要求。以规范运行方式，明确各岗位职责。

三、西部大开发与公司发展研讨会

2010年9月30日，宁夏天华会计师事务所印发《关于深入实施西部大开发战略与企业发展研讨会》的通知，公布研讨会发言参考题目，邀请上级党委、政府、监督部门、行业协会等相关部门领导参加，欢迎员工踊跃参与研讨。10月29日，宁夏天华会计师事务所举行“西部大开发与宁夏天华正业通公司发展研讨会”，嘉宾、董事会成员、中层以上管理人员、支部党员、部分员工、党建指导员邓炎辉等20余人参加会议，党支部书记、董事长王海智主持会议。与会人员积极发言，就公司长期发展规划、近期发展瓶颈、业务拓展、人才建设等方面发表看法和建议。经过筛选，有10篇文章入选，确定为研讨会书面交流材料。这次研讨会，为创建“学习型天华”作了思想准备，也在员工中树立了“不进则退”的危机意识。

西部大开发与天华正业通发展研讨会入选文章及作者名表

表7-7

序号	作者	文章标题
1	王海智	《抓住新机遇 实现新跨越》
2	何玉玲	《推动本所发展的“抓手”》
3	杜　兵	《建立学习型组织的建议》
4	张艳玲	《抓住机遇 拓展业务 为西部大开发服务》
5	陆　静	《实施西部大开发战略与天华正业通发展的几点建议》
6	施明星	《抓机遇 促发展》
7	徐万军	《关于正业通咨询公司发展的一点思考》
8	贾宪宁	《对天华正业通发展道路的思考》
9	葛　畅	《紧抓西部大开发战略学习 促进中卫分所又好又快发展》
10	温鸿江	《西部大开发与正业通的跨越式发展》

四、银川市投融资企业监督检查结果研讨会

2010年11月17日，宁夏天华会计师事务所召开银川市投融资企业监督检查结果研讨会。会议由王海智董事长主持，银川市国资委监事会等有关领导和专家到会指导。会议认为，宁夏天华会计师事务所作为引进专家组成员，应积极提供技术支持，推进银川市投融资平台规范、安全、高效运行。这是新形势下政府工作方式转变的一种形式，是对宁夏天华会计师事务所工作的肯定和认可，更是在全行业创先争优活动中提出的新要求。这次会议为宁夏天华会计师事务所开拓业务领域，创新工作方式提供了政策理论支持。

五、其他学术交流活动

2012年，李翔参加三北地区工程造价管理工作会议，提交《浅析如何提高工程量清单的编制质量》一文，被三北地区工程造价协会评为优秀奖。

第四节　征文摄影比赛

一、军训征文比赛

（一）第一次军训征文比赛　2008年8月8日，公司组织45周岁以下员工进行第一次军事训练及征文比赛活动。截至8月29日，共收到征文61篇，经过评审组初评、复评和终评，有17篇文章分获一、二、三等奖，44篇为优秀奖。9月2日，对评选结果进行公告，3人3篇文章获一等奖，5人5篇文章获二等奖，9人9篇文章获三等奖。

2008年8月第一次军训征文获奖作品及作者名表

表7-6

获奖等次	作者	作品名称
一等奖	姜　伟	《如果没有这次军训……》
	刘学花	《成功的含义——拼搏到底!》
	顾雪华	《军事化管理与事务所管理》
二等奖	冶正礼	《痛中有乐》
	马向中	《军训联想》
	李海清	《走　正步》
	陈晓艳	《感触——记八天军营生活》
	李丽红	《团结就是力量》

续表7-8

获奖等次	作者	作品名称
三等奖	王海智	《感恩军训》
	章玉龙	《军训体会》
	吕咏梅	《坚持就是胜利》
	闫树静	《老兵突击》
	于丽萍	《心中的橄榄绿》
	牟 阳	《天华人的军人精神》
	王 栋	《军营中的八天》
	刘宇翔	《炼出的品质》
	徐瑞华	《飒爽英姿见精神——有感于2008年8月军训生活》

（二）第二次军训征文比赛 2011年7月22—29日，公司组织45周岁以下员工开展第二次封闭式军事训练及征文活动。经评选，刘宇翔等10名员工的作品入选优秀奖，选入当年度公司自编的书刊《历程》，并予以通报表彰。

2011年7月第二次军训征文获奖作品及作者名表

表7-9

获奖等次	作者	作品名称
优秀奖	刘宇翔	《做生命中的战士》
	陈朝晖	《军训有感一二三》
	顾文龙	《军训生活——回忆中舞动的精彩》
	戴慧清	《军训观后感》
	董秀芳	《坚持》
	徐 琳	《绿色情结》
	刘学花	《七月印记》
	周 翔	《一首军训的歌》
	周兴明	《整军姿 正军容 树形象》
	李召霞	《军训的洗礼》

二、“世博游”征文摄影比赛

2010年，公司分8批组织员工赴上海参观世界博览会，并组织开展“世博游”征文摄影比赛活动，要求各从业人员积极参与。参评的征文、摄影作品都体现了员工对“世博游”的美好记忆。经过员工投票、专家评选确定评选结果。2011年1月17日，公布“世博游”征文、摄影比赛评选结果：2篇文章获征文一等奖，3篇文章获征文二等奖，16篇文章获征文三等奖；2幅作品获摄影一等奖，3幅作品获摄影二等奖，11幅作品获摄影三等奖。

2010年“世博游”征文摄影获奖作品及作者名表

表7-10

项目	获奖等次	作者	作品名称
征文	一等奖	刘　蕾	《沙特馆游记》
		邵映昶	《黄山行》
	二等奖	吕咏梅	《世博游日记一则》
		冶正礼	《黄山记》
		张泽坤	《印象周庄》
	三等奖	马　明	《由世博看人与自然》
		白　波	《我的世博之游》
		孙　亮	《上海世博游记》
		何玉玲	《我观世博》
		张红菊	《世博游记》
		陈晓梅	《博大精深的世博盛会》
		李　翔	《我眼中的世博》
		张　璐	《感受低碳世界》
		和　怡	《游“沙特”》
		周　翔	《见证世博让我们一起低碳吧》
		徐万军	《西班牙馆游记》
		顾文龙	《观世博有感》
		徐　琳	《城市让生活更美好》
		晋德喜	《上海世博会游略记》
		温鸿江	《游德国馆有感》
		戴慧清	《城市让生活更美好 世博令亲情难忘怀》
摄影	一等奖	林建江	《一览无余》
		张泽坤	《嬉笑、人生、戏》
	二等奖	姜　伟	《英国馆前休憩的人们》
		徐万军	《雨伞“世博会”》
		姚　薇	《静物》
	三等奖	张　磊	《种子殿堂》
		张　丽	《真像一家人》
		张耀明	《花样年华》
		杜茂珍	《黄山——日出》
		冶正礼	《江南水乡》
		林建江	《德国馆》
		林建江	《法国馆一角》
		姚　薇	《墨西哥馆》
		贾宪宁	《黄山松》
		徐万军	《俄罗斯馆——梦幻童话世界》
		宿俊英	《世博轴》

三、"红色旅游"征文摄影比赛

2011年5月,公司组织职工赴井冈山开展红色之旅及"唱红歌、诗朗诵"的主题活动,"强筋骨、健体魄"爬山比赛等系列活动,营造学习党史、传承红色文化、传唱经典红歌的氛围,以增强员工的团队意识、协作意识、大局意识。同时开展企业文化建设征文、摄影比赛活动。经评选,20名员工的20篇征文作品入选优秀奖,并在本年公司自编书刊《历程》中予以刊载;10名员工的10篇征文作品入选鼓励奖;20幅摄影作品入选优秀奖。

2011年7月井冈山"红色旅游"征文摄影获奖作品及作者名表

表7-11

项目	获奖等次	作者	作品名称
征文	优秀奖	周兴明	《杜鹃花》
		姜　伟	《坚定信念 敢闯新路》
		王海智	《感悟井冈山》
		戴慧清	《红色旅游之感动》
		葛　畅	《游井冈山心得体会》
		顾文龙	《庐山游有感》
		陈晓艳	《心灵之旅——红色井冈山》
		张　璐	《游井冈,发扬井冈精神》
		王自芳	《美丽红旅》
		邵映昶	《千里寻访圣地》
		陶和平	《井冈山上太阳红》
		高　谨	《井冈山红色之旅的一点感悟》
		晋德喜	《让井冈山精神永放光芒》
		张晓炅	《恋庐山·倾国倾城》
		温鸿江	《坚定的信念》
		陈晓梅	《游井冈山、庐山观感》
		王　欢	《发扬红色精神,立足岗位贡献》
		李　翔	《印象 井冈山》
		毛丽荣	《伟大的精神 永恒的主题》
		潘明锐	《庐山 印象》
	鼓励奖	刘学花	《井冈山精神永放光芒》
		周　娟	《井冈山红色之旅心得体会》
		冶正礼	《江西之行》
		孙　亮	《我们的红色之旅》
		徐　琳	《红色井冈山》
		牟　阳	《红色之旅》
		刘　鑫	《红色之旅》
		张　丽	《洗礼》
		张红菊	《红色之旅忆先烈,激情满怀创未来》
		李丽红	《井冈山红色旅游有感》

续表7-11

项目	获奖等次	作者	作品名称
摄影	优秀奖	杜茂珍	《亚洲第一索》
		白潇雨	《怀抱大自然》
		郝　浩	《瞻仰革命烈士》
		姜　伟	《黄洋界外山色秀》
		姜　伟	《雾起云涌》
		李　翔	《枪杆子出政权》
		刘学花	《红星闪闪》
		刘宇翔	《云雾庐山》
		陆　芳	《云海》
		牟　阳	《猴》
		邱胜辉	《井冈山下党旗红》
		邱胜辉	《敬仰》
		王海智	《山高人为峰》
		徐万军	《层峦叠嶂井冈山》
		张　丽	《坚持就是胜利》
		张　丽	《攀岩》
		张　卿	《劲松独秀》
		张晓明	《美丽庐山》
		张泽坤	《花房》
		张泽坤	《做红军粉丝，争找老革命签名》

四、全国百强企业征文比赛

2011年8月8日，宁夏天华会计师事务所下发通知，组织从业人员开展全国百强企业征文比赛活动。宁夏天华会计师事务所成立由12人组成的征文评审小组，王海智任组长，温鸿江、邓炎辉任副组长，何玉玲、贾宪宁、杜兵、马向中、丁华兵、李海清、陈晓梅、杜茂珍、姜伟为小组成员。征文文体不限，活动至10月底结束。经评选小组评选评出一等奖5个，二等奖9个，鼓励奖15个。10月25日公布评选结果。征文投递作品多回忆公司及员工创业之路，展望了公司的未来。

2011年8月全国百强企业征文获奖作品及作者名表

表7-12

获奖等次	作者	作品名称
一等奖	李海清	《给力新起点》
	戴慧清	《我眼中天华的人和事》
	温鸿江	《我的感悟》
	罗立邦	《我的审计之路》
	王亚军	《和天华一起走过的日子》

续表7–12

获奖等次	作者	作品名称
二等奖	施明星	《我与天华正业通》
	马　明	《再次起航》
	丁华兵	《做优质客户首选的会计师事务所》
	邵映昶	《诚信为根 勇立潮头》
	晋德喜	《创业路上一件难忘的事》
	何玉玲	《2001——一个难忘的夏天》
	陈晓梅	《祝愿天华明天更美好》
	李　翔	《我与天华正业通共成长》
	闫树静	《一路相伴》
鼓励奖	徐万军	《我与天华共成长》
	张红菊	《进入百强后的思考》
	杜　兵	《制度是企业发展的保障》
	徐　琳	《让诚信之花永驻天华》
	贾宪宁	《宁夏天华正业通公司工程部的发展过程》
	马向中	《回顾发展历程》
	周　娟	《影响天华正业通审计业务与审计独立性的因素分析》
	王　翀	《我与天华正业通共成长》,
	王　欢	《为企业发展贡献光和热》
	张　杰	《我的天华正业通之梦》
	牟　阳	《我与天华》
	周兴明	《我心中的天华正业通》
	陈晓艳	《天华进入百强后》
	丁玉凤	《诚信建设与天华正业通》
	李召霞	《进入百强后的思考》

五、"四川游"征文摄影比赛

2012年8月1日，宁夏天华会计师事务所印发《关于开展"企业文化建设活动——九寨沟、成都旅游"征文摄影比赛的通知》，要求出游人员每人撰写一篇文章，文体不限，字数在1000字以上。要求每人最多报送2幅摄影作品。本次活动共收到投稿文章84篇、摄影作品113幅。文章作品语言流畅，文字精练，主题突出。摄影作品突出了九寨沟、峨眉山、成都的自然风光和风土人情。2012年12月11日，专家评选结果揭晓，马明等20名员工的征文作品入选优胜奖，陈朝晖等16名员工的摄影作品入选优胜奖，并在当年《历程》中予以刊载。

2012年8月"四川游"征文摄影获奖作品及作者名表

表7–13

项目	获奖等次	作者	获奖作品
征文	优胜奖	马　明	《四川盛夏之游——感悟》
		王海智	《游四川》
		贺　丹	《深情向往的九寨》
		周兴明	《感悟生命》
		邵映昶	《九寨之水 动静唯美》
		王　刚	《圣象峨眉》
		何玉玲	《重游人间天堂——九寨沟》
		冶正礼	《圆梦》
		古妍娜	《心灵的震撼——黄龙游》
		张晓明	《游都江堰》
		高　瑾	《古代奇迹——深淘滩、低作堰》
		于晓云	《人间瑶池》
		徐　琳	《走进藏家》
		陶和平	《感悟大自然——游九寨沟、成都有感》
		张晓炅	《礼佛——记2012乐山游》
		刘宇翔	《灵空峨眉》
		顾文龙	《记忆中的天堂——神奇的九寨》
		徐瑞华	《四川行》
		杜茂珍	《山美、水美、人更美——畅游九寨沟等地的感想》
		王　婷	《峨眉山的经济分工》
摄影	优胜奖	陈朝晖	《九寨沟》
		董秀芳	《跳水冠军在休息》
		郝　浩	《采蜜的蜂》
		何玉玲	《重生》
		姜　伟	《九寨韵影组图之二》
		李丽红	《珍珠滩瀑布》
		刘学花	《味道好极了》
		孟　娟	《大珠小珠落玉盘》
		齐　莹	《诉说》
		邵映昶	《映秀新景》
		王海智	《队伍》
		徐　琳	《幻影》
		张兰芹	《美丽的黄龙》
		张　丽	《勤劳藏家人》
		张闻卫	《峨眉灵猴》
		张晓明	《千手观音》

第五节 内刊简报

一、《历程》

2006年7月，宁夏天华会计师事务所、宁夏正业通工程咨询有限责任公司、宁夏正业通资产评估有限责任公司、宁夏正业通房地产估价事务所联合编辑《历程》。内容最初作为优秀述职报告汇编的载体，逐渐充实和扩展为企业内部专刊。

《历程》(2006)目录及图照说明一览表

表7-14

栏目	姓 名	职 务	题 目	工作部门
代序言	王海智	董事长	继往开来(代序言)	宁夏天华会计师事务所
	王海智	董事长	述职报告	宁夏天华会计师事务所
	何玉玲	副董事长	述职报告	宁夏天华会计师事务所
	杜 兵	副董事长	述职报告	宁夏正业通资产评估有限公司
	贾宪宁	副董事长	述职报告	宁夏正业通工程咨询有限责任公司
	马向中	副董事长	述职报告	宁夏正业通房地产估价事务所
	张 伟	副总经理	述职报告	宁夏天华会计师事务所
	温鸿江	副总经理	述职报告	宁夏正业通工程咨询有限责任公司
	丁华兵	监事、标准部经理	述职报告	宁夏天华会计师事务所
	李新华	审计部副经理	述职报告	宁夏天华会计师事务所
	陈晓梅	审计部项目经理	述职报告	宁夏天华会计师事务所
述职报告	马 明	审计部项目经理	工作总结	宁夏天华会计师事务所
	袁 芳	审计部项目助理	述职报告	宁夏天华会计师事务所
	李召霞	审计部项目助理	述职报告	宁夏天华会计师事务所
	于丽萍	审计部项目助理	述职报告	宁夏天华会计师事务所
	徐万军	副总经理	述职报告	宁夏正业通工程咨询有限责任公司
	李永爱	工程部项目经理	述职报告	宁夏正业通工程咨询有限责任公司
	李 翔	工程部项目助理	述职报告	宁夏正业通工程咨询有限责任公司
	李 虹	评估部副主任	我的竞聘报告	宁夏正业通资产评估有限责任公司
	孙 牧	评估部项目助理	述职报告	宁夏正业通资产评估有限责任公司
	吴红莉	评估部项目助理	述职报告	宁夏正业通资产评估有限责任公司
	张鹏娟	评估部项目助理	述职报告	宁夏正业通资产评估有限责任公司

续表7-14

栏目	姓 名	职 务	题 目	工作部门
述职报告	陶 扬	培训部部门经理	述职报告	宁夏天华会计师事务所
	姜 伟	综合办公室副主任	谦虚谨慎 踏实工作	综合办公室
	朱淑英	中卫分所所长	述职报告	宁夏天华会计师事务所
	葛 畅	中卫分所	述职报告	宁夏天华会计师事务所
	马灵琴	灵武分所所长	述职报告	宁夏天华会计师事务所
	唐 铭	灵武分所	述职报告	宁夏天华会计师事务所
图照资料文字说明	2005年12月，公司成立6周年全体员工在长城东路办公楼前合影			
	2003年12月，宁夏天华会计师事务所加入博太国际签字仪式现场			
	2004年7月，天华会计师事务所集团成员所第四次代表大会在银川召开，图为大会代表合影留念。截至2006年7月，天华会计师事务所在全国设有16家分支机构，宁夏天华会计师事务所为西北地区唯一分支机构			
	2005年4月，自治区政协领导到公司调研，高度评价宁夏天华正业通公司“为社会展现真实，助客户挖掘价值，携员工实现自我”的服务宗旨			
	2005年12月，公司董事会成员到定点扶贫点慰问，与周夏夏家人亲切交谈			
	2006年2月，自治区财政厅副厅长宋立忠，宁夏注册会计师协会秘书长张茵、副秘书长李广利到宁夏天华会计师事务所慰问			
	2006年4月新一届股东会、董事会产生，图为董事会选举投票现场			
	2006年6月，部门副职竞聘会召开，全部副职在全体员工中产生，图为副职竞聘演讲会现场			
	2006年6月，公司首次举行主要管理人员述职，主要管理人员向全体员工述职并接受质询，图为副职述职接受质询现场			

《历程》(2007)目录及图照说明一览表

表7-15

栏目	姓 名	职 务	题 目	工作部门
序言	王海智	董事长	做学习型天华正业通的优秀一员(代序)	宁夏天华会计师事务所
建设与发展	何玉玲	副董事长	对做大、做强的思索	宁夏天华会计师事务所
	朱淑英	中卫分所所长	建设精锐小团队	宁夏天华会计师事务所中卫分所
工作研究	丁华兵	监事、标准部经理	新审计规程解读	宁夏天华会计师事务所
继往开来	张 伟	副总经理	角色转换 任重道远	宁夏天华会计师事务所
	温鸿江	副总经理	勤于思考 在成长中提高	宁夏正业通工程咨询有限责任公司
	闫树静	所长助理	共建和谐文化 共享和谐天华	宁夏天华会计师事务所
往事如风	马 明	项目经理	在平凡的历程中实现自我	宁夏天华会计师事务所
	刘学花	项目助理	起步	宁夏天华会计师事务所
	张鹏娟	项目助理	我的一家	宁夏正业通资产评估有限责任公司
	李海清	培训部主任	站在这舞台	宁夏天华会计师事务所培训咨询部
	张泽坤	培训部副主任	生命中的第一次	宁夏天华会计师事务所培训咨询部

续表7-15

栏目	姓名	职务	题目	工作部门
学习典范	谢 平	永宁分所所长	视野决定格局	宁夏天华会计师事务所
	陈晓梅	项目经理	深入学习两创 提高工作水平	宁夏天华会计师事务所
	周 淼	项目经理	耕耘并收获着	宁夏天华会计师事务所
	李召霞	项目助理	融入天华	宁夏天华会计师事务所
	段树敏	项目助理	干一行 爱一行	宁夏正业通资产评估有限责任公司
	徐万军	副总经理	五年回想	宁夏正业通工程咨询有限责任公司
	秦月华	项目经理	总结经验找差距 努力奋斗上台阶	宁夏正业通工程咨询有限责任公司
	陆 静	项目经理	奋进 共济	宁夏正业通工程咨询有限责任公司
	李永爱	项目经理	厚积薄发	宁夏正业通工程咨询有限责任公司
	李 翔	项目助理	水滴石穿	宁夏正业通工程咨询有限责任公司
	张 磊	项目助理	追求无止境	宁夏正业通工程咨询有限责任公司
	陶和平	项目助理	细微之处见真情	综合办公室
	李志峰	项目助理	精彩——在努力以后	宁夏天华会计师事务所永宁分所
图照资料文字说明	2006年5月26日，在黄河东岸的龙泉度假村举行公司第一届职工运动会，图为广播体操比赛现场			
	2006年8月，宁夏正业通资产评估有限责任公司被宁夏企业家协会授予“宁夏优秀诚信企业”称号，杜兵副董事长获“宁夏优秀诚信企业家”称号，图为表彰颁奖现场			
	2006年12月18日，举行公司成立7周年庆典活动，邀请中国人民大学著名教授孙健升作阳光心态讲座，图为讲座现场			
	2007年1月12日，公司召开年度表彰总结大会，自治区、银川市财政部门有关领导出席并致辞，图为总结表彰大会现场			
	2007年1月30日，宁夏企业家协会授予宁夏天华会计师事务所“最具社会责任感优秀企业”荣誉称号，王海智董事长获“最具社会责任感优秀企业家”称号，图为表彰颁奖现场			
	2007年3月7日，公司员工参加银川市财政系统庆祝“三八”妇女节联欢会，图为表演小合唱			
	2007年4月3日，自治区党委常务、银川市委书记崔波到公司调研并慰问工作中的员工，图为与员工交谈场面			
	2007年4月，董事长王海智被授予“宁夏第八届优秀青年企业家”称号，图为宁夏十大杰出(优秀)青年、宁夏杰出(优秀)青年企业家与自治区领导合影留念			
	2007年6月29日，公司召开年度员工考核总结大会，图为考核总结大会现场			
	2007年7月1日，党支部开展七一党建警示教育活动，图为活动现场			
	2007年7月1日，党支部组织党员在步行街参加银川市党员义务劳动，图为马向中等人在为雕塑擦拭污渍			
	2007年7月1日，党支部组织员工打扫银川市卫生死角，图为员工与清洁工人一起清理垃圾			

《历程》(2008)目录及图照说明一览表

表7-16

栏目	姓名	题目
序言	王海智	爱岗敬业 做优秀专业工作者(代序)
业务研究	杜 兵	资产评估的前期准备
	丁华兵	新会计准则“公允价值”的探析
企业建设	闫树静	让企业文化更加深入人心
	温鸿江	关于二级复核的一些想法
	徐万军	浅谈公司的人员状况和人才培养
	罗立邦	再论团队建设
	陈晓艳	如何做好审计助理
工作感动	马向中	团结互助 努力拼搏
	张 伟	2007年感悟
	刘学花	且思且行
	马 明	做一个成熟的中国人
	李召霞	坚持就是胜利
	李丽红	个人价值的提升和历练
	马丽霞	成长的脚印
	李 翔	做一个快乐的我
	刘宇翔	凝聚每一份的力量
	张 磊	天华感悟
	李 虹	明确目标 完善自我
	张 丽	感悟
	孙 牧	述职报告
	杜茂珍	踏踏实实 做点事情
	张红菊	个人总结
	葛 畅	工作总结
	吕咏梅	我与学习结伴而行
党建心得	姜 伟	新时期加强新阶层企业党建工作的几点思考
	张泽坤	党建——永远飘扬的旗帜
军训体会	天华正业通文件摘录	军训征文评选结果公告
	姜 伟	如果没有这一次军训
	刘学花	成功的含义——拼搏到底
	顾雪华	军事化管理与事务所管理
	冶正礼	痛中有乐
	马向中	军训联想
	李海清	走正步
	陈晓艳	感触
	李丽红	团结就是力量
	王海智	感恩军训
	章玉龙	军训体会
	吕咏梅	坚持就是胜利
	闫树静	老兵突击
	于丽萍	心中的橄榄绿
	牟 阳	天华人的军人精神
	王 栋	军营中的八天
	刘宇翔	炼出的品质
	徐瑞华	飒爽英姿见精神

续表 7–16

栏目	姓 名	题 目
图照资料文字说明	2007年9月8日在中卫举行公司第二届职工运动会,图为“齐心协力”比赛现场	
	2007年10月30日,公司邀请中国人民大学著名教授孙健升作团队协作内部培训,图为讲座现场	
	2007年12月19日,公司成立8周年,邀请中国人民大学著名教授孙健升作“营销和谐,快乐生活”讲座,图为讲座现场	
	2008年3月,自治区党委组织部领导到宁夏天华党支部调研,对企业建设、党建工作给与高度评价,图为调研现场	
	2008年4月28日,公司董事长王海智作为新阶层的劳动者杰出代表,荣获“银川市劳动模范”称号,图为祝贺场面	
	2008年5月12日,公司情牵汶川地震灾区,图为向灾区捐款3.5万元捐款现场	
	2008年6月,宁夏天华党支部组织党员参加银川市党员奉献日活动,对小吃街街道门面进行清洗,图为清洗小吃街走廊场面	
	2008年6月30日,公司召开年度考核总结会,图为考核总结会现场	
	2008年8月8日,公司组织员工进行为期7天的军训,在公司留守人员到宁夏军区教导大队慰问,图为留守人与与军训人员合影	
	2008年8月26日,公司召开招聘会,10余名才俊加入天华正业通团队,图为招聘会面试现场	
	2008年8月29日,公司董事长王海智荣获宁夏企业家协会授予的“振兴宁夏经济杰出企业家”称号,图为颁奖现场	
	2008年9月5日公司对新进人员进行制度培训,图为董事长王海智授课场面	

《历程》(2009)目录及图照说明一览表

表 7–17

栏目	姓 名	题 目
序言	王海智——董事长	推进我区CPA事业发展的若干思考(代序言)
机构简介——彩色图片资料	图为宁夏天华正业通公司位于长城东路的办公楼外景	
	图为宁夏天华会计师事务所办公区内景	
	图为宁夏天华正业通公司会议室内景	
	图为宁夏正业通工程咨询有限责任公司的办公区内景	
	图为夏正业通工程咨询有限责任公司招标中心内景	
	图为宁夏正业通资产评估有限责任公司办公区外景	
	图为宁夏正业通资产评估有限责任公司办公区内景	
	图为宁夏正业通房地产估价事务所办公区内景	
	图为宁夏天华会计师事务所培训中心外景	
	图为宁夏天华会计师事务所培训中心教室内景	
	图为宁夏天华会计师事务所培训中心电教室内景	
	图为宁夏天华正业通公司综合办公室内景	
	图为宁夏天华正业通公司档案室内景	

续表7–17

<table>
<tr><th>栏目</th><th>姓 名</th><th>题 目</th></tr>
<tr><td rowspan="10">历史沿革——彩色图片资料</td><td colspan="2">1999年12月16日,宁夏正业通会计师事务所成立,嘉宾宁夏注册会计师协会会长易昌元和董事长王海智揭牌场面</td></tr>
<tr><td colspan="2">1999年12月16日,宁夏正业通会计师事务所成立,自治区和银川市财政、审计等主管部门领导到会祝贺,图为大会主席台</td></tr>
<tr><td colspan="2">1999年12月16日,宁夏正业通会计师事务所成立,嘉宾与全体从业人员合影留念</td></tr>
<tr><td colspan="2">2000年12月16日,宁夏正业通会计师事务所成立一周年全体从业人员合影</td></tr>
<tr><td colspan="2">2003年12月16日,宁夏天华会计师事务所成立4周年全体从业人员合影</td></tr>
<tr><td colspan="2">2004年12月16日,宁夏天华会计师事务所成立5周年全体从业人员合影</td></tr>
<tr><td colspan="2">2005年12月16日,宁夏天华会计师事务所成立6周年全体从业人员合影</td></tr>
<tr><td colspan="2">2006年12月16日,宁夏天华会计师事务所成立7周年全体从业人员合影</td></tr>
<tr><td colspan="2">2007年12月16日,宁夏天华会计师事务所成立8周年全体从业人员合影</td></tr>
<tr><td colspan="2">2008年12月16日,宁夏天华会计师事务所成立9周年全体从业人员合影</td></tr>
<tr><td rowspan="8">领导团队介绍——彩色图片资料</td><td colspan="2">公司董事长王海智荣获银川市劳动模范庆祝场面</td></tr>
<tr><td colspan="2">公司董事长王海智荣获“振兴宁夏经济优秀企业家”颁奖现场</td></tr>
<tr><td colspan="2">公司董事长王海智荣获自治区第八届优秀青年企业家与自治区领导合影</td></tr>
<tr><td colspan="2">公司副董事长何玉玲、董事温鸿江荣获“宁夏创品牌、构和谐优秀企业家”颁奖现场</td></tr>
<tr><td colspan="2">公司副董事长贾宪宁荣获“宁夏优秀诚信企业家”颁奖现场</td></tr>
<tr><td colspan="2">公司副董事长杜兵荣获“宁夏优秀诚信企业家”颁奖现场</td></tr>
<tr><td colspan="2">公司董事长王海智为新进所员工进行职业道德培训场面</td></tr>
<tr><td colspan="2">公司董事长王海智到穆斯林孤儿院慰问场面</td></tr>
<tr><td rowspan="8">领导团队——董监事简介</td><td>王海智董事长</td><td>公司创始人、高级会计师、注册会计师、注册资产评估师、注册房地产估价师、注册土地估价师、中国注册会计师协会政策委员会委员、宁夏注册会计师协会副会长、宁夏司法鉴定协会常务理事、宁夏造价工程管理协会常务理事、宁夏企业家协会常务理事、银川市政协委员、银川市劳动模范</td></tr>
<tr><td>何玉玲副董事长</td><td>高级会计师、中国注册会计师、注册房地产估价师、宁夏注册会计师协会理事、宁夏司法鉴定协会理事</td></tr>
<tr><td>杜兵副董事长</td><td>高级会计师、中国注册资产评估师、注册房地产估价师、注册土地估价师、宁夏注册会计师协会理事、宁夏司法鉴定协会理事</td></tr>
<tr><td>贾宪宁副董事长</td><td>高级工程师、中国注册造价工程师、注册土地估价师、宁夏工程造价管理协会常务理事、宁夏司法鉴定协会理事</td></tr>
<tr><td>马向中副董事长</td><td>中国注册房地产估价师、注册土地估价师、宁夏司法鉴定协会理事</td></tr>
<tr><td>丁华兵董事、副总经理</td><td>高级会计师、中国注册会计师、注册造价工程师</td></tr>
<tr><td>温鸿江董事、副总经理</td><td>高级工程师、中国注册造价工程师,注册土地估价师</td></tr>
<tr><td>李海清监事</td><td>中国注册会计师、注册造价工程师、注册税务师</td></tr>
</table>

续表7-17

栏目	姓 名	题 目
亲切关怀——彩色图片资料	自治区党委常委、银川市委书记崔波到宁夏天华正业通公司调研现场	
	崔波书记与员工握手场面	
	自治区财政厅党组成员、宁夏注册会计师协会会长王本仁参加公司成立9周年大会,为大会致辞	
	自治区财政厅有关领导到宁夏天华会计师事务所调研党建工作现场	
	自治区财政厅主管厅长到公司对员工进行春节慰问现场。	
	自治区财政厅领导到公司指导工作现场。	
	自治区党委组织部领导到宁夏天华党支部调研党建工作现场	
	自治区统战部领导到公司调研现场	
	银川市政协领导到公司调研现场	
	银川市财政局领导与宁夏财会函授学校银川市分校的培训学生合影	
专业建设	宁夏天华会计师事务所审计服务内容与专业优势介绍	
	宁夏正业通资产评估有限责任公司资产评估服务内容与专业优势介绍	
	宁夏正业通工程咨询有限责任公司工程咨询服务内容与专业优势介绍	
	宁夏正业通房地产估价事务所房地产评估服务内容与专业优势介绍	
	宁夏天华会计师事务所培训部的五大培训领域:学历教育、继续教育、职称考前辅导、电算化培训、会计证考前辅导介绍	
专业团队	公司组织架构图。	
	公司内部管理系统图:行政及财务管理系统、业务管理及质量控制系统、人力资源及薪酬管理系统	
	人力资源:执业资格状况图、技术职称结构图、人力资源简介	
	丁华兵	关于中小会计师事务所开展咨询业务的几点思考
	王　刚	做好本职工作
	王自芳	关于加强注册会计师行业工作建设的一点拙见
	刘宇翔	如何正确理解企业文化
	孙建华	中小会计师事务所存在的问题及解决办法
	张红菊	强化内部管理机制,促进会计师事务所科学化规范化发展
	李海清	一路学习 一路实践 一路提高——难忘10年从业路
	李新华	注册会计师行业的建设与发展随想
	顾雪华	CPA行业现状及思考
	徐　琳	浅谈会计师事务所行业文化建设
	徐瑞华	增强核心竞争力,助推事务所做优做强
	温鸿江	中介机构的人力资源管理
	蔡志宁	诚信的必要性

续表7–17

栏目	姓 名	题 目
内部治理——彩色图片资料		股东会对重大事项进行举手表决场面
		股东会每三年进行一次换届选举,图为换届投票现场
		高级管理人员向全所从业人员述职现场
		中层管理人员实行竞岗聘任,图为竞岗演讲现场
		邀请自治区主管部门有关领导参加公司年度员工考核暨思想道德建设大会,图为大会现场
		每年对从业人员进行考核评估,图为考核评估总结会现场
硕果累累		宁夏天华会计师事务所审计服务经营业绩主要项目
		宁夏正业通资产评估有限责任公司资产评估服务经营业绩主要项目
		宁夏正业通工程咨询有限责任公司工程咨询服务经营业绩主要项目
		宁夏正业通房地产估价事务所房地产评估服务经营业绩主要项目
		宁夏天华会计师事务所五大培训领域主要服务项目
企业文化	图片资料	宁夏天华正业通公司向穆斯林孤儿院捐赠生活用品
		图为公司向穆斯林孤儿院捐赠课桌、椅子
		图为公司向穆斯林孤儿院捐赠现金
		图为公司向穆斯林孤儿院捐赠现场与孩子们在一起
		图为公司对新进人员进行制度培训
		图为公司在中卫沙坡头举办"责任胜于能力"培训现场
		图为"责任胜于能力"培训老师与员工进行互动现场
		海纳百川,有容乃大,每年面向社会招聘人才,图为公司招聘笔试现场
		图为公司介绍新进员工
		2009年7月宁夏天华党支部组织党员、入党积极分子到延安学习,图为参观学习人员在烈士纪念碑前、党旗下合影留念
		工作之余,公司组织员工参观宁夏农博会图片
		公司在中卫沙坡头举办第三届职工运动会,图为吃西瓜比赛场面
		公司在中卫沙坡头举办第三届职工运动会,图为篝火晚会欢跳集体舞的场面
		公司在中卫沙坡头举办第三届职工运动会,图为联欢晚会的场面
		公司在中卫沙坡头举办第三届职工运动会,图为进行拔河的场面
		公司在中卫沙坡头举办第三届职工运动会,图为为拔河比赛胜利者欢呼的场面
		公司在中卫沙坡头举办第三届职工运动会,图为进行跳绳比赛的场面
		图为公司组织员工在内蒙古南寺进行户外登山活动场面
		公司组织员工进行拓展训练,图为拓展训练开营仪式欢呼的场面
		公司员工进行"生死电网"拓展训练科目,图为参训人员集体研究最佳通过"电网"的顺序与方法
	丁华兵	漫谈注册会计师的职业精神
	马向中	学习要趁早——培训感悟
	于丽萍	责任胜于能力
	马 明	随笔

续表7-17

栏目	姓名	题目
企业文化	王冬梅	让感恩走进心灵
	王亚军	听《责任胜于能力》随感
	王自芳	人应如何过好每一天
	王　栋	感激 感动 感恩——怀揣一颗感恩的心
	王海智	责任胜于能力——缅怀刘占和先生
	王　甜	责任胜于能力
	刘兴旺	责任胜于能力培训心得——可怜天下父母心
	刘宇翔	从这个角度看责任感
	刘学花	有感于“责任胜于能力”
	古妍娜	浅析责任感
	刘　鹏	责任
	刘　蕾	责任胜于能力
	刘　鑫	学习心得——对“感恩、惜福、欢喜心”的体会
	孙中怀	感恩的心
	何玉玲	责任胜于能力有感
	牟　阳	会计师事务所生活感悟
	闫树静	关于责任与现实的思考
	张兰芹	培训心得体会
	张　伟	培训心得——责任与能力
	李永爱	“责任”感悟
	张红菊	学会感恩，让我们共同撑起美好的明天
	杜　兵	《责任胜于能力》培训随感
	张　丽	有感于《责任胜于能力》
	李丽红	《责任胜于能力》学习心得
	吴　彦	责任的追求
	张泽坤	论培训的作用
	杜茂珍	责任无处不在——听万玲老师授课之感想
	邵映昶	心得体会——将感恩与责任贯穿于工作中
	李海清	昨天 今天 明天——责任的演变
	陈晓艳	资产负债表
	张淑宏	责任胜于能力的心得体会
	李　翔	“责任胜于能力”培训笔记
	李新华	沉淀
	张　磊	对感恩的体会
	李　黎	专注人生 播种事业之树
	张　璐	有一种心情叫感恩——参加中卫培训心得体会
	张耀明	责、权、利的和谐统一
	罗立邦	感恩父母

续表7-17

栏目	姓 名	题 目
企业文化	和　怡	感恩 回报
	孟　娟	培训心得体会——责任胜于能力
	周　娟	学习《责任胜于能力》有感
	周　翔	责任的思考
	姜　伟	再往前一步——“责任胜于能力”培训杂谈
	侯旭辉	“责任胜于能力”的思考
	施明星	责任胜于能力学后感悟
	郝东胜	让我胸膛高高挺起——做一个有责任的人
	姚　薇	责任——听万玲老师讲课有感
	涂小东	培训心得
	徐万军	感动我心——2009年培训心得
	秦月华	责任重于泰山
	高姓泉	《责任胜于能力》学习班有感
	贾宪宁	拥有平凡心 增强责任心
	顾雪华	经历黄色
	徐瑞华	责任胜于能力——有感于万玲老师培训讲座
	晋德喜	惜福和感恩——记刘占和同志二、三事
	董秀芳	感恩
	葛　畅	常怀感恩之心——听万玲老师《感恩 惜福 欢喜心》有感
	温鸿江	责任与能力——关于工程公司成立大部制的想法
	蔡志宁	责任大于能力
	戴慧清	心底常怀感恩心 阳光心态人年轻

注:《历程》(2009)为公司成立10周年专刊

《历程》(2010)目录及图照说明一览表

表7-18

栏目	姓 名	题 目
序言	王海智	品格企业(代序言)
彩色图片资料——主要事件	2010年2月,公司召开2009年度总结表彰大会现场	
	2010年3月,公司组织员工参加全区财政系统庆祝“三八”国际劳动妇女节100周年文艺汇演现场	
	2010年4月,公司举行向玉树地区捐款仪式,现场捐款5万余元,图为捐款仪式现场	
	2010年5月,宁夏天华会计师事务所党支部召开创先争优动员会议,率先在宁夏注册会计师行业内开展创先争优活动,明确提出“三争优”目标,图为创先争优活动动员会现场	
	2010年7月,宁夏正业通资产评估有限责任公司、宁夏正业通工程咨询有限责任公司分别被宁夏企业家协会授予“区域品牌建设优秀企业”称号,副董事长杜兵、贾宪宁受到表彰,图为表彰大会颁奖现场	
	2010年7月,在银川市盈南生态园举办宁夏天华正业通公司第四届职工运动会,图为沙滩跑步比赛现场	

续表7-18

栏目	姓 名	题 目
彩色图片资料——主要事件	2010年7月，宁夏天华会计师事务所党支部组织党员到盐池革命教育基地开展主题党日活动，扎实开展创先争优活动，图为在人民英雄纪念碑前重温入党誓词、党员宣誓场面	
	2010年9月，宁夏天华会计师事务所邀请国内组织行为学专家为全区注册会计师行业进行培训现场	
	2010年9月，组织新进所人员入职培训，图为董事长王海智为优秀新员工颁奖	
	2010年10月，公司组织部门副职竞聘，12个副职岗位全部竞聘产生，图为副职竞聘演讲现场	
	2010年11月，召开“西部大开发与天华正业通发展”研讨会，图为王海智董事长主持会议	
	2010年12月，宁夏天华会计师事务所联合工会第一届会员大会召开，率先在宁夏注册会计师行业成立工会组织，图为宁夏天华会计师事务所工会第一届大会，举手表决选举工会委员会场面	
	2010年12月，宁夏天华会计师事务所荣获西部大开发优秀企业，何玉玲副董事长荣获优秀企业家称号，图为颁奖大会现场	
2010年6—8月世博游获奖摄影作品16幅	张　磊	种子殿堂
	张　丽	真像一家人
	张耀明	花样年华
	张泽坤	嬉笑、人生、戏
	林建江	德国馆
	黄山松	贾宪宁
	姜　伟	英国馆前休憩的人们
	林建江	法国馆一角
	徐万军	俄罗斯馆——梦幻童话
	宿俊英	世博轴
	杜茂珍	黄山——日出
	林建江	一览无余
	徐万军	雨伞“世博会”
	姚　薇	墨西哥馆
	冶正礼	江南水乡
	姚　薇	展品

续表7-18

栏目	姓 名	题 目
世博征文获奖作品	马 明	由世博看人与自然
	白 波	我的世博之游
	孙 亮	上海世博游记
	刘 蕾	沙特馆游记
	吕咏梅	世博游日记一则
	冶正礼	黄山记
	何玉玲	我观世博
	张红菊	世博游记
	张泽坤	印象周庄
	邵映昶	黄山记
	陈晓梅	博大精深的世博盛会
	李 翔	我眼中的世博
	张 璐	感受低碳世博
	和 怡	游“沙特”
	周 翔	见证世博让我们一起低碳吧
	徐万军	西班牙馆游记
	顾文龙	观世博有感
	徐 琳	城市让生活更美好
	晋德喜	上海世博会游略记
	温鸿江	游德国馆有感
	戴慧清	城市让生活更美好 世博令亲情难忘怀
西部大开发与天华正业通发展研讨会材料	王海智	抓住新机遇 实现新跨越
	何玉玲	推动本所发展的“抓手”
	杜 兵	建立学习型组织的建议
	张艳玲	抓住机遇 拓展业务 为西部大开发服务
	陆 静	实施西部大开发战略与天华正业通发展的几点建议
	施明星	抓机遇 促发展
	徐万军	关于正业通咨询公司发展的一点思考
	贾宪宁	对天华正业通发展道路的思考
	葛 畅	紧抓西部大开发战略学习 促进中卫分所又好又快发展
	温鸿江	西部大开发与正业通的跨越式发展

续表7-18

栏目	姓 名	题 目
扎实开展创先争优活动	创先争优实施方案	宁夏天华会计师事务所党支部开展创先争优实施方案
	2010年宁夏天华会计师事务所党支部创先争优活动简报12期	2010年5月28日，宁夏天华会计师事务所党支部印发创先争优活动第一期简报，题为《天华党支部开展创先争优活动》
		2010年7月7日，宁夏天华会计师事务所党支部印发创先争优活动第二期简报，题为《缅怀先烈，创先争优——天华党支部举行主题党日活动》
		2010年7月10日，宁夏天华会计师事务所党支部印发创先争优活动第三期简报，题为《丰富活动载体，扎实开展创先争优活动——天华正业通举行第四届职工运动会》
		2010年8月16日，宁夏天华会计师事务所党支部印发创先争优活动第四期简报，题为《推动大部门管理，扎实开展创先争优活动》
		2010年8月16日，宁夏天华会计师事务所党支部印发创先争优活动第五期简报，题为《努力拼搏，争创佳绩——天华会计师事务所参加全区财政系统第十届职工体育运动会》
		2010年10月8日，宁夏天华会计师事务所党支部印发创先争优活动第六期简报，题为《创先争优促发展——天华党支部召开创先争优暨国庆节座谈会》
		2010年10月18日，宁夏天华会计师事务所党支部印发创先争优活动第七期简报，题为《把制度建设作为创先争优促发展的有力抓手——宁夏天华召开行政类、人事类管理制度(征求意见稿)集中征求员工意见会》
		2010年10月26日，宁夏天华会计师事务所党支部印发创先争优活动第八期简报，题为《认真学习贯彻五中全会精神，扎实深入开展创先争优活动——天华党支部召开党员大会传达学习五中全会精神》
		2010年11月6日，宁夏天华会计师事务所党支部印发创先争优活动第九期简报，题为《通过发展大讨论，抓准问题，找准差距，促进事务所更好更快发展——天华召开“西部大开发与天华正业通发展研讨会”》
		2010年11月22日，宁夏天华会计师事务所党支部印发创先争优活动第十期简报，题为《开拓业务领域，创新工作方式——天华举行投融资监事工作研讨会》
		2010年12月7日，宁夏天华会计师事务所党支部印发创先争优活动第十一期简报，题为《加强党群共建，推进创先争优活动深入开展——宁夏天华会计师事务所召开第一届工会会员大会》
		2010年12月16日，宁夏天华会计师事务所党支部印发创先争优活动第十二期简报，题为《深入学习五代会会议精神，打造天华品格员工之机构——天华党支部召开中层以上管理人员会议学习贯彻五代会精神》
	图为宁夏天华会计师事务所党支部创先争优活动彩色板报6版	

《历程》(2011)目录及图照说明一览表

表7-19

栏目	姓 名	题 目
领导题词	王本仁:自治区财政厅党组成员、纪检组长,宁夏注册会计师协会党委书记、会长	贺:宁夏天华会计师事务所 勇进百强排行榜 喜闻天华进百强,天道酬勤展形象。希冀鸿图勇开拓,再谱新篇创辉煌
	刘怀明:自治区财政厅党组成员,总会计师	诚信为本 百强有名
	邓炎辉:自治区财政厅原党组书记、厅长	贺宁夏天华会计师事务所:十年创业顽强拼搏进百强 百年树人与时俱进谱辉煌
	王海智:公司董事长	喜迎百家:天道酬勤好物华,百转千回不惧怕,邹鹰展翅破迷雾,披荆斩棘浪淘沙。诚信建设开基业,内部治理绽新花,更喜战略引领路,塞上首迎新百家
彩色图片资料——大事信影	2010年12月,公司在悦海宾馆举行以“心怀感恩,永续前进”为主题的2010年度客户答谢会,图为公司领导班子集体向客户表示感谢	
	2011年1月,宁夏天华会计师事务所党支部召开创先争优优秀党员集中点评工作会议现场	
	2011年2月,公司举行2010年度工作总结暨2011年春节联欢会主席台的领导与嘉宾	
	2011年3月,自治区创先争优督导组组长、自治区党委宣传部副部长房全忠、自治区创先争优办公室一行4人、宁夏注册会计师协会会长王本仁莅临指导创先争优工作现场	
	2011年4月~7月,中央党校举办财政部中国注册会计师协会注册会计师行业党员骨干(处级)第二期进修班,何玉玲代表宁夏注册会计师行业参加培训,图为学员结业合影	
	2011年5月~6月,公司分两批组织90多名党员、员工赴井冈山参观并开展党建活动,图为第一批人员在井冈山人民英雄纪念碑前合影留念	
	2011年5月,中国注册会计师协会创先争优综合评价检查组莅临公司,初步完成全国行业排名数据准备工作。图为数据检查现场	
	2011年6月,宁夏注册会计师和资产评估行业举办创先争优表彰暨纪念建党90周年颂歌献给党 行业勇争先红歌汇演,公司获一等奖,图为公司表演合唱“歌唱祖国”场面	
	2011年6月,公司组织召开年度从业人员考核总结会现场	
	2011年7月,宁夏天华会计师事务所党支部组织党员、团员、青年员工近40人在贺兰山滚钟口开展“讲党史,保持忧患意识;攀高峰,岗位奋发有为”七一主题党日活动,图为党史教育公开课现场	
	2011年7月,宁夏天华会计师事务所党支部组织党员及中层以上管理人员学习胡锦涛总书记“七一”《讲话》现场	
	2011年7月,公司召开2011年上半年工作总结会议,董事、监事及全体员工参加会议,图为工作总结暨表彰大会现场	
	2011年7月,中国注册会计师协会公布《2011年会计师事务所综合评价前百家信息》,宁夏天华会计师事务所列第83位,进入全国百强,图为7月全体员工在长城东路办公楼前合影留念	
	2011年7月,公司组织45岁以下员工进行为期一周的封闭式军事化训练,图为留守人员与参加军训人员合影留念	
	2011年9月,宁夏天华会计师事务所举办为期五天的审计人员实务操作技能培训班,图为培训现场	
	2011年9月,经董事会同意,通过层层筛选,有9名新成员加入团队,图为审计从业人员招聘面试会演讲现场	
	2011年11月,公司组织全体员工健康体检,图为医护人员为工会主席温鸿江抽血	
	2011年11月,宁夏天华会计师事务所党支部组织党员、入党积极分子及中层以上管理人员学习十七届六中全会会议精神,图为学习会现场	

续表 7–19

栏目	姓名	题目
进入百强贺信	宁夏注册会计师协会	创先争优 争做宁夏注册会计师行业典范
序言	王海智	推动会计师事务所科学发展
铸就辉煌篇	宁夏天华会计师事务所发展纪实	强化内部治理 荣膺全国百强
	邵映昶	诚信为根 勇立潮头
	王亚军	和天华一起走过的日子
	戴慧清	我眼中天华的人和事
	温鸿江	我的感悟
	罗立邦	我的审计之路
	施明星	我与天华正业通
	何玉玲	2001——一个难忘的夏天
	闫树静	一路相伴
	李　翔	我与天华正业通共成长
	晋德喜	创业路上一件难忘的事
展望未来篇	李海清	给力新起点
	丁华兵	做优质客户首选的会计师事务所
	陈晓梅	祝愿天华明天更美好
	马　明	再次起航
	张红菊	进入百强后的思考
	徐　琳	让诚信之花永驻天华
	刘宇翔	浅谈融入团队的十个方面
	杜　兵	完善机制 建立一套行之有效的制度是企业发展的有力保障
	顾文龙	我对融入团队的认知
	胡学霞	怎样融入团队
	齐　莹	星星点灯 照亮我的行程
党群共建篇	何玉玲	对中小会计师事务所党建工作的思考
	周兴明	杜鹃花
	姜　伟	坚定信念 敢闯新路
	王海智	感悟井冈山
	戴慧清	红色旅游之感动
	葛　畅	游井冈山心得体会
	顾文龙	庐山游有感
	陈晓艳	心灵之旅——红色井冈山
	张　璐	游井冈，发扬井冈精神
	王自芳	美丽红旅
	邵映昶	千里寻访圣地

续表7–19

栏目	姓 名	题 目
党群共建篇	陶和平	井冈山上太阳红
	高瑾	井冈山红色之旅一点感悟
	晋德喜	让井冈山精神永放光芒
	张晓灵	恋庐山·倾国倾城
	温鸿江	坚定的信念
	陈晓梅	游井冈山、庐山观感
	王欢	发扬红色精神,立足岗位做贡献
	李翔	印象 井冈日记三则
	毛丽荣	伟大的精神 永恒的主题
	潘明锐	庐山印象
	刘宇翔	做生命中的战士
	陈朝晖	军训有感一二三
	顾文龙	军训生活——回忆中舞动精彩
	戴慧清	军训观后感
	徐琳	绿色情结
	刘学花	七月印记
	周翔	一首军训的歌
	周兴明	整军姿 正军容 树形象
	李召霞	军训的洗礼
	董秀芳	坚持
大事记	略	
2011年5—6月井冈山红色之旅获奖摄影作品20幅	张　丽	坚持就是胜利
	白潇雨	怀抱大自然
	刘学花	红星闪闪
	刘宇翔	云雾庐山
	邱胜辉	井冈山下党旗红
	张　卿	劲松独秀
	李　翔	枪杆子出政权
	张晓明	美丽庐山
	邱胜辉	敬仰
	王海智	山高人为峰
	张泽坤	做红军粉丝,争找老革命签名
	张泽坤	花房
	徐万军	层峦叠嶂井冈山
	陆　芳	云海
	郝　浩	瞻仰革命烈士
	姜　伟	雾起云涌
	姜　伟	黄洋界外山色秀
	杜茂珍	亚洲第一索
	牟　阳	猴
	张　丽	攀岩

《历程》(2012)目录及图照说明一览表

表7-20

栏目	题　目
彩色图片资料——大事倩影	2012年1月,公司举办2011年度工作表彰暨春节联欢会现场
	2012年2月,宁夏天华会计师事务所党支部召开民主生活,自治区和银川市财政局的有关领导参加会议,图为民主生活现场
	2012年3月8日,公司举行首届三八红旗手表彰活动,图为李丽红、侯旭辉、马丽霞、徐琳、闫树静、陈晓艳获奖人员合影
	2012年3月,自治区司法厅副厅长杨少华、银川市司法局局长王立新一行到公司调研司法鉴定工作现场
	2012年3月,上海社工委到宁夏天华党支部调研,自治区注册会计师协会的有关领导陪同调研现场,图为调研现场
	2012年4月,宁夏天华正业通公司开展"整顿执业行为 提高执业能力"活动现场
	2012年4月,中国注册会计师协会组织人员到宁夏天华会计师事务所核查百强指标,宁夏天华会计师事务所晋位全国行业百强82位,图为核查组工作现场
	2012年4月,公司组织2011年度优秀员工到日本旅游,图为优秀员工在富士山合影留念
	2012年5月,公司团支部举行主题团日活动,图为请党建指导员邓炎辉讲团课场面
	2012年5月,自治区物价局与自治区财政厅会计处领导到宁夏天华会计师事务所调研审计收费情况的现场
	2012年5月,自治区注册会计师行业党委书记王本仁和注册会计师协会秘书长尤学梅到宁夏天华会计师事务所党支部调研整顿提高活动开展情况现场
	2012年6月,宁夏天华会计师事务所党支部举行优秀共产党员表彰活动,图为优秀共产党员马明、李海清、李永爱、马向中、王甜与董事长王海智、党建指导员邓炎辉合影留念
	2012年6月,公司开展年度员工考核活动,图为考核大会现场
	2012年6月,公司从业人员与穆斯林孤儿院的孩子们共度六一儿童节,并捐款3万余,图为捐款现场
	2012年6月,宁夏天华会计师事务所组织经济责任审计专项培训班现场
	2012年6月,公司举行第五届股东会、董事会换届选举大会,成功完成换届选举。图为大会举手表决场面
	2012年7月,宁夏天华会计师事务所党支部开展党员双述双评活动,图为董事长王海智做双述双评活动动员现场
	2012年7月,公司启动公司志编撰工作,图为编委会成员合影
	2012年8月,公司进行中层管理人员竞聘,图为竞聘人员演讲现场
	2012年8月,公司在银川香渔王子大酒店举办乔迁之喜暨客户答谢会,300余名客户出席答谢会,图为公司员工表演精彩的文艺节目
	2012年8月,公司组织30余名新进员工入职培训,图为董事长王海智为新进员工进行职业道德培训现场
	2012年10月,全国注册会计师行业领军人才到宁夏天华会计师事务所调研,图为调研现场
	2012年10月,公司被自治区司法鉴定管理委员会授予"全区司法鉴定先进集体"荣誉称号,图为董事长王海智代表公司领奖现场
	2012年11月,公司员工参加宁夏注册会计师和资产评估行业首届运动会,取得优异成绩,图为比赛前运动员进行训练场面
	2012年11月,自治区住房和城乡建设厅领导到宁夏正业通工程咨询有限责任公司检查指导工作现场

续表7-20

栏目	题 目	
彩色图片资料——大事倩影	2012年11月,自治区财政厅调研员王本仁、总会计师刘怀明及行业领导一行到宁夏天华会计师事务所调研特殊普通合伙转制工作现场	
	2012年11月,自治区注册会计师协会检查验收公司整顿提搞活动成果,活动成果得到肯定,图为整顿提搞活动检查验收现场	
	2012年11月,宁夏天华会计师事务所党支部组织党员、中层以上管理人员学习十八大精神现场	
	2012年12月,公司邀请银川市交警总队领导为员工进行新交通法规培训班现场	
	2012年12月,宁夏企业家协会授予宁夏天华会计师事务所"宁夏优秀诚信企业"荣誉称号,授予宁夏天华会计师事务所副主任会计师丁华兵"宁夏优秀诚信企业家"荣誉称号,图为颁奖现场	
	2013年2月2日,公司全体员工在北京中路新办公大楼房地产交易大厦前合影留念	
栏目	姓 名	题 目
序言	王海智 董事长	与时俱进 调整完善 再攀高峰(代序言)
	王海智 董事长	那一年
大事记	略	
游四川——优秀征文20篇	王海智	游四川
	贺 丹	深情向往的九寨
	马 明	感悟——四川盛夏之游
	周兴明	感悟生命
	邵映昶	九寨之水 动静唯美
	王 刚	圣象峨眉
	何玉玲	重游人间天堂——九寨沟
	冶正礼	圆梦
	古妍娜	心灵的震撼——黄龙游
	张晓明	游都江堰
	高 瑾	古代奇迹——深淘滩 低作堰
	于晓云	人间瑶池
	徐 琳	走进藏家
	陶和平	感悟大自然——游九寨沟、成都有感
	张晓炅	礼佛——记2012乐山游
	刘宇翔	灵圣峨眉
	顾文龙	记忆中的天堂——神奇的九寨
	徐瑞华	四川行
	杜茂珍	山美、水美、人更美——畅游九寨沟等地感想
	王 婷	峨眉山的经济分工

续表7-20

栏目	题目	
优秀竞聘报告	马　明	机遇与挑战并存
	潘明锐	竞聘演讲稿
	古妍娜	招投部主任岗位竞聘演讲稿
	施明星	竞聘演讲稿
	李丽红	中层管理岗位竞聘稿
	姜　伟	三个“没想到”和三个“要做到”
新人入职	王　婷	如何融入天华正业通团队
	张　星	以效实精神与团队同行
	李　玮	一年回忆与五年展望
	田　媛	怎样融入团队
	徐　怡	我对怎样融入团队的思考
十八大精神学习体会	王海智	坚定信念 推动天华正业通再上新台阶
	邵映昶	学习党的十八大报告感怀
	丁华兵	坚持科学发展 促进业务增长——学习十八大心得体会
	李海清	自信——十八大学习心得体会
“让党旗更鲜艳”学习体会	刘学花	“让党旗更鲜艳”学习体会
	邵映昶	继承传统 奋发图强——学习党课《党旗更鲜艳》心得体会
	贾宪宁	坚定信念 促进发展
	马向中	为党旗添光彩 为百强献力量
	何玉玲	创先争优 凝心聚力 巩固百强
7月四川行摄影比赛优秀奖16幅	陈朝晖	九寨沟
	何玉玲	重生
	郝　浩	采蜜的蜂
	姜　伟	九寨韵影组图
	刘学花	味道好极了
	李丽红	珍珠滩瀑布
	董秀芳	跳水冠军在休息
	孟　娟	大珠小珠落玉盘
	齐　莹	诉说
	邵映昶	映秀新景
	王海智	队伍
	徐　琳	幻影
	张兰芹	美丽的黄龙
	张　丽	勤劳藏家人
	张闻卫	峨眉灵猴
	张晓明	千手观音

二、《简报》

2002年宁夏正业通会计师事务所开始印发《简报》，2002年10月宁夏正业通会计师事务所加入北京天华会计师事务所(集团)后，更名为宁夏天华会计师事务所，继续印发《简报》。2002年印发3期，2004年印发3期，2007年印发8期，2009年印发3期。

2010年5月，宁夏天华会计师事务所党支部始印发《简报》，是年共印发16期。2011年印发19期，2012年印发22期。

《简报》(2002年～2009年)各期要目一览表

表7-21

刊　期	出刊时间	要目介绍
第01期	2002年9月3日	题为补充完善制度，加强质量控制。2001年7月事务所修订和完善了三大类二十四项内部控制制度，施行一年来，各方面反映良好，这些制度最大限度地保障了事务所内部管理与控制工作的开展，已初步实现了事务所管理制度化、规范化的目的。 随着注册会计师及相关行业规范化管理的推进和公司业务的飞速发展，其中部分制度的内容需要进一步完善和补充，以适应事务所发展和业务工作的要求。2002年8月，针对基本建设工程预决(结)算审核业务出现的一些新情况，补充修订了《正业通会计师事务所基本建设工程预决(结)算审核管理制度》
第02期	2002年10月21日	题为伸出援助之手 奉献真诚爱心——正业通会计师事务所开展慈善捐助活动。2002年10月15日，宁夏正业通会计师事务所从业人员积极响应中国注册会计师协会、宁夏注册会计师协会的号召，开展“长城作证·爱心永存·关注未来·救助孩子”慈善捐助活动，伸出援助之手，奉献真诚爱心，当天共计捐款4160元，并统一由宁夏注册会计师协会转交中国儿童少年基金会
第03期	2002年11月21日	题为携手并肩，共创美好明天——宁夏天华会计师事务所成功实现联合侧记。2002年10月25日，北京天华会计师事务所领导代表北京天华会计师事务所与宁夏正业通会计师事务所主任会计师王海智在《宁夏正业通会计师事务所加入天华会计师事务所(集团)协议》上签字盖章，在热烈的掌声中，宁夏正业通会计师事务所加入天华会计师事务所(集团)，更名为宁夏天华会计师事务所，成为天华会计师事务所(集团)成员之一。宁夏天华会计师事务所仍然保持独立法人地位，独立取得各种业务资格并独立出具相应的业务报告。在办所方向、执业质量、从业人员后续教育等方面同时接受集团所的领导，执行统一的业务程序、执业标准和质量控制体系，使用统一的工作底稿、名称和标识，使用天华网站，以达到利用行业管理优势与业务管理优势共同促进，扩大事务所规模与提高执业质量、服务水平的目的

续表7-21

刊 期	出刊时间	要目介绍
第02期	2004年7月22日	题为宁夏天华会计师事务所工作人员借调自治区国资委受好评。近日,宁夏回族自治区人民政府监事会组织对自治区直管国有企业开展的经营管理监察工作,宁夏天华会计师事务所选派罗立邦、章翾、晋德喜、马明等四位工作人员参与此项工作,受到借调单位——自治区国有资产监督管理委员会的一致好评。他们严格遵守纪律,本着对国有资产和国有企业负责的精神,继续发扬宁夏天华的优良敬业精神和"高精专"的专业素质,坚持原则、严谨细致,认真履行职责,圆满地完成了借调任务
第03期	2004年7月22日	题为齐聚凤城 共谋发展——天华集团第四次代表大会在银川召开。2004年7月17日至18日由宁夏天华会计师事务所主办的"天华会计师事务所成员所第四次代表大会"在银川召开,来自全国各地,在当地行业颇具影响力的15个成员机构的负责人共27名代表汇聚银川。天华集团首席合伙人(总经理)夏执东、副总经理李存慧、罗振邦、张明威等参加了会议。王海智主任会计师、杜兵副主任会计师作为宁夏天华会计师事务所的代表参加了本次代表大会
第07期	2007年8月28日	题为积极参加新《企业破产法》学习。2007年8月10日至13日由中国法学会举办的"《企业破产法》与破产管理人司法解释与适用专题讲座"在新疆乌鲁木齐市举办。所长王海智、副所长何玉玲带领罗立邦、周淼、朱淑英一行五人参加了学习。听取了由全国人大财经委法案室主任、破产管理人起草组组长朱少平讲解新的《企业破产法》制定背景、过程及新《企业破产法》的逐条解释;听取了最高人民法院民二庭法官刘敏讲解了"最高人民法院关于审理企业破产案件制定管理人的规定"、"最高人民法院关于审理企业破产案件确定管理人报酬的规定"、"最高人民法院关于《中华人民共和国企业破产法》施行时尚未审结的企业破产案件适用法律若干问题的规定";听取了国务院国资委改组局李冰讲解"国有企业破产历程及新破产法对国有企业破产的影响"等内容。 学习期间事务所人员与参加学习的法院系统、律师、会计师等进行互动交流,受益匪浅
第08期	2007年11月8日	题为会计知识大赛再传佳绩 海清、召霞北京载誉而归。在11月初中国注册会计师协会组织地方行业协会会计知识选拔大赛,公司选派李海清、李召霞参加的宁夏代表队获得团体第六名的好成绩,为宁夏、自治区注册会计师行业协会、天华会计师事务所争光夺彩。 本次参加中国注册会计师协会组织的会计知识大赛共有38个代表队,其中有33个省、直辖市、自治区注册会计师协会代表队,5个会计师事务所代表队,150余人参赛,强手如林,竞争激烈,通过长达四个半小时的笔试及二次口试,宁夏代表队先后获得了笔试团体第五名、预赛团体第六名、决赛团体第六名的好成绩

续表7-21

刊 期	出刊时间	要目介绍
第03期	2009年8月24日	全民健身,精彩无限——宁夏天华正业通公司第三届职工运动会成功举办。为加强企业文化建设,增强员工身心健康,丰富职工生活,2009年8月14日,宁夏天华正业通公司在中卫沙坡头举办了第三届职工运动会。 本次运动会以部室为单位组成五支参赛队伍,设置了拔河、跳绳、吃西瓜、沙滩排球等比赛项目。竞技、娱乐、趣味是本届运动会的最大特征;展示、交流、友谊是本届运动会的核心主旨。本次运动会规模之大、投入之多、参与面之广为宁夏天华正业通公司历届运动会之首。大家在各部门主管的带领下团结一心、人人争先,啦啦队加油助威,精神鼓人、气势逼人。 此次运动会也是一次丰盛的文化大餐。运动会同时安排了漂流、骑骆驼、滑沙、沙海冲浪、篝火晚会等休闲活动和一天的"责任胜于能力"的员工培训。培训课程以"感恩、惜福、欢喜心"为主线,主讲老师声情并茂,课程组织精彩纷呈,互动参与积极热烈,大家充分感受了公司对员工积极负责的态度和良苦用心,也让大家在未来的工作中端正心态、更加努力

注:因时间较久远,保管不善,2002—2009年简报期次不全

《简报》(2010年)各期要目一览表

表7-22

刊 期	出刊时间	要目介绍
第01期	2010年5月28日	题为天华党支部开展创先争优活动。 天华党支部召开创先争优活动动员大会,中层以上管理人员受邀参加了会议,党支部书记王海智主持会议。王海智传达了上级主管部门有关创先争优活动的精神,并做了动员讲话,指出要正确认识"创先争优"活动与宁夏天华正业通公司事业发展的关系,中国注册会计师协会、自治区财政厅、自治区注册会计师协会都高度重视创先争优活动,通过活动推动我区注册会计师事业发展。要充分利用各方面对会计师事务所支持的契机,党建、业务一起抓,促进注册会计师事业取得丰硕成果
第02期	2010年7月7日	题为缅怀先烈,创先争优——天华党支部举行主题党日活动。 在中国共产党成立90周年之际,中共宁夏天华会计师事务所党支部组织党员、入党积极分子、中层以上管理人员24人前往盐池革命教育基地参观,开展以"缅怀先烈,创先争优"为主题的七一党日活动,中共宁夏注册会计师和资产评估行业党委书记王本仁、自治区财政厅总会计师刘怀明、副书记尤学梅,自治区财政厅机关党委副书记叶萍等领导应邀参加此次活动。参观盐池革命教育基地,敬献花圈,缅怀革命先烈;重温入党誓词,牢记党员意识,永葆党员本色;开展由党支部组织委员姜伟和党小组长牟阳为主讲的党课教育,表彰优秀共产党员、优秀党务工作者等活动;在《没有共产党,就没有新中国》的歌声中结束本次活动

续表7-22

刊 期	出刊时间	要目介绍
第03期	2010年7月10日	题为丰富活动载体,扎实开展创先争优活动——宁夏天华正业通公司举行第四届职工运动会。 为扎实开展创先争优活动,增强员工身心健康,丰富职工生活,加强企业文化建设,2010年7月3日至4日,宁夏天华正业通公司在银川市盈南村生态园举办了第四届职工运动会,自治区财政厅、宁夏注册会计师和资产评估行业党委、自治区注册会计师协会部分领导应邀参加了本次运动会,并参与了跳绳等运动项目的比赛。运动会以部室为单位组成六支参赛队伍,设置羽毛球、乒乓球、跳绳、踢毽子、飞镖、跳远、铅球、拔河、沙滩排球、4*100接力等比赛项目,其中团体项目4个,个人项目8个。竞技、娱乐是本届运动会的最大特征,交流、友谊是本届运动会的核心主旨。本次运动会规模之大,参与面之广、竞技水平之高为宁夏天华正业通公司历届运动会之首,此次运动会设置的比赛项目参照全区财政系统运动会的项目进行设置,即加强了企业文化建设又为全区财政系统运动会选拔了运动员。通过运动会促进部门之间的交流和学习,提高了凝聚力,加深了同事之间相互帮助、团结友爱的感情,展示了员工饱满的精神风貌、积极向上的工作作风和良好的企业形象
第04期	2010年8月16日	题为推动大部门管理,扎实开展创先争优活动。 2010年8月9日,宁夏天华正业通公司董事长王海智主持召开了由审计部和工程造价咨询部中层以上管理人员、专业技术人员及标准部人员参加"大部门管理制"工作研讨会。对近四个月审计和工程造价咨询业务实行"大部门管理制"及各业务部门报告集中复核以来发现的问题展开积极的讨论,提出许多富有实际意义的建议和解决的方法。 研讨会结束后,董事会及时对会议内容进行总结,拟定了《大部门管理制运行指导意见》,明确了大部门的组织结构和人员组成,设立了部门负责人,各职级专业技术人员以及复核人员岗位职责,界定了各部门的业务范围,提出了建立内部专业技术培训和交流平台的具体步骤和方法以及维护和开发客户的要求。以规范运行方式,明确各岗位职责
第05期	2010年8月16日	题为努力拼搏,争创佳绩——天华会计师事务所参加自治区财政系统第十届职工体育运动会。 2010年7月30日至8月3日,全区财政系统第十届职工运动会在固原举行,宁夏天华会计师事务所踊跃报名参加,有9人被选拔为宁夏注册会计师行业协会代表队的队员,他们克服困难,积极训练,取得比较好的成绩。其中马乐获得男子跳远第二名,牟阳获得女子跳远第五名,张波在男子1500米预决赛虽然没有取得名次,但永不放弃的精神值得大家学习,在体力透支的情况下依然顽强的完成比赛,获得个人道德风尚奖
第06期	2010年9月22日	题为热心公益事业,支持光彩扶贫——记宁夏天华会计师事务所党支部开展捐助活动。在中国传统佳节——中秋节及国庆六十一周年到来之际,宁夏天华会计师事务所党员代表何玉玲带着全体党员、员工的一片关怀,为宁夏回族自治区残疾人福利基金会捐款30,000元,为银川市光彩扶贫基金会捐款20,000元。此次捐助活动表达了天华正业通人对祖国的热爱,对残疾人的关爱,展示了宁夏天华正业通公司的良好社会公益形象和企业文化

续表7-22

刊　期	出刊时间	要目介绍
第07期	2010年10月8日	题为创先争优促发展——天华党支部召开创先争优暨国庆节座谈会。 2010年9月29日，宁夏天华会计师事务所党支部召开创先争优暨国庆节座谈会，总结创先争优活动开展四个月以来的阶段性成果，庆祝中华人民共和国成立六十一周年。 此次座谈会受到了上级党委的关注，宁夏注册会计师和资产评估行业党委书记王本仁、副书记尤学梅、自治区财政厅会计处处长王春生、银川市市委组织部“两新”组织办公室主任陈华、银川市财政局党组成员纪检组长韩凤兰等同志莅临指导。 与会者畅所欲言，陈华同志肯定了天华党支部的工作成绩，提出四点希望：一要坚持抓好，抓出成效；二要结合两承诺、三评议工作，注重践诺考核，实现管理目标；三要紧紧围绕业务工作，树典型及岗位能手；四要采取一定方式、激励措施，结合岗位练兵、巾帼建功活动取得实效。 王本仁同志指出创先争优活动不是短期工作，要注重长期推进，突出重点，将企业目标与党建工作结合。行业创先争优工作要有激励措施，承诺要有针对性，突出思想帮扶、经济帮扶，党支部要研究党员承诺，从而构成全所承诺。他希望宁夏天华会计师事务所在特色立所，做好地方特色品牌，多元化与专业化发展上，做精做专上下功夫，党员群众都要献计献策，提出建议。党支部和董事会要引导党员群众正确看待问题，提高思想认识，把党员培养成骨干，把骨干培养成党员
第08期	2010年10月18日	中共宁夏天华会计师事务所党支部印发创先争优活动第八期简报，题为把制度建设作为创先争优促发展的有力抓手——宁夏天华会计师事务所召开行政类、人事类管理制度(征求意见稿)集中征求员工意见会。 10月15日宁夏天华会计师事务所召开行政类、人事类管理制度(征求意见稿)集中征求员工意见会，把加强制度建设作为创先争优促发展的有力抓手，对修订的9项行政类管理制度和10项人事类管理制度用一天时间逐条进行了深入讨论，肯定了本次制度修订工作的程序严谨，内容充实，修订过程高标准，严要求，体现了宁夏天华会计师事务所创先争优的成果
第09期	2010年10月26日	题为认真学习贯彻五中全会精神，扎实深入开展创先争优活动——天华党支部召开党员大会传达学习五中全会精神。 10月19日天华党支部召开党员大会，传达学习五中全会精神。党支部书记王海智主持会议，21名党员、预备党员、1名入党积极分子和党建指导员邓炎辉同志参加了会议。 参加人员认真学习讨论五中全会公报，认为作为一名共产党员，要认真领会五中全会公报精神，深入开展创先争优活动，切实发挥表率示范作用，对公报精神带头学习，带头思考，带头落实，始终与党中央保持一致。 王海智同志指出，学习贯彻好五中全会精神是当前及未来一个时期的首要任务，是创先争优活动的重要组成部分，切实领会中央精神，结合“十二五”规划，研究宁夏天华正业通公司发展战略。把学习贯彻五中全会精神与开展建设学习型党组织、深入开展创先争优活动结合起来，与当前进行的综合评价工作结合起来，与研究制定明年工作思路结合起来，确保取得实效

续表7-22

刊 期	出刊时间	要目介绍
第10期	2010年11月6日	题为通过发展大讨论，抓准问题，找准差距，促进事务所更好更快发展——天华召开"西部大开发与天华正业通发展研讨会"。 10月29日下午，宁夏天华会计师事务所举办了"西部大开发与天华正业通发展研讨会"。董事会成员、中层以上管理人员、支部党员、部分员工，党建指导员邓炎辉等20余人参加了会议。党支部书记王海智主持会议。 与会人员就"西部大开发与天华正业通发展"展开积极踊跃的讨论，针对宁夏天华正业通公司长期发展规划，近期发展瓶颈、业务拓展、人才建设等方面发表了自己的看法和建议。距离国务院、财政部对加快注册会计师行业发展，深入开展创先争优活动的目标还有一定的差距，尤其在大业务项目、新业务领域、人才队伍建设等方面差距明显，通过深入开展创先争优活动，创建学习型天华，加强人才培养，解放思想，开拓创新，树立为西部大开发积极服务的意识，树立"不进则退"的危机意识，乘势而上，全面提升执业质量和服务能力，抢抓新机遇，拓展新业务领域，更好地服务经济社会发展
第11期	2010年11月22日	题为开拓业务领域，创新工作方式——天华会计师事务所举行投融资监事工作研讨会。 2010年11月17日，宁夏天华会计师事务所召开银川市投融资企业监督检查结果研讨会，会议由王海智所长主持，银川市国资委监事会等有关领导和专家到会指导工作。 2010年6月银川市人民政府批准银川市投融资监事会组建方案，宁夏天华会计师事务所作为引进专家组成员，提供技术支持推进银川市投融资平台规范、安全、高效运行。这是新形势下政府工作方式转变的一种形式，是对宁夏天华会计师事务所工作的肯定和认可，更是在全行业创先争优活动中提出的新要求。 宁夏天华会计师事务所高度重视此项工作，从专家的遴选、工作方案的制定、具体工作的推进等方面进行环环跟进，在检查方法和检查结果方面进行了积极有效的探索，力求突破传统审计思维模式，深入、客观地反映检查情况，对银川市投融资监督工作提供有效支持。检查工作于8月份准备方案，经过前期准备、沟通、中期调研、对比、检查，至11月16日已完成初步工作。作为检查工作的重要环节，组织了此次分析研讨会。 检查人员详细通报检查结果，对首次监事会检查的工作方式、结果运用和沟通问题进行了分析，对检查发现的问题逐个分析，形成修改意见。有关专家对检查工作方法给予肯定，并提出了很好的改进意见
第12期	2010年12月7日	题为加强党群共建，推进创先争优活动深入开展——宁夏天华会计师事务所召开第一届工会会员大会。 2010年12月4日下午，宁夏天华会计师事务所党支部印发创先争优活动第十期简报，题为第一届工会会员大会隆重召开，选举了第一届工会委员会和经费审查委员会、女职工委员会。自治区财政厅、自治区注册会计师行业工会筹建领导小组、银川市财政局、宁夏总工会农林水财工会、自治区注册会计师协会、自治区建设工程造价管理协会的有关领导及宁夏天华正业通公司全体会员参加了会议。 到会领导指出，工会在今后的工作中要认真履行《工会法》《工会章程》所赋予的权利、义务和责任。不断提高自身素养，积极探索工会工作的新路子

续表7-22

刊　期	出刊时间	要目介绍
第13期	2010年12月16日	题为深入学习五代会会议精神，打造天华品格员工之机构——天华党支部召开中层以上管理人员会议学习贯彻五代会精神。 2010年11月25日至26日，中国注册会计师协会第五次全国会员代表大会（简称“五代会”）在北京召开，会上选举产生新一届理事会，成立了行业信息、审计准则、职业道德、申诉与维权等13个委员会，制定了2011——2015年中国注册会计师行业发展规划（初稿）。 王海智董事长作为宁夏唯一的注册会计师代表参加了会议。 2010年12月14日，宁夏天华会计师事务所组织召开了董事、监事及中层以上管理人员会议，王海智董事长首先传达了会议的主要精神，支部委员姜伟带领大家学习《关于在全区社会组织中开展党建工作示范点创建活动意见》，大家进行充分的讨论。党中央、国务院高度重视注册会计师行业的发展，宁夏注册会计师行业党委给予天华很高的期望，希望天华能够树立自己的品牌，以至诚、品质、正道、育人、大义、稳健、向上、向善、垂范的要求，发挥党员先锋模范作用，管理人员带头垂范，把经济社会发展与企业发展相结合，把创建党建示范点与创先争优活动相结合，检视对社会、对行业、对自己的责任，坚持精神追求至上，品质追求至上，努力争创“三争优”！
第14期	2010年12月20日	题为加强人才队伍建设 推动企业稳健发展。 2010年11月24日，经自治区财政厅会计系列高级评审委员会评审，自治区人力资源和社会保障厅审核批准，丁华兵同志成为公司近年来第五个取得会计系列高级专业技术职务任职资格的专业技术人员。 宁夏天华会计师事务所自1999年成立至今，企业规模不断扩大，从最初的30余位员工发展成已有员工100余人，其中注册会计师30人，资产评估师10人，造价工程师14人，房地产估价师10人，土地估价师11人，高级职称21人的自治区内大所。 规模的扩大，资质的提升，离不开宁夏天华会计师事务所多年来在人才建设方面的不断努力。宁夏天华正业通公司始终坚持人才是行业发展的第一资源，近年来积极组织各种学习和培训课程，不断提升员工个人素质、专业素质。2010年5月注册会计师行业党委开展创先争优活动以来，宁夏天华会计师事务所积极响应，组织了四批次人员参加各类继续教育。8月份邀请国内专家对党员和中层以上管理人员进行组织行为学培训，并将培训资源与行业培训资源共享，成为行业协会后续教育培训课程；9月份安排管理层人员参加领导力培训班，同时对新进员工进行了入职教育和拓展训练，有3名高管人员正在参加EMBA学习。根据行业人才发展战略，公司将对人才培养引进工作进行深入研究，以制定出人才发展计划，适应事业发展对人力资源的需要。 企业成就人才，人才推动企业，正是一大批优秀的员工与宁夏天华正业通公司共同成长，推动了企业稳健发展

续表7-22

刊　期	出刊时间	要目介绍
第15期	2010年12月27日	题为心怀感恩，永续前行。 12月24日上午，宁夏天华正业通公司2010年度客户答谢会在悦海宾馆隆重举行，答谢会由杜兵副董事长主持
第16期	2010年12月31日	题为肯定成绩 查找差距 思考对策——党建工作示范点验收及天华党支部2010年民主生活会。 12月30日下午，宁夏天华会计师事务所党支部2010年民主生活会顺利召开，自治区党委组织部、自治区社会组织工作委员会、注册会计师行业协会党委、银川市财政局机关党委的有关领导及宁夏天华正业通公司党员、中层以上管理人员共28人参加了会议。宁夏天华会计师事务所党支部书记、董事长王海智主持会议。 王海智书记首先汇报一年来的支部工作，在肯定成绩的同时，对宁夏天华正业通公司大部门管理制、人员管理、工薪问题、干部队伍建设、职业道德教育、管理团队职责分工、业务发展规划、精神风貌、党风党纪及民主集中制等方面存在的问题做了认真的剖析，希望大家思考对策、积极带头、努力使党建与业务工作再上新台阶。 党支部委员古妍娜、姜伟和王海智作了个人思想汇报，联系工作实际，进行了深刻的自查剖析，认真查找对本职工作的完成情况、效果及不足；与会人员围绕民主生活会主题相继发言，对支部委员的工作作了点评，提出了很好的建议和意见。 自治区社会组织工作委员会验收组、自治区党委组织部与自治区民政厅相关部门组成的验收组对天华党支部的党建工作示范点工作进行评分、验收；对天华党支部的民主生活会给予了高度肯定，党支部领导成员和党员能够高度重视、准备充分、敢于剖析问题、紧密结合实际、效果明显，同时提出了建议，帮助开拓思路，坚定信心

《简报》(2011年)各期要目一览表

表7-23

刊　期	出刊时间	要目介绍
第01期	2011年1月27日	题为“点”出成效，“评”出干劲——天华会计师事务所党支部开展党员集中点评创先争优活动。 2011年1月22日，宁夏天华会计师事务所党支部召开集中点评创先争优工作会议。党员、入党积极分子、党建指导员邓炎辉等20余人参加了会议，董事会、中层以上管理人员中非党员列席会议，党支部书记、董事长王海智主持点评
第02期	2011年3月23日	题为“行业排头兵，诚信立天华——自治区创先争优督导检查组莅临天华指导创先争优工作”
第03期	2011年3月28日	题为宁夏天华会计师事务所党支部被命名为自治区级社会组织党建示范点
第04期	2011年4月11日	题为宁夏天华正业通公司召开2011年第一季度工作总结会议。 4月6日宁夏天华正业通公司召开2011年第一季度工作总结会议，董事、监事及中层以上管理人员参加会议，董事长王海智主持会议

续表7-23

刊　期	出刊时间	要目介绍
第05期	2011年4月18日	题为何玉玲同志被任命为宁夏天华会计师事务所党支部副书记。 4月8日,经银川市财政局机关党委会议研究,同意增补何玉玲同志为宁夏天华会计师事务所党支部(专职)副书记。 3月25日,宁夏天华会计师事务所召开党支部会议,总结创先争优阶段性工作,并推荐何玉玲同志为党支部(专职)副书记;宁夏天华会计师事务所以宁天华会党〔2011〕3号文件,上报银川市财政局机关党委《关于推荐何玉玲为党支部副书记的请示》,经研究批复,同意何玉玲同志为党支部(专职)副书记
第06期	2011年4月28日	题为回顾党史,弘扬党风,增强党性——宁夏天华会计师事务所党支部组织党员及全体从业人员参加党史党建知识竞赛答题活动。 为纪念中国共产党成立90周年,讴歌党的光辉历程和伟大成就,推进学习型党组织建设和创先争优活动开展,根据宁夏注册会计师和资产评估行业委员会开展中国共产党成立90周年党史党建知识竞赛活动的通知要求,宁夏天华会计师事务所党支部在党员、从业人员中组织开展了党史党建知识竞赛答题活动。 宁夏天华会计师事务所党支部高度重视党史党建知识竞赛活动,支部书记王海智亲自安排部署,以党小组为单位,购买参考书籍,每个党小组推荐2-3人对试题进行讲解,正确率确保95%以上,经广泛发动有115人参加答题活动,其中党员21人,从业人员94人,实现全覆盖。 通过知识竞赛活动,增强了党员、从业人员对党史党建知识的了解,激发了党员和全体从业人员的爱党、爱国热情,推进了学习型党组织建设和创先争优活动的深入开展
第07期	2011年5月17日	题为弘扬井冈精神,永葆革命激情——天华党支部开展井冈山党建活动。 为庆祝建党90周年,加强宁夏天华会计师事务所党支部党建工作,创新企业文化建设形式,推进创先争优活动深入发展,5月6日至14日,宁夏天华正业通公司组织党员、员工赴井冈山开展党建、企业文化建设活动。通过重走红军路、重温革命魂,党员、员工接受了革命传统教育,取得了良好的效果。党员要发扬红军的光荣传统,弘扬“坚定信念、艰苦奋斗,实事求是、敢闯新路,依靠群众、勇于胜利”的井冈山精神,以新时期共产党员的标准严格要求自己,把井冈山精神融入到学习、工作中
第08期	2011年6月13日	题为颂歌献给党,天华勇争先——宁夏天华正业通公司在建党九十周年注册会计师行业红歌会演中荣获一等奖
第09期	2011年6月28日	题为以考核促员工提升,以考核促企业发展——宁夏天华正业通公司召开2010至2011年度从业人员考核总结会
第10期	2011年6月30日	题为珍惜荣誉,再创佳绩——宁夏天华会计师事务所荣获“全国先进会计师事务所党组织”荣誉称号
第11期	2011年7月4日	题为以史为鉴,党史党课再敲警钟,入党为荣,贺兰山上勇攀高峰——宁夏天华会计师事务所党支部开展“七一”主题党日活动

续表7-23

刊　期	出刊时间	要目介绍
第12期	2011年7月10日	题为宁夏天华会计师事务所党支部开展学习胡锦涛总书记“七一”讲话精神活动
第13期	2011年8月3日	题为炼钢铁意志，展军人雄姿——宁夏天华正业通公司组织员工参加军事训练活动
第14期	2011年8月3日	题为参加行业党校进修班，探索会计师事务所党建之路——何玉玲代表宁夏注册会计师行业参加全国行业党校班
第15期	2011年8月15日	题为宁夏天华会计师事务所党支部大力推进学习型党组织建设
第16期	2011年11月4日	题为宁夏天华会计师事务所党支部开展学习《推动社会主义文化大发展大繁荣若干重大问题决定》精神活动
第17期	2011年12月2日	题为机制统领，创先争优——中国注册会计师协会副秘书长董新刚莅临宁夏天华会计师事务所调研创先争优工作
第18期	2011年12月28日	题为群众评议，进一步推进创先争优活动
第19期	2011年12月31日	题为发挥女员工在创先争优活动中的“半边天”作用——宁夏天华正业通公司成立妇女委员会

《简报》(2012年)各期要目一览表

表7-24

刊　期	出刊时间	要目介绍
第01期	2012年2月13日	题为坦诚相见，凝心聚力，促进做强做大——宁夏天华会计师事务所党支部召开民主生活
第02期	2012年3月15日	题为指导工作，促进发展——杨少华会长一行调研司法鉴定工作
第03期	2012年4月15日	题为工程咨询双喜临门，区市机构予以表彰——宁夏正业通工程咨询有限责任公司受到自治区造价协会、吴忠市建设局表彰
		在宁夏回族自治区建设工程造价管理协会组织评选2011年度先进单位和先进个人的活动中，宁夏正业通工程咨询有限责任公司荣获“全区工程造价企业先进单位”荣誉称号，工程审核二部副主任陆静被评为全区先进个人。此前在吴忠市建设局组织评选的吴忠市建筑业先进单位和先进个人的表彰活动中，宁夏正业通工程咨询有限责任公司荣获“2011年度吴忠市造价管理先进单位”荣誉称号
第04期	2012年4月20日	题为整顿执业行为，提高执业质量
第05期	2012年4月27日	题为理清发展思路，落实责任到人——宁夏正业通房地产估价事务所召开工作会议，落实宁夏天华正业通公司中期发展计划
第06期	2012年5月4日	题为提高执业质量，夯实执业品牌——宁夏天华正业通公司召开整顿提高活动动员大会
第07期	2012年5月24日	题为宁夏天华会计师事务所荣获2009-2010年度银川市A级纳税信用单位
第08期	2012年6月2日	题为爱心捐助，关爱孤儿——宁夏天华正业通公司六一节到穆斯林孤儿院开展捐助活动
第09期	2012年7月4日	题为宁夏天华正业通公司换届工作顺利完成
第10期	2012年7月16日	题为以管理促发展，巩固百强地位

续表7-24

刊　期	出刊时间	要目介绍
第11期	2012年8月1日	题为快乐工作，愉快生活——宁夏天华正业通公司组织员工到四川九寨沟、峨眉山等地旅游
第12期	2012年8月1日	题为宁夏天华正业通公司举行公开招聘会
第13期	2012年8月29日	题为宁夏天华司法鉴定所被评为司法鉴定工作先进集体
第14期	2012年9月19日	题为热心公益事业，爱心连绵不断。 (1)2012年8月，宁夏天华会计师事务所审计二部的项目组工作人员进驻宁夏穆斯林孤儿院，完成了2011年度的公益审计工作。 (2)宁夏天华会计师事务所一向热心公益事业，数次为麦丽燕基金会献爱心，对财务规划和管理给予指导
第15期	2012年10月23日	题为宁夏天华会计师事务所受到自治区政府表彰，授予全区会计工作先进集体
第16期	2012年11月6日	题为宁夏天华会计师事务所召开会议，提前安排年报审计工作
第18期	2012年11月29日	题为宁夏正业通工程咨询有限责任公司招标部组织全体员工在评标室学习有关业务知识
第19期	2012年11月30日	题为巩固业务，规范发展
第20期	2012年12月18日	题为开拓进取，再创新高
第21期	2012年12月18日	题为“布置工作，继往开来”。2012年12月14日上午，宁夏正业通资产评估有限责任公司全体执业人员召开工作会议，就近期及明年的工作进行了总结和安排，杜兵总经理主持了会议
第22期	2012年12月21日	题为罗立邦、徐万军同志成为全区首届“十佳优秀司法鉴定人”评选候选人

第六节　文体活动

一、春节联谊活动

自1999年以来，公司在每年春节期间都组织员工自编、自创、自导、自演文艺节目，丰富员工的文化生活，增加节日的气氛。

2005年2月7日下午，举行2004年度年终总结暨春节联欢会，每个部门自报1～2个集体节目，从业人员个人及家属多人进行了才艺展示。

2007年2月16日，在太阳神宾馆举办“天华正业通二〇〇七年春节联欢会”，各部门选送14个节目，其中家属节目4个。

在2008年迎新春联欢会上，各部门选送了15个节目，并向60周岁以上老同志赠送慰问品。

2011年1月，工会首次参与策划举办了职工迎新春联谊会。

2012年1月，公司在凯达大酒店举办工作表彰和春节团拜会。

二、文艺会演

2010年3月，宁夏天华会计师事务所组织员工参加全区财政系统“三八”妇女节文艺会演。

2011年6月11日，宁夏天华会计师事务所参加宁夏注册会计师行业和资产评估师行业创先争优表彰暨纪念建党90周年红歌会演，单位组织的合唱队演唱的《歌唱祖国》《长征组歌》获集体一等奖。由公司员工参加表演的舞蹈《山丹丹开花红艳艳》将这场演出推向了高潮。

三、休闲健身

2001年9月，团支部组织团员、青年前往六盘山举行“重走长征路、重登六盘山”登山活动。

2001年10月，组织前往鄂尔多斯大草原开展游艺活动。

2002年5月，宁夏财会函授学校银川市分校组织在校大专班和中专班学员开展春游活动。是年，宁夏天华会计师事务所在长城东路新办公楼专门安排布置健身房，每天上班前、下班后开放一个小时，鼓励从业人员参加健身锻炼，提高身体素质。

2003年7月，组织员工到内蒙古阿左旗南寺进行登山野营活动。

2004年4月，组织员工到山东旅游，并在崂山举行登山比赛。

2009年夏，组织员工到内蒙古阿左旗南寺进行登山比赛。

2011年7月，在企业文化建设活动及“七一”党建活动中，组织员工在井冈山、贺兰山相继开展登山比赛活动。

2011年登山比赛获奖人员名表

表7-25

活动区域	组　别	第一名	第二名	第三名
井冈山	男子组	蔡志宁	邱胜辉	潘明锐
	女子组	徐　琳	牟　阳	刘学花
贺兰山	男子组	罗立邦	贾宪宁	姜　伟
	女子组	徐　琳	张　璐	李永爱

2012年5月，在企业文化建设活动中，组织职工在峨眉山开展登山比赛活动。8月1日，董事会、党支部、工会作出决定，对9名优胜者予以通报表彰。

2012年登山比赛获奖者名表

表8-8

活动区域	批　次	第一名	第二名	第三名
峨眉山	第一批	蔡志宁	王亚军	牟　阳
	第二批	王立刚	陶和平	王　婷
	第三批	郝东胜	张　波	张闻卫

四、拓展训练与军事化训练

2008年8月8—15日，公司第一次组织封闭式军事训练，45周岁以下的从业人员在宁夏军区教导大队进行为期8天的军训。陶和平、张泽坤、白海涛、李永爱、张鹏娟、杨鳖兰被评为训练标兵。

2009年秋在宁夏体委拓展中心，组织员工进行拓展训练。高难项目有“生死电网”“倒背摔”“跳跃高架桥”“毕业墙”等。

2011年7月22—29日，公司第二次组织45周岁以下员工，在宁夏军区教导大队开展军训活动，有训练队伍、军姿、停止间转法、行进间动作、学唱军歌、军体拳、实弹射击等军事科目。共78人参加训练。29日上午举行会操表演及军事训练总结大会。

参加军训获得训练标兵、内务标兵名表

表7-27

姓　名	取得奖项	表彰单位	表彰时间
陶和平	训练标兵	宁夏军区教导大队	2008.8.15
张泽坤			
白海涛			
李永爱			
张鹏娟			
杨鳖兰			
徐　琳	训练标兵	宁夏军区教导大队	2011.8.3
陈朝晖			
郝东胜			
邱胜辉			
刘学花			
邢天庆			
丁玉凤			
张晓炅			
马向中	内务标兵		
刘　蕾			
王　栋			

五、运动会

(一)职工运动会

自2006年以来，公司已连续举办四届职工运动会，职工运动会设置的运动项目丰富多彩。有开动脑筋的象棋、五子棋比赛，富有韵律的广播体操比赛，激烈运动的乒乓球、羽毛球、沙滩排球、跳绳、拔河、沙滩赛跑、跳远、铅球比赛，还有趣味性的小马过河、齐心协力、滚铁环、投镖、踢鸡毛毽等项目的比赛。既有集体项目又有个人项目。

1.首届职工运动会。2006年5月26日，在银川黄河东岸度假村举行公司第一届职工运动会，设广播体操、拔河以及多种趣味性比赛项目。

2.第二届职工运动会。2007年9月9日，举行公司第二届职工运动会。本届运动会在中卫市举行，共设置13个项目，其中集体项目6个，个人项目7项。

第二届职工运动会比赛项目获奖名表

表7-28

项目	具体项目		第一名	第二名	第三名
团体项目	广播操		工程二部	工程一部	办公室培训部联合队
	乒乓球拍运球接力		工程一部	评估部	中卫分所
	“齐心协力”		审计一部	中卫分所	工程一部
	集体跳绳		审计二部	工程一部	工程二部
	排球		评估部办公室培训部联合队	审计部	工程部
	拔河		董监事队	评估部	工程一部
个人项目	跳绳	男子专业组	温鸿江	—	—
		男子业余组	马　明	—	—
		女子组	李召霞	吕咏梅	秦月华
	飞镖	女子组	于丽萍	张兰芹	刘学花
		男子组	孙畅遂　章玉龙	何登虎	谢振华
	象棋		陶和平	杜　兵	—
	踢毽子	女子组	夏晓菊	徐　琳	李召霞
		男子组	徐万军	—	—
	过“河”		王　栋　陈晓艳	徐　琳　刘宇翔	徐万军　夏晓菊
	羽毛球	女子组	李新华	张兰芹	张　磊
		男子组	贾宪宁	刘宇翔	马向中
	乒乓球	女子组	李召霞	陈晓艳	徐　琳
		男子组	杜　兵	马向中	陶和平

3.第三届职工运动会。2009年8月14日,在中卫市沙波头黄河岸边举行第三届职工运动会。当日夜晚,还在黄河岸边举行篝火晚会。

4.第四届职工运动会。2010年7月10日在银川市盈南村生态园举办第四届职工运动会,以突出集体协作能力的各项趣味活动项目为主。运动会以部室为单位组成6支参赛队伍,设置羽毛球、乒乓球、跳绳、踢毽子、飞镖、跳远、铅球、拔河、沙滩排球、4×100米接力等比赛项目,其中团体项目4个,个人项目8个。竞技、娱乐是本届运动会的最大特征,交流、友谊是本届运动会的核心主旨。本次运动会规模之大,参与面之广、竞技水平之高为公司历届运动会之首。参照2010年全区财政系统运动会设置的比赛项目设置本届运动会的比赛项目,既加强了企业文化建设,又为参加全区财政系统运动会选拔了运动员。

(二)其他运动会

1.参加全区财政系统运动会。2010年7月30日至8月3日,全区财政系统第十届职工运动会在固原举行,公司有9人被选拔为宁夏注册会计师行业协会代表队参赛队员,取得比较好的成绩。其中,马乐获男子跳远第二名,牟阳获女子跳远第五名,张波获个人道德风尚奖。

2.参加中注协行业运动会。2010年选送1人参赛中注协"诚信杯"全国乒乓球比赛。

七、知识竞赛活动

2000年6月,宁夏正业通会计师事务所冠名并参加"正业通杯"银川市第二届会计知识大赛,获团体二等奖和组织奖。并代表宁夏注协参加全区会计知识大赛,获优胜奖。7月,事务所对水莉莉、姜伟、卢昆3名参赛队员予以通报嘉奖。

2005年7月12日,宁夏天华会计师事务所组织代表队,参加"正业通"杯银川市财政法规知识竞赛,在9支代表队中表现突出,荣获团体二等奖。7月14日,宁夏天华会计师事务所作出决定,对李海清、马明、李召霞、王金霞4名参赛队员予以通报嘉奖。

是年8月,宁夏天华会计师事务所选送李海清作为银川市财政局代表队的主力队员,参加全区第二届财政法规知识电视大赛,获"最佳选手"称号。2005年8月29日,宁夏天华会计师事务所作出决定,对李海清予以通报嘉奖。

2007年11—12月,李海清、李召霞、马明、周森、李丽红、刘学花参加第三届全国会计知识大赛宁夏赛区选拔赛。李海清代表银川市财政局,参加第三届全国会计知识大赛宁夏选拔赛获团体第二名;李召霞、马明分获宁夏赛区个人二、三等奖。

2007年12月,李召霞、马明等代表银川市参加第三届全国会计知识大赛选拔赛,李召霞、马明分获宁夏赛区个人三等奖。是月,银川市财政局授予宁夏天华会计师事务所银川市会计知识大赛组织奖。自治区财政厅授予宁夏天华会计师事务所第三届全国会计知识大赛宁夏赛区组织奖。

2008年1月，李海清、李召霞代表宁夏注册会计师协会，参加第三届全国会计知识大赛中国注册会计师协会选拔赛，在38个代表队中获团体第六名。

2012年10月，宁夏正业通工程咨询有限责任公司招标部从业人员参加财政部组织的“利盟杯”政府采购百题知识竞赛活动。

公司职工参加上级单位各类竞赛活动获奖一览表

表7-29

姓名	奖项	奖励单位	奖励时间
李海清	全区财政法规知识电视大赛最佳选手	自治区财政厅	2005.8
	代表银川市财政局参加第三届全国会计知识大赛宁夏选拔赛获团体第二名	自治区财政厅	2007.11
	代表宁夏注册会计师协会参加第三届全国会计知识大赛中国注册会计师协会选拔赛，荣获团体第六名	中国注册会计师协会	2007.12
李召霞	第三届全国会计知识大赛宁夏赛区个人二等奖	自治区财政厅	2007.12
马　明	第三届全国会计知识大赛宁夏赛区个人三等奖		
温鸿江	银川市市直机关第十三届职工运动会男子个人跳绳比赛第三名	中共银川市委直属机关工作委员会	2006.5
何玉玲	宁夏财政系统第九届运动会跳绳40岁以上女子组第一名	自治区财政厅	2007.10
贾宪宁	宁夏财政系统第九届运动会跳绳40岁以上男子组第一名		
潘明锐	宁夏财政系统第十届运动会乒乓球男子单打第一名	自治区财政厅	2010.8
	职工乒乓球比赛男子单打第二名	宁夏农林水财会工会	2012.1
马　乐	宁夏财政系统第十届运动会跳远男子组第二名	自治区财政厅	2010.8
牟　阳	宁夏财政系统第十届运动会跳远女子组第五名		
张　波	宁夏财政系统第十届运动会体育道德风尚奖		
李　翔	三北地区工程造价管理工作会议论文“优秀奖”	三北地区工程造价协会	2012

第七节　艺文

一、贺信

2011年11月9日，宁夏天华会计师事务所名列全国注册会计师行业百强会计师事务所第83位，宁夏注册会计师协会发了贺信。

创先争优争做宁夏注册会计师行业典范

宁夏天华会计师事务所：

中国注册会计师协会为了推动和引导会计师事务所做强做大，提升注册会计师行业服务经济社会发展的能力，于2003年建立会计师事务所前百家信息发布制度，经过数年的不断完善，百家信息排名制度评出的“百强事务所”已成为社会全面了解行业发展趋势，判断事务所综合实力，择优选择事务所的重要信息来源。宁夏天华会计师事务所多年来坚持为我区市场经济发展提供专业服务的理念，将执业质量作为检验事务所工作成绩的首要标准，经过全体员工的不懈努力，事务所经营业绩、制度建设、质量控制、内部治理、党群建设等方面的工作取得了较大的成绩。2011年行业百家事务所信息排名中，名列第83位，是我区首次进入全国百强的会计师事务所，这是天华所的荣誉，也是我区注册会计师行业的骄傲，我们向宁夏天华会计师事务所表示祝贺，同时殷切希望你们继续努力，取得更大的成绩。

做强做大，提高服务宁夏经济社会的能力。全面落实十二五规划，加快宁夏经济社会发展是全区各行业共同的历史使命，注册会计师行业要紧紧围绕这一使命，解放思想、锐意进取、大胆探索，在新一轮西部大开发中，增强敏锐性和反应力，适应经济社会发展形势和各项政策调整的需要，适应行业做强做大的需要，提升能力、创新服务、开拓业务、把握注册会计师行业面临的重大机遇，进一步提升注册会计师行业的市场竞争力，做宁夏注册会计师行业服务经济社会发展的典范。

做专做精，保持健康发展能力。自治区政府办公厅《关于加快发展宁夏注册会计师行业的实施意见》提出宁夏注册会计师行业近3～5年的发展目标为“发展培育1–2家会计师事务所进入全国200家能够为大中型企业提供综合服务的中型会计师事务所。”培养我区注册会计师行业品牌、规模、质量、技术、服务优势和核心竞争力，要充分发挥已走在我区行业前列事务所的示范和引领作用，要按照做专做精做优的要求，抓优势、突特点、创品牌、夯基础、促发展，充分发挥人才、技术、质量、内控、治理、品牌的优势，做宁夏注册会计师行业持续健康发展的典范。

健全内部治理机制,夯实发展基础。内部治理是事务所稳定发展的核心。要根据中国注册会计师协会《关于会计师事务所开展创先争优"制度建设年"活动的指导意见》精神,深入开展"制度建设年"活动,仔细梳理事务所制度尚需改进的地方,不断完善事务所各项制度。以确保制度建设的有效性和系统性,在促进事务所制度化、规范化建设等方面取得良好进展。

严格控制执业质量,提升执业水平。执业质量是会计师事务所的生命,要不断完善事务所内部质量控制制度,深入贯彻风险导向审计理念,开拓探索新业务领域,充分利用信息化手段提高内部控制效率,不断创新工作思路,进一步提高会计师事务所执业质量和执业水平。

推进创先争优活动,推动党建促发展。党建和发展相辅相成,要坚持把党员培养成骨干,把骨干培养成党员的发展思路,让党员模范带头,成为事务所发展的中坚力量。结合行业党委倡导创先争优活动,坚持以党建促发展,以发展促党建,加强组织活动,以党的建设带动内部治理机制建设,使组织活动逐步实现经常化、制度化、多样化,有效促进事务所健康、有序、和谐发展。

最后,希望宁夏天华会计师事务所,在新的起点上,总结经验,戒骄戒躁,百尺竿头更进一步。为宁夏经济社会发展,为新一轮西部大开发做出新的贡献。

宁夏回族自治区注册会计师协会

二○一一年十一月九日

二、诗歌

(一)感恩军训

王海智

以"学习军人风采提升员工素质"为目标的八天军训生活圆满结束了。

那一场场认真的训练、一幕幕整齐划一的场景、一个个由散乱转整齐的动作、一个个令人捧腹的花絮历历在目,烙印心中,铭心难忘。感恩军训生活的情怀时时激荡。

忘不了,严格训练好教官,针对性训练,把军人风貌军技传;

忘不了,天公作美多体谅,风清气顺,薄云挡住烈日炎;

忘不了,管理人员巧安排,奥运开幕转播共观看,不让百年机遇留遗憾;

忘不了,一声集合号令响,队伍整齐一瞬间;

忘不了,内务整齐互相看,新兵看老兵,老兵不一般;

忘不了，纹丝不动站军姿，片刻浑身湿淋淋，额头抛汗金光闪；

忘不了，立定转身乱打转，难免面对面，相视一笑从头练；

忘不了，正步行进易，标准划一难，用时多，单兵练，小难堪，终于成正果，最漂亮当属“敢死班”；

忘不了，一套拳术两段练，杀声响，手脚乱；时间紧，教官急，晚上练；蚊虫叮，咬牙关，天下无难事，只要肯登攀；

忘不了，体力弱，战极限，谁说女子不如男，“敢死班”女子占一半；

忘不了，唱军歌异从前，一扫日常轻声细语，气宇轩昂声震天；

忘不了，吃饭也把队来站，笑脸争先后，早为后，午在先，训练累，多吃饭，减肥任务放一边；

忘不了，参训人员同吃同住同训练，同为一个兵，不分员工与高管；

忘不了，上级领导来关怀，现场来慰问，听取汇报看军演，一声“辛苦了”，肯定在里边；

忘不了，军人毅力不一般，训练定力为克坚，军人经历多宝贵，这一课弥补无遗憾；

忘不了，军容军风军纪贯心间，企业管理多借鉴；

忘不了，官兵结下兄弟情，生活从此多斑斓；

希望，学习军人好作风，顽强坚毅人生观；

希望，总结成果强素质，人生精彩在历练；

希望，凝聚团队战斗力，从此不再畏艰难；

希望，提高团队协调力，同心携手创明天。

注：2007年参加宁夏天华正业通公司军训有感

（二）拜访春天——赞天华正业通

评估部

[男]嗅着春的气息，

　　　你——轻轻地走来；

[女]沐浴着明媚的春光，

　　　你——渐渐地成长；

[齐声]啊！

　　　天华正业通，

　　　我们以春天的名义拜访您，

　　　上善若水，躬耕八载

您一路生机盎然。

[男]难忘1999年

国务院颁发92号令

[女]如春风拂面,似春雨甘甜,

为经济鉴证类中介机构指明了航线!

[齐声]山高人为峰

来了——一群群知识渊博的有志之士;

来了——一批批行业的专家人才;

汇聚在您的周围,

[男女]风雨同舟,披荆斩棘,

克服了一个又一个困难,

迎来了一次又一次成功。

[男]岁月如梭,发展是硬道理,

我们与时俱进

[女]面对新的机遇和挑战,

愿把青春和智慧奉献!

[齐声]啊!

可敬可佩的天华正业通人!

面对风云变幻的市场,

面对行业激烈的竞争,

[男]有多少日日夜夜,

[齐声]你、我、他披星戴月不辞劳苦,

[女]有多少寒来暑往,

[齐声]你、我、他加班赶点毫无怨言。

[男]听!一声声客户感谢的话语,

[齐声]鉴证了天华正业通人的诚信和付出

[女]看!一张张企业家满意的笑脸,

[齐声]书写着天华正业通人的心血和汗水。

[男]审计、评估、工程、培训四位一体

凝聚成天华正业通这棵大树的丰收硕果。

[女]今天盘点2007年

天华正业通人是拼搏、是感动、是温暖,

八年——弹指一挥间

[男]忆往昔
[齐声]峥嵘岁月、成就非凡
[女]看未来
[齐声]前程似锦、激情如海
[男女]2008天华正业通人依然是
[齐声]笑容依旧、温暖如故、团结一致、拼博进取
让我们带着希望和理想,
踏着春天的脚步,
迎着未来的召唤,
奔向腾飞的新——时——代。

注:2008年春节联欢诗朗诵

(三)那一年

王海智

那一年
大潮涌动,惊涛拍岸
无畏的水手们簇拥在海边
因为向往远方,因为憧憬海蓝
拥抱着海风,试着下水
我们驶离了海岸线

二十四个人,一块小舢板
随风逐浪,没有壮语豪言
一眼望去,天海相接,云水相连
环视左右,我们默默对视,许下心愿
下了海,没有退路
只有共抗风浪,相携壮胆

远看
隐约中,海燕在黑云下盘旋
忽高忽低,猛然附身试水冲天
她飞翔中告诉我们:暴风雨要来啦

一定要坚定信念
明白了，我们要“成为客户的首选”

从此
不再轻易停港靠岸
心中有航标，离不开“以人为本”的理念
双手紧握船舷，告诉自己“以质量为底线”
远眺前方，航空母舰是榜样
心中有理想，排除暗礁与险滩

舵手、旗手、轮机手
不忘补充，带上新船员
五湖四海手握手、心相连
你帮我带，优良作风代代传
风雨兼程，不离不弃
我们共同远行到天边
航海的日子，用我真心，送上温暖
因为需要
不管是锦上添花，还是雪中送炭
我存的价值是
为每一个需要者加瓦添砖
为每一个梦想的实现

莫说海水又苦又咸
感恩，风浪将我磨练
斗转星移，路漫漫
小舢板长成了“天华正业通”大船舰
强身健体，固本清源
经历了一次又一次的惊涛骇浪
把握方向，心向艳阳天

风浪无常，勇士团结战斗共比肩
劈风斩浪，战舰航行不只是彩霞满天

也曾，泪往心里流
也被误打冒撞，怒红颜
经风历雨不惧怕，只因为心中有彩虹
天华正业通，万里踏浪天地宽

那一年
船上来了老向导，精神矍铄，鹤发童颜
深入浅出，谆谆教诲记心间
从此后
心有归处，不再怯步，战略战术有高参
关键时刻显智慧
航船上了新保险

那一年
红旗飘飘耀华夏，我们登上井冈山
学历史，不忘本，感党恩，颂歌献
重走长征路
激情豪迈志更坚

那一年
炎炎烈日当头照
挥汗如雨，整齐划一多壮观
晨操、队列、军姿、打靶、还有军体拳
文化建设铸军魂
愈挫愈勇，不登巅峰誓不还

那一年
日日加班，天天盼
厚积薄发，上下齐把功劳建
谢谢您！无私支持与奉献
天华正业通从此立高远
出海稳健击风浪，因为

甲板加厚、加长又加宽
来吧，冲锋陷阵谁能比
三甲桂冠已加冕

那一年
海上编队，排出100先遣舰
曾经的小水手，转眼
长成尖兵，勇获荣誉光灿灿
曾经的舢板换了样，望去
队中雄姿英发的是"天华正业通"宁夏舰

那一年
海上编队，再排100先遣舰
搏击风浪勇争先，
全力奋进团结紧
"保百进位"再突前，
航海的人
帆紧、船利向深处
驰骋海疆心底宽

啊，坚忍不拔的
天华正业通的勇士们
请你歇歇脚、为你洗把脸
听我为你唱首歌
让我为你敬酒，再把鲜花献
啊，志存高远的
天华正业通的勇士们
我为你骄傲，为你自豪，来！来！来!
我们继续勇把高峰攀
向前！向前！再向前

注:2012年感怀，春节联欢会董监事诗朗诵

三、快板剧

坚持原则不放松

公司文艺组

（八大板，八小板）

合：金色的阳光出东方
　　神州大地披新装
　　喜迎建国六十年
　　翻天覆地大发展
　　秋风送爽瓜果甜
　　条条战线捷报传

甲乙：财政系统也不例外
　　　措施得力发展快

丙丁：开源节流聚财气
　　　为宁夏的腾飞添活力

合：我们欢天喜地走上台
　　载歌载舞唱起来
　　走上舞台开口笑
　　首先自我作介绍

甲：会计师事务所

乙：经济建设结硕果

丙：经济领域建奇功

丁：我们是天华正业通

甲：在天华，五大业务是核心
　　我们内部治理练精兵

乙：审计业务是基本点
　　造价咨询是重点

丙：房地产估价和培训
　　资产评估新专营

丁：我们作风优良业务精
　　客户首选天华正业通

合：今天上台来比赛

看这朵红花谁来戴

甲:为让大家看得全

我请了两位女演员

合:嘿,这个主意真不赖

还是你的反应快

甲白:有请女同事上场……

女合:我们俩大大方方走上场

要演什么你快点讲

甲:我看你的个头高,

合:高

甲:形象好

合:好

甲:你就给咱演大嫂

合白:嫂——

女甲白:哎!哎?

那我那口子是个啥官呀?

甲:你想弄个啥官呢?

女甲:股长、科长不嫌小

甲白:噢!那处长、厅长呢?

女甲:处长、厅长当然好

甲白:咦!那省长呢?

女甲:省长的职务最最好

不管岁数有多老

合白:嘿!她还来劲了!

女乙白:那我演啥呢?

甲:你的年龄十七八

模样长得像朵花

你就给咱……

女乙白:演啥?

甲:扮演一位交际花

女乙:啥?这个主意不中听

干吗我演狐狸精?!

甲白:这不演戏呢嘛

女合:你们几个先别慌
　　我俩先去化化妆
男合:好
甲:山连着山
合:山连着山
甲:水连着水
合:水连着水
甲:湖城的春色格外美
合:湖城的春色格外美
甲:说今天上班一大早
　走来了评估组长他大嫂
女甲:(表演敲门)噹,噹,噹
甲:请进,哟,嫂子您来了
女甲白:老弟呀!
　　　大嫂的企业上等级
　　　资产价值不如意
　　　在评估表上你支支招
　　　把资产的数额拔拔高
　　　将来大嫂有了钱
　　　把各种保险买个全
　　　这个机会要抓住
　　　我既发家又致富
甲:听完了大嫂的一番话
　我严肃地表情脸上挂
甲白:大嫂呀
　　企业升级不犯难
　　咱加强管理促生产
　　引进外资搞联合
　　资产价值会合格
　　你这种做法可不行
　　虽然咱们是一家人
　　有怨气,你把我怪
　　咱不能把集体利益来伤害

群:中中中,中中中
你坚持原则不放松
堪称所里的排头兵
你不讲情面讲原则
这朵红花该你得
(摘花)
乙白:哎,等等
你先别急别高兴
听我讲完了再决定
乙:改革的春风吹赛上
合:改革的春风吹赛上
乙:湖城一片新气象
合:湖城一片新气象
乙:说有一天,在事务所的大门口
有个神秘人物往进走
她是审计组长的女同学
找他把难题来解决
女乙:(表演进门)
吱——呦——
乙白:哟,老同学,
是你呀,有啥事?
女乙:有个案子我是被告
你给我出份审计报告
具体的条件很周详
(递过一个纸条)
你一定出手要帮忙
乙:我看完纸条皱眉头
面带微笑开了口
老同学,独立客观和公正
是我们心中的一杆秤
还给社会以真实
是咱的责任和天职
依法办事守规则

具体问题好解决
不合理的要求咱去掉
你理直气壮的当被告
我不把同学的感情伤
但也实事求是不夸张
群:对对对,对对对!
你坚持原则不放松
堪称所里的排头兵
你又讲情理又讲原则
这朵红花该你得
(摘花)
丙白:哎,等等
你先别急别高兴
听我讲完了再决定
丙:山连着山
合:山连着山
丙:水连着水
合:水连着水
丙:湖城的景色分外美
合:湖城的景色分外美
说有一天
咱事务所的大门前
走来了一位大老板
她扭着小腰挎着包
未曾进门笑声高
(哈哈哈哈哈哈哈)
女甲:我的公司规模大
办公全都是自动化
为把生产的成本降
我找人帮忙做假账
听说天华的水平高
来和他们把朋友交
女甲白:总经理

这件事情你要做好
各种好处少不了
这张金卡送给你
算是我们的见面礼
丙:再看我们的总经理
耐心给她讲道理
教[导]同志,要清醒
诚实经营是根本
“和谐”社会大家建
人人都应做贡献
你添块砖,我加片瓦
社会大厦就不会垮
你的想法太不对
做假账,
我永生永世也学不会
群:说的好,说得妙
你的做法更可靠
既讲道理又讲原则
这朵红花该你得
(摘花)
丁白:哎,等等
你先别急别高兴
听我讲完了再决定
丁:改革的春风吹赛上
合:改革的春风吹赛上
丁:湖城一片新气象
合:湖城一片新气象
丁:说有一天刚上班
有一个电话响连天
原来是,湖城著名交际花
找工程部的徐小发
女乙:喂,小发吗?
我是阿妹,想当年,

我唱歌,你弹琴
形影相伴在湖城
我的新歌获了奖
真诚邀你来欣赏
咱俩天生是一对
今晚歌厅来相会

女乙白:不见不散,Bey-Bey,
さようなら!

合:嘿! 这种人才真可贵
英语日语全都会

丁:小发我见了阿妹的面
浑身就像触了电

合:他们跳完三步跳四步
舞姿优美神态酷
嘣嚓嚓,嘣嚓嚓
跳完了探戈跳伦巴
蹦的蹦出了一身汗
阿妹才把原形现

女乙:小发呀,
银河工程要招标
有人出面想承包
这个工程投资大
有你出面准拿下
你把标底给我漏
给你的好处很丰厚
我今天就算把你求
不答应我,你不能走

丁:小发我听到这番话
不由心中把火发
糖衣炮弹太可气
她给我施展了美人计
若是不破她这一腿
差点让她拉下水

我有原则,讲正气
职业道德心中记
不管你使出千般计
我不拿原则作交易
合:说得好,说得妙
这种做法更可靠
你坚持原则不放松
堪称所里的排头兵
你讲正气,讲原则
这朵红花该你得
丁:我们有正气,守规则
重诚信,善合作
勤敬业,勇开拓
红花应该大家得(4板)
合:对,红花应该大家得
科学管理抓得紧
优质服务要先行
甲乙:访客户,下基层
作论证,巧执行
女甲乙:突出重点道理硬
多元发展主义真
丙丁:工作认真业务精
坚持原则不放松
合:良好业绩和作风
铸就天华正业通。
对,良好业绩和作风
铸就天华正业通。
(造型,谢幕)

注:2007年公司成立八周年所庆节目

第八章 重大活动

第一节 思想教育

一、常项教育

2001年,宁夏正业通会计师事务所先后组织开展“五一”参观革命圣地延安、“七一”党员奉献日劳动和“十一”重走长征路、重登六盘山登山比赛等一系列活动。

2002年,先后组织职工春节联欢、“五一”太白山集体旅游、贺兰山南寺登山野营活动,参加银川市市直机关喜迎十六大歌咏比赛、“十一”联欢晚会等一系列活动。7月1日,组织党员重温入党誓词。

2002年11月8日,宁夏天华会计师事务所党支部组织党员、入党积极分子及员工收看中共十六大开幕盛况,办黑板报对十六大精神进行宣传。

2007年7月1日,宁夏天华会计师事务所党支部组织党员到银川看守所开展警示教育活动,组织党员到银川步行街参加全市党员义务劳动。

2008年6月,组织党员到银川小吃街参加银川市党员奉献日活动。

2009年9月,组织党员、入党积极分子到延安参观学习。

2010年在中国共产党成立90周年之际,宁夏天华会计师事务所党支部组织党员、入党积极分子、中层以上管理人员24人前往盐池革命教育基地参观,开展以“缅怀先烈,创先争优”为主题的“七一”党日活动。是年,组织党员学习五中全会公报,要求每名党员认真领会五中全会公报精神,深入开展创先争优活动,切实发挥表率示范作用,对公报精神带头学习,带头思考,带头落实,始终与党中央保持一致,将学习贯彻好五中全会精神作为当前及未来一个时期的首要任务,作为创先争优活动的重要组成部分。切实领会中央精神,结合“十二五”规划,研究公司发展战略。把学习贯彻五中全会精神与开展建设学习型党组织、深入开展创先争优活动结合起来,与当前进行的综合评价工作结合起来,与研究制定明年工作思路结合起来。

2010年12月30日，在公司三楼会议室召开宁夏天华会计师事务所党支部2010年度民主生活会，主要议题为：在创先争优活动中发挥党支部战斗堡垒作用、党员模范带头作用的情况；完成工作目标及践诺情况；党风廉洁自律及职业道德建设情况。结合以上内容，支部委员认真查找自身不足，制定有效措施，认真整改。党员切实开展批评与自我批评，进一步促进团结，推进创先争优活动的全面开展；本次民主生活会中层以上管理人员、工会委员列席参加。自治区党委组织部、自治区社会组织工作委员会、注册会计师行业协会党委、银川市财政局机关党委的有关领导及天华正业通党员、中层以上管理人员共28人参加了会议。天华党支部书记、董事长王海智主持会议。

王海智书记首先汇报一年来的支部工作，在肯定成绩的同时，对天华正业通大部门管理制、人员管理、工薪问题、干部队伍建设、职业道德教育、管理团队职责分工、业务发展分化、精神风貌、党风党纪及民主集中制等方面存在的问题做了认真的剖析，希望大家思考对策、积极带头、努力使党建与业务工作再上新台阶。

支部委员古妍娜、姜伟和王海智分别作了个人思想汇报，联系工作实际，进行了深刻的自查剖析，认真查找对本职工作的完成情况、效果及不足；与会人员围绕民主生活会主题相继发言，对支部委员的工作作了点评，提出了很好的建议和意见。

自治区社会组织工作委员会验收组、自治区党委组织部与自治区民政厅相关部门组成的验收组对天华党支部的党建工作示范点工作进行评分、验收；对天华党支部的民主生活会给予了高度肯定，党支部领导成员和党员能够高度重视、准备充分、敢于剖析问题、紧密结合实际、效果明显，同时提出了建议，帮助开拓思路，坚定信心。

2011年7月8日，宁夏天华会计师事务所党支部组织党员及中层以上管理人员学习胡锦涛总书记“七一”讲话精神。党支部倡导学习《讲话》要做好“五个结合”：坚持集体学习和个人自学相结合；把走出去和请进来相结合；把研讨交流同个人撰写心得体会相结合；把讲党史、颂党恩、跟党走和“创先争优”活动相结合；把学习《讲话》同推动宁夏天华会计师事务所实现跨越式发展相结合。党支部书记王海智主持会议，要求在反复通读的基础上，对重点内容、重点论述组织精读，每位党员撰写1～2篇学习心得体会文章。

宁夏天华会计师事务所党支部决定自2011年8月起，每周星期五下午安排党员、入党积极分子及中层以上管理人员学习党建知识。是年8月5日，宁夏天华会计师事务所党支部组织全体党员、入党积极分子及中层以上管理人员28人观看由中央党校教授曹普主讲的《毛泽东新民主主义理论》电教视频课程。课程从毛泽东新民主主义理论之形成的背景、理论之革命论、理论之社会化3个方面，系统地讲述了自1921年中国共产党成立以来的中国革命历史。学习人员认真听讲座、做笔记。8月12日，组织全体党员、入党积极分子及中层以上管理人员参加由宁夏天华会计师事务所党支部副书记何玉玲主讲的《深入开展党建工作，促进会计师事务所科学发展》党课。何玉玲结合工作实际，从开展党建工作的必要性、组织建设、思想建设、作风建设等方面介绍了党建工作的内涵及适合于会计师事务所特点的党建工作思路。10月19日，天华党支部召开党员大会，传达学习五中全会精神。党支部书记王海智主持会议，21名党员、预备党员、1名入党积极分子和党建指导员邓炎辉参加会议。10月26日，印发"认真学习贯彻五中全会精神，扎实深入开展创先争优活动——天华党支部召开党员大会传达学习五中全会精神"为题的第8期简报。11月3日，组织全体党员、入党积极分子及中层以上管理人员学习中国共产党第十七届中央委员会第六次全体会议通过的《中共中央关于深化文化体制改革，推动社会主义文化大发展大繁荣若干重大问题的决定》精神。学习会由党支部书记王海智主持。党建指导员邓炎辉进行辅导，王海智对学习会作了点评。

二、专题教育

(一)保持共产党员先进性教育活动

2005年1月，在全党范围内开展的保持共产党员先进性教育活动正式启动。宁夏天华会计师事务所党支部在银川市财政局党委的直接领导下，制定方案，积极开展保持共产党员先进性教育活动。活动分前期准备、学习培训、民主评议和整改提高等阶段进行，至6月基本完成各项任务。活动中，坚持以点带面，以共产党员带动普通员工，以加强党支部建设带动企业发展，阶段性解决了困扰企业发展的一些难题。

教育活动中，8名在职党员采取自学为主、集中学习为辅的方式，每周五下午集中学习，学习形式包括组织辅导、座谈讨论、观看先进人物事迹、写心得谈体会等。同时，举办以"三个代表"重要思想为主题的党员理论培训班；利用"五一"假期组队赴西柏坡参观，学习"两个务必"重要论述的精神。这次专题教育活动收到了实际效果，党员通过自我学习、自我剖析、自我整改，在企业里率先推行岗位责任制、"五心"(公道心、律己心、平常心、荣誉心、责任心)服务制，以身作则，以点带面，切实做到以共产党员带动普通员工，以加强党支部建设带动企业发展。

(二)创先争优活动

2010年5月28日，宁夏天华会计师事务所党支部召开创先争优动员会议，在同行业中率先开展创先争优活动、营造风清气正发展环境活动、行业整顿提高活动，并明确提出"三争优"目标。党支部结合实际工作谋划方案，围绕支部建设，开展系列活动。是月，党支部印发以"天华党支部开展创先争优活动"为题的第1期简报。

是年6月，宁夏天华会计师事务所党支部制定创先争优活动实施方案，以"创建先进基层党组织、争当优秀共产党员"为主要内容，以"一创双争三促进四满意五结合"为活动载体，提出创先争优活动的总体目标是：创建先进基层党组织和争当优秀共产党员，努力实现“三争优”，即争创“全国行业先进基层党组织”，争取2010年业绩再创本所新高，争取2011年进入全国行业二百强。聘任自治区财政厅原党组书记、厅长邓炎辉为宁夏天华会计师事务所党支部党建指导员，负责指导党建工作，使宁夏天华会计师事务所党支部成为宁夏同行业首家外聘党建指导员的党支部。

是年7月1日，党支部组织党员前往盐池革命教育基地，开展以“缅怀先烈，创先争优”为主题党日活动。为扎实开展创先争优活动，增强员工身心健康，丰富职工生活，加强企业文化建设，7月3—4日，宁夏天华正业通公司在银川市盈南村生态园举办了第四届职工运动会，自治区财政厅、宁夏注册会计师和资产评估行业党委、自治区注册会计师协会部分领导应邀参加了本次运动会，并参与了运动项目的比赛。7月7日印发“缅怀先烈，创先争优——天华党支部举行主题党日活动”为题的第2期简报。8月9日印发以“推动大部门管理，扎实开展创先争优活动”为题的第4期简报。8月16日又印发以“努力拼搏，争创佳绩——天华会计师事务所参加自治区财政系统第十届职工运动会”为题的第5期简报。

是年9月29日，天华党支部召开创先争优暨国庆节座谈会，总结创先争优活动开展四个月以来的阶段性成果，庆祝中华人民共和国成立61周年。此次座谈会受到上级党委的关注，宁夏注册会计师和资产评估行业党委书记王本仁、副书记尤学梅、自治区财政厅会计处处长王春生、银川市委组织部“两新”组织办公室主任陈华、银川市财政局党组成员纪检组长韩凤兰等莅临指导。10月18日印发以“创先争优促发展——天华党支部召开创先争优暨国庆节座谈会”为题的第6期简报。

是年10月15日，宁夏天华会计师事务所召开行政类、人事类管理制度(征求意见稿)集中征求员工意见会，把加强制度建设作为创先争优促发展的有力抓手，对修订的9项行政类管理制度和10项人事类管理制度逐条进行讨论，肯定本次制度修订工作的程序严谨、内容充实，修订过程高标准、严要求，体现了创先争优的成果。10月18日，以“把制度建设作为创先争优促发展的有力抓手——宁夏天华正业通公司召开行政类、人事类管理制度(征求意见稿)集中征求员工意见会”为题的第7期简报。

是年12月14日，宁夏天华会计师事务所组织召开了董事、监事及中层以上管理人员会议，王海智董事长首先传达了全国行业第五次代表大会会议的主要精神，支部委员姜伟带领大家学习《关于在全区社会组织中开展党建工作示范点创建活动意见》。宁夏天华会计师事务所决心树立自己的品牌，以至诚、品质、正道、育人、大义、稳健、向上、向善、垂范的要求，发挥党员先锋模范作用，管理人员带头垂范，把经济社会发展与企业发展相结合，把创建党建示范点与创先争优活动相结合，检视对社会、对行业、对自己的责任，坚持精神追求至上，品质追求至上，努力争创“三争优”！

2011年，创先争优活动以突出党员“五带头”(带头学习提高、带头争创佳绩、带头服务群众、带头遵纪守法、带头弘扬正气)为主，并围绕“制度建设年”开展活动。1月22日，先期召开创先争优党员集中点评工作会议,有20多人参加会议。党支部书记、董事长王海智主持点评,对其他党员、入党积极分子一一点评。

党建指导员邓炎辉在肯定成绩的同时,提出改进工作的“六个风”:一是团队间的“春风”,工作中相互帮助、生活中相互关怀,虚心接受建议,不断改进提高;二是严字当头的“作风”,工作兢兢业业、一丝不苟;三是坚持学习,理论联系实际的“学风”,学以致用,以考代学;四是不打官腔、不唱高调的“文风”,不讲官腔话,谦虚谨慎;五是要有总揽全局、统筹兼顾、高屋建瓴的“雄风”,团结奋斗、顽强拼搏;六是要有艰苦奋斗、廉洁自律的“清风”,弘扬正气,努力一切向好。1月27日,宁夏天华会计师事务所党支部印发题为“点出成效,评出干劲——天华党支部开展党员集中点评创先争优活动”简报,对点评工作作了详细的总结。

是年3月22日下午,自治区创先争优督导检查组组长、自治区党委宣传部副部长房全忠,自治区创先争优办公室工作人员一行4人,在自治区社会组织工委专职副书记张成军,自治区财政厅党组成员、宁夏注册会计师行业党委书记王本仁,宁夏注册会计师行业协会秘书长尤学梅,自治区社会组织工委副调研员尤建清,银川市财政局纪检书记韩凤兰等陪同下,莅临天华会计师事务所指导调研创先争优活动。自治区创先争优活动督导检查组检查了天华会计师事务所党支部设立的“创先争优活动专栏”“党员承诺公示栏”党建活动室及开展创先争优活动以来的相关材料,并举行座谈会。王海智就天华党支部开展“创先争优”活动和创建党建示范点活动作了汇报,详细介绍了创先争优活动开展以来的主要做法、初步取得的经验、存在的不足和今后努力的方向。韩凤兰代表银川市财政局党组对天华党支部开展创先争优工作予以肯定,认为天华党支部在银川市财政局系统“创先争优”活动中起到了很好的示范、带动作用,各项活动都走在前列。邓炎辉结合指导党建工作的多年经验,认为天华党支部在创先争优活动中紧密结合实际、精心部署、真抓实干、活动扎实推进,广大党员热烈响应、积极参与,形成了你追我赶的浓厚氛围,董事会充满活力,创先争优活动取得了很好的成效。房全忠对天华会计师事务所创先争优活动开展情况进行了点评,肯定了成效,同时提出要通过深入开展创先争优活动一如既往地坚持诚信为本,不断加强执业质量,精心打造诚信文化,以诚信为基石,“诚信立天华”!

是年4月14日按照财政部创先争优活动领导小组和自治区注册会计师和资产评估行业党委对2011年创先争优工作的安排部署,中共宁夏天华会计师事务所支部委员会印发《中共天华会计师事务所党支部关于2011年深入开展“创先争优”活动的公开承诺》:学党史、颂党恩,坚定共产主义理想信念;抓重点、破难题,努力实现“三争优”;夯基础、强素质、内部制度建设上台阶;创先争优做到“三促进”,夯基础、强素质;评先进、树典型、推动创先争优活动深入开展,通过典型引路,在全所掀起“比、学、赶、帮、超”的热潮,推动创先争优活动深入开展,实现科学发展、促进诚信建设、服务客户社会、加强基层组织的总体要求；动真格、抓落实、发扬求真务实工作作风，做到创先争优活动和业务工作两手抓、两不误、两促进。每个共产党员在公开承诺书上庄重地签下自己的名字，表明履行公开承诺的决心与行动。

是年5月6—14日，开展以“弘扬井冈山精神，永葆革命激情”为主题的党建活动。7月，组织党员、团员、青年员工近40人，在贺兰山滚钟口开展“讲党史，保持忧患意识；攀高峰，岗位奋发有为”的“七一”主题党日活动。同时以党小组为单位，在党员中开展党史党建知识竞赛答题活动。全公司有115人参加答题，实现了全覆盖，答题正确率达95%以上。

是年12月1日，中国注册会计师协会副秘书长董新刚、中国注册会计师行业党委办公室副主任刘刚、中国注册会计师协会办公室副主任韩伟炜一行到宁夏调研创先争优“制度建设年”活动开展情况，并在宁夏天华会计师事务所召开座谈会。自治区财政厅党组成员、宁夏注册会计师行业党委书记王本仁主持座谈会，6家执业机构负责人进行了交流汇报。宁夏天华会计师事务所党支部书记、董事长王海智以“机制统领，创先争优”为主题，从内部治理、制度建设、人才培养、企业文化4个方面详细汇报了天华会计师事务所成立12年以来的内部治理机制及开展创先争优活动以来的主要做法。

是年12月25日，天华党支部召开创先争优活动群众评议会议，自治区财政厅党组成员、宁夏注册会计师行业党委书记王本仁，自治区财政厅总会计师刘怀明，宁夏注册会计师行业协会秘书长尤学梅，银川市财政局纪检书记韩凤兰等领导参加并监督评议，会议由天华党支部副书记何玉玲主持。天华党支部书记王海智对开展创先争优活动以来党支部在重点任务完成、承诺践诺、为员工客户办实事、加强党组织队伍建设等方面工作开展的情况作了详细汇报。支部党员个人对参加创先争优等活动依次汇报，发放评议表240余张，12名群众代表对党支部及党员开展创先争优活动的成效进行了现场评议。此次评议程序严肃、规范，评议活动民主、公开，与会的上级党委领导对此次评议活动给予充分肯定。王本仁对评议工作及天华党支部今后的发展提出建议和希望。会后及时总结，党员对党支部开展创先争优活动的5项指标满意率达到95%，群众对党支部3项指标满意率为100%。

2012年围绕继续做好宁夏注册会计师行业“排头兵”开展创先争优活动。2月10日，宁夏天华会计师事务所党支部民主生活会召开，自治区财政厅党组、宁夏注册会计师行业党委、银川市财政局机关党委的有关领导及公司党员、预备党员、入党积极分子20余人参加会议。

2月27—3月6日，开展“三八红旗手”评选活动。5月，在团员青年中开展讲团课、乒乓球比赛活动，鼓励团员青年进一步弘扬“五四”精神，积极投身公司各项事业建设。6月开展优秀共产党员、优秀党务工作者评选活动，6月1日，在宁夏穆斯林孤儿院开展慰问捐助活动。

是年6月26日，举行庆“七一”表彰暨“让党旗更鲜艳”党课活动，并邀请党史教育专家讲授党课。6月28日下发通知，按照银川市委第六个党建月活动要求，根据银川市财政局机关党委活动安排，经党支部研究决定，开展“双述双评”、党员民主评议活动。7月5日，向银川市财政局机关党委上报《扎实开展“双述双评”、党员民主评议、群众评议活动总结报告》。同时组织员工赴九寨沟、成都等地旅游并开展企业文化建设活动，以此庆祝建党91周年，继续推进创先争优活动深入开展。

三、职业道德教育

2001年5月23日，宁夏正业通会计师事务所印发《宁夏正业通会计师事务所职业道德和工作守则》等八项制度征求意见的通知，加强企业文化建设，让全体员工自觉接受职业道德教育，了解职业道德教育的重要性，经充分讨论，于2001年7月30日，宁夏正业通会计师事务所制定出台《宁夏正业通会计师事务所职业道德和工作守则》。本制度规定员工不得接受客户馈赠的礼品、代金券、礼金及其他变相好处；不得接受客户的宴请及私人消费。

2002年中共宁夏正业通会计师事务所党支部决定，主要工作抓职工思想道德建设，结合本行业职业道德规范要求，两手抓，两手都要硬，以党的建设提升事务所工作，提升员工的工作热情。党务活动丰富多彩，不拘形式，“七一”组织党员重温入党誓词，“十一”党支部组织小型文艺活动，歌唱祖国，歌唱党。

2003年11月下旬，宁夏天华会计师事务所组织全体员工聆听职业道德专题讲座，培训4课时。

2004年，招聘新员工较多，为了让新进所员工进一步了解公司，帮助新成员提早做好职业规划，对新员工介绍公司的发展历程、企业文化、职业道德建设等有关内容，与新员工座谈职业规划，讲解公司的规章制度，有关专业的管理制度及人事、工薪、考勤、后续教育等的规定，使新职工自觉遵守所内的各项规章制度、职业道德规范，起到了很好的效果。

2005年1月1日，为树立典型，表彰先进，弘扬正气，宁夏天华会计师事务所印发《关于表彰2004年度道德风尚奖的通报》:2004年度,事务所积极开拓进取，在职业道德建设方面取得了新的成绩，工作人员没有吃、拿、卡、要等行为，并多次主动退还客户送的现金、实物等，对实在无法退还的主动上交办公室集中处理，反映了事务所员工良好的职业道德水平和个人素质，在社会上树立了良好的整体形象。为此，经董事会研究决定，对2004年度职业道德风尚个人进行通报表彰：贾宪宁、丁华兵、施明星、刘志旗、李永爱、古妍娜等同志。

2006年1月1日，宁夏天华会计师事务所印发《关于表彰2005年度道德风尚奖的通报》,要求遵守职业道德,塑造每个团队成员高尚情操,塑造天华正业通形象,是每个员工的职责。在全社会倡导道德规范,行业加强诚信建设的指导思想下,天华正业通大力加强内部治理机制建设,突出诚信建设和职业道德建设这条主线,制定专项制度予以保障,日常工作中积极引导,取得了良好的效果。伴随着公司事业的快速发展,面对执业情况更加纷繁,且经济鉴证行业特点之一就是公正、客观地处理各种利益冲突。在处理利益冲突,面对利益诱惑时,员工表现出了很高的道德素养,十分清醒地应对来自不同利益主体的压力,经受住了利益的考验,或婉言拒绝,或巧妙退还,或上交公司统一处理,遵守了职业道德规范,体现了公正性和客观性原则,荡涤了心灵,为社会展示了天华正业通人的风采。为此做出积极努力的人员有:马向中、闫树静、施明星、古妍娜、宿俊英、李亚茹、王金霞等同志。还有更多默默无闻笃行操守的天华正业通员工同样应该受到表彰,也更值得敬仰,倡导全体员工向他们学习。

2007年1月9日,宁夏天华会计师事务所印发《关于表彰2006年度道德风尚奖的决定》,在全社会倡导道德规范,行业加强诚信建设的指导思想下,天华正业通大力加强内部治理机制建设,突出诚信建设和职业道德建设这条主线,制定专项制度予以保障,日常工作中积极引导,效果突出,公司的从业人员表现出了很高的道德素养,十分清醒地应对来自不同利益主体的压力,经受住了利益的考验,遵守了职业道德规范,体现了公正性和客观性原则,为社会展示了天华正业通人的风采。特此对林建江、宿俊英同志进行表彰。旨在肯定他们的行为,倡导全体员工向他们学习,在今后的职业道德建设上做得更加规范,洁净每个员工的职业生涯,维护天华正业通形象,维护行业形象。

2009年1月16日,公司印发《关于表彰2008年度道德风尚奖的决定》,天华正业通的员工在2008年度,面对利益诱惑时,表现出了很高的道德素养,清醒地应对来自不同利益主体的压力,经受住了利益的考验,遵守了职业道德规范,体现了公正性和客观性原则,为社会展示了天华正业通人的风采。对马明、秦月华同志进行表彰,授予他们“道德之星”称号。

是年6月,公司组织召开“年度员工考核暨思想道德建设大会”,邀请区注协有关领导参加会议。

2010年2月9日,公司印发《关于表彰2009年度道德风尚奖的决定》,对秦月华、王冬梅同志进行表彰,授予他们“道德之星”称号。

是年7月30日至8月3日全区财政系统第十届职工运动会在固原举行,宁夏天华会计师事务所有9人被选拔为宁夏注册会计师协会队的队员,克服困难,积极训练,取得较好的成绩,其中张波获得个人道德风尚奖。宁夏天华会计师事务所随后印发《关于表彰奖励参加第十届财政系统运动会运动员的决定》,在行业协会奖励的基础上,对参赛运动员给予表彰奖励。

是年，公司修订人事、行政管理制度和管理办法共23项，形成《人事、行政管理制度汇编》。其中人事管理制度16章46条；员工守则5章35条；岗位职责涵盖7个方面的内容；员工考核制度7章15条和考勤制度等。从制度管理入手，强化、规范从业人员的行为。进一步规范了从业人员职业道德和负责职业道德管理人员的岗位职责；要求从业人员实行诚信宣誓制度，以制度的形式强化从业人严格遵循职业道德。

2011年1月28日，对2010年度道德风尚进行表彰，授予陆静、张兰芹“道德之星”称号。

是年9月23日，宁夏正业通工程咨询有限责任公司组织全员学习《关于全区造价咨询企业履行自律公约情况检查结果的通报》精神。

2012年1月16日，对2011年度道德风尚进行表彰，授予周兴明、宿俊英“道德之星”称号。

是年4月13日，自治区财政厅印发《关于印发全区会计师事务所和资产评估机构开展整顿执业行为，提高执业质量活动的实施方案的通知》，提出某些中介机构仍存在较为严重的相互压价、卖公章和出具虚假报告等问题。本次整顿活动分四个阶段进行，包括动员部署、自查分析、整改落实和检查考核阶段。活动的目的是在宁夏注册会计师和资产评估行业营造风清气正的发展环境，进一步强化职业道德、提高执业质量。宁夏天华会计师事务所、宁夏正业通资产评估有限责任公司成立整顿提高活动领导小组，对活动进行全面部署安排。制定《整顿提高活动实施方案》，落实任务责任。深入开展自查，组织群众评议、开展问卷调查、召开座谈会、发放征求意见表、设立意见箱等方式，广泛征求员工的意见建议，认真分析经营理念、内部治理机制、质量控制体系、执业道德和执业行为等方面存在的突出问题。在从业人员中开展“三学三比”（学业务、学党建、学管理，比技能、比作风、比业绩）活动和“六个一”工程建设（即制定一个具有强劲导向作用、目标明确、符合科学发展的3年业绩规划，开展一次有针对性的质量内部检查，评选一个各业务类别的优秀业务报告，建设一个紧随行业发展的企业文化中心，制作一套展现天华文化精髓、引领宁夏行业发展的宣传资料，每位执业人员撰写一份整顿提高心得小结）。活动取得了实效，受到行业协会、从业人员和客户的好评。

是年7月，公司有17人经过筛选、面试，进入试用期。董事会于八月中旬对新入职人员进行培训，包括职业道德、行政人事制度、员工手册、专业知识等内容。董事长王海智为新员工进行职业道德培训。

2013年1月25日，公司印发《关于表彰2012年度道德风尚奖的决定》，对马向中、徐万军、马明、吴彦、蒙强进行表彰，授予他们“道德之星”称号。

四、心理健康教育

2006年12月18日，在宁夏天华会计师事务所成立7周年庆典活动中，首次邀请中国人民大学著名教授孙健升作“阳光心态”主题讲座，形式别开生面，内容贴近大众，受到广大客户好评。

2007年10月30日，举办宁夏天华正业通公司团队协作内部培训活动，第二次邀请孙健升教授作“团队协作、沟通艺术”主题讲座。

是年12月19日，举行宁夏天华会计师事务所成立8周年庆典活动，第三次邀请孙健升教授作“营造和谐，快乐生活”主题讲座。

2009年8月16日，宁夏天华会计师事务所组织全体员工倾听中华企业人才培训学院高级讲师、聚成企业管理咨询集团讲师万玲女士作题为“感恩、惜福、欢喜心”“责任胜于能力”主题讲座。

2011年3月8日，邀请银川市医院心理咨询师对全体员工进行心理健康教育培训，提高了员工直接处理困扰、化解心理压力的能力，进一步优化员工生活质量。

第二节 执业质量自查整改

一、专项自查与整改

（一）宁夏天华会计师事务所（有限公司）自查整改 2002年7月24—26日，在宁夏注册会计师协会统一安排下，协会秘书处组织检查组，对宁夏天华会计师事务所2001—2002年6月30日期间的执业情况实施检查，并当场反馈检查中发现的问题与指导性意见。2002年9月16日，宁夏天华会计师事务所收到业务检查意见书后立即召开董事会，对意见书进行认真阅读和研究，对其提出的意见进行认真整改。

2011年8月5—13日，根据宁夏注册会计师协会《关于开展2011年会计师事务所执业质量检查工作的通知》精神，宁夏天华会计师事务所对2010年6月1日至2011年5月31日期间出具的年度审计、验资报告进行自查。自查认为，需要加强“三级复核”工作的制度建设和贯彻实施，根据会计及审计准则的发展变化及时修订内部审计执业规程，适时开展培训和考核工作。8月25日，宁夏天华会计师事务所（有限公司）向宁夏注册会计师协会报送执业质量自查报告。

2012年4月20日，宁夏天华会计事务所（有限公司）根据自治区财政厅《关于印发〈全区会计师事务所和资产评估机构开展整顿执业行为提高执业质量活动的实施方案〉的通知》精神，制定了《宁夏天华会计师事务所开展整顿提高活动的实施方案》。

为切实推进整顿提高活动的成效，进一步提高业务质量，董事会研究决定首先开展2012年业务报告检查评选活动，并于5月22日公布了《宁夏天华正业通公司业务报告检查评选活动实施方案》,由各部、室、分所遵照执行。

(二)宁夏正业通资产评估有限责任公司自查整改 2006年6月初,按照自治区财政厅《关于开展2006年资产评估机构执业质量检查工作的通知》要求,宁夏正业通资产评估有限责任公司开展执业质量自查活动,部门、各执业人员执业质量、风险意识和质量控制意识较以往有了明显提高,资产评估执业均按评估程序规范开展工作,自查中没有发现恶意串通、弄虚作假、严重不实的资产评估报告;多年来未发现有违反职业道德的事情发生,未发现以降低收费与同行争抢业务的情况,不存在不正当竞争行为。6月16日,宁夏正业通资产评估有限责任公司向自治区财政厅、宁夏资产评估协会报送了《宁夏正业通资产评估有限责任公司资产评估执业质量自查报告》。

(三)宁夏正业通工程咨询有限责任公司自查整改 2012年11月底,宁夏正业通工程咨询有限责任公司根据自治区建设工程造价站《关于印发〈关于开展工程造价行业中介机构违法违规问题专项整治方案〉的通知》精神,按照文件要求内容进行自检,认定没有违反有关规定依靠代行行政管理职能或凭借垄断地位擅自设立收费项目、扩大收费范围、提高收费标准、增加企业和社会负担;在经营活动中,不存在提供虚假信息、搞恶性竞争、违反商业道德、严重侵害企业和群众利益的事情。12月3日,宁夏正业通工程咨询有限责任公司向自治区建设工程造价管理站正式报送了工程造价行业中介机构违法违规问题专项整治的自查报告。

2012年12月初,宁夏正业通工程咨询有限责任公司根据银川市建筑行业管理处《关于印发银川市建筑行业管理处开展工程造价行业中介机构专项整治工作方案的通知》精神,按照文件要求的内容,进行自查,认为银川市建设行政主管部门工作人员及事业单位的工作人员没有在本公司兼职、领取报酬;没有违反有关规定凭借垄断地位擅自设立收费项目、扩大收费范围、提高收费标准、增加企业和社会负担;在经营活动中,不存在提供虚假信息、搞恶性竞争、违反商业道德、严重侵害企业和群众利益的事情;在经营活动中遵守行业自律规定、职业道德,不存在失误、过错或获取不当利益的行为。是年12月10日,宁夏正业通工程咨询有限责任公司向银川市建筑行业管理处正式报送了开展工程造价行业中介机构专项整治工作的自查报告。

二、司法鉴定自查与整改

2011年12月上旬,根据银川市司法局《关于报送2011年司法鉴定工作总结的通知》精神,宁夏天华会计师事务所对2011年度司法鉴定工作进行认真自查,认为宁夏天华会计师事务所不断完善管理制度,保证工作程序严谨规范,严格遵守国家法律、法规和相关规定,坚持规范执业,根据《司法鉴定程序规则》制定了有关执业纪律、工作程序、诚信管理、业务管理、质量管理、档案管理等方面的多项管理制度和程序细则。切实做到办案有协议,鉴定遵程序,文书重规范,签发严审批,构建了严格的三级复核制度和鉴定报告评分考核机制,及时发现和解决问题,弥补漏洞,实现了错案不发生,差错不出门;在执业活动中无出具虚假鉴定意见的行为,没有组织无鉴定执业资格证书的人员或冒用他人的名义进行司法鉴定活动的行为,无超业务范围执业的行为,无乱收费、不正当竞争的行为,无拒绝接受司法机关监督或提供虚假材料进行登记的行为。12月20日,宁夏天华会计师事务所向银川市司法局正式报送了2011年度司法鉴定业务总结报告。

2012年10月上旬,接到银川市司法局《关于在全市开展司法鉴定质量检查的通知》后,宁夏天华会计师事务所(有限公司)、宁夏正业通工程咨询有限责任公司、宁夏正业通资产评估有限责任公司、宁夏正业通房地产估价事务所(有限公司)积极行动,认真落实。为组织好自查工作,保证自查质量,宁夏天华会计师事务所成立执业质量自查组,由副主任会计师任组长,同时专门抽调3名经验丰富、原则性强的工作人员按照通知的要求仔细地进行自查。自查认为宁夏天华会计师事务所(有限公司)无出具虚假鉴定意见的行为;无组织没有鉴定执业资格证书的人员或冒用他人的名义进行司法鉴定活动的行为,无超业务范围执业的行为;无乱收费的行为,无不正当竞争的行为;无拒绝接受司法机关监督或提供虚假材料进行登记的行为等。切实做到办案有协议,鉴定遵程序,文书重规范,签发严审批。

宁夏正业通工程咨询有限责任公司成立执业质量自查组,自查认为:公司通过长期对员工进行职业道德教育,在员工中逐渐形成了良好的风尚,主动拒绝请客、礼金,无吃、拿、卡、要现象,更不会因为人情关系而影响司法鉴定的公正;司法鉴定工作严格按照程序办理,没有因为项目小而简化程序;公司依据《司法鉴定文书规范》编制了工程造价司法鉴定报告标准模板,公司出具的所有司法鉴定意见书均符合《司法鉴定文书规范》要求,不存在注册司法鉴定人连续两年未办理司法鉴定案件的情况。

宁夏正业通资产评估有限责任公司成立司法鉴定执业质量自查组,公司副总经理任组长,同时专门抽调1名工作人员按照检查的要求仔细地进行自查,未发现有违反评估准则和职业道德准则的行为,不存在违法办证、办人情证、关系证及出具假证的问题,本机构和司法鉴定人员连续3年未受到行业处罚、党纪处分和行政处罚。对照本次自查要求,进一步提高了对制度建设重要性的认识。

宁夏正业通房地产估价事务所(有限公司)也成立了执业质量自查组,估价部门负责人马向中任组长,副总经理任副组长并具体负责,按照检查的要求仔细地进行自查,未发现有违反各项制度的事项,不存在不正当竞争的行为。对照本次自查要求,进一步提高了对制度建设重要性的认识,为完善部分制度提供了具体目标和实施步骤。

2012年10月18日,宁夏天华会计师事务所、宁夏正业通工程咨询有限责任公司、宁夏正业通资产评估有限责任公司、宁夏正业通房地产估价事务所(有限公司)分别向银川市司法局正式报送了司法鉴定业务检查自查总结。

第三节　助困慰问

一、定点帮扶

自2002年起,宁夏正业通会计师事务所对银川市回民二小10名小学生进行“一对一”帮扶,于当年6月10日一次性向马琛等10名同学捐款8400元,并给予书本费和生活补助,直至小学毕业。

2003年起对中卫东台乡周文学、周银、周夏夏一家进行长期定点帮扶。是年6月11日,宁夏天华会计师事务所的党员代表带着全体党员、员工的一片关怀,为他们送来8500元的学费。该笔款项由学校代管,直接用于周银、周夏夏直至高中毕业的学费。同时为使家庭能够摆脱贫困,天华党支部还捐赠了一头牛。捐赠活动在中卫县电视台播放,并对本次捐资助学、扶危解困行为给予了高度评价。党支部、公司每年看望周文学一家的生活情况并带去购买的日常用品和大家送赠的防寒衣服,及时解决生活问题,妥善解决就学、就业的困难,经过10余年帮扶,周文学一家现已完全脱贫并成为小康之家。

二、社会捐助

2002年“八一”建军节,宁夏正业通会计师事务所领导及员工到某武警部队进行慰问,了解到部队生活条件尚差的情况后,捐助5000元用于改善官兵生活。

2002年10月15日,宁夏正业通会计师事务所从业人员响应中国注册会计师协会、宁夏注册会计师协会号召,开展“长城作证·爱心永存·关注未来·救助孩子”慈善活动,当天共计捐款4160元,统一由宁夏注册会计师协会转交中国儿童少年基金会。

是年,宁夏天华会计师事务所为小学捐赠课桌200套。还组织员工参加银川市财政局机关党委开展的扶助贫困户捐款活动。宁夏天华会计师事务所及全体员工全年共向社会捐款近4万元。

2007年7月1日,向银川看守所捐赠慰问金1万元。

2008年5月中旬,公司向四川汶川地震灾区捐款3.5万元。16名中共党员共交纳“特殊党费”4,000元。

党员交纳抗震救灾“特殊党费”名表

表8–1

序号	姓　名	性别	年龄	民族	学历	现工作单位及职务	交纳金额(元)
1	王海智	男	44	汉族	本科	宁夏天华会计师事务所　董事长	1000
2	马向中	男	46	回族	大专	宁夏正业通房地产估价事务所 副董事长	200
3	李海清	男	31	回族	大学	宁夏天华会计师事务所　部门副主任	200
4	古妍娜	女	41	汉族	大学	宁夏正业通工程咨询有限责任公司 部门副主任	200
5	贾宪宁	男	47	汉族	大专	宁夏天华正业通公司　副董事长	200
6	夏晓菊	女	37	汉族	大专	宁夏正业通工程咨询有限责任公司 部门副主任	200
7	罗立邦	男	37	汉族	大专	宁夏天华会计师事务所　部门副主任	200
8	姜　伟	男	30	汉族	大学	宁夏天华会计师事务所　部门副主任	200
9	何玉玲	女	45	汉族	大专	宁夏天华会计师事务所　副董事长	200
10	温鸿江	男	36	汉族	大学	宁夏正业通工程咨询有限责任公司 董事	200
11	李丽红	女	29	汉族	大专	宁夏天华会计师事务所　项目助理	200
12	吴　彦	女	37	汉族	大专	宁夏正业通房地产估价事务所　项目经理	200
13	施明星	男	43	汉族	大专	宁夏正业通资产评估有限责任公司　副总经理	200
14	马　明	男	31	回族	大学	宁夏天华会计师事务所　项目经理	200
15	张泽坤	男	34	汉族	大学	宁夏天华会计师事务所　部门副主任	200
16	李永爱	女	37	汉族	大学	宁夏正业通工程咨询有限责任公司　项目经理	200
合　计							4000

2009年,向银川穆斯林孤儿院捐赠生活用品和课桌椅用品,并捐善款8250元。

2010年4月,公司向甘肃玉树地震灾区捐款5万元。10月,宁夏天华会计师事务所为宁夏残疾人福利基金会捐赠善款3万元。10月12日,宁夏残疾人联合会、宁夏残疾人福利基金会为宁夏天华会计师事务所颁发荣誉证书。是年,宁夏天华正业通公司累计向社会捐款10余万元。

2012年,为回报社会,宣扬善行,对《新消息报》报道的需要关怀的人群进行捐助。是年“六一”期间,组织员工为宁夏穆斯林孤儿院捐款34,150元,其中单位捐款2万元,并送去学习用品。自2009年以来,公司累计为宁夏穆斯林孤儿院捐款(捐物折价)8万多元。

第四节　答谢客户

2004年是宁夏天华会计师事务所改制5周年,为配合改制5周年庆典,邀请上海财经大学会计学院副院长、博士生导师为来宾与员工做“战略成本管理——公司内部治理和财务管理与控制”专题讲座。会场座无虚席,气氛活跃,客户称赞这样的创意好,上海财经大学教授水平高。

2006年12月18日，举行公司成立7周年庆典活动对客户进行答谢。

2006—2008年，连续三年邀请国内组织行为学知名教授孙健升作以“营造和谐，快乐生活”为题的主题讲座，邀请客户听课。

2007年12月19日，举行公司成立8周年庆典活动对客户进行答谢。

2009年12月19日，举办公司成立10周年“所庆”活动，对宁夏天华会计师事务所10年来走过的历程进行总结，对未来的愿景进行展望，并对新老客户进行答谢。庆祝会上对14名在事务所成立初期进所的员工送上10周年的纪念礼物。

2010年12月19日，公司在银川悦海宾馆举行以“心怀感恩，永续前进”为主题的2010年度客户答谢会。副董事长杜兵主持，董事长王海智致辞，自治区财政厅总会计师刘怀明到会祝贺。

2012年，宁夏正业通工程咨询有限责任公司免费为宁东投资公司进行招标代理法律法规知识培训。

是年8月23日，公司在银川香渔王子酒店以“庆乔迁、贺百强”为主题的年度客户答谢会。邀请社会各界人士400多人参加会议。答谢活动组织周密，议程紧凑，效果显著。

第九章 人物

第一节 人物简介

（按出生年月升序排列）

李保重(1934.9—)男，山东齐东人。中共党员，高级会计师，中专学历。曾任银川市会计师事务所所长。

1958—1963年在宁夏运输公司财务科工作，1963—1983年在交通部第二公路工程局第二工程处工作，1983—1988年在宁夏汽配厂任财务科长、副厂长、总工程师，党委委员，1989—1999年在银川市会计师事务所任所长。

魏定邦(1940.1—)甘肃省皋兰县人。中共党员，会计师、注册会计师。1996年任银川市财政局总会计师。

1958年7月参加工作，历任银川市建设委员会会计、财务科长。1984年8月调入银川市财政局，历任会计科科长、财政监察科科长、银川市税收财务物价大检查办公室主任。1997年4—12月任银川市会计师事务所所长。兼任宁夏会计学会常务理事、宁夏珠算协会常务理事。撰写论文20余篇，其中《国有资产管理初探》《成本失真问题亟待解决》《社会主义建设新时期财政监察工作的特点和对策》等文章分别辑入有关专著。在宁夏广播电视大学、银川广播电视大学、银川会计中等专业学校兼职任教。1987年获自治区财政系统先进个人称号。1990年、1993年、1996年3次获全国税收、财务物价大检查工作先进个人称号。1998年后调任银川市商业银行监事长。2000年退休。

邓炎辉(1944.4—)陕西省合阳县路井镇路苏村人。中共党员，大学本科学历。宁夏天华会计师事务所党建指导员。

1964—1968年在西北财经学院学习。1968—1981年在煤炭部81工程处、宁夏燃化二处、宁夏煤炭基本建设公司从事会计工作，任会计师。1982年任宁夏煤炭基建公司副总会计师(正处级)，1983年任宁夏煤炭基建公司副经理、党委委员(副厅级)。1990年任灵武矿务局总会计师、党委委员。1996—1998年任自治区审计厅厅长、党组书记。1998—2002年任自治区财政厅厅长、党组书记。2003年起任自治区人大常委会委员、自治区党委巡视组组长，兼任宁夏大学客座教授、宁夏社会科学院特邀研究员。主编《宁夏审计十五年》《审计案例》《审计监督与改革发展》《奉献者之歌》《宁夏财政改革开放二十年回眸》《宁夏经济与社会形势分析与预测蓝皮书》。发表论文多篇，获中国财政学会一等奖，省级二、三等奖。爱好文学、摄影，参与比赛，获得奖次。曾当选为自治区第八届党代会代表，自治区纪律检查委员会委员，自治区第九届人大代表，中国共产党第十六次全国代表大会代表。2004年退休。2010年6月受聘担任宁夏天华会计师事务所党建指导员。

2011年3月，获得中国注册会计师行业党委优秀党务工作者荣誉称号；2011年6月，获得宁夏注册会计师行业和资产评估行业党委授予的优秀党建工作指导员荣誉称号；2012年7月，获得宁夏注册会计师行业和资产评估行业党委授予的优秀党务工作者荣誉称号。

陈舜贞(1944.6—　)女，北京市人。中共党员，大学专科学历，会计师。2004年退休。

1962年9月至1981年3月在银川百货公司下属门市部先后当营业员、记账员、统计员、会计员，历任主管会计、门市部主任、商店副主任。1981年4月任银川百货大楼副经理。1983年9月至1985年7月在兰州商学院进修财务与会计专业，毕业后任银川市商业局党委委员、副局长。1994年8月任银川市财政局党组书记、局长。1999年1月当选为银川市第十一届人民代表大会常务委员会副主任。2002年调银川市商业银行任监事长，2010年担任银川老年大学校长。

1977—1982年连续6年被评为银川市商业系统先进工作者。1978—1979年被树立为银川市商业系统先进标兵。1979年被评为银川市先进工作者，获银川市“三八”红旗手称号。1982年被评为全区商业系统先进工作者。1990年被评为银川市商业系统优秀共产党员；1991年、1992年被评为全区第一届、第二届“春光杯”优质服务竞赛优秀组织者，1992年被银川市总工会评为关心支持企业先进个人。1998年4月当选为自治区第八届人大代表。同年被人事部、财政部授予“全国财政系统先进工作者”称号。

周光禄(1946.10—　)回族。浙江省温州市人。中共党员，大学专科学历，非执业注册会计师。

1958年由上海市移居银川市。1962年毕业于宁夏财经学校(商业会计专业)，分配到银川市园林场从事财会工作，曾任财务股股长。1983年7月调入银川市财政局工作，历任预算科、综合科、企业二科科长。1990年7月任银川市财政局副局长、党组成员。1997年1月任银川市国有资产管理局局长、银川市财政局党组成员。1999年4月任银川市财政局局长、党组书记。

1985—1987年脱产在中央民族学院经济管理系学习。在银川市国有资产管理局、银川市财政局工作期间，主持建立银川市国有资产管理的三层次框架，即银川市国有资产管理委员会、银川市国有资产经营控股公司和国有参股、控股企业；主持组建银川市产权交易中心和拍卖行；1999年主持完成银川市会计师事务所的脱钩改制；2000年主持推行试编制部门预算、深化预算外资金“收支两条线”管理、全市实行工资统一发放、建立政府采购制度和医疗保险制度5项改革。

1978年、1990年被评为银川市会计工作先进个人。1993年被评为自治区财务、税务、物价大检查工作先进个人。1995年、1999年被评为自治区清产核资工作先进个人。1994年～1998年连续5年被评为银川市优秀公务员。

杜茂珍（1948.4—　）女，天津市武清区人。中共党员，大学专科学历，高级会计师、注册会计师。

1969年9月在银川皮革厂参加工作，1970年初调入厂财务科历任出纳、材料会计。1974年9月调入银川轻工业机械厂财务科，历任成本会计、主管会计、副科长，历年会计报表年终审核均获主管部门一等奖。

1985年5月调入自治区财政厅会计处工作，历任主任科员、副处长、处长。分管工业、商业和基本建设单位等行业会计制度和“两则两制”的贯彻实施，负责会计师、高级会计师职称评定和全国会计专业技术资格初级、中级的考试工作。

2001年退休后进入银川市商业银行中小企业服务中心任副总经理。2005年进入公司任项目经理。

1980年2—7月在天津财经学院进修，1981年3月至1984年7月在银川中华职业补习学校工业会计大专班学习，1983年7月至1986年7月在中央电视大学经济类财政专业大专班学习，1995年7—8月参加中国注册会计师协会与香港会计师公会联合举办的第四届现代财务管理学习班。1988年4月获得会计师资格，1994年5月取得高级会计师资格，同年8月取得注册会计师非执业会员资格，后转为注册会计师执业会员。

1992年起任宁夏会计学会副秘书长，1995年起历任宁夏注册会计师协会第二届、第三届副秘书长。1989年8月任中国中青年财务成本研究会第二届理事，1995年任宁夏中青年财务成本研究会副会长、秘书长。参与《新编会计学基础》《企业财务会计》教材的编写。发表《加强财务管理，提高企业经济效益》等多篇论文。

曾获自治区二轻系统财会工作先进工作者称号，1988年被自治区财政厅评为先进个人。1989年12月获自治区财政厅首届会计知识竞赛决赛三等奖，全区文教行政财务口首届会计知识大赛第二名，1990年获全区首届会计知识大赛个人二等奖，代表自治区财政厅参加全区会计知识大赛电视决赛获团体二等奖，获全国首届会计知识大赛第一赛程个人二等奖。

陶扬（1954.8—　）女，北京市人。大学专科学历，注册会计师、注册资产评估师、注册土地估价师、注册房地产经纪人。

1972年2月参加工作,工作期间自修高中课程。1985—1987年在天津第一职工大学学习工业会计专业。2003—2005年在上海财经大学研究生部进修财政学专业。1992年考取全国会计专业技术中级资格(会计师)、2007年取得非公有制高级会计师资格;1994年考取注册会计师资格。

1972年2月在银川市五金工具厂参加工作。1978—1985年在银川市民族家具厂工作,1987—1995年历任银川市民族家具厂会计、财务科长。1995年2月调入银川市会计师事务所,历任审计助手、项目负责人、审计部主任。银川市会计师事务所改制后任宁夏正业通会计师事务所所长助理、审计部主任、评估部主任。2002年5月至2006年4月任公司副董事长,宁夏天华会计师事务所副主任会计师。曾任宁夏天华会计师事务所培训部主任等职。

2005年、2006年两次被宁夏财会函授学校评为先进教育工作者。2009年9月退休。

贾宪宁(1961.2—)宁夏吴忠市人,祖籍山西省太谷县。中共党员。注册造价工程师、土地估价师,高级工程师,现任宁夏正业通工程咨询有限责任公司总工程师。

1978年11月至1984年8月在宁夏第四建筑工程公司安装分公司工作,任电工工长、团支部书记、工会委员。1984年9月至1987年7月在宁夏建筑职工中专学校学习,任副班长、团支部书记、校学生会委员。1987年8月至1988年11月任宁夏第四建筑工程公司生产技术科技术员,负责预决算工作。1988年12月至1991年11月任宁夏第四建筑工程公司第二分公司助理工程师、副经理。1991年11月至1998年8月任建设银行固原支行投资建经科工程师、副科长。1998年9月至2000年12月在建设银行银川市兴庆路支行(后合并到新市区支行)工作,并于1998年10月考取全国造价工程师执业资格。2000年12月至2012年6月历任宁夏天华会计师事务所(宁夏正业通工程咨询有限责任公司)工程部副主任、主任、技术负责人、总经理。2002年3月任公司第二届董事会董事,2006年4月至2012年6月任公司第三、第四届董事会副董事长。2012年8月6日任宁夏正业通工程咨询有限责任公司总工程师。兼任银川市建设工程招标办公室评标专家组成员、宁夏建设工程造价管理协会常务理事、宁夏建设工程造价专家委员会委员。

2003年3月被聘为银川市城市房屋拆迁估价技术鉴定委员会委员,6月考取由自治区工商行政管理局颁发的经纪资格证。2012年2月取得高级采购师”职业资格证书。

2003年6月被评为银川市财政局优秀共产党员,同年8月被评为全区建设工程造价管理工作先进个人。2005年1月被银川企业家协会评为诚信企业家。2010年7月被宁夏企业家协会评为区域品牌建设优秀企业家。

马向中(1962.9—)回族,宁夏银川市金凤区人。中共党员,大学专科学历,经济师、注册房地产估价师、注册土地估价师、房地产经纪人。现任公司副董事长、宁夏正业通房地产估价事务所总经理。

1980年11月在中国人民解放军84847部队服役。1983年转业在宁夏汽车配件厂任车间核算员。1988年在宁夏财经学校学习会计专业。1995年调入银川市会计师事务所，先后任驾驶员、会计、办公室副主任、主任。2002年任宁夏正业通房地产估价事务所总经理。2002年5月任公司董事会董事、2006年5月任公司第三届至第五届董事会副董事长。

2008年在宁夏大学学习财务管理，2012年1月在东北大学EMBA班在职学习。

2005年8月被银川企业家协会评为科学管理杰出企业家。2011年11月被宁夏企业家协会评为“创优质品牌树诚信楷模”杰出企业家。

杜兵(1963.2—)安徽省涡阳县人。大学专科学历，高级会计师、注册资产评估师、注册房地产估价师、注册土地估价师、房地产经纪人。现任公司副董事长，宁夏正业通资产评估有限责任公司总经理。

1988—1990年在宁夏财经学校财务会计专业学习。1993—1996年在银川市委党校进修财务会计专业。2002—2004年在上海财经大学学习金融学。

1981—1985年在银川毛纺织厂工作。1985—1990年在宁夏汽车配件厂工作。1990—1999年在银川市会计师事务所工作，历任会计、审计人员、评估部主任。1999—2007年在宁夏正业通会计师事务所和宁夏天华会计师事务所工作，任副主任会计师。2007年在宁夏正业通资产评估有限责任公司工作，任总经理。1999年12月历任公司第一届至第五届董事会副董事长。

2008年11月起任宁夏注册会计师和资产评估协会理事、2009年7月任宁夏司法鉴定协会理事。兼任自治区科技厅专家库专家、银川市公共资源交易中心专家库专家。

2006年被宁夏企业家协会评为宁夏诚信企业家，2010年被宁夏企业家协会评为优秀企业家。

何玉玲(1963.9—)女，宁夏银川市人。中共党员，大学专科学历，高级会计师、注册会计师、注册房地产估价师；现任中共宁夏天华会计师事务所党支部副书记，宁夏天华会计师事务所总审计师。

1980年9月至1982年6月就读于宁夏财经学校企业财务专业，1993年5月取得陕西财经学院统计专业自考毕业证书，2004年在上海财经大学学习金融学，2007年研修清华大学资本运作与公司治理总裁班课程。

1982年7月在银川化工厂参加工作，历任财务科主管会计、副科长。1992年6月调入银川市会计师事务所，历任审计部主任、标准管理部主任、副主任会计师兼总复核；1999年12月至2012年6月历任宁夏正业通会计师事务所、宁夏天华会计师事务所副主任会计师，2012年6月任总审计师。1999年12月至2012年6月历任公司第一届至第四届董事会副董事长。

2006年被银川企业家协会评为“创品牌、构和谐杰出企业家”，被宁夏企业家协会评为宁夏优秀诚信企业家。2010年被宁夏企业家协会评为“西部大开发十周年杰出贡献企业家”。2011年3月,被中国注册会计师行业党委评为全国行业优秀共产党员;2011年6月11日,被宁夏注册会计师和资产评估师行业党委评为优秀共产党员;2011年7月22日,中国注册会计师行业党委授予中央党校中央国家机关分校财政部注册会计师行业第二期党校班学习积极分子荣誉称号;2012年7月,被宁夏注册会计师协会评为质量控制岗位能手。

王海智(1966.1—)山东省昌乐县人。中共党员,硕士,高级会计师、资深注册会计师、注册资产评估师、注册房地产估价师、注册土地估价师、房地产经纪人。公司创始人。现任公司董事会董事长,宁夏天华会计师事务所主任会计师。

1982—1985年在宁夏商业学校学习财务会计专业。1985—1987在宁夏大学进修政治管理专业,取得大学专科学历。1998—2000年在中央党校函授学院进修经济管理专业,取得大学本科学历。2002—2004年在上海财经大学学习金融学。2005—2006年在清华大学高级工商管理研修班学习。2007—2008年在北京大学国学九班学习。2009—2011年在东北大学EMBA学习,获得硕士学位。

长期从事财会业务工作。1985—1991年历任银川市商业局、蔬菜局会计、主管会计、财务副科长。1991年调入银川市财政局工作,1992—1996年任银川市会计师事务所部门主任。1996—1997年任银川物资集团总会计师。1997—1999年任银川市会计师事务所所长。1999年起历任宁夏正业通会计师事务所、宁夏天华会计师事务所主任会计师、公司第一届至第五届董事会董事长。

社会兼职较多,是银川市政协九届常委,十届、十一届委员;中国注册会计师协会资深会员、注册管理委员会委员;宁夏注册会计师协会副会长,宁夏司法鉴定协会常务理事,宁夏企业家协会常务理事,宁夏造价工程专家库专家,银川市发改委咨询专家,宁夏银行独立董事。

多次受到表彰奖励,1988年获“宁夏优秀大中专毕业生”“宁夏青年岗位能手”称号,1998年、2000年“获宁夏优秀注册会计师”称号,2002年获银川市第一届“优秀青年企业家”称号,2007年获宁夏第八届“优秀青年企业家”“宁夏最具社会责任感杰出企业家”称号,2008年获银川市“劳动模范”称号,2010年获“银川市优秀中国特色社会主义建设者”称号,2011年获“宁夏社会组织优秀共产党员”称号等。

丁华兵(1969.8—)湖北枣阳县人。应用会计与金融理学硕士,高级会计师,注册会计师、注册造价工程师,现任公司副董事长、宁夏天华会计师事务所副主任会计师。

1986—1989年在银川一中读书;1989—1992年在南京审计学院学习工业审计专业,取得大学专科学历;2002—2004在上海财经大学学习金融学;2008—2010年在宁夏大学进修会计学,取得大学本科学历;2010—2012年在香港浸会大学学习,获得应用会计与金融理学硕士学位。

参加工作以来，一直服务于宁夏天华会计师事务所。1992年在审计部任审计助理，2000年任工程预决算审查中心主任，2002年任财税顾问部主任，2004年任稽核部主任，2010年任审计部门主任，2012年任宁夏天华会计师事务所副主任会计师。2006年任公司的监事、2009年5月任公司第四届董事会董事、2012年6月起任公司董事会副董事长。作为总协调人完成了公司2010版管理和业务制度的修订工作。社会兼职宁夏注册会计师协会理事。

2001年获“银川市青年岗位能手”称号。2012年被宁夏企业家协会评为杰出企业家。2012年当选为银川市第十二届政治协商会议委员。

徐琳(1970.6—　)女，宁夏永宁县人。中共党员，大学本科学历，高级工程师、注册造价工程师、投资项目管理师。现任宁夏正业通工程咨询有限责任公司工程三部副主任。

1987年9月至1990年7月在宁夏建筑工程学校采暖通风专业学习。1998年9月至2002年6月在长安大学建筑工程专业学习。2004年2月至2007年1月在长安大学土木工程专业学习。

1990—1995年在宁夏建材安装公司从事工程技术施工、预结算工作，1995年～1997年在宁夏新技术设计院从事工程设计工作，1997—2003年在宁夏建材安装公司从事工程技术、预算及管理工作，2003—2006年在银川三建从事工程预结算编制及审核工作，2006年进入宁夏正业通工程咨询有限责任公司从事工程造价的编制与审核工作。

2010年被中共宁夏区直机关工作委员会党校评为优秀学员，2012年获全区工程造价管理行业先进工作者。

罗立邦(1971.1—　)四川省苍溪县人。中共党员，大学本科学历，中级会计师、注册会计师、注册税务师、国际注册内部审计师。曾任公司监事，审计二部主任。

1988—1992年在宁夏商业学校学习财务会计专业。2005—2007年在宁夏大学进修财务会计专业，取得大学专科学历。2008—2010年在宁夏大学进修财务会计专业，取得大学本科学历。2012年1月在东北大学EMBA班学习。

1992—1996年任灵武民政福利公司会计。1996—2000年任灵武民贸公司会计。2000—2002年任宁夏瑞衡资产评估有限公司项目经理。2002年起进入宁夏天华会计师事务所，历任审计部副主任、审计二部主任，公司监事。兼任宁夏内部审计协会理事、宁夏建材集团股份有限公司董事会独立董事、宁夏建材集团股份有限公司董事会第五届审计委员会主任、宁夏建材集团股份有限公司董事会第五届薪酬与考核委员会委员、宁夏建材集团股份有限公司董事会战略委员会委员。2003年被评为银川市青年岗位业务能手。2013年1月被自治区司法厅评为全区十佳优秀司法鉴定人。

吴彦(1971.11—　)女，天津市人。中共党员，大学本科学历，高级经济师、中国注册资产评估师、注册房地产估价师。宁夏正业通资产评估有限责任公司和宁夏正业通房地产估价事务所质量控制复核人。

1991—1993年在宁夏财经学校学习工商管理专业，取得中等专科学历。1993—1996年在宁夏广播电视大学学习会计学，取得大学专科学历。2008—2011年在宁夏大学进修会计学，取得大学本科学历。

1996年至1998年6月在银川审计事务所工作，任评估部项目助理。1998年6月考取注册资产评估师。1998年6月至2006年10月在宁夏宏源会计师事务所工作，任资产评估部项目经理、部门主任，期间于2004年10月考取注册房地产估价师。2006年10月任宁夏正业通房地产估价事务所项目经理，2009年12月至2012年8月任宁夏正业通房地产估价事务所副所长，2012年8月任宁夏正业通资产评估有限责任公司和宁夏正业通房地产估价事务所质量控制复核人。

2011年9月被中国资产评估协会评为"第二届全国优秀青年注册资产评估师"。

温鸿江（1972.9— ）河北省宁晋县人。中共党员，硕士，高级工程师、注册造价工程师、注册土地估价师。现任公司副董事长，宁夏正业通工程咨询有限责任公司总经理、工会主席。

1992—1996年在武汉水利电力大学学习建筑工程专业。2003—2005年在上海财经大学研究生部进修财政学专业。2010—2012年在天津财经大学EMBA北京大学班学习。

1996—2002年在青铜峡铝厂三期计划处从事预算编审工作。2002调入宁夏正业通工程咨询有限责任公司工作，2002—2003年任项目经理，2003—2005年任工程二部副主任，2005—2012年任副总经理兼咨询二部主任。2006年4月至2009年5月任公司第三、第四届董事会董事。2010年当选宁夏天华会计师事务所工会主席。2012年5月任公司第五届董事会副董事长。2012年5月任宁夏正业通工程咨询有限责任公司总经理。

兼职银川市城市房屋拆迁估价技术鉴定委员会委员、宁夏工程造价专家库专家、宁夏评标专家库专家、工程类司法鉴定人。

2005—2006年作为西部聚氯乙烯一期工程结算审核的项目负责人，为企业实现首个项目咨询费用超过100万元。2008年完成"杭州娃哈哈集团吴忠恒枫乳业项目"的工程量清单及投标报价的编制工作，为公司工程量清单及控制价编制工作开了先河。2006年被银川企业家协会评为"创品牌、构和谐"杰出企业家，2009年被中国西部发展研究院评为"宁夏诚信建设突出贡献企业家"。

陆静（1973.11— ）女，籍贯上海，出生于宁夏。大学学历，高级工程师。2001年获得全国注册造价工程师执业资格，2003年获得全国注册房地产估价师执业资格，2004年获得全国咨询工程师执业资格。现任宁夏正业通工程咨询有限责任公司副总经理。

1992年7月至1995年7月在宁夏建筑工程学校学习工业与民用建筑专业，取得中等专科学历。1996年7月至1999年7月在西北建筑工程学院学习工程建筑经济管理专业，取得大学专科学历。2005年7月至2008年7月在长安大学学习工程建筑经济管理专业，取得大学本科学历。

1995年7月毕业分配到宁夏青铜峡铝厂三期计划处，从事工程预算员工作，完成青铜峡铝厂三期技改项目。2004年5月在嘉禾造价咨询公司从事工程造价工作。2005年5月在宁夏哈纳斯天然气有限责任公司预算部从事工程造价工作。2006年3月进入宁夏正业通工程咨询有限责任公司工作，历任项目助理、项目经理、工程二部副主任、工程二部主任、副总经理工作。2012年获“全区工程造价咨询企业先进个人”称号。

徐万军（1974.1—　）宁夏青铜峡市人。大学本科学历，高级工程师、注册造价工程师、注册土地估价师、注册咨询工程师、投资建设项目管理师。宁夏正业通工程咨询有限责任公司副总经理。2012年6月任公司第五届董事会董事。

1991—1993年在西北建筑工程学院学习工业与民用建筑专业，取得大学专科学历。2008—2010年在长安大学进修工程管理专业，取得大学本科学历。2012年1月起在东北大学EMBA学习。

1993—2000年历任宁夏第二建筑公司二分公司预算员、预算科副科长、科长。2000—2002年任宁夏二建集团经营开发处副处长。2002年3月进入宁夏正业通工程咨询有限责任公司，历任项目助理、项目经理、工程一部主任、副总经理。兼职银川市发展和改革委员会重大行政决策咨询专家、宁夏招投标评标专家、宁夏工程造价行业专家库专家。2006年获第三届“银川市优秀青年企业家”称号。2013年1月被自治区司法厅评为全区十佳优秀司法鉴定人。

李海清（1976.12—　）回族，宁夏灵武市人，中共党员。硕士，会计师、注册会计师、注册税务师、注册造价工程师。现任宁夏正业通管理咨询有限公司总经理、公司第五届董事会董事。

1995年9月至1999年7月在西北第二民族学院（今北方民族大学）经济管理系学习国民经济管理专业（会计学方向）。2006年7月参加上海财经大学投资经济学在职研究生研修班学习。

2000年3月起在宁夏天华会计师事务所工作，历任项目助理、项目经理、培训咨询部副主任、审计一部主任、培训咨询部主任、公司监事，宁夏正业通管理咨询有限公司总经理，公司第五届董事会董事。

先后主审、参审过中国电信等大型国有企业、辽宁本钢等上市公司、宁夏银行等金融企业和小企业审计项目；承担宁夏注册会计师、宁夏会计人员继续教育的授课任务；撰写《注册会计师在审计中需关注的几个问题》等80余篇。参与宁夏第二届财政法规知识大赛获团体第二名，并获优秀选手称号；参与第三届全国会计知识大赛宁夏选拔赛，获团体第二名；参与第三届全国会计知识大赛中注协选拔赛，获团体第六名。

2002年获银川市青年岗位能手称号，2012年被宁夏注册会计师协会评为培训工作岗位能手。2011年被宁夏注册会计师行业和资产评估行业党委评为优秀共产党员。

姜伟（1976.12—）宁夏永宁县人，中共党员，硕士，高级经济师，房地产经纪人。现任公司综合办公室主任，党支部委员，工会委员。

1995年8月至1999年7月，宁夏大学经济系就读会计学专业，获学士学位。2004年7月至2006年10月，参加上海财经大学投资经济学专业研究生课程进修。2012年1月至2014年1月，就读东北大学工商管理学院EMBA专业，获硕士学位。

1999年8月参加工作，一直在宁夏天华会计师事务所工作，历任项目助理、出纳、会计、办公室副主任、综合办公室主任等职。兼任宁夏司法鉴定协会副秘书长。

先后被评为全国注册会计师行业人力资源管理能手、宁夏注册会计师行业优秀共产党员、自治区统计局投入产出统计调查先进个人、银川市"青年岗位能手"、共青团银川市直机关工委优秀团干部、银川市财政局系统优秀团干部、优秀党务工作者；多次荣获公司先进个人、3次荣获公司特殊贡献个人荣誉、多次荣获天华党支部优秀共产党员、优秀党务工作者。

第二节　人物名表

一、上级单位及有关单位对本公司员工的表彰

上级单位及有关单位对本公司员工的表彰名表

表9-1　（截至2012年12月31日）

姓　名	荣誉称号	授予、表彰单位	授予、表彰时间
王海智	宁夏优秀注册会计师	宁夏注册会计师协会	1998年
	宁夏优秀注册会计师	宁夏注册会计师协会	2000年
	银川第一届优秀青年企业家	银川企业家协会	2002年
	最具社会责任感杰出企业家	宁夏企业家协会	2007年1月30日
	宁夏第八届优秀青年企业家	自治区人民政府	2007年4月
	银川市劳动模范	银川市人民政府	2008年4月
	振兴宁夏经济·构建和谐社会杰出企业家	自治区整顿和规范市场经济秩序领导小组办公室、宁夏回族自治区企业家协会	2008年8月29日
	银川市优秀中国特色社会主义建设者	银川市人民政府	2010年12月
丁华兵	银川市青年岗位能手	银川市团委	2001年
	杰出企业家	宁夏企业家协会	2012年12月
温鸿江	创品牌、构和谐杰出企业家	银川企业家协会	2006年1月13日
	宁夏诚信建设突出贡献企业家	中国西部发展研究院	2009年11月

续表9-1

姓　名	荣誉称号	授予、表彰单位	授予、表彰时间
杜　兵	宁夏诚信企业家	宁夏企业家协会	2006年8月24日
	宁夏优秀企业家	宁夏企业家协会	2010年12月
马向中	科学管理杰出企业家	银川企业家协会	2005年8月
	创优质品牌　树诚信楷模　杰出企业家	宁夏企业家协会	2011年12月
李海清	银川市青年岗位能手	银川市团委	2002年
	培训工作岗位能手	宁夏注册会计师协会	2012年7月20日
徐万军	第三届银川市优秀青年企业家	银川企业家协会	2006年4月20日
	全区十佳优秀司法鉴定人	自治区司法厅	2013年1月
罗立邦	全区十佳优秀司法鉴定人	自治区司法厅	2013年1月
何玉玲	创品牌、构和谐杰出企业家	银川企业家协会	2006年1月13日
	宁夏优秀诚信企业家	宁夏企业家协会	2006年8月
	西部大开发十周年杰出贡献企业家	宁夏企业家协会	2010年12月
	质量控制岗位能手	宁夏注册会计师协会	2012年7月20日
贾宪宁	全区建设工程造价管理工作先进人	自治区建设厅	2003年8月15日
	诚信企业家	银川企业家协会	2005年1月21日
	区域品牌建设优秀企业家	宁夏企业家协会	2010年7月16日
陆　静	全区工程造价咨询企业工作先进个人	宁夏建设工程造价管理协会	2012年3月
姜　伟	银川市青年岗位能手	银川市团委	2003年
	人力资源管理岗位能手	中国注册会计师协会	2012年
吴　彦	资产评估行业第二届全国优秀青年注册资产评估师	中国资产评估协会	2011年9月
陶　扬	2004—2005年学年先进教育工作者	宁夏财会函授学校	2005年9月8日
	2005—2006年学年先进教育工作者	宁夏财会函授学校	2006年9月15日
张泽坤	2004—2005学年优秀辅导教师	宁夏财会函授学校	2005年9月8日
	2005—2006学年先进教育工作者称号	宁夏财会函授学校	2006年9月15日
	2006—2007学年先进教育工作者	宁夏财会函授学校	2007年7月9日
	2007—2008学年先进教育工作者	宁夏财会函授学校	2008年10月15日
冶正礼	2011—2012学年度先进教育工作者	宁夏财会函授学校	2012年11月20日
徐　琳	全区工程造价行业先进个人	宁夏建设工程造价管理站、宁夏建设工程造价管理协会	2012年

二、公司在职员工名表

公司在职员工名表

表9-2　　（截至2012年12月31日）

序号	部门	姓名	性别	民族	籍贯	出生年月	职务	职称	执业资格
1	所长及办公室	王海智	男	汉	山东	19660102	董事长	高级会计师	注册会计师、注册资产评估师、房地产估价师、土地估价师
2		何玉玲	女	汉	宁夏	19630925	总审计师	高级会计师	注册会计师、房地产估价师
3		邓炎辉	男	汉	陕西	19440429	党建指导员	高级会计师	注册会计师
4		姜 伟	男	汉	宁夏	19761210	综合办公室主任	高级经济师	—
5		陈晓艳	女	汉	宁夏	19800317	综合办公室副主任	—	—
6		陈舜玲	女	汉	天津	19530126	项目助理	—	—
7		戴慧清	女	汉	宁夏	19550906	项目助理	会计师	—
8		陶和平	男	汉	四川	19601030	项目助理	技师	—
9		王旭东	男	汉	宁夏	19581220	项目助理	电工	—
10		杜茂珍	女	汉	东北	19480425	项目经理	高级会计师	注册会计师
11		石金晶	女	壮	广西	19891207	高级助理	—	—
12		田 媛	女	汉	山东	19910309	项目助理	—	—
13		王淑芳	女	汉	宁夏	19701106	保洁员	—	—
14	会计师事务所	丁华兵	男	汉	湖北	19690818	副董事长主任会计师	高级会计师	注册会计师、造价工程师
15		李海清	男	回	宁夏	19761213	副主任会计师	会计师	注册会计师、造价工程师、注册税务师
16		罗立邦	男	汉	四川	19710113	副主任会计师	会计师	注册会计师、注册税务师
17		李新华	女	回	上海	19681201	项目经理	会计师	注册会计师、注册税务师
18		马 明	男	回	宁夏	19770913	部门主任	会计师	注册会计师、造价工程师、律师
19		邵映昶	男	汉	宁夏	19701008	项目经理	经济师	注册会计师
20		李丽红	女	汉	宁夏	19791030	项目经理	会计师	注册会计师
21		张艳玲	女	汉	宁夏	19730117	项目经理	会计师	注册会计师
22		侯旭辉	女	汉	山东	19781013	项目经理	会计师	注册会计师
23		姜 风	女	汉	宁夏	19730529	项目经理	会计师	注册会计师

续表9-2

序号	部门	姓名	性别	民族	籍贯	出生年月	职务	职称	执业资格
24	会计师事务所	刘学花	女	汉	宁夏	19800524	项目助理	会计师	—
25		李召霞	女	汉	河南	19780912	项目助理	会计师	—
26		陈晓梅	女	汉	山西	19461111	项目经理	高级会计师	注册会计师
27		王亚军	男	汉	陕西	19780118	项目助理	—	—
28		孙 亮	男	汉	天津	19820111	项目助理	—	—
29		和 怡	女	汉	甘肃	19580910	项目助理	—	—
30		白海涛	男	汉	宁夏	19851225	项目助理	—	—
31		牟 阳	女	汉	湖北	19841110	项目助理	会计师	—
32		郝东胜	男	汉	宁夏	19810121	项目助理	—	—
33		张 卿	女	汉	宁夏	19870716	项目助理	—	—
34		冯 冰	男	汉	宁夏	19831103	项目助理	审计师	—
35		王 欢	女	汉	宁夏	19840216	项目助理	—	—
36		毛丽荣	女	回	内蒙古	19790522	项目助理	会计师	—
37		张闻卫	女	汉	甘肃	19820819	项目助理	会计师	—
38		王 翀	女	汉	宁夏	19821105	项目助理	会计师	—
39		牛筱燕	女	汉	宁夏	19731129	项目经理	会计师	—
40		陈朝晖	女	汉	宁夏	19710923	项目经理	会计师	注册资产评估师
41		徐瑞华	女	汉	宁夏	19701023	项目助理	会计师	—
42		张宏平	女	汉	宁夏	19690120	项目经理	会计师	注册会计师
43		朱丽蓉	女	汉	宁夏	19840206	项目助理	—	—
44		丁玉凤	女	回	宁夏	19851224	项目助理	—	—
45		梁 华	女	汉	宁夏	19811220	项目助理	会计师	—
46		贺 丹	女	汉	湖南	19880801	项目经理	会计师	注册会计师
47		李 一	女	汉	四川	19790807	项目助理	会计师	—
48		李 玮	女	满	河北	19880802	项目助理	—	—
49		李 波	女	汉	宁夏	19850217	项目助理	会计师	—
50		张 星	男	汉	宁夏	19791214	项目经理	会计师	注册会计师
51		李 芳	女	汉	宁夏	19880610	项目助理	—	—
52		徐 怡	女	汉	江苏	19870728	项目助理	—	—
53		张彤晖	女	回	河北	19770129	项目经理	会计师	注册会计师
54		王 朔	男	满	宁夏	19881118	项目助理	—	—
55		马英德	男	回	宁夏	19870601	项目助理	—	—
56		蒙 强	男	壮	广西	19871201	项目助理	—	—
57		王蓉蓉	女	汉	四川	19800810	项目经理	会计师	注册会计师
58		周学来	男	汉	江苏	19660916	项目经理	高级会计师	注册会计师
59		张志霞	女	汉	宁夏	19780707	项目助理	会计师	—

续表9-2

序号	部门	姓名	性别	民族	籍贯	出生年月	职务	职称	执业资格
60	函授学校	张泽坤	男	汉	河北	19741013	部门副主任	—	—
61		冶正礼	男	回	宁夏	19740903	项目助理	—	—
62	正业通评估公司	杜 兵	男	汉	安徽	19630224	副董事长，评估总经理	高级会计师	注册资产评估师、房地产估价师、土地估价师
63		施明星	男	汉	宁夏	19650820	评估副总经理	高级会计师	注册会计师、注册资产评估师、土地估价师
64		吴 彦	女	汉	天津	19711107	质量复核	高级经济师	注册资产评估师、房地产估价师
65		路 明	男	汉	宁夏	19811107	项目经理	会计师	注册资产评估师
66		宿俊英	男	汉	辽宁	19621201	项目助理	高级工程师	—
67		于丽萍	女	汉	山东	19720113	项目助理	会计师	—
68		金学涛	女	回	宁夏	19870502	项目助理	—	—
69		王海娥	女	汉	内蒙	19830304	项目经理	会计师	注册资产评估师
70		糜 宁	男	汉	江苏	19600826	项目助理	高级工程师	—
71		高 瑾	男	汉	宁夏	19680228	项目助理	高级工程师	—
72		徐艳华	女	汉	宁夏	19840113	项目助理	助理会计师	—
73		王 威	男	汉	宁夏	19700801	项目助理	工程师	—
74		刘旖旎	女	汉	宁夏	19791003	项目经理	会计师	注册资产评估师
75		胡文庆	男	满	安徽	19740929	项目助理	高级工程师	—
76		姚静峰	男	汉	山西	19840403	项目助理	—	—
77	房估所	马向中	男	回	宁夏	19620926	副董事长，房估总经理	经济师	注册房地产估价师、土地估价师
78		闫树静	女	汉	山西	19650228	房估副总经理	高级会计师	注册会计师、注册资产评估师、注册房地产估价师、土地估价师、注册税务师
79		涂小东	男	汉	四川	19691225	房估副总经理	会计师	注册资产评估师、注册房地产估价师
80		张 丽	女	汉	甘肃	19680623	项目经理	会计师	注册房地产估价师
81		于晓云	女	汉	河南	19870210	项目助理	—	—
82		邱胜辉	男	汉	宁夏	19851130	项目助理	—	—
83		米冬艳	女	汉	宁夏	19721110	项目经理	会计师	注册会计师、注册资产评估师、注册房地产估价师

续表9-2

序号	部门	姓名	性别	民族	籍贯	出生年月	职务	职称	执业资格
84	工程咨询公司	温鸿江	男	汉	河北	19720922	副董事长，工程总经理	高级工程师	造价工程师、土地估价师
85		徐万军	男	汉	宁夏	19740102	董事兼工程副总经理	高级工程师	造价工程师、土地估价师
86		贾宪宁	男	汉	山西	19610215	总工程师	高级工程师	造价工程师、土地估价师
87		古妍娜	女	汉	广东	19671106	部门主任	高级工程师	—
88		林建江	男	汉	广东	19600604	质量复核	高级经济师	造价工程师
89		李永爱	女	汉	宁夏	19711124	部门主任	高级工程师	造价工程师、土地估价师
90		马丽霞	女	回	宁夏	19710406	项目助理	高级工程师	造价工程师
91		张兰芹	女	汉	山东	19651228	部门副主任	经济师	造价工程师
92		李 翔	女	汉	宁夏	19780525	部门副主任	工程师	造价工程师
93		张 磊	女	汉	宁夏	19701103	部门主任	高级经济师	造价工程师
94		秦月华	女	汉	宁夏	19731212	部门主任	工程师	造价工程师
95		孟 娟	女	汉	宁夏	19750210	项目助理	工程师	造价工程师
96		陆 静	女	汉	上海	19731106	部门主任	高级工程师	造价工程师、房地产估价师
97		徐 琳	女	汉	宁夏	19700606	部门副主任	工程师	造价工程师
98		李从容	女	汉	甘肃	19700306	项目助理	工程师	—
99		刘宇翔	男	满	黑龙江	19840430	项目经理	助理工程师	招标师
100		蔡志宁	男	汉	宁夏	19860405	项目助理	助理工程师	—
101		张 波	男	汉	宁夏	19830719	项目助理	助理工程师	—
102		王 刚	男	汉	宁夏	19860127	项目助理	助理工程师	—
103		王 甜	女	汉	宁夏	19830918	项目助理	助理工程师	—
104		张 璐	女	满	宁夏	19850518	项目助理	助理工程师	—
105		马 乐	男	回	宁夏	19870403	项目助理	—	—
106		顾文龙	男	汉	宁夏	19850614	项目助理	—	—
107		陆 芳	女	汉	宁夏	19750308	项目助理	助理工程师	—
108		张晓明	男	汉	宁夏	19821121	项目助理	助理工程师	—
109		张晓炅	女	汉	宁夏	19860925	项目助理	—	—
110		张 冰	女	汉	宁夏	19870703	项目助理	—	—
111		马 静	女	回	宁夏	19870501	项目助理	—	—
112		潘明锐	男	汉	上海	19831220	项目经理	—	—
113		王立刚	男	汉	宁夏	19860329	项目助理	助理工程师	—
114		郝 浩	男	汉	宁夏	19870102	项目助理	—	—
115		邢天庆	男	汉	宁夏	19730506	项目助理	—	注册公路造价师
116		周兴明	男	汉	宁夏	19770405	项目助理	—	—

续表9-2

序号	部门	姓名	性别	民族	籍贯	出生年月	职务	职称	执业资格
117	工程咨询公司	张 杰	男	汉	宁夏	19751214	项目经理	工程师	造价工程师、注册会计师
118		彭 丽	女	汉	宁夏	19821107	项目助理	工程师	—
119		刘丽娟	女	汉	宁夏	19880305	项目助理	—	—
120		韩 雪	女	汉	宁夏	19891228	项目助理	—	—
121		茹 锦	女	汉	宁夏	19901219	项目助理	—	—
122		蔡子渊	男	汉	宁夏	19880808	项目助理	助理工程师	—
123		余海龙	男	回	宁夏	19910103	项目助理	助理工程师	—
124		赵 瑞	男	满	宁夏	19890105	项目助理	—	—
125		刘 薇	女	汉	宁夏	19890910	项目助理	—	—
126		丁 超	男	汉	宁夏	19870109	项目助理	—	—
127		刘玉玲	女	汉	河北	19690804	项目助理	工程师	—
128		马立宏	男	男	宁夏	19781121	项目经理	工程师	造价工程师
129	永宁中卫	李志峰	男	汉	宁夏	19661022	项目助理	—	—
130		张红菊	女	汉	宁夏	19730718	中卫分所所长	高级会计师	注册会计师
131		孙中怀	男	汉	宁夏	19730406	中卫分所副所长	助理会计师	房地产估价师
132		葛 畅	女	汉	宁夏	19730925	项目经理	高级会计师	注册会计师、注册税务师
133		王自芳	女	汉	宁夏	19800530	项目助理	会计师	—
134		刘立军	男	汉	宁夏	19760322	项目助理	会计师	—
135		齐 莹	女	汉	宁夏	19870617	项目助理	—	—
136		魏 鑫	男	汉	宁夏	19800205	项目助理	会计师	—
137		柳青萼	女	汉	宁夏	19790912	项目助理	会计师	—
138	灵武	周 娟	女	回	宁夏	19871005	部门副主任	—	—
139	固原	董秀芳	女	汉	宁夏	19740216	部门副主任	会计师	—
140		刘 鑫	女	汉	宁夏	19781215	项目助理	—	—
141		胡学霞	女	汉	宁夏	19690402	项目助理	—	—

附 录

第一节 专记

一、宁夏注册会计师与资产评估师协会

1989年8月，宁夏注册会计师协会成立。

1996年，根据财政部、审计署《关于中国注册会计师协会、中国注册审计师协会实行联合的有关问题的通知》精神，宁夏注册会计师协会和宁夏社会审计协会实行联合，于11月26日召开了“宁夏注册会计师特别代表大会”，成立“宁夏注册会计师协会”，宁夏社会审计协会自此注销。

“两会”合并后，行业协会主要从事对行业清理整顿，注册会计师协会根据中国注册会计师协会《关于清理整顿注册会计师行业的通知》规定，对注册会计师队伍中的兼职、挂名、跨所的执业人员，对会计师事务所是否符合办所条件，其执业质量、职业道德、财务收支等管理情况进行清理整顿。通过清理整顿，撤销了未经批准设立的石嘴山审计事务所工商分所，注销了不符合办所条件的贺兰会计师事务所、大武口区会计师事务所、固原地区审计事务所西吉分所和彭阳分所等4个事务所和30个独立核算的分支机构，将48名脱离事务所执业岗位的注册会计师转为非执业会员。同时，根据国家关于会计、审计事务所实行脱钩改制的规定，举办事务所脱钩改制学习班，征求主管部门的意见，起草了《全区会计师（审计）事务所脱钩改制方案》，由自治区财政厅审定后报自治区人民政府批转执行，各事务所全部实现了脱钩改制。

1998年，协会根据《中华人民共和国注册会计师法》《审计署关于社会审计工作的规定》和《中国注册会计师行业管理规范》，对事务所执行独立审计准则的情况经常进行检查，促使其按照独立审计准则标准建立、完善内部质量控制制度，提高执业水平。对各事务所的业务质量检查中，抽查审计报告560余份，对检查中发现的不按照规定程序进行审计、验资的进行整改。几年的检查中，协会检查后提出处罚意见，由自治区财政厅作出处罚决定，取缔了出具虚假验资报告的石嘴山审计事务所工商分所；被暂停执业、警告或罚

款的会计师事务所3家(华阳会计师事务所、华诚会计师事务所、宏达会计师事务所);被暂停执业或罚款的注册会计师6名;被警告的注册会计师2名。

强化执业后续教育培训,提高从业人员的业务素质。协会制定了《宁夏回族自治区注册会计师后续教育培训制度(试行办法)》,先后举办各类后续教育培训班21期,培训2300人次。

组织注册会计师全国统一考试工作。除银川外,协会在石嘴山、吴忠和固原增设报名点,共举办注册会计师考前培训班57期,培训4774人次,共有10,322名符合条件的人员报考,全科合格的92人。1997年以来,注册会计师考试工作连续4年在全国评比中获得满分,受到全国考办的表彰。

加强注册会计师、注册资产评估师队伍建设。"两会"联合后,经过清理整顿,为201名注册会计师换发了新执业证书,审查办理了99名非执业会员和考试取得注册会计师全科成绩合格人员申请执业注册会计师证书,为11名具有注册资产评估师资格人员办理了执业证书。

2008年11月14日,召开宁夏注册会计师协会第五次会员代表大会、宁夏资产评估协会第一次会员代表大会,出席会议代表共84人。中国注册会计师协会副秘书长董新钢、中国资产评估协会综合部主任胡楠到会祝贺。自治区财政厅党组书记、厅长王和山,自治区财政厅纪检组长王本仁出席会议。自治区财政厅总会计师刘怀明致开幕词。全国30家注册会计师协会和25家资产评估协会发来贺信。大会审议通过了宁夏注册会计师协会第四届理事会工作报告及《宁夏回族自治区注册会计师协会章程(修改草案)》和《宁夏回族自治区资产评估协会章程〈草案〉》,选举产生了新一届理事会、常务理事会,选举王本仁为协会会长,选举陈志磊、尤学梅为协会副会长,聘请毛国芝为协会顾问。会议决定尤学梅兼协会秘书长,李广利、崔彦斌为协会副秘书长。

2008年12月,全区注册会计师行业第一次党代会召开,选举产生了第一届宁夏注册会计师行业党委和纪委,使宁夏成为全国12个省区首批建立注册会计师行业党委的省区之一。

2009年8月6日,庆祝宁夏注册会计师协会成立20周年座谈会在银川召开,自治区政协副主席陶源、自治区人大常委会原副主任马骏廷,自治区财政厅党组书记、厅长王和山,自治区财政厅纪检组长、宁夏注册会计师协会会长、宁夏资产评估协会会长王本仁,自治区财政厅副厅长马闽霞、张苏安等领导出席会议。中国注册会计师协会副秘书长蔡晓峰到会祝贺。会议还宣布了对宁夏注册会计师协会成立20周年征文获奖作品的表彰决定。

宁夏注册会计师协会、宁夏资产评估协会历任负责人名表

表10-1

协会名称	职务	姓名	性别	民族	籍贯	任期
宁夏注册会计师协会（第一届）	会长	任振荣	男	汉族	陕西临潼	1989.6—1992.7
	副会长	哈 榕	男	回族	江苏南京	
		刘正谟	男	回族	山东益都	
		郭 华	男	汉族	辽宁	
	秘书长	哈 榕（兼）	男	回族	江苏南京	
	副秘书长	杨定堃	男	汉族	陕西华县	
		于中洋	男	汉族	辽宁丹东	
		张志俊	男	汉族	浙江余姚	
宁夏注册会计师协会（第二届）	会长	任振荣	男	汉族	陕西临潼	1992.8—1996.10
	副会长	陆林生	男	汉族	江苏无锡	
		龙景春	男	汉族	湖南祁县	
		张志俊	男	汉族	浙江余姚	
		李维忠	男	汉族	北京	
	秘书长	陆林生（兼）	男	汉族	江苏无锡	
	副秘书长	龙景春（常务）	男	汉族	湖南祁县	
		杜茂珍	女	汉族	天津武清	
宁夏注册会计师协会（第三届）	会长	易昌元	男	汉族	湖南	1996.11—2001.10
	副会长	马金柱	男	汉族	宁夏中卫	
		邓炎辉	男	汉族	陕西合阳	
		任振荣	男	汉族	陕西临潼	
	秘书长	陆林生	男	汉族	江苏无锡	
	副秘书长	李向东	男	汉族	河南	
		杜茂珍	女	汉族	天津武清	
		李广利	男	汉族	宁夏青铜峡	
		张 茵	女	汉族	陕西米脂	
宁夏注册会计师协会（第四届）	会长	毛国芝	男	汉族	北京通县	2001.11—2008.10
	副会长	陶 源	男	汉族	北京	
		马占和	男	回族	宁夏	
		张全美	男	汉族	宁夏中宁	
	秘书长	张 茵	女	汉族	陕西米脂	
	副秘书长	李广利	男	汉族	宁夏青铜峡	
宁夏注册会计师协会（第五届）宁夏资产评估协会（第一届）	会长	王本仁	男	汉族	山东龙口	2008.11—
	顾问	毛国芝	男	汉族	北京通县	
	副会长	陈志磊	男	回族	宁夏	2008.11—2010.4
		尤学梅	女	汉族	宁夏中宁	2008.11—
		梁万荣	男	汉族	宁夏中卫	2010.4—
		王海智	男	汉族	山东昌乐	
		徐敬旗	男	汉族	宁夏中卫	
		李耀忠	男	汉族	宁夏西吉	2013.3—
	秘书长	尤学梅（兼）	女	汉族	宁夏中宁	2008.11—
	副秘书长	李广利	男	汉族	宁夏青铜峡	
		崔彦斌	男	汉族	宁夏隆德	

二、宁夏财会函授学校银川市分校

(一)学校基本情况

1.学校名称演变

中华会计函授学校是一所由财政部主办专门从事会计在职教育和培训的远距离教学机构,是各级财政部门对在职会计人员进行学历教育和开展会计培训的综合基地。1985年4月,宁夏财会函授学校成立。1986年12月16日,财政部成立中华会计函授学校,宁夏财会函授学校并入中华会计函授学校所属的分校体系,既保留宁夏财会函授学校名称,又称中华会计函授学校宁夏分校,是自治区财政厅直属的正处级事业单位,是一所中职财会专业学校,是财政部中华会计函授学校在宁夏的省级办学单位,宁夏财会函授学校与中华会计函授学校宁夏分校是一套班子两块牌子,宁夏财会函授学校(中华会计函授学校宁夏分校)是自治区各级财政部门对财政干部和会计人员进行学历教育和在职培训的综合基地。

宁夏财会函授学校银川市分校也是一套班子两块牌子。对外是财政部主办的中华会计函授学校宁夏分校在银川市的办学单位,对内是银川市财政局直属单位银川市财经干部学校,1999年前,学校由银川市财政局直接领导,为从事会计教育工作的事业单位。1999年,银川市财经干部学校所承担的社会培训职能、人员、资产由银川市会计师事务所承担和接收,银川市财经干部学校与主管部门银川市财政局脱钩,对外称宁夏财会函授学校银川市分校,对内称银川市会计师事务所培训部。1999年11月19日,银川市会计师事务所与银川市财政局脱钩改制成立宁夏正业通会计师事务所及2002年加入北京天华会计师事务所后,仍然实行一套班子两块牌子,对外称宁夏财会函授学校银川市分校,1999年11月至2002年9月对内称宁夏正业通会计师事务所培训部,2002年10月以后对内称宁夏天华会计师事务所培训部。

2.办学宗旨

宁夏财会函授学校银川市分校其办学宗旨是向正在从事或将要从事会计工作以及其它需要学习会计专业知识的人员提供多层次、多形式的教育培训服务。

3.办学方针

宁夏财会函授学校银川市分校坚持“从严治学,质量第一”的办学方针,坚持理论联系实际,加强政治思想和职业道德教育,建立健全一整套教学和教学管理制度,按照“函授自学、电化教学、面授辅导”三位一体的教学形式,建立并完善远距离教材体系和教学质量保证体系,树立艰苦奋斗、顽强拼搏、严谨治学、不断进取的校风。二十多年来,声誉日增,硕果累累,多次被自治区财政厅宁夏财会函授学校评为先进办学单位。

4.办学基本任务

开展会计人员专业基础教育,提供会计人员继续教育,为有关行业、部门提供会计专业知识培训。银川市财政局委托银川市分校(宁夏天华会计师事务所培训部)代银川市财政局对全市会计人员开展继续教育工作。

5.场地设施建设

2001—2002年,宁夏财会函授学校银川市分校增加投资近30万元,购置计算机、投影仪等电教设备30台,为开展会计电算化培训做准备工作。

自2006年起,宁夏财会函授学校银川市分校常年租借宁夏天华会计师事务所的教室和电教室作为教学场地。2010年,该教学用房随银川市财政局办公楼整体处置一同转让,学校即租借金凤区北京中路房地产大厦东侧4层信通综合楼的200平方米作为新的办学场所。

6.教学管理

2001年以来,宁夏财会函授学校银川市分校注重师资力量的培养,加强与其他大专院校的联系与合作,经常组织教学检查,开展教研活动,规定教师没有教案不能上讲台,对学生有意见的教师帮其改进教学方法,对确实无法胜任的教师及时予以更换。各教学、培训班配备班主任,制订教学计划,坚持跟班听课,并严格执行考勤和请假制度。加强自学管理,要求各教学班建立自学小组,制订自学计划,有条件的学员参加自学小组的活动,每周不少于一次。抓"三段"作业管理,即课前预习作业、课后练习作业、综合复习作业的管理,要求辅导教师认真批改作业,定期讲评,课堂练习使用专用习题集,通过练习巩固学员所学的专业知识。

2008年以来,学校加强师德师风建设,明确岗位责任,进一步提高教学水平。加大使用现代化教学手段的力度,充分利用学校现有的现代化教育资源,拓宽教学容量。进行教育教学反思,加强微观管理,从"细、严、实"入手,进一步提高教育教学质量。要求每位教师都要进行教育教学反思,探讨教育教学中存在的问题,解决教育教学方法和学生学习中存在的突出问题。

7.财务、档案管理

自2001年以来,宁夏财会函授学校银川市分校举办的会计专业大专、中专的学历教育,全国会计专业技术资格和全国注册会计师的考前辅导班,会计人员的继续教育、会计从业资格考前辅导,都按规定实行"收支二条线"进行财务管理,所有收费项目都严格执行《收费许可证》的规定,开具《收费统一票据》和《收费统一收据》,及时将所收费用缴入财政专户进行管理。

在职硕士研究生学费依据自治区物价局宁价费发〔2001〕150号文件规定,即根据培训成本自主确定收费金额。

宁夏财会函授学校银川市分校收费标准与收费依据统计表

表10–2

收费项目名称	批准文号	计价单位	收费标准下限
1.会计电算化考前辅导班	宁价费发〔97〕214号	每人每期	250元
2.会计专业考前辅导班	宁价费发〔2000〕272号	—	—
(1)全国会计专业技术资格考前初级辅导(助师)	—	—	—
经济法基础	—	每人每期	90元
会计实务	—	每人每期	110元
(2)全国会计专业技术资格考前中级辅导(会计师)	—		
经济法	—	每人每期	90元
财务管理	—	每人每期	90元
会计实务1、2	—	每人每期	120元
(3)《会计人员从业资格证书》考前辅导	—	每人每期	220元
(4)会计人员继续教育培训班	—	每人每期(250课时)	1元/课时
(5)会计人员继续教育培训班	宁价费发〔2006〕179号	每人每期	80元
3.(在职)硕士研究生学费	宁价费发〔2001〕150号	每人每期	按培训成本自主确定

2000年以来,宁夏财会函授学校银川市分校配备专职人员管理教学档案,按要求进行归档、整理、装订成册,教学档案内容完整、科学、系统。

宁夏财会函授学校银川市分校大中专学历教育招生人数统计表

表10–3　单位:人

时间	中专班	大专班	本科班
2000—2001学年	83	—	—
2001—2002学年	57	62	—
2002—2003学年	58	43	—
2003年	78	65	—
2004年	—	—	—
2005年	179	27	—
2006年	61	27	52
2007年	121	33	15
2008年	128	30	18
2009—2010年	88	47	11
2011年	76	43	16
2012年	78	45	15

(二)研究生学历教育

2003年初，自治区学位委员会批准宁夏财会函授学校银川市分校与上海财经大学联合举办财政专业硕士研究生课程进修班，每名学员收费1.2万元。是年7月开学，首次招收财政专业研究生学员83名，其中来自财政系统学员71名，共修14门课程，聘请上海财经大学教授授课10门，聘请宁夏本地教授授课4门，授课时间近2年，于2004年12月10日正式结业。

2004年宁夏财会函授学校银川市分校再次与上海财经大学联合举办投资经济学硕士研究生课程进修班，招收学员71名，共修14门课程，仍然聘请上海财经大学教授主讲；于2004年8月开学，于2005年12月10日正式结业。

2004年12月10日在宁夏同时举办首届财政专业研究生结业与第二届投资经济学专业研究生进修班开学典礼仪式。

2007年6月下旬，宁夏财会函授学校银川市分校与上海财经大学联合举办投资经济学硕士研究生结业典礼仪式，本届投资经济学专业和上届财政专业未参加结业典礼仪式的学员赴上海财经学院参加结业典礼仪式。

(三)培训辅导

1.继续教育培训与会计专业考前辅导

2001年，根据《会计法》和《会计人员继续教育暂行规定》，自治区财政厅要求市、县财政部门抓好《企业会计准则》的培训工作。自此以后，宁夏财会函授学校银川市分校将做好《会计法》和《新会计制度》培训工作作为学校的一项重要内容。宁夏财会函授学校银川市分校分批派教师到上海、北京进行师资培训，先后举办会计人员后续教育培训班，新会计准则培训班，会计从业资格考前辅导班，全国会计专业技术资格考前辅导班，注册会计师考前辅导班。在本学年的全国中华会计函授学校抽考中，学校参加抽考的“基础会计”课程全国排名第三，“成本会计”课程全国排名第五。

宁夏财会函授学校银川市分校继续教育培训和会计专业考前辅导人数统计表

表10-4　　单位：人

时间	授课内容	培训人数
2000—2001学年	会计人员继续教育培训班十几期	3200
	会计准则培训班3个	412
	会计从业资格考前辅导班3个	150
	全国会计专业技术资格考前辅导班初、中级各一个班	162
	全国注册会计师考前辅导班1期	400
2001—2002学年	会计人员继续教育《企业会计准则》培训班十几期	1000
	会计从业资格考前辅导班2个	100
	全国会计专业技术资格考前辅导班初、中级各一个班	100
	全国注册会计师考前辅导班2个班	200

续表10-4

时间	授课内容	培训人数
2003年	会计人员后续教育培训班20余期	1200
	全国会计专业技术资格考前辅导班初、中级各一个班	120
2004年	会计人员继续教育培训班20余期	2000
	全国会计专业技术资格考前辅导班初、中级各一个班	120
2005年	全国会计专业技术资格考前辅导初级一个班	40
	全国会计专业技术资格考前辅导中级一个班	24
	全国注册会计师考前辅导班	84
	会计人员继续教育培训班	939
	《村集体会计制度》培训班2期	126
	《民间非营利组织会计制度》培训班2期	160
	《小企业会计制度》培训班17期	4590
2006年	《小企业会计制度》《新会计准则》培训班17期	4600
	全国会计专业技术资格考前辅导班初、中级各一个班	120
	会计人员电算化考前辅导班	57
	行政事业单位会计人员继续教育培训班	418
2007年	会计人员继续教育培训班14期	1742
2008年	会计人员继续教育培训班	2500
	会计从业资格考前辅导班	142
2009—2010	会计人员继续教育培训班	2300
	会计从业资格考前辅导班	114
2011年	会计人员继续教育培训班	1069
	会计从业资格考前辅导班	88
2012年	会计人员继续教育培训班	859
	会计从业资格考前辅导班	125

2.委托培训

2001年，银川市财政局委托宁夏财会函授学校银川市分校承担银川地区的《企业会计准则》培训工作，其培训费用由银川市财政局统一承担。

2005年12月19日，接受银川市财政局委托，对银川市所属会计人员进行后续教育，银川市财政局以甲方即委托方与宁夏天华会计师事务所乙方即受托方签订委托“协议书”，银川市财政局对市属会计人员后续教育工作委托宁夏财会函授学校银川市分校（宁夏天华会计师事务所培训部）负责管理与实施，甲乙双方针对委托内容、权利与义务、费用结算等达成共识，签订委托协议书。

2007年，宁夏财会函授学校银川市分校与国电大武口发电厂、宁夏神光电力股份有限公司签订委托培训合同。

2008年8月13—15日，为银川市国有资产管理委员会举办会计新法规及实务指导培训班，培训人数258人。是年10月16—17日，举办房地产企业所得税实务讲解培训班，培训人数79人。

2009年4月20—21日，为自治区文化厅及银川市教育局举办行政事业单位会计制度培训班，培训人数78人。是年12月9—11日，为自治区总工会举办工会会计指导培训班，培训人数259人。

2009年5月31日，财政部颁发《工会会计制度》，于2010年1月1日开始执行。自治区财政厅下发通知，要求各级财政部门认真组织新会计制度的培训工作。宁夏财会函授学校银川市分校接受银川市财政局的委托，举办工会会计制度培训班3期，每期3天，580人参加培训，包括工会会计、出纳、经济审核员等。对参加培训人员实行免费，培训费用由银川市财政局承担。

2012年4月10—12日，借助宁夏天华会计师事务所人员力量，为吴忠市财政局举办小企业会计准则培训班，培训人数257人。是年8月13—15日、23—25日，分2批为宁东国家税务局及宁东地方税务局所管辖企业举办小企业会计准则培训班，培训334人。同年分别为宁夏军粮供应站、宁夏电力集团、宁夏英海集团、银川众一房地产开发有限公司等单位举办适合其行业特点的培训。

宁夏财会函授学校银川市分校（银川市财经干部学校）历任负责人名表

表10-5

职务	姓名	性别	民族	籍贯	任期
校　长	杨兴国	男	—	—	—
	张瑞芳	女	汉族	宁夏贺兰	—
	孙畅遂	男	汉族	—	2002.6 —
	杨　杰	男	—	—	2010.3 —
	马雪飞	男	汉族	宁夏	—
副校长	王海智	男	汉族	—	1999 —
	伍建国	—	—	—	2002.6 —2010.3
	袁子军	—	—	—	—
	马雪飞	男	汉族	宁夏	2002.6 —
	潘　玉	女	汉族	山西	2010.3 —
	吴　静	女	汉族		2012.8 —

第二节　重要规章制度选编

第一部分　章程

宁夏天华会计师事务所章程(2010修订)

第一章　总则

第一条　为规范宁夏天华会计师事务所(以下简称"事务所")的组织和行为,保障事务所及其股东、债权人的合法权益,根据《中华人民共和国注册会计师法》、《中华人民共和国公司法》、及其他法律、法规、规章的有关规定,制定本章程。

第二条　设立本事务所的股东共同分别为(略)

第三条　事务所依法设立,其一切经营活动应遵守国家法律、法规、规章的规定及本章程的约定。

第四条　事务所注册名称:宁夏天华会计师事务所(有限公司)

第五条　住所:宁夏银川市兴庆区长城东路339号

电话:41045114120881

邮政编码:750004

第六条　事务所的注册资本为人民币叁佰万元。

第七条　事务所的经营期限为[10年],自事务所营业执照签发之日起计算。经股东会同意,可在事务所经营期限届满前向审批机关申请延长经营期限。

第八条　董事长为事务所的法定代表人。

第九条　事务所依法实行独立核算、自主经营、自负盈亏。股东以其出资额为限对事务所承担责任,事务所以其全部资产对事务所的债务承担责任。但需首先由事务所购买的职业保险和风险基金承担责任。

第十条　事务所根据业务发展需要,可以设立分所,并向有关部门办理报批和登记手续。

第十一条　事务所经批准设立,成为注册会计师协会团体会员,按其规定享有相应的权利,履行相应的义务。

第二章　经营范围

第十二条　事务所的经营范围是:

(一)审计等鉴证业务:包括但不限于审查企业财务报表;验证企业资本;企业合并、分立、清算事宜中的审计业务;法律、行政法规规定的其他审计业务。

(二)税务服务:包括但不限于税务代理;税收咨询和筹划;税收审计。

(三)司法会计鉴定。

(四)会计咨询、会计服务业务:包括但不限于会计管理咨询;设计会计制度;担任会计顾问;代理记账;项目可行性研究和项目评价;培训财会人员;其他会计咨询、服务业务。

(五)委托人委托的其他业务。

第十三条 事务所承办上述业务,应符合规定条件并遵守相关专业标准,遵守相关行业职业道德。

第三章 股东出资

第十四条 事务所各股东、出资额、出资方式、出资比例如下:(略)

第十五条 各股东的出资应在本章程签署一个月内或新股东加入后一个月内缴足。

第十六条 在事务所存续期间,股东不得抽回出资。

第十七条 事务所根据业务发展需要,可以增加或减少注册资本。增加注册资本的,应当于做出变更决定之日起二十日内向省级财政部门和注册会计师协会备案;减少注册资本的,应当自做出减少注册资本决议之日起十日内通知债权人,二十日内向省级财政部门和注册会计师协会备案,并于三十日内在报纸上公告,依有关规定申请变更登记。

第四章 股东及其权利与义务

第十八条 事务所的股东应同时具备以下条件:

(一)专业资格条件:持有有效的中国注册会计师证书或审批机关认可的与本事务所执业资质相关的其他职业资格证书;

(二)专职执业条件:在本事务所专职执业;

(三)职业道德条件:成为股东前三年内没有因为执业行为受到行政处罚,成为股东前一年内没有因为采取欺骗等不正当手段申请设立会计师事务所而被财政部门做出不予受理、不予批准或者撤消会计师事务所的决定;

(四)年龄条件:年龄在60周岁以内且未办理过离退休手续,包括内退、病退、离岗退养;

(五)事务所约定的其他条件。

第十九条 事务所的股东分为董监事和一般股东,股东享有本章程约定的权利,承担本章程约定的义务。

第二十条 事务所的股东享有如下权利：

(一)参加事务所股东会,对所议事项发表意见,对议案进行表决；

(二)选举和被选举为董事或监事；

(三)按出资比例对事务所提取各项基金后的可供分配利润享有分配权；

(四)查阅事务所财务会计报告、股东会及董事会会议记录,了解事务所经营状况和财务状况；

(五)股东对外转让其股权时,在同等条件下享有优先购买权；

(六)事务所增加资本时,按股东协商一致的比例认缴；

(七)事务所终止时,对清算后的剩余财产享有分配权；

(八)法律、法规、规章、本章程规定及股东会决定的其他权利。

作为董事的股东还享有选举或被选举为事务所董事长、副董事长的权利。

第二十一条 事务所股东的义务：

(一)本着诚实信用原则订立并自觉履行本章程；

(二)严格按照本章程履行出资义务；

(三)将自己所掌握的对事务所或其他股东利益有直接影响的情况如实告知董事长或其他股东；

(四)遵守本章程及事务所的各项规章制度、股东会决议；

(五)不得在其他会计师事务所执业,不得在其他单位从事获取工资性收入的工作,不得自营、与他人合作经营或为他人经营与事务所相竞争或与事务所有其他利益冲突的业务,不得从事其他损害事务所合法权益的活动；

(六)非经股东会同意,不得为自己或他人与事务所进行买卖、借贷及其他交易活动,不得以事务所的财产对外提供担保；

(七)保守事务所的经营、财务等商业秘密；

(八)依法行使股东权利,不得滥用股东权利损害事务所或者其他股东的利益;不得滥用事务所法人独立地位和股东有限责任损害事务所债权人的利益；

(九)事务所的控股股东不得利用其关联关系损害事务所的利益；

(十)法律、法规、规章及本章程规定的其他义务。

第五章 组织机构及其职权、议事规则

第二十二条 股东会是事务所的最高权力机构,由全体股东组成,依法行使下列职权：

(一)审议批准事务所的经营方针和发展规划；

(二)选举和更换董事,决定有关董事的报酬事项；

(三)选举和更换由股东代表出任的监事,决定有关监事的报酬事项；

(四)审议批准董事会的年度工作计划、报告;

(五)审议批准监事会的报告;

(六)审议批准事务所年度财务预算、决算、弥补亏损和利润分配方案;

(七)决定事务所章程的修改,审议批准章程修改草案;

(八)决定是否延长经营期限;

(九)审议批准增加或减少注册资本的方案;

(十)审议批准分所的设立和解散方案及对分所的管理方案;

(十一)审议批准事务所的合并、分立、变更、解散和清算方案;

(十二)审议批准股东的加入、退出及股权转让方案;

(十三)决定事务所重大资产处置;

(十四)决定事务所对外担保事宜;

(十五)审议其他应由股东会决定的事项。

第二十三条　股东会会议分为定期会议和临时会议,定期会议每年召开一次,三分之一以上股东或监事可以提议召开临时股东会,股东会会议有三分之二以上股东出席方为有效。

第二十四条　股东会会议由董事会召集,董事长主持。董事长不能履行职务时,由董事长指定副董事长或其他董事主持。

第二十五条　除法律、法规、规章和本章程另有规定外,股东会会议由股东按出资比例行使表决权。

一般决议必须由代表二分之一以上表决权的股东同意。但对修改事务所章程、增加或者减少注册资本,事务所合并、分立、解散或者变更公司形式及其他对事务所产生重大影响的事项的决议,必须由代表三分之二以上表决权的股东同意。

如果代表二分之一以上表决权的股东同意某事项是对事务所产生重大影响的事项,则该事项为"对事务所产生重大影响的事项"。

第二十六条　股东会会议应当置备会议记录本。出席股东会会议的股东必须在股东会会议记录本上签到。

股东会会议审议的内容和形成的决议应当记载于会议记录本,出席会议的股东应当在会议形成的所有文件上签名。

第二十七条　事务所董事由股东会选举或更换。董事每届任期三年,连选可以连任。

第二十八条　事务所设董事会,由股东会选举产生,对股东会负责。董事会由董事长、副董事长(根据业务发展需要确定)和其他董事(根据业务发展需要确定)组成。董事长和副董事长由全体董事从董事中过半数选举产生和罢免。董事会行使下列职权:

(一)负责召集股东会,并向股东会报告工作;

（二）执行股东会决议；

（三）决定事务所的经营计划和人力资源计划；

（四）制订事务所的基本管理制度；

（五）决定事务所的内部机构设置、员工职级系列；

（六）选举和更换董事长、副董事长，拟订董事、监事报酬方案；

（七）负责事务所的经营管理工作，决定事务所短期业务发展目标与发展计划；

（八）拟订事务所的年度财务预算、决算方案；

（九）拟订事务所的利润分配和亏损弥补方案；

（十）拟订事务所章程修改草案；

（十一）拟订事务所分所的设立和解散方案及对分所的管理方案；

（十二）拟订事务所合并、分立、变更、解散和清算方案；

（十三）拟订股东的加入、退出及其由此产生的股权转让方案；

（十四）拟订重大资产处置方案；

（十五）决定是否出具有重大争议的业务报告；

（十六）股东会授予的其他职权及其他应由董事会决定的重大事项。

第二十九条 董事会会议应由二分之一以上董事出席方可举行，每一董事享有一票表决权，董事会议定事项必须经董事过半数同意方可做出。

董事会会议应当置备会议记录本。出席董事会会议的董事、列席董事会会议的监事应当在会议记录本上签到。董事会会议审议的内容和形成的决议应当记载于会议记录本，出席会议的董事应当在会议形成的所有文件上签名。

第三十条 事务所实行董事长负责制，每届任期三年，任期届满可连选连任。董事长是事务所的法定代表人，对董事会负责，行使下列职权：

（一）主持事务所全面的经营管理活动，组织实施董事会和股东会的决议，并向董事会报告工作；

（二）拟订事务所的基本管理制度、内部机构设置方案；

（三）拟订和组织实施年度业务发展计划，对事务所内部的业务经营活动进行调控、协调和监督；

（四）组织制订并实施事务所的执业操作规程、质量监管、培训、人事、财务和后勤等内部管理制度；

（五）提请董事会聘任或者解聘事务所副董事长、财务负责人等高级管理人员；

（六）聘任或者解聘除应由董事会聘任或者解聘以外的管理人员、职工，并决定其工资、福利、奖惩；

（七）签署董事会重要文件和其他应由事务所法定代表人签署的文件；

(八)代表本事务所提起、应对仲裁或诉讼;

(九)行使法定代表人的其他职权;

(十)事务所章程或董事会授予的其他职权。

第三十一条　事务所设监事一名,由股东担任,股东会会议选举或更换,董事及财务负责人等高级管理人员不得兼任监事。监事的任期每届为三年,监事任期届满,可以连选连任。监事列席董事会会议,监事行使下列职权:

(一)检查事务所财务;

(二)对董事、高级管理人员执行事务所职务的行为进行监督,对违反法律、行政法规、事务所章程或者股东会决议的董事、高级管理人员提出罢免的建议;

(三)当董事、高级管理人员的行为损害事务所的利益时,要求董事、高级管理人员予以纠正;

(四)提议召开临时股东会会议;

(五)向股东会会议提出提案;

(六)应股东的请求,对违反法律、行政法规、事务所章程而给事务所造成损失的董事、高级管理人员提起诉讼;

(七)监事可以列席董事会会议,并对董事会决议事项提出质询或者建议;

(八)事务所章程约定的其他职权。

第三十二条　董事、监事及其他高级管理人员应当遵守法律、法规和事务所章程的有关规定,诚信勤勉地履行义务。

第三十三条　董事、监事及其他高级管理人员执行事务所职务时违反法律、法规或者事务所章程的规定、股东会决议或怠于履行职务,给事务所造成损害的,应当承担赔偿责任。

第三十四条　事务所根据业务发展需要设置内部机构并配备各类专业人员。

第六章　股东加入、退出与股权转让

第三十五条　股东之间转让其在事务所中的全部或部分股权时,应当通知其他股东。转让价格,由转让方与受让方自行协商。

第三十六条　股东向股东以外的人转让其在事务所中的全部或部分股权时,受让方应符合作为事务所新股东的条件,同时应当经其他股东过半数同意。其他股东半数以上不同意转让的,不同意的股东应当购买该转让的股权;不购买的,视为同意转让。转让价格,由转让方与受让方自行协商。

第三十七条　新股东应同时具备以下条件:

(一)上述第十八条约定的原股东应当具备的条件;

(二)各股东认为必要的其他条件。

第三十八条 新股东按其权益比例,以上年末事务所账面净资产中其应占份额为基准,按审议确定的数额缴付出资。

第三十九条 当发生下列情形之一时,原股东丧失作为事务所股东的资格,其股权作为退股处理,特定事实发生之日为退股时间:

(一)股东死亡或者依法被宣告死亡、宣告失踪;

(二)股东被依法宣告为无民事行为能力或限制民事行为能力人。

第四十条 股东有下列情形之一时,经股东会代表三分之二以上表决权(拟被除名的股东的表决权不计算在内)的股东书面同意,可以决议将其除名:

(一)未根据章程履行出资义务;

(二)因故意或重大过失给事务所造成损失;

(三)违反本章程及事务所规章制度,给事务所或其他股东造成严重后果;

(四)违反行业执业规范的有关规定,丧失职业道德,产生恶劣影响的;

(五)不按规定参加职业后续教育;

(六)其他严重损害事务所及其他股东合法权益的情形。

对股东的除名决议应当书面通知被除名人。自被除名人接到除名通知之日起,除名生效。被除名人的股权作为退股处理,除名生效的时间为退股时间。

第四十一条 股东有下列情形之一的,作为退股处理,退股协议签署时间为退股时间:

(一)因故调离事务所的;

(一)达到章程约定的退休年龄;

(二)因健康等原因丧失工作能力不能执业。

股东具有前款所列情形时,应书面向事务所提交申请。如无正当理由拒不提交申请的,股东会将按相应程序形成决议,要求该股东退股。

第四十二条 在退股的情形下,以上年末事务所账面净资产中其应占份额为基准,按审议确定的数额进行结算。

第四十三条 事务所发生股东变更时,应当注销原股东的出资证明书,向新股东签发出资证明书,相应修改事务所章程和股东名册中有关股东及其出资额的记载,对事务所章程的该项修改不需再由股东会表决。

事务所应于做出变更决定之日起二十日内向省级财政部门和注册会计师协会备案,并依有关规定向工商行政管理部门申请变更登记。

第四十四条 原股东或其继承人或财产代管人应当积极配合办理股权转让及工商变更登记等相关事宜,签署相关文件。

如拒不办理或故意拖延办理的在事务所提出要求三个月以上非因正当理由未办理

的，视同原股东或其继承人或财产代管人自此之时授权事务所当期董事长具有代表原股东签署相关文件的权利。

第七章　工作规则和员工管理

第四十五　条事务所对外承接业务，一律以事务所的名义接受委托，任何人不得以个人名义从事业务活动。

第四十六条　事务所全体股东及其他员工都应当遵守下列规定：

（一）严格遵守国家的法律法规，维护投资者的合法权益；

（二）严格遵守执业规范以及其他各项工作规定；

（三）坚持独立、客观、公正原则；

（四）严格保守业务秘密；

（五）廉洁诚实，忠于职守，保持良好的职业操守；

（六）努力钻研业务，不断提高自身的专业水平，保持优良的工作质量；

（七）遵守事务所的各项内部管理制度。

第四十七条　事务所研究决定有关员工工资、福利、劳动保护、社会保险等涉及职工切身利益的问题，应当事先听取事务所员工的意见，并邀请职工代表列席有关会议。

第四十八条事务所研究决定业务经营的重大问题、制定重要的规章制度时，应当听取事务所员工的意见和建议。

第四十九条　事务所应建立有关经营业务、质量与风险控制、人员聘用管理、人才后续教育培训、财务与后勤等方面的管理制度。

第五十条　事务所应当按照《劳动法》的规定，与员工确立劳动关系。

第五十一条　事务所员工的工资、福利、劳动保护、社会保险等事项，由事务所按照国家有关规定和事务所具体情况确定。

第五十二条　员工不得从事损害事务所利益的活动。对违反本章程和事务所规章制度的员工，情节严重的可辞退或除名。给事务所造成损失的，事务所可追究其经济赔偿责任。

第五十三条　事务所鼓励员工用正当的方式对事务所各项工作及各级管理人员提出建设性意见或批评，鼓励员工通过考试取得业务经营所需的执业资格。

第八章　财务、会计、利润分配制度

第五十四条　事务所独立核算、自负盈亏、依法纳税，并应当依照法律、行政法规和国务院财政部门的规定建立事务所的财务、会计制度。

第五十五条　事务所制定以下主要财务管理制度：财务收支预决算制度；费用报销

制度;奖励制度;财产管理制度;财务审批制度;会计凭证、账簿、报表管理与归档制度等。

第五十六条 事务所财务部门每月应向董事长提交月度财务报告,每半年向股东会、董事会提交财务报告,会计年度终了后三个月内向全体股东提交经其他会计师事务所审计的年度财务会计报告。

第五十七条 事务所根据国家有关规定提取各项基金,按时缴纳各项税款、协会会费、劳动保险金及其他应缴款项。

第五十八条 事务所应当按照有关规定建立职业风险基金,办理职业责任保险。

第五十九条 事务所交纳所得税后的利润,按以下顺序分配:

(一)弥补上一年度的亏损;

(二)提取利润百分之十的法定公积金,用于弥补亏损、扩大经营规模和转增资本;

(三)提取任意公积金;

(四)支付股东红利。

第六十条 事务所法定公积金累计额为事务所注册资本的百分之五十以上时,可不再提取。

第六十一条 提取法定公积金后,是否提取任意公积金由事务所股东会决定。

第六十二条 股东会决议将公积金转为出资时,按股东原有出资份额转增。但法定公积金转为资本时,所留存的该项公积金不得少于转增前注册资本的百分之二十五。

第六十三条 事务所每年可供股东分配的利润由股东按出资比例进行分配。

第六十四条 事务所上年度累计亏损未弥补前不得分配利润,以前会计年度未分配的利润可并入本年度分配。

第九章 解散和清算

第六十五条 事务所发生下列情形之一时,事务所应当解散并依法进行清算:

(一)本章程约定的经营期限届满,股东不再要求延期的;

(二)股东会决议解散;

(三)被依法宣告破产;

(四)事务所股东不足法定人数,且在三个月内未予以补足;

(五)被依法吊销营业执照或责令关闭;

(六)被依法撤销或撤回设立许可;

(七)因事务所合并或者分立需要解散;

(八)出现法律、行政法规规定的其他原因。

事务所经营管理发生严重困难,继续存续会使股东利益受到重大损失,通过其他途径不能解决的,持有事务所全部股东表决权百分之十以上的股东,可以请求人民法院解散事务所。

事务所因有第一款第(一)、(二)、(四)、(五)、(六)项情形而解散的,应当在十五日内成立清算组。清算组人员由股东会以普通决议的方式选定。

事务所因有前款第(三)项情形而解散的,由人民法院依照有关法律的规定,组织股东、有关机关及专业人员成立清算组进行清算。

第六十六条 清算组成立后,董事会、董事长的职权立即停止。清算期间,事务所不得开展新的经营活动。

第六十七条 清算组在清算期间行使下列职权:

(一)通知或者公告债权人;

(二)清理事务所财产、编制资产负债表和财产清单;

(三)处理事务所未了结的业务;

(四)清缴所欠税款;

(五)清理债权、债务;

(六)处理事务所清偿债务后的剩余财产;

(七)代表事务所参与民事诉讼活动。

第六十八条 清算组应当自成立之日起十日内通知债权人,并于六十日内在报纸上公告。清算组负责对事务所债权人的债权进行登记。

第六十九条 清算组在清理事务所财产、编制资产负债表和财产清单后,应当制定清算方案,并报股东会或者人民法院确认。

第七十条事务所财产按下列顺序清偿:

(一)支付清算费用;

(二)支付事务所员工工资、社会保险费用和法定补偿金;

(三)缴纳所欠税款;

(四)清偿事务所债务;

(五)按股东的出资比例进行分配。

第七十一条 依第六十五条第二款成立的清算组在清理事务所财产、编制资产负债表和财产清单后,认为事务所财产不足清偿债务的,应当向人民法院申请宣告破产。事务所经人民法院宣告破产后,清算组应当将清算事务移交给人民法院。

第七十二条 清算结束后,清算组应当制作清算报告,连同清算期间的收支报表和财务账册,报股东会或人民法院确认。

第七十三条 清算组应当将确认后的清算报告依法报送原事务所登记机关办理注销登记手续,公告终止,并于办理工商注销登记前向省级财政部门办理终止备案手续,将事务所原有档案移交股东负责保存。

第七十四条　清算组人员应当忠于职守，依法履行清算义务，不得利用职权收受贿赂或者获得其他非法收入，不得侵占事务所财产。

清算组人员因故意或者重大过失给事务所或者债权人造成损失的，应当承担赔偿责任。

第十章　争议解决及其他

第七十五条　凡在本章程履行过程中发生的或与本章程有关的任何争议，各方均应尽量通过友好协商方式解决。

协商不成，各方可通过以下方式之一解决：

（一）向仲裁委员会提请仲裁；

（二）向有管辖权的人民法院提起诉讼。

第七十六条　本章程经全体股东签名后成立并生效。修改亦同。

第七十七条　有下列情形之一的，事务所应当修改章程：

（一）《公司法》、《注册会计师法》或有关法律、法规、规章修改后，章程约定的事项与修改后的法律、法规、规章的规定相抵触；

（二）事务所的情况发生变化，与章程记载的事项不一致；

（三）股东会决定修改章程。

第七十八条本章程未尽事宜，由事务所依据《中华人民共和国公司法》、《中华人民共和国注册会计师法》及有关法律、法规、省级以上财政部门、注册会计师协会的有关规定执行。

第七十九条　本章程一式[ ]份，股东各持一份，审批及登记机关共[ ]份，注册会计师协会[ ]份，事务所保存[ ]份。

第八十条　本章程所称"以上"、"以内"、"以下"，都含本数；"不满"、"以外"不含本数。

第八十一条　本章程由事务所董事会负责解释。

全体股东签名：

二〇一〇年　月　日

第二部分　人事、行政管理制度(节录)

一、人事管理制度(2010年修订)

第一章　总　则

第一条　宁夏天华会计师事务所,为了更好地服务社会,分别设立了宁夏正业通工程咨询有限责任公司、宁夏正业通房地产估价事务所、宁夏正业通资产评估有限责任公司等法人机构,简称天华正业通。天华正业通(以下简称本单位)实行统一的人事管理。

第二条　为了加强本单位的员工管理,充分发挥人力资源在本单位发展中的主导作用,按照本单位对员工管理的原则要求,结合本单位实际,制定本制度。

第三条　人才的使用引进竞争机制,贯彻优胜劣汰,逐步建立起管理人员能上能下,股东队伍能进能出的科学用人机制,为机构的改革与发展提供强有力的人力资源保障。

第四条　根据行业的特点,本单位按专业技术人员、行政人员两类实行相应的人事管理政策。

(一)专业技术人员是指在本单位从事财务审计、工程造价咨询、资产评估、房地产估价、建设项目招标代理和会计人员教育培训等专业工作的人员。

(二)行政人员是指在本单位从事行政事务、后勤保障等方面工作的人员。

第五条本单位全体工作人员管理,除遵守政府有关法令外,依本制度办理。

第二章　人员录用

第六条　本单位的招聘采用公平、公正、公开的原则,主要以面试、笔试等方式进行,招聘优秀、适用之人才。

第七条　新进员工应具备全日制大学本科以上学历或中级以上技术职称。

第八条　新进员工的招聘由董事会及相关部门员工代表组成评审小组,根据应聘者所学专业、年龄结构、综合能力、文化修养等情况综合打分。根据评委评分情况结合本单位发展目标,择优聘用评分高者。

第九条　专项需要聘用人员应经董事会专门研究是否聘用及相关问题。

第十条　新进员工一般实行试用期制度,试用期限按法律法规和劳动合同的有关规定予以确定。

第十一条　试用人员报到时,应向人事部门缴验下列表件:

(一)身份证、学历证、资格证书原件及复印件;

(二)最后服务单位离职证明(新毕业学生凭毕业证);

(三)最近三个月内半身脱帽照片三张;

(四)应聘人员登记表、面谈记录表(考核人员提供);

(五)其他必要文件。

第十二条 凡有下列情况者,不得聘用:

(一)受过刑事处罚人员;

(二)被吊销专业证书或因专业违规被处罚人员;

(三)品行恶劣,被相关单位开除者;

(四)体格检查本单位认定不适合者;

(五)经本单位认定不适合在本单位工作的其他情况。

第十三条 试用期人员如有品行不良或工作成绩欠佳或无故旷工者,可随时停止试用,试用不满三日者,不发工资。

第十四条 本单位与被聘用的员工自用工之日起一个月内依法签订劳动合同。

(一)聘用专家顾问或能力突出者,根据工作需要确定劳动合同期,直接录用,免试用期。

(二)取得相关执业资格,但无相关工作经历的签订六个月的固定期限劳动合同,试用期为一个月;有相关工作经历一年以上的,签订一年的固定期限劳动合同,试用期两个月。

(三)中级及以上职称无相关工作经历的签订六个月的固定期限劳动合同,试用期一个月;有相关工作经历一年以上的,签订一年的固定期限劳动合同,试用期两个月。

(四)普通高校毕业本科及以上学历的,签订六个月的固定期限劳动合同,试用期为一个月。

第十五条 新进员工试用期满前,由单位进行考核,考核中如发现不符合录用条件的,可随时依法解除劳动合同。

第十六条 其他情形根据工作需要按照《劳动合同法》的规定确定劳动合同期。

第三章 出资人加入与退出

第十七条 本单位因发展需要,必须增加出资人时,按照出资协议办理。

第十八条 本单位充分引入竞争机制,促进人才合理流动,建立有效的出资人加入与退出制度,保持本单位活力,促进本单位健康持续发展。

第十九条 出资人及董事加入规定

(一)具备章程规定的出资人条件,在本单位已有连续三年的考核业绩,且具有与本单位执业资质相关的执业资格人员;本单位业务发展急需的、与本单位业务发展方向及发展战略相适应的人员,可以成为出资人。

(二)董监事换届,由本届董事会提名下届董事会增加的董监事人选,增加董监事的选择主要考虑本单位的业务发展方向，是本单位业务发展急需的、与本单位发展战略相适应的人才，新提名增加的董监事为新一届董监事会的候选人。

第二十条　出资人及董监事退出规定

(一)业务完成量按出资人排名后三位的出资人，人力价值评估分最低的两位退出股东。

(二)董监事会按届考核，由本届董监事会提名下届董监事会增加的董监事人选，新提名增加的董监事与上届董监事会的全体董监事为下届董监事会的候选人，由股东会差额选举产生下届董监事，差额每届不少于2人，落选的董监事转为一般股东。

第四章　机构设置

第二十一条　为适应业务发展需要，本单位在各法人机构分别设置业务部。

第二十二条　设置办公室和标准稽核部，统一负责本单位的行政人事和技术标准工作。

第五章　岗位设置

第二十三条　本单位的岗位设置如下：

岗位名称	基本标准
董事长	董事且具备相应管理经验被推举人员
副董事长	董事且具备相应管理经验被推举人员
部门主任(高级经理)	具备相关执业资格，且胜任大中型项目的操作和管理，具有部门副主任(经理)经历两年以上
部门副主任(经理)	具备相关执业资格，且胜任大中型项目的操作，具有项目经理经历两年以上
项目经理	具备相关执业资格且具有同业经历三年以上人员
高级助理	经考核符合相应条件且具有同业经历三年以上工作突出人员
项目助理Ⅰ	经考核符合相应条件且具有同业经历两年以上人员
项目助理Ⅱ	经考核符合相应条件且相应工作经历在一年以上人员
项目助理Ⅲ	试用期满经考核符合相应条件人员
临聘人员	单项工作聘用或临时业务需要聘用人员
特岗人员	专项工作、派驻外单位工作人员
试用期人员	相关专业本科以上学历或中级以上职称

第六章　岗位职责

第二十四条　本单位单独制定工作人员岗位职责，以合理保证执业人员明确岗位职责，按照法律法规、职业道德守则和业务准则的规定执行业务，履行职责。

第七章　员工考核

第二十五条　本单位遵循“严格公正，科学有效，注重实绩，不断创新，逐步完善”的指导思想，按照《员工考核制度》开展员工考核工作。

第八章　工薪待遇

第二十六条　本单位本着兼顾各方利益和按劳计酬的原则，进行工薪分配，员工均应按照《工薪管理制度》及《工薪标准》计发工薪待遇。

第九章　考　勤

第二十七条　员工均应按国家统一规定出勤，考勤管理按《考勤管理制度》办理。

第十章　福　利

第二十八条　本单位为安定职工生活，增进职工福利，由办公室负责按照《社会保障及福利制度》的规定办理福利事项。

第十一章　退　休

第二十九条　职工退休，依据国家统一规定办理，符合退休条件时，一般无需申请，由办公室负责统一办理。

第三十条　已按国家规定办理退休后的职工，二次就业后达到本单位规定条件再次退休的，解除劳动约定即可，无须再办理退休手续。

第十二章　调　动

第三十一条本单位依员工个性、学识、能力调配其工作岗位或职务，力争实现人尽其才、才尽其用；为适应工作需要，调整员工工作岗位或职务时，要求被调动人员应予积极配合，妥善办理工作移交手续。

第十三章　调离或退出

第三十二条　调离人员是指主动提出与本单位终止或解除劳动关系的人员。

第三十三条　退出人员是指出现以下情形时，与本单位终止或解除劳动关系的人员：

（一）因停业、合并、分立减员时；

（二）亏损或业务紧缩减员时；

（三）业务性质变更，有减少劳动必要，又无适合工作岗位可安置时；

（四）考核及双向选择无适合岗位时；

（五）员工所担任工作确不能胜任时。

第三十四条　员工调离，由本人提出书面申请；员工退出，由单位发出书面通知。员工接到单位同意调离通知或退出通知后，一般应于五日内办妥工作移交手续，人事部门在征询接交部门负责人及接交人意见后，方可办理相关手续。

出资人调离或退出本单位，应先按照章程规定退出股东身份，结清工作及业务等手续，经批准后方可办理退资、调离或退出手续。

第三十五条　单位为员工提供专项培训费用，进行专业技术培训，与员工订立协议，约定服务期的。调离员工违反服务期约定的，应当按照约定支付违约金。

第三十六条　调离或退出人员应在办理手续时出具承诺书，对其在本单位工作期间调离或退出前相关未了责任在调离或退出后仍应承担的责任做出承诺，否则不予办理调离或退出手续。

第三十七条　无论调离或退出时是否对应承担的责任做出承诺，对其在工作期间未了责任本单位都有追偿权。

第十四章　经济补偿

第三十八条　出现下列情况之一时，应予员工经济补偿：

（一）因停业、合并、分立减员时；

（二）亏损或业务紧缩减员时；

（三）业务性质变更，有减少劳动必要，又无适合工作可安置时；

（四）考核及双向选择退出人员；

（五）员工所担任工作确不能胜任时。

第三十九条　员工因受惩罚被开除或自行辞职者，不予经济补偿。

第四十条　本单位按下列规定向员工支付经济补偿：

（一）在本单位连续工作每满一年支付一个月工资标准的经济补偿；最高不超过十二年。六个月以上不满一年的，按一年计算；不满六个月的，向从业人员支付半个月工资的经济补偿；

（二）月工资是指职工在劳动合同解除或终止前十二个月的平均固定工资（基础工资+岗位工资）。

第十五章　责　任

第四十一条　员工应遵守本单位一切规章制度。

第四十二条　员工违反本单位规章制度应按规定进行惩处，无惩处规定的经董事会研究给予相应惩处。

第十六章　附则

第四十三条　根据本制度，人事部门应及时办理股权转移、人员定级、自动待岗、退出等相关手续。

第四十四条 本制度未列入情况依实际发生调整补充。

第四十五条 本制度经征求职工代表意见，报董事会批准后实施。

第四十六条 本制度自2003年7月1日起施行。

二、工薪管理制度(2010年修订)

第一章 总 则

第一条 为了贯彻落实《劳动合同法》的相关规定，规范本单位的薪酬制度，保障从业人员的合法权益，充分调动员工的工作热情和积极性，制定本制度。

第二条 本单位薪酬制度以“按劳分配，效率优先，兼顾公平”为基本原则，根据员工所在工作岗位(职务)、专业水平和能力(执业资格、学历学位、技术职称等)，以及工作业绩、表现等确定每位员工的薪酬标准。

第三条 本单位每年对员工的专业胜任能力、敬业精神、工作绩效和职业道德等进行考核评价，并据以确定薪酬标准的职级和晋升。

第四条 根据行业的特点，本单位按专业技术人员、行政人员两类实行相应的薪酬管理政策。

第五条 本单位的职工薪酬制度采用基本工资加绩效工资法和工资全额约定法(即年薪制)。

第六条 本单位根据员工在人事管理方面的不同性质和类别(正式在册职工、临聘人员、返聘人员、试用人员、实习生等)确定薪酬体制及薪酬构成项目。

第二章 专业技术人员报酬

第七条 本单位对专业技术人员采用基本工资加绩效工资法。其薪酬构成主要包括:基础工资、岗位工资、提成工资和奖励工资等。

(一)基础工资:实行统一标准，适时调整。

(二)岗位工资:按照员工职级，根据年度考核结果确定。

(三)提成工资:指本单位根据业务项目的收益情况发放给员工的报酬，此部分工资按员工的工作量、贡献率等情况发给，按员工职务职级系数计算。

1.项目提成收入

项目提成收入是项目实际收入扣减项目直接支出(如大额差旅费等)的差额。

2.参与项目提成工资分配的人员

参与提成工资分配的人员是指直接参与该业务项目具体工作的业务人员。

3.项目提成比率

项目提成比率是指在项目收费中提取浮动报酬的比例。审计业务、工程造价咨询、资产评估、房地产估价及建设项目招标代理等业务，按已完成项目的实际收费，实行分档超额累退办法确定分配数额。

4.分配系数

分配系数是指参与浮动报酬分配的人员，按其不同的职务（如高级经理、经理、项目经理、高级助理、项目助理Ⅰ、项目助理Ⅱ和项目助理Ⅲ等）设置等级，并对每一等级确定基本分配系数。

5.计提方法

项目提成由项目总提成率、职工分配系数等要素构成，计提、计算公式如下：

个人项目提成=项目提成收入×项目总提成率÷项目组人员系数之和×个人系数

（四）奖励工资：是指本单位对员工的各种奖励，如年终奖、开拓奖、特殊奖励等。（该部分同样适用于行政支持人员）

1.年终奖：是指本单位根据年度收益情况，给予全体员工的奖励。通常结合员工年度考核结果分等级发给。

2.业务开拓奖：是指对高级经理以下职级的员工在业务拓展方面所取得的成绩，按适当的计算方法所支付的奖励。

3.特殊奖：是指在特殊情况下本单位给予员工的奖励，如员工考试取得博士、硕士学位、高级技术职称，取得相关执业资格和荣誉，以及员工对执业机构有特殊贡献等。

第八条 本单位对其他项目参与人员（复核人员等）的浮动报酬（平均奖），依照一线项目人员提成总金额的平均数按系数计发。

第九条 本单位对纳入管理目标责任考核范围的责任人采用工资全额约定法（即年薪制），即可根据责任人的职务职级、工作能力和部门业绩等因素确定其年薪；年终再根据其工作表现和部门对单位的贡献发给一定的奖金。

实行年薪制的责任人，超过三个月不在岗的，其工薪调整为相应管理岗位工薪。

第十条 本单位与其他单位合作项目收入，以项目实际取得收入扣除直接支出的差额，按项目提成收入分配办法分配。

第十一条 本单位收到政府部门、行业协会及协作单位借用本单位专业技术人员支付的相关费用，酌情对借出人员给予补助。

第十二条 发放办法

（一）工薪按月计发，采取按月保底计发与年度汇算平衡相结合办法。

1、月保底工薪，在不低于本年本岗位基础工资加岗位工资之和的基础上，考虑物价上涨等社会因素对员工生活的影响，由董事会确定具体标准；

2、当员工按月计算的工薪低于上述标准时，以上述标准为低限；

3、工薪实行年度汇算平衡是指当月应计工薪低于保底工薪之差额可移动至下月及以后，以年度为界，低于全年保底数时不再移动，且与当年业绩奖励相结合。

(二)年薪的发放

1、年薪按月预发年终统算，按月预发部分不超过应发的80%。

2、纳入管理目标责任考核范围的责任人，直接参与业务项目具体工作时，应按规定参与项目提成工资分配，但计提的提成工资与年薪不累加发放。

第三章　行政人员、试用期人员薪酬

第十三条　行政人员实行基本工资加绩效工资法，绩效工资年度统一发放；试用期人员实行基本工资法，其标准不低于所在地最低工资标准。

第四章　临聘人员、实习生报酬

第十四条　临聘人员是指为完成某一特定业务项目而临时聘用的专家，其标准可结合工作量或完成项目后根据业务收费情况确定。

第十五条　实习生是指临时在本单位实习的在校大中院校学生，实习生的报酬按定额发给。

第五章　新进急需人才工薪

第十六条　新进急需人才工薪可在第一年实行年薪制，第二年及以后由本人自己选择年薪或一般工薪方式。

第十七条　年薪标准按人才类型综合确定，由董事会与本人商定。

第十八条　实行年薪人员发放办法为按月预发年终统算，按月预发部分不超过应发的80%。

第六章　特岗人员工薪

第十九条　特岗人员指专职从事驻外单位长期工作人员以及本单位认定的特定岗位人员

第二十条　特岗人员工薪按照一般从业人员工薪标准结合岗位特点适时确定。

第七章　待岗人员工薪

第二十一条待岗人员待岗期工薪按一般从业人员基础工资标准执行。

第八章　工薪扣除

第二十二条　出现以下情形之一时，按照规定扣除工薪：

(一)出现考勤管理制度规定的情形;

(二)中途调动、离岗;

(三)其他经认定的情况。

第二十三条 工薪扣除的范围:

(一)基础工资;

(二)岗位工资;

(三)提成工资的扣除以工作量完成进度考核,个人原因导致完成工作量低于应完成工作量进度50%的,不计提成工资。

第二十四条 工薪的扣除标准按照国家和本单位的相关规定执行。

第九章 工薪核定、调整与升级

第二十五条 员工工薪按《人事管理制度》及本制度核定。

第二十六条 员工工薪调整随岗位和考核结果办理。

第二十七条 考核结果影响工薪调整按年按本制度进行。

第十章 附 则

第二十八条 本单位应于次月10日前以货币形式发放前月员工薪酬。

第二十九条 本制度经征求员工代表意见,报董事会批准后执行。

第三十条本 制度自2003年7月1日起施行。

三、员工守则(2010年修订)

第一章 总 则

第一条 为了规范本单位从业人员职业行为,提高从业人员职业道德水平,维护职业形象,结合本单位实际,制定本守则。

第二条 从业人员应当遵守本守则,违反本守则将受到相应处罚,直至解除劳动合同。

第三条 从业人员应当遵守诚信原则,客观和公正原则,执行业务时保持独立性。

第四条 从业人员应当获取和保持专业胜任能力,保持应有关注,勤勉尽责,团结协作。

第五条 从业人员应当遵守规章制度,忠于职守,努力工作,不断提高工作水平。

第六条 从业人员应当维护职业声誉,维护单位声誉,树立良好的职业形象。

第二章　一般守则

第七条　立足本职，爱岗敬业，忠诚为本单位服务。

第八条　从业人员应当在所有职业活动中，保持正直，诚实守信。

第九条　客户至上、信誉第一，热情礼貌、服务周到。

第十条　维护国家利益、公众利益和客户利益，不因自身利益影响客户利益、本单位利益。

第十一条　尽力减轻客户的负担，不准以任何方式向客户索要礼金、礼品，对客户主动给予的赠予应婉言谢绝，确实无法推辞时，应上交单位统一处理。

第十二条　从业人员要具有事业心和进取心，危机感和责任感，勤于动脑，努力钻研，善于学习，不断提高工作水平。

第十三条　各司其职，团结协作，密切配合，统一协调。从业人员之间要团结、尊重、体谅、关怀，不利于团结的话不讲，不利于团结的事不做，当出现意见分歧时，要积极协调，内部解决，不得向外宣扬。

第十四条　珍惜信誉，不得有损害职业声誉、本单位信誉的言行，树立良好的职业形象。

第十五条　善于沟通，谋求合作。

第三章　执业守则

第十六条　本单位从业人员应严格遵守各行业业务规范的规定，规范执业，高效勤勉。

第十七条　从业人员必须不偏不倚，在维护有关各方利益前提下，竭诚为客户服务，为委托人提供高质量的专业服务。

第十八条　从业人员应保持高度职业谨慎，不得对未经查证的事项发表意见和作出结论。未经实施必要的工作程序，不得为客户出具任何形式的报告或其他证明文件。

第十九条　建立风险、责任和道德意识，正确处理质量与效率的关系，不因时间的紧张和业务的难度而放弃按要求实施必备的工作程序。

第二十条　从业人员对在执业过程中知悉的商业秘密，须严格保密，不得向第三者泄漏。

第二十一条　从业人员在执业中，不得借机谋取私利，不得向委托单位提出正常工作需要以外的要求。

第二十二条　从业人员如与客户存在可能损害执业独立性的利害关系的，应实行回避。

第二十三条　从业人员不得承办自身不能胜任的业务项目。

第二十四条　在本单位经营战略的指导下，以正当的方式、手段开拓市场，维护职业形象，增强整体竞争能力。

第二十五条 树立以诚为本、以业为重、以德为先、以正压邪的观念，忠于职守，努力工作。

第四章 其他工作守则

第二十六条 讲正气、守规则，遵守本单位一切规章制度，维持正常的工作秩序，与同仁和睦相处，互相合作，以期达到工作任务的顺利完成。

第二十七条 从业人员不得任职于本单位以外的职务，属批准以单位派出人员执行任务时，同时应遵守双方单位约定。

第二十八条 爱护公物，损坏赔偿。

第二十九条 注重个人形象，着装整洁得体，务必着正装，禁止着与职业形象不符装束，禁止不雅行为。

第三十条 遵守作息时间，按时办公，不在岗要请假，不得旷工或迟到早退。

第三十一条 上班时间内因公外出时，应以口头方式向直接主管人员报请核准，说明事由及欲去地点，并在办公室留下联系电话，未经核准擅自外出、情节严重者以旷工论处。

第三十二条 按规定完成各项考核与被考核工作，正确接受考核结果。

第三十三条 不得将本单位开发的各类工作底稿、规程及其它的专业资料对外散发，但专业交流除外。

第五章 附 则

第三十四条 本制度经征求职工代表意见，报董事会批准后实施。

第三十五条 自2003年7月1日起施行。

四、财务管理制度(2010年修订)

第一章 总 则

第一条 为加强本单位的财务管理，发挥财务在本单位经营管理和提高经济效益中的作用，保证会计信息质量，依据《中华人民共和国会计法》，特制定本制度。

第二条 本单位财务管理的基本原则和任务是：结合出资人协议、本单位章程，为企业经营服务，建立健全内部财务制度，做好财务管理基础工作，完善财务核算，促进本单位经济效益的提高。

第三条 本单位对会计核算、资金使用、业务收支和收益分配等进行统一管理，对分支机构财务实行集中控制，施行一体化管理。

第二章 一般原则

第四条 会计核算应当以实际发生的经济业务为依据，客观真实地记录、反映各项业务收支情况，符合真实性原则。

第五条 会计核算应当按照规定的会计处理方法进行，会计指标应当一致，相互可比，符合可比性原则。

第六条 会计处理方法应当前后各期一致，不得随意变更，符合一贯性原则。

第七条 会计核算应当及时进行，符合及时性原则。

第八条 会计记录和会计报表应当清晰明了，便于理解和使用，符合清晰性原则和重要性原则。

第九条 会计报表应当全面反映财务收支及结果，符合完整性原则。

第三章 财会核算管理

第十条 本单位财务独立核算，自负盈亏。由董事长或主管副董事长主管财务工作，配备会计、出纳各一人，进行本单位财务收支的财务核算。

第十一条 财会人员必须严格遵守《会计师事务所财务管理暂行办法》《会计师事务所会计核算办法》，按规定设置会计科目，严格开支标准和开支范围，对本单位财务收支实行会计监督，及时做好记账、算账、报账等会计核算工作，努力提高会计核算水平。

第十二条 坚持财务制度，加强财务管理，严格审批手续。本单位财务工作由董事长或主管副董事长负责，实行一支笔审批。费用的列支必须经董事长或主管副董事长签字，凡未经审批的开支单据，一律不得报账；凡不符合财务规定的支出，出纳不付款，会计不记账，并及时向主管领导汇报。

第十三条 加强计划管理，实行民主理财。各项开支应先作计划，经主管领导批准后实施，由办公室按计划采购，保管人员验收，主管领导审批后报销。零星办公用品由主管领导同意，经办人签字，部主任审核，主管领导审批后方可报销。

第十四条 实行定期报销制度。除大病住院治疗、大额差旅费经批准可适当借款外，一般不预借款。费用报销由本人填写报销单，部主任签字、办公室复核、董事长审批，报销不得超过事后十天。

第十五条 本单位应当为党支部的活动提供必要活动经费。

第四章 财务人员岗位管理

第十六条 会计人员岗位职责

1.按照有关财经法规、政策和制度的规定,负责组织办理会计事务,进行会计核算,实行会计监督。

2.认真执行财务制度和会计制度,维护财经纪律,会同有关职能部门制定本单位内部会计核算和财产物资管理的各项规章制度,共同贯彻执行。

3.切实做好记账、算账、对账、报账工作,及时提供财务信息,按时编制财务报表,正确、及时、完整地记载企业财务状况和经营成果,发挥财务管理作用。

4.建立健全财务预算管理办法,对业务收支逐步实施预算管理。

5.建立现金和各种银行存款的内部控制制度,经常检查货币资金收支和管理情况。

6.加强对应收账款的管理,完善财务部门与业务部门的沟通和协作机制,保障应收账款的真实、完整和及时收回。

7.主动接受监督检查,按时缴纳税款,按时报送会计报表。定期向董事会、监事会汇报财务状况和经营成果,提交财务评价报告。

8.因会计工作人员离职或工作调动,应按有关规定认真办理会计交接手续,安排专人做好监交工作,保证会计记录的连续性和会计资料的完整性。

第十七条 出纳人员岗位职责

1.本岗位负责管理库存现金、银行存款和其他货币资金及各种外币,并按现金管理规定的范围使用现金,依照银行规定的结算种类原则和方法,办理转账结算业务。

2.按会计制度的规定,设置并掌管现金日记账、银行存款日记账和其他货币资金明细账,进行分类核算。反映各项货币资金的收付结存情况;保证日记账日清月结,账款相符。

3.银行存款日记账要按月与“银行对账单”核对,编制“银行存款余额调节表”。如有未达账项,要查明原因逐笔列示,如长期不对账造成银行存款流失,要与当事人一并承担责任。

4.严格按国家规定,加强现金收支和银行结算业务,库存现金不超过核定限额,严格现金管理,当日收入现金当日送存银行,当时收到转账支票,次日进账,最迟不得超过三天。

5.根据经审核无误的收付款凭证,办理款项收付业务。办理款项收付必须根据审批后的凭证进行办理。整理装订经办的收付凭证及有关会计资料,应定期移交保管会计档案的岗位管理。

6.对于现金和各种有价证券、支票加强管理,要确保安全和完整无损,收、付款项不出差错,严禁白条顶库。

7、购买实物报销要有经办人和验收人签字,付款后要在凭证上加盖“现金付讫”章。

8、妥善保管和按规定使用有关印章,并按制度规定保管签发票据所使用的印鉴。

第十八条 内部稽核制度

1.由本单位监事对本单位的经营收入及经济活动进行财务监督、检查。

2.审核本单位的经济业务是否依法依规而行,是否符合工商注册登记,有无违纪行为。

3.审核各种原始凭证、记账凭证的经济内容是否真实合法,核算是否正确,凭据是否完整。

4.对审核出的不合法,不符合规定及有错误的账务处理应及时交有关人员予以更正,确保经济业务的真实、正确。

第五章 支票与货币资金管理

第十九条 账户的管理

在银行开设的各种存款账户,只能用于单位开展各项业务,不得出租、出借或为其他单位及个人进行结算。

第二十条 支票的管理

1.空白支票与印鉴的保管必须坚持两人分管存放的原则,如有特殊情况要安排他人代保管。

2.丢失支票应及时报告领导,办理挂失手续,其手续费自负。

3.要经常与银行核对未达账项,查明原因,避免损失;

4.严禁出具空白支票。

第二十一条 货币资金的管理

1.一切收入或转入的款项,都必须及时解交银行,凡转出及承付的款项都必须通过银行办理结算。

2本单位可以在下列范围内使用现金:

(1)个人劳务报酬;

(2)出差人员必须携带的差旅费;

(3)结算起点(起点定为2000元)以下的零星支出;

(4)董事长或主管副董事长批准的其他开支。

3.日常零星开支所需库存现金限额为5000元。超额部分应存入银行;

4.收款经清点后及时送交银行。

5.凡开出的发票收到现金,先由开票人签名,后由收款人签名并验收发票与现金,加盖“现金收讫”章;

6.凡现金支付的原始凭证要内容完整、数字准确、清晰,由经办人及主管领导签字。

已支付现金的原始凭证，出纳人员要加盖“现金付讫”章。

7.出纳人员每日要根据审核付款后的记账凭证逐笔登记现金日记账，并清点库存，做到日清月结，账款相符。

第六章 会计档案

第二十二条 会计档案按照财政部、国家档案局《会计档案管理办法》(财会字〔98〕第32号)、本单位《档案管理制度》的规定，保证会计档案的妥善保管和有序存放。分支机构会计档案应在本单位财务检查后交由总本单位统一保管。

第七章 附则

第二十三条 监事按照国家相关法规制度的要求、出资人协议、本单位章程、本制度规定履行内部财务监督职责。

第二十四条 本制度未列入及与国家统一财务规定不一致的按国家统一规定执行。

第二十五条 本制度经董事会批准后实施。

第二十六条 本制度自2010年10月1日起实施。

第三部分　业务管理制度
（节选）

一、宁夏天华会计师事务所质量控制制度（2010年修订）

第一章　总则

第一条　为了规范宁夏天华会计师事务所（以下简称本所）业务质量控制，保证执业质量，根据《会计师事务所质量控制准则第5101号—业务质量控制》，结合本所实际情况，制定本制度。

第二条　本制度使用的"业务质量控制"、"控制政策"、"控制程序"等专业术语与《会计师事务所质量控制准则第5101号—业务质量控制》定义相同。

第三条　本所注册会计师鉴证业务和相关服务业务的质量控制必须遵照本制度。

第二章　责任主体和机构设置

第四条　主任会计师对本所的质量控制工作全面负责，另设副主任会计师一名（审计部负责人）负责质量控制的日常工作。

第五条　本所设标准稽核部，负责：

（一）对以本所名义承接的鉴证业务和相关服务业务进行质量监督；

（二）对本所内部质量控制政策和程序进行研究和评估，为内部质量控制政策和程序的制定提供意见；

（三）对各分所的执业质量实施检查和指导。

第六条　各分所负责人对本分所的业务质量进行监督和指导。

第三章　职业道德规范

第七条　本所及员工执行任何类型的业务，都应当遵守职业道德规范要求的客观、公正原则，保持专业胜任能力和应有的关注，并对执业过程中获知的信息保密。

第八条　本所领导层在专业发展会议上或在客户关系和具体业务的接受与续约以及业务执行过程中，强调客观、公正等职业道德基本原则。要求所有员工定期接受职业道德培训。

第九条　本所为每位员工建立职业道德档案，记录个人违反职业道德规范的行为及其处理结果。每年向所有受独立性约束的员工获取其遵守独立性政策和程序的书面确认函。

第四章　客户关系和具体业务的接受与保持

第十条　本所应考虑客户的诚信情况，是否具有执行业务必要的素质、专业胜任能力、时间和资源，能否遵守职业道德规范，以及考虑其他事项的影响，决定是否接受委托与保持委托。

第十一条　本所可通过与为客户提供专业会计服务的现任或前任人员进行沟通，向本所其他人员、监管机构、金融机构、法律顾问和客户的同行等第三方询问，从相关数据库中搜索客户的背景信息等途径，充分获取与评价客户诚信相关的信息。

第十二条　本所在接受新业务前，必须考虑人员是否熟悉相关行业或业务对象，是否具有执行类似业务的经验，是否具备有效获取必要技能和知识的能力，是否拥有足够的具备必要素质和专业胜任能力的人员，在需要时，能否得到专家的帮助，是否能够在提交报告的最后期限内完成业务。接受该业务是否会导致现实或潜在的利益冲突。

第十三条　在确定是否保持客户关系时，应当考虑在本期或以前业务执行过程中发现的重大事项，及其对保持客户关系可能造成的影响，如果存在严重影响业务执行的情形，必要时，可以考虑终止该客户关系。

第十四条　决定接受或保持客户关系和具体业务时，应与客户就相关问题达成一致理解，并形成书面业务约定书

第五章　人力资源

第十五条　结合本所实际制定人力资源政策和程序，通过实施人员业绩评价、晋升、职业教育等措施，合理保证拥有足够的具备必要素质和专业胜任能力并遵守职业道德规范的人员，以使本所和项目负责人能够按照法律法规、职业道德规范和业务准则的规定执行业务，并根据具体情况出具恰当的报告。

第十六条　本所承接的每项业务根据业务性质委派给项目组具体办理，项目组由具有必要素质和专业胜任能力并遵守职业道德规范的人员组成，项目负责人由董事会委派。

第六章　业务执行

第十七条　项目负责人负责按照本所业务规程组织对业务的执行和对业务执行实施指导、监督与复核。

第十八条　项目组在业务执行中遇到的疑难问题或者争议事项在项目组内不能得到解决时，应向本所内部或在适当情况下向本所外部具备适当知识、资历和经验的其他专业人士咨询，并适当记录和执行咨询形成的结论。

第十九条　在业务执行中，项目组内部、项目组与被咨询者之间以及项目负责人与项目质量控制复核人员之间的意见分歧，应及时逐级书面上报，上一级人员要对意见分歧及时组织讨论或进行咨询，以解决这些分歧，形成的结论应得以记录和执行。只有意见分歧问题得到解决，项目负责人才能出具报告。

第二十条　标准稽核部人员负责对以本所名义承接的鉴证业务和相关服务业务实施项目质量控制复核，并在出具报告前完成项目质量控制复核。

第七章　业务工作底稿

第二十一条　鉴证业务和相关服务业务工作底稿的归档期限为业务报告日后六十天内。

第二十二条　除业务质量控制准则规定的特定情况外，本所对业务工作底稿包含的信息予以保密。

第二十三条　鉴证业务和相关服务业务工作底稿的保存期限为自业务报告日起至少保存十年。

第八章　监　控

第二十四条　本所委派副主任会计师一名（审计部负责人）履行对质量控制制度实施的监控责任。

第九章　记　录

第二十五条　本所根据自身情况确定质量控制记录的方式和内容。

第十章　附　则

第二十六条　本制度由本所标准稽核部负责解释，修订权属本所董事会。

第二十七条　本制度自2007年1月1日起执行。

二、宁夏天华会计师事务所审计业务管理制度(2010年修订)

第一章　总则

第一条　为了规范宁夏天华会计师事务所(以下简称本所)注册会计师执行审计业务,明确工作要求,保证执业质量,根据《中华人民共和国注册会计师法》《中国注册会计师执业准则》《中国注册会计师职业道德守则》,制定本制度。

第二条　本制度适用于本所执行历史财务信息审计和审阅业务、其他鉴证业务及相关服务业务。

第三条　制定本制度的主要目的是合理保证、努力达到以下目标:

(一)从业人员遵守法律法规、中国注册会计师职业道德守则以及中国注册会计师执业准则的规定;

(二)本所和执行业务的项目负责人能够根据具体情况出具恰当的报告。

第二章　职业道德守则

第四条　从业人员执行任何类型的业务,都应当遵循职业道德守则所要求的诚信、客观、公正原则,在执行审计和审阅业务以及其他鉴证业务时保持独立性,保持专业胜任能力和应有的关注,勤勉尽责,并对职业活动中获知的涉密信息保密。本所强调如不能合理保证职业道德守则得到遵守,就无法保证业务质量。

第三章　客户关系和具体业务的接受与保持

第一节　总体要求

第五条　本所规定只有在下列情况下,才能接受或保持客户关系和具体业务:

(一)已考虑客户的诚信,没有信息表明客户缺乏诚信;

(二)具有执行业务必要的素质、专业胜任能力、时间和资源;

(三)能够遵守职业道德守则。

在接受新客户的业务前,或决定是否保持现有业务或考虑接受现有客户的新业务时,应当根据具体情况获取上述信息。当识别出问题而又决定接受或保持客户关系或具体业务时,项目负责人应在初步业务工作底稿中记录问题如何得到解决。

第六条　针对有关客户的诚信,本所主要考虑下列主要事项:

(一)客户主要股东、关键管理人员、关联方及治理层的身份和商业信誉;

(二)客户的经营性质;

(三)客户主要股东、关键管理人员及治理层对内部控制环境和会计准则等的态度;

(四)客户是否过分考虑将会计师事务所的收费维持在尽可能低的水平;

(五)工作范围受到不适当限制的迹象;

(六)客户可能涉嫌洗钱或其他犯罪行为的迹象;

(七)变更会计师事务所的原因。

第七条 本所在评价客户诚信情况时,可以通过下列途径,获取与客户诚信相关的信息:

(一)与为客户提供专业会计服务的现任人员进行沟通,并与其讨论;

(二)向本所其他人员、监管机构、金融机构、法律顾问和客户的同行等第三方询问;

(三)从相关数据库中搜索客户的背景信息。

第二节 业务接受与保持

第八条 业务接受与保持制度的核心目的是为了降低与缺乏诚信的客户打交道所带来的审计风险。为此本所在接受新、老客户的委托前都应当进行认真评价。评价的主要内容包括:客户的诚信、专业胜任能力、职业道德守则。

第九条 对首次接受委托的新客户,要求由一名高级经理对客户进行评价。评价主要包括以下因素:

(一)客户诚信存在问题或有欺诈、违法行为的迹象;

(二)客户持续经营状况;

(三)客户需要、服务要求和委托动机;

(四)审计工作范围、时间是否有限制;

(五)客户会计基础工作及其他可审性问题;

(六)事务所的独立性;

(七)事务所的胜任能力。

事务所负责审核、评价新客户的高级经理应根据以上评价结果决定是否接受委托。

第十条 对连续接受委托的老客户,一般由项目负责人对客户进行评价。但出现下列情况时应交给一名高级经理进行重新评价:

(一)客户的股权结构发生重大变化;

(二)客户的持续经营发生明显问题;

(三)客户的管理层或财务人员有重大变化;

(四)客户的委托动机有明确的问题;

(五)由项目负责人或高级经理提议重新评价。

第十一条　对新、老客户的评价,可以采用以下方式:

(一)获取并分析相关财务资料;

(二)了解会计政策及会计处理方法及执行情况;

(三)与前任注册会计师进行沟通;

(四)获取有关关联方交易的信息;

(五)其他程序。

第十二条　本所对新、老客户进行评价后,决定承接业务,应按照《中国注册会计师审计准则第1111号——审计业务约定书》的要求,与委托人签定业务约定书。执行其他非财务报表审计业务时可以参照执行。

第三节　业务委派

第十三条　本所业务委派政策制定的目的,就是要保证所有业务项目都是由具有专业胜任能力及经验的人员完成。在业务委派时,要求充分考虑项目计划需要、执业人员的经验与能力、项目工作进度和深度、项目复核与督导等因素。

第十四条　对小型业务项目,由项目负责人制定人员安排计划,报部门负责人审核、批准;对大型业务项目,由部门负责人制定人员安排计划,报主任会计师审核、批准。

审核时可以根据以下标准衡量具体项目人员分派的合理性:

(一)项目规模及复杂程度;

(二)项目的人员数量和完成时间的要求;

(三)委派人员的资历、经验、职位及特长;

(四)计划的督导范围及程度。

第十五条　经审核、批准后的人员安排计划、项目时间预算及项目小组成员工作分工情况应明确记录在“总体审计策略”中,项目小组应遵照执行。

在审计业务过程中因项目或人员发生变化,应及时修改上述计划,报主任会计师批准,以保证业务项目的顺利进行。

第十六条　业务委派的进一步目标是锻炼执业人员、培养复合型人才,使其获得多方面的知识积累。项目负责人和部门负责人在业务委派时应充分考虑该因素。

部门负责人应在每个项目结束后,对项目小组成员的工作时间、效率、成果进行考评,并将考评结果进行记录,作为奖励、晋升的原始资料。

第四章 业务执行

第一节 指导、监督

第十七条 本所单独制定《审计业务操作规程》等制度，以合理保证执业人员按照法律法规、职业道德守则和业务准则的规定执行业务，使本所和项目负责人能够根据具体情况出具恰当的报告。

第十八条 《审计业务操作规程》等制度针对业务执行中相关的指导、监督事项包括：

（一）项目组了解工作目标；

（二）保证适用业务准则得以遵守的程序；

（三）业务监督、员工培训和辅导的程序；

（四）对已实施的工作、作出的重大判断以及拟出具的报告进行复核的方法；

（五）对已实施的工作及其复核的时间和范围作出适当记录；

（六）保证所有的政策和程序是合适的。

第十九条 项目组的所有成员应当了解拟执行工作的目标。项目负责人应当通过适当的团队工作和培训，使经验较少的项目组成员清楚了解所分派工作的目标。

第二十条 项目负责人对业务的监督包括：

（一）追踪业务进程；

（二）考虑项目组各成员的素质和专业胜任能力，以及是否有足够的时间执行工作，是否理解工作指令，是否按照计划的方案执行工作；

（三）解决在执行业务过程中发现的重大问题，考虑其重要程度并适当修改原计划的方案；

（四）识别在执行业务过程中需要咨询的事项，或需要由经验较丰富的项目组成员考虑的事项。

第二节 咨询

第二十一条 咨询包括与本所内部或外部具有专门知识的人员，在适当专业层次上进行的讨论，以解决疑难问题或审议事项。

第二十二条 本所鼓励业务人员就疑难问题或争议事项进行咨询。

第二十三条 项目组应当考虑就重大的技术、职业道德及其他事项，向本所内部或在适当情况下向本所外部具备适当知识、资历和经验的其他专业人士咨询，并适当记录和执行咨询形成的结论。

项目组在向本部或外部其他专业人士咨询时，应当提供所有相关事实，以使其能够对咨询的事项提出有见地的意见。

第二十四条　需要向外部咨询的,可以利用其他会计师事务所、行业协会、监管机构或商业机构提供的咨询服务,但应当考虑外部咨询提供者是否能够胜任这项工作。

第二十五条　项目组就疑难问题或争议事项向其他专业人士咨询形成的记录应当经被咨询者认可。

咨询形成的记录应当完整详细,包括下列内容:

(一)寻求咨询的事项;

(二)咨询的结果,包括作出的决策、决策依据以及决策的执行情况。

第三节　复核制度及责任

第二十六条　本所的具体业务质量控制层次分为:项目组内部复核、事务所项目质量控制复核和主任会计师终级复核。

第一　项目组内部复核

第二十七条　项目负责人是指项目组中负责某项业务及其执行,并代表本所在业务报告上签字的注册会计师。本所要求选派具有一定资历、经验、能力和职业道德的注册会计师作为项目负责人。项目负责人应对分派的每个业务项目的总体质量负责。

项目负责人应当在业务的所有阶段,通过行动示范和信息传达,向项目组其他成员强调下列事项的重要性,以保证业务的质量:

(一)按照法律法规、职业道德守则和审计准则的规定执行业务项目;

(二)遵守适用的会计师事务所质量控制政策和程序;

(三)根据具体情况出具恰当的审计报告。

此外,项目负责人还应负责整个项目组各成员的组织、协调和管理工作。

第二十八条　项目组内部的复核并非全部都由项目组负责人执行,项目负责人可以委派项目组内经验较多的人员去复核经验较少的人员所执行的工作。但项目负责人应对复核结果负责。

在项目组内部复核时,复核的主要内容包括:

(一)审计工作是否已按照法律法规、职业道德守则和审计准则的规定执行;

(二)重大事项是否已提请进一步考虑;

(三)相关事项是否已进行适当咨询,由此形成的结论是否得到记录和执行;

(四)是否需要修改已执行审计工作的性质、时间和范围;

(五)已执行的审计工作是否支持形成审计结论,并已得到适当记录;

(六)获取的审计证据是否充分、适当;

(七)审计程序的目标是否实现。

第二十九条 在出具审计报告前，项目负责人应当通过复核审计工作底稿和与项目组成员讨论，确信获取的审计证据已经充分、适当，足以支持形成的结论和拟出具的审计报告。

第三十条 项目负责人应当在审计过程中适当阶段及时实施复核，以使重大事项在出具审计报告前能够得到满意解决。

项目负责人复核内容包括对关键领域所作的判断，尤其是执行业务过程中识别出的疑难问题或争议事项、特别风险以及项目负责人认为重要的其他领域。

项目组内部以及项目负责人应当对复核的范围和时间予以适当记录。

第二　事务所项目质量控制复核

第三十一条 项目质量控制复核是指挑选不参与该业务的人员在出具报告前，对项目组作出的重大判断和在准备报告时形成的结论作出客观评价的过程。本所一般指派独立于该业务的高级经理从事质量控制复核工作。

项目质量控制复核制度，充分体现分类控制、突出重点的质量控制理念。项目质量控制复核人应对复核内容负责，但不减轻或替代项目负责人的责任。

第三十二条 在实施项目质量控制复核时，复核人员应当对以下全部或部分内容进行复核：

（一）项目组就具体业务对独立性做出的评价；

（二）在审计过程中识别的特别风险以及采取的应对措施；

（三）做出的判断，尤其是关于重要性和特别风险的判断；

（四）是否已就存在的意见分歧、其他疑难问题或争议事项进行适当咨询，以及咨询得出的结论；

（五）在审计中识别的已更正和未更正的错报的重要程度及处理情况；

（六）拟与管理层、治理层以及其他方面沟通的事项；

（七）所复核的审计工作底稿是否反映了针对重大判断执行的工作，是否支持得出的结论；

（八）拟出具审计报告的适当性。

第三十三条 项目质量控制复核人员应当在业务过程中的适当阶段及时实施复核，以使重大事项在出具报告前得到满意解决。

如果项目负责人不接受项目质量控制复核人员的建议，并且重大事项未得到满意解决，项目负责人不应当出具报告。只有在按照会计师事务所处理意见分歧的程序解决重大事项后，项目负责人才能出具报告。

第三十四条 对下列项目质量控制复核情况应记录在工作底稿中：

（一）有关项目质量控制复核的政策所要求的程序已得到执行；

（二）项目质量控制复核在出具报告前业已完成；

（三）复核人员没有发现任何尚未解决的事项，使其认为项目组作出的重大判断及形成的结论不适当。

第三　主任会计师终级复核

第三十五条　主任会计师对质量控制制度承担最终责任。

第三十六条　本所要求主任会计师对具体业务进行终级复核，主任会计师也可以通过正式授权手续授权副主任会计师负责终级复核工作。终级复核的主要内容包括：

（一）审计约定事项及审计计划的完成情况；

（二）重点会计问题、重要审计领域的测试是否充分；

（三）审计调整事项是否恰当；

（四）审计意见确定是否恰当，审计报告表述是否规范。

第四节　意见分歧

第三十七条　在业务执行中，时常可能会出现项目组内部、项目组与被咨询者之间以及项目负责人与项目质量控制复核人员之间的意见分歧。对业务问题的意见出现分歧是正常现象。

本所规定：

（一）由本所项目组内部、质量控制复核人员进行广泛、充分的讨论，寻找解决分歧的办法；

（二）也可向适当的其他执业者、其他会计师事务所、行业协会或监管机构进行咨询，以解决这些分歧；

（三）如上述途径仍然无法明确解决分歧，主任会计师应遵循谨慎性原则提出解决分歧的最终方法。

第三十八条　只有意见分歧问题得到解决，项目负责人才能出具报告。

第五章　业务报告的签发

第三十九条　在完成业务报告逐级复核后，项目负责人凭项目逐级审核记录到发文管理部门登记业务信息，领取报告编号，制作报告正式文本。

第四十条　事务所印鉴管理部门应审核主任会计师或其授权副主任会计师的签发记录，记录完整的方可加盖事务所印章。

第四十一条　对外出具的鉴证报告除需事务所盖章外，还需主任会计师或其授权的副主任会计师和一名负责该项目的注册会计师签名盖章。

第四十二条　签发报告的副主任会计师应获得主任会计师的书面授权，并将经核对“与原件一致”的授权文件的复印件加盖事务所公章后作为业务报告的附件,装订入报告。

第四十三条 项目负责人是鉴证报告的第二签字注册会计师,对于同一鉴证业务,原则上不更换项目负责人。如出现特殊情况,应经主任会计师书面批准,鉴证报告由最后接任的项目负责人签章。

第四十四条 被授权人应遵守职业道德,严把质量关,对签发各类报告和签字要承担相应责任,未经授权出具业务报告,或未能听从质量监管部门的建议出具不恰当的业务报告,给事务所造成重大损害或在市场上带来严重影响的,主任会计师将根据情节轻重予以警告、通报批评、暂停授权以至收回授权等处罚,并代表事务所依法追究法律责任。

第四十五条 发出的鉴证报告,还需在报告侧面加盖事务所骑缝章。

第四十六条 主任会计师及被授权签发报告的副主任会计师,每年度结束后的30天内,要写出签发报告年度总结。

第六章 业务工作底稿

第四十七条 本所制定有关工作底稿的政策和程序,以满足下列要求:

(1)安全保管业务工作底稿并对业务工作底稿保密;

(2)保证工作底稿的完整性;

(3)便于使用和检索业务工作底稿;

(4)按照规定的期限保存业务工作底稿。

第四十八条 本所单独制定《工作底稿的管理和使用制度》,要求全体人员严格执行业务档案管理制度的具体规定。

第七章 客户管理

第四十九条 本所单独制定《客户管理制度》,要求全体人员严格执行客户管理制度的具体规定。

第八章 附 则

第五十条 本制度未尽事宜,应遵照法律法规、《中国注册会计师职业道德守则》以及《中国注册会计师执业准则》的规定执行。本制度内容中如有与法律法规、《中国注册会计师职业道德规范》以及《中国注册会计师执业准则》的规定不符的,应遵照法律法规、《中国注册会计师职业道德规范》以及《中国注册会计师执业准则》的规定执行。

第五十一条 本制度经董事会批准后实施。

第五十二条 本制度自2011年1月1日起施行。

后 记

2012年7月，公司成立了《天华正业通公司志》(简称:公司志)编纂小组，聘请地方志办公室范宗兴副主任为总纂，指导编纂工作，并发文要求公司各部门为《公司志》提供有关资料，同时确定由总审计师何玉玲分管此项工作。

在查阅公司各部门提供资料的基础上，2013年8月公司抽调专人，对公司综合办公室存档的业务档案几乎全部进行了查阅，同时还查阅了部分文书档案。

2014年8月，《公司志》初稿完成，印发公司主要负责同志审阅并征求意见，编纂人员根据反馈意见，又对书稿进行了多次补充、修改。于2014年10月完成第二稿，2015年3月完成第三稿，2015年6月完成第四稿，后因编纂人员多次变动，此项工作一度停止。后经努力，于2017年3月再次启动，经编纂人员利用周末时间加班，对整个《公司志》再次进行补充、修改，调整了部分章节，删减了部分内容，最终完稿于2017年5月。

公司董事会对《公司志》的编纂工作非常重视、关心和支持。公司领导在有关会议上多次强调各部门要支持志书的编纂，各位董事担任编纂领导小组成员，积极提供有关资料，并时常向编纂人员了解工作进度，帮助解决有关问题。

在《公司志》的编纂、出版过程中，得到了方志出版社、自治区、银川市地方志办公室、自治区注协、银川市财政局等有关方面的大力支持和帮助，邓炎辉、陈舜贞、周光禄、王本仁、马雪飞、尤学梅、耿一波等同志对编纂工作给予了密切关注和具体指导，从而加快了修志进度，提高了修志质量，谨在此表示谢忱。

由于编纂公司志是一项新的工作，编纂人员没有经验，水平有限，加之公司多次搬迁，资料存档不全，难免有疏漏、错误之处，敬请各位专家、内行及社会各界人士予以批评指正。

《天华正业通公司志》编纂小组

2017年11月